2022

기향비
기출을 보면
합격이 보인다.
(既合)

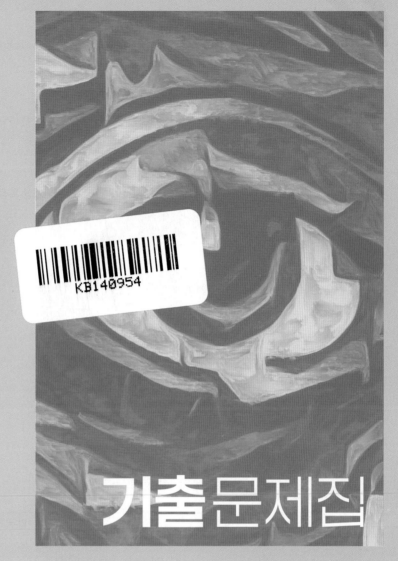

기출문제집

9급 군무원
국어

군무원시험편집부 편저

15
개년

예문사

군무원이란

- **의의**

  군 부대에서 군인과 함께 근무하는 공무원으로서 신분은 국가공무원법상 특정직 공무원으로 분류된다.

- **근무처**

  국방부 직할부대(정보사, 기무사, 국통사, 의무사 등), 육군 · 해군 · 공군본부 및 예하부대

- **종류**

  ▶ 일반군무원

    − 기술 · 연구 또는 행정일반에 대한 업무담당

    − 행정, 군사정보 등 46개 직렬

    − 계급구조 : 1~9급

  ▶ 전문군무경력관

    − 특정업무담당

    − 교관 등

    − 계급구조 : 가군, 나군, 다군

  ▶ 임기제군무원

- **직렬별 주요 업무내용**

직군	직렬	업무내용
행정(6)	행정	− 국방정책, 군사전략, 체계분석, 평가, 제도, 계획, 연구업무 − 일반행정, 정훈, 심리업무 − 법제, 송무, 행정소송업무 − 세입 · 세출결산, 재정금융 조사분석, 계산증명, 급여업무 − 국유재산, 부동산 관리유지 · 처분에 관한 업무
	사서	− 도서의 수집 · 선택 · 분류 · 목록작성 · 보관 · 열람에 관한 업무
	군수	− 군수품의 소요 · 조달, 보급 · 재고관리, 정비계획, 물자수불(청구, 불출) 업무 − 물품의 생산 · 공정 · 품질 · 안전관리 · 지원활용 등 작업계획, 생산시설 유지, 생산품 처리 업무
	군사정보	− 주변국 및 대북 군사정보 수집, 생산관리, 부대전파 및 군사보안 업무
	기술정보	− 외국정보 및 산업, 경제, 과학기술 정보의 수집, 생산관리 보안 업무 − 정보용 장비, 기기 등에 의한 정보수집 업무
	수사	− 범죄수사, 비위조사, 범죄예방, 계몽활동 등에 관한 업무

※ 그 외 시설, 정보통신, 공업, 함정, 항공, 기상, 보건 직군별 직렬의 업무내용 생략

군무원 시험 정보

● 2021년 공개경쟁채용일정(참고용)

원서접수	응시서류 제출	서류전형 합격자 발표	필기시험 계획 공고	필기시험	필기시험 합격자 발표	면접시험	합격자 발표
5.7(금) ~5.12(수)	※ 해당없음		7.9(금) + 장소/ 시간 동시 안내	7.24(토)	8.20(금) + 면접계획 동시안내	9.6(월) ~10.7(목)	10.14(목)

※ 시험장소 공고 등 시험시행관련 사항은 국방부채용관리홈페이지(http://recruit.mnd.go.kr/main.do)공지사항을 참조하세요.
※ 상기일정은 시험주관기관의 사정에 따라 변경될 수 있으며, 변경 시 사전공지 합니다.

● 결격사유

– 대한민국의 국적을 가지지 아니한 사람
– 대한민국 국적과 외국 국적을 함께 가지고 있는 사람
– 「국가공무원법」 제33조 각 호의 어느 하나에 해당하는 사람

● 공개경쟁채용 시험과목(영어는 영어능력검정시험으로, 한국사는 한국사검정능력시험으로 대체)

직군	직렬	계급	시험과목
행정	행정	5급	국어, 행정법, 행정학, 경제학, 헌법
		7급	국어, 행정법, 행정학, 경제학
		9급	국어, 행정법, 행정학
	사서	5급	국어, 자료조직론, 도서관경영론, 정부학개론, 참고봉사론
		7급	국어, 자료조직론, 도서관경영론, 정보봉사론
		9급	국어, 자료조직론, 정보봉사론
	군수	5급	국어, 행정법, 행정학, 경제학, 경영학
		7급	국어, 행정법, 행정학, 경영학
		9급	국어, 행정법, 경영학
	군사정보	5급	국어, 국가정보학, 정보사회론, 정치학, 심리학
		7급	국어, 국가정보학, 정보사회론, 심리학
		9급	국어, 국가정보학, 정보사회론
	기술정보	5급	국어, 국가정보학, 정보사회론, 정보체계론, 암호학
		7급	국어, 국가정보학, 정보사회론, 암호학
		9급	국어, 국가정보학, 정보사회론
	수사	5급	국어, 형법, 형사소송법, 행정법, 교정학
		7급	국어, 형법, 형사소송법, 행정법
		9급	국어, 형법, 형사소송법

● 시험 출제수준

　　− 5급 이상 : 정책의 기획 및 관리에 필요한 능력 · 지식을 검정할 수 있는 정도

　　− 6∼7급 : 전문적 업무수행 능력 · 지식을 검정할 수 있는 정도

　　− 8∼9급 : 업무수행에 필요한 기본적 능력 · 지식을 검정할 수 있는 정도

● 영어능력검정시험 기준점수

시험 종류		응시계급별 기준점수		
		5급	7급	9급
토익 (TOEIC)	기준점수	700점 이상	570점 이상	470점 이상
	청각장애	350점 이상	285점 이상	235점 이상
토플 (TOEFL)	기준점수	PBT 530점 이상 CBT 197점 이상 IBT 71점 이상	PBT 480점 이상 CBT 157점 이상 IBT 54점 이상	PBT 440점 이상 CBT 123점 이상 IBT 41점 이상
	청각장애	PBT 352점 이상 CBT 131점 이상	PBT 319점 이상 CBT 104점 이상	PBT 292점 이상 CBT 82점 이상
텝스 (TEPS) (2018.5.12. 전에 실시 된 시험)	기준점수	625점 이상	500점 이상	400점 이상
	청각장애	375점 이상	300점 이상	240점 이상
新텝스 (新TEPS) (2018.5.12. 이후에 실시 된 시험) 新텝스	기준점수	340점 이상	268점 이상	211점 이상
	청각장애	204점 이상	161점 이상	127점 이상
지텔프 (G−TELP)	기준점수	Level 2 65점 이상	Level 2 47점 이상	Level 2 32점 이상
플렉스 (FLEX)	기준점수	625점 이상	500점 이상	400점 이상
	청각장애	375점 이상	300점 이상	240점 이상

※ 듣기점수 적용 제외 청각장애 대상 범위 안내

　　− 두 귀의 청력손실 80dB 이상(기존 청각장애 2 · 3급)인 사람

　　− 두 귀의 청력손실 60dB 이상이면서 두 귀에 들리는 보통 말소리의 최대 명료도가 50% 이하인 사람

● 한국사능력시험 응시 계급별 기준등급

시험의 종류	기준등급	
	7급 응시	9급 응시
한국사능력검정시험	3급 이상	4급 이상

※ 2020년 5월 이후 한국사능력검정시험 급수체계 개편에 따른 시험 종류의 변동(초·중·고급 3종 → 기본·심화 2종)과 상관없이 기준(인증)등급을 그대로 적용함

● 채용절차

공개경쟁채용	필기시험(1차) ⇒ 면접시험(2차)
경력경쟁채용	서류전형(1차) ⇒ 필기시험(2차) ⇒ 면접시험(3차) ※ 필기시험 합격자 일부직위는 연구강의 또는 실기평가 병행 ※ 연구강의 또는 실기평가 합격자에 한해 면접시험 응시 가능

● 합격자 결정

서류전형 (경력경쟁채용 응시자)	응시요건 구비 여부 심사하여 합격, 불합격으로 판정
필기시험 (공개경쟁채용시험 응시자, 경력경쟁채용 응시자)	필기시험 성적순으로 선발예정인원의 1.5배수(150%) 범위 내 ※ 단, 선발예정인원이 3명 이하인 경우, 선발예정인원에 2명을 합한 인원의 범위 ※ 합격기준에 해당하는 동점자는 합격처리함

면접시험
(필기시험 합격자)
	• 평가요소
	  – 군무원으로서의 정신자세 – 전문지식과 그 응용능력
	  – 의사표현의 정확성·논리성 – 창의력·의지력·발전 가능성
	  – 예의·품행·준법성·도덕성 및 성실성
	* 7급 공개경쟁채용시험 응시자는 개인발표 후 개별면접 순으로 진행

합격자 결정	필기시험 점수(50%)와 면접시험 점수(50%)를 합산하여 높은 점수를 받는 사람 순으로 최종합격자를 결정

※ 이후 '신원조사'와 '공무원채용신체검사'에서 모두 '적격' 판정을 받은 사람을 최종합격자로 확정

도서의 활용

┃문제편┃

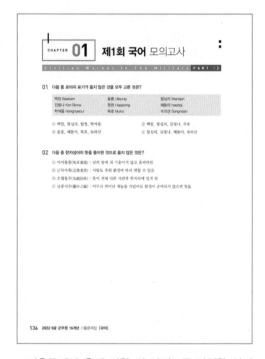

- 2021~2007년 15개년 기출문제를 최대한 실제 시험과 가깝도록 복원하여 수록하였습니다.
- 기출문제를 통해 군무원 시험에 대한 실전 감각을 익힐 수 있습니다.

- 기출문제의 출제 경향 및 난이도를 반영한 실전 모의고사 3회분을 수록하였습니다.
- 실전 모의고사를 통해 시험 전 취약한 부분을 미리 파악하고 이를 대비할 수 있습니다.

- 자주 출제되는 주제별 사자성어, 혼동하기 쉬운 한글 맞춤법, 로마자 표기법, 표준 발음법 등을 정리하였습니다.
- 마지막까지 명확한 개념 정리를 통해 학습 효과를 증대시킬 수 있도록 구성하였습니다.

정답 및 해설편

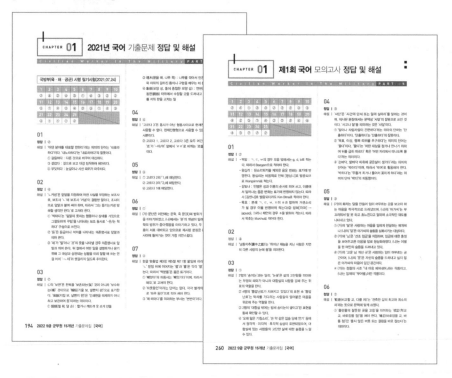

- 정답뿐 아니라 오답에 대한 해설도 상세히 수록하여 문제를 정확하게 파악할 수 있도록 구성하였습니다.
- TIP 박스를 통해 문학 · 고전문학 완벽 분석 및 최신 개정된 어법 규정을 수록하여 이해와 암기를 동시에 할 수 있도록 하였습니다.

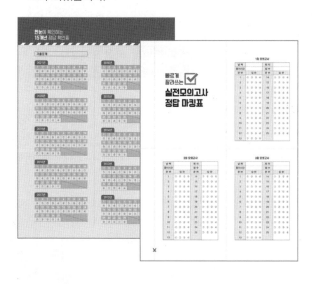

- 15개년 기출문제와 모의고사 3회분에 대한 정답만을 수록하여 빠르고 편리하게 채점할 수 있도록 하였습니다.
- 모의고사 3회분에 대한 OMR카드를 수록하여 최종 마무리 점검을 할 수 있도록 구성하였습니다.

CONTENTS

📖 문제편　　　🔦 정답 및 해설편

문제편

2022 9급 군무원 15개년 기출문제집 국어

P / A / R / T

01

국어 기출문제

국방부(육·해·공군) 시행 필기시험(2021.07.24)

01 밑줄 친 단어 중 어법에 맞지 않는 것은?

① 오늘 이것으로 치사를 <u>갈음하고자</u> 합니다.

② <u>내노라하는</u> 재계의 인사들이 한곳에 모였다.

③ 예산을 대충 <u>겉잡아서</u> 말하지 말고 잘 뽑아보시오.

④ 그가 무슨 잘못을 저질렀는지 나와 눈길을 <u>부딪치기</u>를 꺼려했다.

02 띄어쓰기 규정에 맞지 않는 것은?

① 모르는 척하고 넘어갈 만도 하다.

② 내가 몇 등일지 걱정이 가득했다.

③ 그 책을 다 읽는 데 삼 일이 걸렸다.

④ 그는 돕기는 커녕 방해할 생각만 한다.

03 밑줄 친 ㉠~㉣에 해당하는 한자로 적절하지 않은 것은?

목판이 오래되어 ㉠ <u>훼손</u>되거나 분실된 경우에는 판목을 다시 만들어 보충하는 경우가 있다. 이것을 ㉡ <u>보판</u> 혹은 보수판이라고 한다. 판목의 일부분에서 수정이 필요한 경우, 그 부분을 깎아 내고 대신 다른 나무판을 박아 글자를 새기는 경우가 있다. 이 나무판을 ㉢ <u>매목</u>이라고 하고, 매목에 글자를 새로 새긴 것을 ㉣ <u>상감</u>이라고 한다.

① ㉠ : 毁損   ② ㉡ : 保版   ③ ㉢ : 埋木   ④ ㉣ : 象嵌

2021년

2020년

2019년

2018년

2017년

2016년

2015년

2014년

2013년

2012년

2011년

2010년

2009년

2008년

2007년

※ 다음은 어떤 사전에 제시된 '고르다'의 내용이다. [04~05]

- 고르다 1 [고르다]. 골라[골라]. 고르니[고르니].
  「동사」【…에서 …을】여럿 중에서 가려내거나 뽑다.
- 고르다 2 [고르다]. 골라[골라], 고르니[고르니].
  「동사」【…을】
      「1」 울퉁불퉁한 것을 평평하게 하거나 들쭉날쭉한 것을 가지런하게 하다.
      「2」 붓이나 악기의 줄 따위가 제 기능을 발휘하도록 다듬거나 손질하다.
- 고르다 3 [고르다]. 골라[골라], 고르니[고르니].
  「형용사」「1」 여럿이 다 높낮이, 크기, 양 따위의 차이가 없이 한결같다.
          「2」 상태가 정상적으로 순조롭다.

04 위 사전에 대한 설명으로 가장 옳지 않은 것은?

① '고르다 1', '고르다 2', '고르다 3'은 서로 동음이의어이다.

② '고르다 1', '고르다 2', '고르다 3'은 모두 불규칙 활용을 한다.

③ '고르다 2'와 '고르다 3'은 다의어이지만 '고르다 1'은 다의어가 아니다.

④ '고르다 1', '고르다 2', '고르다 3'은 모두 현재진행형으로 사용할 수 있다.

05 다음 밑줄 친 '고르다'가 위 사전의 '고르다 2'의 「2」에 해당하는 것은?

① 울퉁불퉁한 곳을 흙으로 메워 판판하게 골라 놓았다.

② 요즘처럼 고른 날씨가 이어지면 여행을 가도 좋겠어.

③ 그는 이제 가쁘게 몰아쉬던 숨을 고르고 있다.

④ 이 문장의 서술어는 저 사전에서 골라 써.

06 아래의 문장이 들어가기에 가장 적절한 위치로 옳은 것은?

> 문학의 범위를 좁게 잡는 것은 나중에 나타난 새로운 관습이다.

> (가) 문학의 범위는 시대에 따라서 달라져 왔다. 한문학에서 '문(文)'이라고 하던 것은 '시(詩)'와 함께 참으로 큰 비중을 차지하고 실용적인 글도 적지 않게 포함했다.
>
> (나) 시대가 변하면서 '문'이라는 개념은 뒷전으로 밀려나고, 시·소설·희곡이 아닌 것 가운데는 수필이라고 이름을 구태여 따로 붙이는 글만 문학세계의 준회원 정도로 인정하기에 이르렀다.
>
> (다) 근래에 와서 사람이 하는 활동을 세분하면서 무엇이든지 전문화할 때 문학 고유의 영역을 좁게 잡았다.
>
> (라) 문학의 범위를 좁게 잡는 오늘날의 관점으로 과거의 문학을 재단하지 말고, 문학의 범위에 관한 오늘날의 통념을 반성해야 한다.

① (가) 문단 뒤 ② (나) 문단 뒤 ③ (다) 문단 뒤 ④ (라) 문단 뒤

07 한글 맞춤법 규정에 맞는 문장으로 옳은 것은?

① 아무래도 나 자리 뺏겼나 봐요.

② 오늘 하룻동안 해야 할 일이 엄청나네.

③ 그런 일에 발목 잡혀 번번히 주저앉았지.

④ 저희 아이의 석차 백분율이 1%만 올라도 좋겠습니다.

08 아래 글의 (㉠)과 (㉡)에 들어갈 가장 적절한 접속어로 옳은 것은?

> 히포크라테스가 분류한 네 가지 기질이나 성격 유형에 대한 고대의 개념으로 성격에 대한 논의를 시작하는 것이 일반적인 방식이지만, 나는 여기에서 1884년 포트나이트리 리뷰에 실렸던 프랜시스 골턴 경의 논문 성격의 측정으로 이야기를 시작하겠다.
>
> 찰스 다윈의 사촌이었던 골턴은 초기 진화론자로서 진화가 인간에게도 영향을 끼쳤다고 주장한 사람이다. (㉠) 그의 관념은 빅토리아 시대적 편견을 가지고 있었고, (㉡) 그의 주장이 오늘날에는 설득력이 떨어진다. 그럼에도 불구하고 결국에는 자연 선택 이론이 인간을 설명하는 지배적인 학설이 될 것이라는 그의 직관은 옳았다.

	㉠	㉡
①	그래서	그리하여
②	그리고	그래서
③	그러나	따라서
④	그런데	그리고

09 밑줄 친 단어 중 외래어 표기법이 모두 맞는 문장으로 옳은 것은?

① <u>리모콘</u>에 있는 <u>버턴</u>의 번호를 눌러주세요.

② <u>벤젠</u>이나 <u>시너</u>, <u>알코올</u> 등으로 닦지 마세요.

③ 전원 <u>코드</u>를 <u>컨센트</u>에 바르게 연결해 주세요.

④ <u>썬루프</u> 안쪽은 수돗물을 적신 <u>스폰지</u>로 닦아냅니다.

※ 다음 글을 읽고 물음에 답하시오. [10~11]

紅塵에 뭇친 분네 이 내 生涯 엇더ᄒ고
녯사롬 風流롤 미츨가 못 미츨가
天地間 男子 몸이 날만 혼 이 하건마ᄂ
山林에 뭇쳐 이셔 至樂을 ᄆᄅᆯ 것가
數間 茅屋을 碧溪水 앏픠두고
松竹 鬱鬱裏예 風月主人 되여셔라
엇그제 겨을 지나 새 봄이 도라오니
桃花杏花ᄂ 夕陽裏예 퓌여 잇고
綠楊芳草ᄂ 細雨 中에 프르도다
칼로 몰아 낸가 붓으로 그려낸가
造化神功이 物物마다 헌ᄉᆞ다
(가)<u>수풀에 우ᄂ 새ᄂ 春氣롤 못내 계워</u>
<u>소릐마다 嬌態로다</u>
物我一體어니 興이이 다롤소냐
柴扉예 거러 보고 亭子애 안자 보니
逍遙吟詠ᄒ야 山日이 寂寂ᄒ디
閒中眞味롤 알 니 업시 호재로다
이바 니웃드라 山水 구경 가쟈스라

— 정극인, 「상춘곡」

---

10 이 글에 대한 설명으로 가장 적절한 것은?

① '홍진에 묻힌 분'과 묻고 대답하는 형식이다.

② '나'의 공간이동에 따라 시상을 전개하고 있다.

③ '이웃'을 끌어들임으로써 봄의 아름다움을 객관화하고 있다.

④ 서사-본사-결사가 진행되는 가운데 여음을 삽입하여 흥을 돋운다.

11 (가)에 나타난 화자의 정서로 가장 적절한 것은?

① 화자와 산수자연 사이에 가로놓인 방해물에 대한 불만

② 산수자연 속의 모든 존재들과 합일하는 흥겨움의 마음

③ 산수자연의 즐거움을 혼자서만 누리는 것에 대한 안타까움

④ 산수자연에 제대로 몰입하지 못하는 자신의 처지에 대한 회한

12 밑줄 친 ㉠~㉣에 대한 설명으로 가장 적절하지 않은 것은?

> 잠자코 앉아 있노라면 한 큼직한 사람이 느릿느릿 돌계단을 밟고 올라와서는 탑을 지나 종루의 문을 열고 무거운 망치를 꺼내어 들었다. 그는 한참동안 멍하니 서서는 음향에 귀를 ㉠기울였다. 음향이 끝나자마자 그는 망치를 ㉡매어 들며 큰 종을 두들겼다. 그 소리는 산까지 울리며 떨리었다. 우리는 그 ㉢종루지기를 둘러싸고 모여 몇 번이나 치는지 헤아려 보았다. 그러면 열이 되고 그래서 우리는 오른손으로 다시 열까지 셀 수 있도록 곧 왼손의 ㉣엄지손가락을 굽혔다.

① ㉠ : '기울다'의 피동사이다.

② ㉡ : '메어'로 표기되어야 한다.

③ ㉢ : 접미사 '−지기'는 "그것을 지키는 사람"을 뜻한다.

④ ㉣ : 가장 짧고 굵은 손가락으로 '무지(拇指)'라고도 한다.

13 다음 로마자 표기법 중 옳은 것은?

① 순대 sundai

② 광희문 Gwanghimun

③ 왕십리 Wangsibni

④ 정릉 Jeongneung

14 대괄호의 사용이 적절하지 않은 것은?

① 말소리[音聲]의 특징을 알아보자.

② 모두가 건물[에, 로, 까지] 달려갔다.

③ 이윽고 겨울이 오면 초록은 실색한다. [이상 전집3(1958), 235쪽 참조]

④ 난 그 이야기[합격 소식]를 듣고 미소 짓기 시작했다.

※ 다음 글을 읽고 물음에 답하시오. [15~17]

(가) (㉠)의 확산은 1930년에 접어들어 보다 빠른 속도로 경성의 거리를 획일적인 풍경으로 바꿔 놓았는데, 뉴욕이나 파리의 (㉠)은 경성에서도 거의 동시에 (㉠)했다. 이는 물론 영화를 비롯한 근대 과학기술의 덕택이었다.

(나) 하지만 뉴욕과 경성의 (㉠)이 모두 동일한 것은 아니었다. 뉴욕걸이나 할리우드 배우들이나 경성의 모던걸이 입은 패션은 동일해도, 그네들 주변의 풍경은 근대적인 빌딩 숲과 초가집만큼 차이가 났기 때문이다. 경성 모던걸의 (㉠)은 이 같은 근대와 전근대의 아이러니를 내포하고 있었다.

(다) (㉠)은 "일초 동안에 지구를 네박휘"를 돈다는 전파만큼이나 빨라서, 1931년에 이르면 뉴욕이나 할리우드에서 (㉠)하던 파자마라는 '침의패션'은 곧 바로 서울에서도 (㉠)했다. 서구에서 시작한 (㉠)이 일본을 거쳐 한국으로 전달되는 속도는 너무나 빨라 거의 동시적이었다.

(라) 폐쇄된 규방에만 있었던 조선의 여성이 신문과 라디오로, 세계의 동태를 듣게 되면서부터, 지구 한 모퉁이에서 일어나는 일이 그 지구에 매달려 사는 자기 자신에도 큰 파동을 끼치고 있다는 사실을 깨닫게 되었다. 규방 여성이 근대여성이 되기까지는 그리 오랜 시간이 필요하지 않았다. 신문이나 라디오 같은 미디어를 통해 속성 세계인이 될 수 있었기 때문이다. 동시에 미디어는 식민지 조선 여성에게 세계적인 불안도 함께 안겨주었다. 자본주의적 근대의 환상과 그 이면의 불안을 동시에 던져 주었던 것이다.

(마) 근대로 이행하는 데 필요한 절대적인 시간을 뛰어넘어 조선에 근대가 잠입해 올 수 있었던 것은 한편으로 미디어 덕분이었다. 미디어는 근대를 향한 이행을 식민지 조선에 요구했고, 단기간에 조선 사람들을 '속성 세계인'으로 변모시키는 역할을 했다.

15 문맥상 ㉠에 들어갈 단어로 가장 적절한 것은?

① 성행(盛行)　　　② 편승(便乘)　　　③ 기승(氣勝)　　　④ 유행(流行)

16 내용에 따라 (가) 뒤에 이어질 제시문 (나)~(마)의 순서 배열로 가장 적절한 것은?

① (나) – (다) – (라) – (마)　　　② (나) – (라) – (다) – (마)
③ (다) – (나) – (마) – (라)　　　④ (마) – (다) – (라) – (나)

17 위 글을 이해한 내용으로 가장 적절하지 않은 것은?

① 모던걸의 패션은 뉴욕걸이나 할리우드 배우들과 동일했다.
② 신문이나 라디오는 조선 사람이 속성 세계인이 되도록 해 주었다.
③ 파자마 '침의패션'은 뉴욕과 할리우드보다 일본에서 먼저 시작되었다.
④ 식민지 조선 여성은 근대적 환상과 그 이면의 불안을 함께 안고 있었다.

18 다음 밑줄 친 합성어를 구성하는 성분이 모두 고유어인 것은?

① <u>비지땀</u>을 흘리며 공부하는구나.

② 이분을 <u>사랑채</u>로 안내해 드려라.

③ 이렇게 큰 <u>쌍동밤</u>을 본 적 있어?

④ 아궁이에는 <u>장작불</u>이 활활 타올랐다.

※ 다음 글을 읽고 물음에 답하시오. [19~20]

정 씨 옆에 앉았던 노인이 두 사람의 행색과 무릎 위의 배낭을 눈여겨 살피더니 말을 걸어 왔다.
"어디 일들 가슈?" / "아뇨, 고향에 갑니다." / "고향이 어딘데……." / "삼포라구 아십니까?" / "어 알지, 우리 아들 놈이 거기서 도자를 끄는데……." / "삼포에서요? 거 어디 공사 벌릴 데나 됩니까? 고작해야 ⊙<u>고기잡이</u>나 하구 ⓒ<u>감자</u>나 매는데요." / "어허! 몇 년 만에 가는 거요?" / "십 년."
노인은 그렇겠다며 고개를 끄덕였다.
"말두 말우. 거긴 지금 육지야. 바다에 방둑을 쌓아 놓구, 트럭이 수십 대씩 돌을 실어 나른다구." / "뭣 땜에요?" / "낸들 아나. 뭐 관광호텔을 여러 채 짓는담서, 복잡하기가 말할 수 없네." / "동네는 그대로 있을까요?" / "그대루가 뭐요. 맨 천지에 공사판 사람들에다 장까지 들어섰는걸." / "그럼 ⓒ<u>나룻배</u>두 없어졌겠네요." / "바다 위로 ⓔ<u>신작로</u>가 났는데, 나룻배는 뭐에 쓰오. 허허, 사람이 많아지니 변고지. 사람이 많아지면 하늘을 잊는 법이거든."
작정하고 벼르다가 찾아가는 고향이었으나, 정 씨에게는 풍문마저 낯설었다. 옆에서 잠자코 듣고 있던 영달이가 말했다.
"잘 됐군. 우리 거기서 공사판 일이나 잡읍시다."
그때에 기차가 도착했다. 정 씨는 발걸음이 내키질 않았다. 그는 마음의 정처를 방금 잃어버렸던 때문이었다. 어느 결에 정 씨는 영달이와 똑같은 입장이 되어 버렸다.
기차는 눈발이 날리는 어두운 들판을 향해서 달려갔다.

– 황석영, 「삼포 가는 길」

19 문맥적 성격이 다른 하나는?

① ㉠   ② ㉡   ③ ㉢   ④ ㉣

20 이 글의 주제를 표현한 시구로 가장 적절한 것은?

① 빼앗긴 들에도 봄은 오는가.

② 죽어도 아니 눈물 흘리우리다.

③ 내가 사랑했던 자리마다 모두 폐허다.

④ 님은 갔지마는 나는 님을 보내지 아니하였습니다.

21 다음 시의 주된 정조를 가장 잘 나타내는 것은?

> 神策究天文　　　　妙算窮地理
> 戰勝功旣高　　　　知足願云止
>
> — 乙支文德, 「與隋將于仲文」

① 悠悠自適　　　② 戀戀不忘　　　③ 得意滿面　　　④ 山紫水明

22 다음 예문의 밑줄 친 ㉠에 들어갈 말로 가장 적절한 것은?

> 시집갈 때 혼수를 간소하게 하라는 간절한 요청은 _____㉠_____ 부잣집과 사돈을 맺는 데 따르는 부담감을 일시에 벗겨주었다.
>
> — 박완서, 「아주 오래된 농담」

① 불감청이언정 고소원이어서

② 배보다 배꼽이 더 크다고

③ 미운 자식 떡 하나 더 준다고

④ 똥 묻은 개가 겨 묻은 개를 나무라는 격이라

23 다음 시에 대한 설명으로 가장 옳은 것은?

> 차운 산 바위 위에
> 하늘은 멀어
> 산새가 구슬피
> 울음 운다
>
> 구름 흘러가는
> 물길은 칠백 리
>
> 나그네 긴 소매
> 꽃잎에 젖어
> 술 익는 강마을의
> 저녁노을이여
>
> 이 밤 자면 저 마을에
> 꽃은 지리라
>
> 다정하고 한 많음도
> 병인 양하여
> 달빛 아래 고요히
> 흔들리며 가노니……
>
> — 조지훈, 「완화삼」

① '구름, 물길'은 정처 없이 유랑하는 내적 현실을 암시한다.

② '강마을'은 방황하던 서정적 자아가 정착하고자 하는 공간이다.

③ '나그네'는 고향을 떠남으로써 현실의 질곡을 벗어나려는 의지를 상징한다.

④ '한 많음'은 민중적 삶 속에 구현된 전통적 미학에 맞닿아 있는 정서를 대변한다.

24 다음 한자어의 발음 중 표준 발음으로 옳지 않은 것은?

① 마천루(摩天樓) – [마천누]　　　② 공권력(公權力) – [공꿘녁]

③ 생산력(生産力) – [생산녁]　　　④ 결단력(決斷力) – [결딴녁]

25 다음 글의 중심내용으로 가장 옳은 것은?

이제 우리는 세계의 변방이 아니다. 세계화는 점점 더, 과거와는 분명 다르게 우리가 주목과 관심의 대상이 되는 방향으로 진행되고 있다. 이제 한국은 더 이상 '작은 나라'라고만 생각하지 않게 되었다. 한국인의 예술성을 세계에서 인정하고 있는 지금 이 시기에 가장 중요한 것은 무엇일까? 그 무엇보다 시급한 것이 바로 '전략'이다. 지금이야말로 세계 시장에 우리의 예술을 알릴 수 있는 기회가 왔고, 우리만의 전략이 필요한 시기가 왔다.

한국인의 끼는 각별하다. 신바람, 신명풀이가 문화유전자로 등록되어 있는 민족이다. 게다가 신이 나면 어깨춤 덩실덩실 추던 그 어깨 너머로 쓱 보고도 뚝딱 뭔가 만들어낼 줄 아는 재주와 감각도 있고, 문화선진국의 전문가들도 감탄하는 섬세한 재능과 디테일한 예술적 취향도 있다. 문화예술의 시대를 맞은 오늘날, 우리가 먹거리로 삼을 수 있고 상품화할 수 있는 바탕들이 다 갖추어진 유전자들이다. 선진이 선진이고 후진이 후진이면 역사는 바뀌지 않는다. 선진이 후진 되고 후진이 선진 될 때 시대가 바뀌고 새로운 역사가 시작되는 법이다. 우리 앞에 그런 전환점이 놓여 있다.

① 주어진 현실에 안주하는 실리감각

② 다가오는 미래에 대한 희망찬 포부

③ 냉엄한 국제질서에 따른 각박한 삶

④ 사라져 가는 미풍양속에 대한 아쉬움

2021년

2020년

2019년

2018년

2017년

2016년

2015년

2014년

2013년

2012년

2011년

2010년

2009년

2008년

2007년

CHAPTER **02** 2020년 국어 기출문제

Civilian Worker In The Military **PART 01**

국방부(육 · 해 · 공군) 시행 필기시험(2020.07.18)

01 홑문장에 해당하는 것은?

① 어제 빨간 모자를 샀다.

② 봄이 오니 꽃이 피었다.

③ 남긴 만큼 버려지고, 버린 만큼 오염된다.

④ 우리 집 앞마당에 드디어 장미꽃이 피었다.

02 다음 중 가장 적절한 문장은?

① 인생을 살다 보면 남을 도와주기도 하고 도움을 받기도 한다.

② 형은 조문객들과 잠시 환담을 나눈 후 다시 상주 자리로 돌아왔다.

③ 가벼운 물건이라도 높은 위치에서 던지면 인명 사고나 차량 파손을 일으킬 수 있다.

④ 증인이 보는 앞에서 병기에게 친히 불리어서 가까이 가는 것만 해도 여간한 우대였다.

03 국어 순화가 옳지 않은 것은?

① 핸드레일(handrail) → 안전손잡이

② 스크린 도어(screen door) → 차단문

③ 프로필(profile) → 인물 소개, 약력

④ 팝업창(pop-up 窓) → 알림창

04 밑줄 친 부분의 비유 방식이 다른 것은?

> 비유(比喻/譬喻): 「명사」 어떤 현상이나 사물을 직접 설명하지 아니하고 다른 비슷한 현상이나 사물에 빗대어서 설명하는 일

① 요즘은 회사의 경영진에 합류하는 <u>블루칼라가</u> 많아지고 있다.

② 암 진단 결과를 받아들자, <u>그의 마음은 산산조각이 났다.</u>

③ <u>내부의 유리 천장은 없으며</u> 여성들의 상위적 진출이 확대될 것이라고 전망했다.

④ 사업이 실패한 후 <u>그는 사회의 가장 밑바닥으로 떨어졌다.</u>

05 다음 글을 요약한 것으로 가장 적절한 것은?

> 요즘 들어 사람들은 건강에 대한 많은 관심을 보이고 있다. 특히 운동을 통한 건강 유지에 대한 관심이 각별하다고 할 수 있다. 부지런히 뛰고 땀을 흠뻑 흘린 뒤에 느끼는 개운함을 좋아한다. 그렇지만 무조건 신체를 움직인다고 해서 다 운동이 되는 것은 아니다. 무리하게 움직이면 오히려 역효과를 가져온다. 그러므로 운동의 강도를 결정할 때는 자신의 신체 조건을 우선적으로 고려해야 한다. 자신의 체력에 비추어 신체 기능을 충분히 자극할 수는 있어야 하지만 부담이 지나치지 않게 해야 한다. 운동의 시간과 빈도는 개인의 생활양식에 의해 많은 영향을 받게 되지만, 일반적으로는 일주일에 한 번씩 오랜 운동 시간을 하는 것보다는 운동 시간이 짧더라도 빈도를 높여서 규칙적으로 움직이는 것이 운동의 효과를 높이는 데 효과적이다. 가장 바람직한 것은 매일 일정량의 운동을 실천하여 운동을 하나의 생활 습관으로 정착시키는 것이다.

① 운동의 효과는 운동의 빈도를 높일수록 좋다고 할 수 있으므로 가급적 쉬지 말고 부지런히 운동을 하는 것이 좋다.

② 운동의 효과를 높이기 위해서는 무리한 운동보다는 신체에 적절한 자극이 가해지는 운동을 생활 습관으로 정착시켜야 한다.

③ 신체를 무조건 움직인다고 해서 운동이 되는 것이 아니므로 자신의 신체 조건을 우선적으로 고려하여 운동의 강도를 결정한다.

④ 매일 일정량의 운동을 통해 운동을 생활습관으로 정착시키기 위해서는 운동의 긍정적인 측면과 부정적인 측면을 모두 고려해야 한다.

06 국어 로마자 표기법 규정에 어긋난 것은?

① 종로 2가 Jongno 2(i)-ga

② 신라 Silla

③ 속리산 Songnisan

④ 금강 Keumgang

07 사동사와 피동사를 만드는 형태와 방식이 다른 것은?

> • 사동사(使動詞) : 『언어』 문장의 주체가 자기 스스로 행하지 않고 남에게 그 행동이나 동작을 하게 함을 나타내는 동사
> • 피동사(被動詞) : 『언어』 남의 행동을 입어서 행하여지는 동작을 나타내는 동사

① 보다   ② 잡다   ③ 밀다   ④ 안다

08 ㉠의 처지와 관련된 속담으로 가장 적절한 것은?

> "쥔 어른 계서유?"
> 몸을 돌리어 바느질거리를 다시 들려 할 제 이번에는 짜장 인끼가 난다. 황급하게 "누구유?" 하고 일어서며 문을 열어보았다.
> "왜 그리유?"
> "저어, 하룻밤만 드새고 가게 해주세유."
> 남정네도 아닌데 이 밤중에 웬일인가, 맨발에 짚신 짝으로. 그야 아무렇든,
> "어서 들어와 불 쬐게유."
> ㉠나그네는 주춤주춤 방 안으로 들어와서 화로 곁에 도사려 앉는다. 낡은 치맛자락 위로 비어지려는 속살을 아무리자 허리를 지그시 튼다. 그리고는 묵묵하다. 주인은 물끄러미 보고 있다가 밥을 좀 주려느냐고 물어보아도 잠자코 있다.
> 그러나 먹던 대궁을 주워모아 짠지쪽하고 갖다주니 감지덕지 받는다. 그리고 물 한 모금 마심 없이 잠깐 동안에 밥그릇의 밑바닥을 긁는다.
> 밥숟가락을 놓기가 무섭게 주인은 이야기를 붙이기 시작하였다. 미주알고주알 물어보니 이야기는 지수가 없다. 자기로도 너무 지쳐 물은 듯싶은 만치 대구 추근거렸다. 나그네는 싫단 기색도 좋단 기색도 별로 없이 시나브로 대꾸하였다. 남편 없고 몸 붙일 곳 없다는 것을 간단히 말하고 난 뒤,
> "이리저리 얻어먹고 단게유" 하고 턱을 가슴에 묻는다.

① 패랭이에 숟가락 꽂고 산다.

② 태산 명동에 서일필이라.

③ 터진 방앗공이에 보리알 끼듯 하였다.

④ 보리누름까지 세배한다.

09 밑줄 친 단어의 품사가 다른 것은?

① 집에 들어가 보니 동생이 <u>혼자</u> 밥을 먹고 있었다.

② <u>정녕</u> 가시겠다면 고이 보내 드리리다.

③ 나는 과일 중에 사과를 <u>제일</u> 좋아한다.

④ <u>둘째</u> 며느리 삼아 보아야 맏며느리 착한 줄 안다.

10 밑줄 친 부분의 한자어로 적절하지 않은 것은?

코로나가 갖고 온 변화는 ㉠침체된 것처럼 보이는 삶 – ㉡위축된 경제와 단절된 관계와 불투명한 미래까지–에서부터 일상의 작은 규칙들, 마스크를 쓰고 손을 씻고 사회적 거리두기를 하는 것 등 삶의 전반에 크고 작은 영향을 끼쳤다. 그것이 우리 눈앞에 펼쳐진 코로나 이후의 맞닥뜨린 냉혹한 현실이지만 반대급부도 분명 존재한다. 가만히 들여다보면 차가운 현실의 이면에는 분명 또 다른 내용의 속지가 숨겨져 있다. 코로나로 인해 '국가의 감염병 예방 시스템이 새롭게 정비되고 ㉢방역 의료체계가 발전하고 환경오염이 줄고'와 같은 거창한 것은 ㉣차치하고라도 당장, 홀로 있음의 경험을 통해서 내 자신의 마음 들여다보기가 가능해졌다.

① ㉠ 沈滯 ② ㉡ 萎縮 ③ ㉢ 紡疫 ④ ㉣ 且置

11 띄어쓰기가 옳지 않은 것은?

① 그녀는 사업차 외국에 나갔다.
② 들고 갈 수 있을 만큼만 담아라.
③ 그는 세 번만에 시험에 합격했다.
④ 쌀, 보리, 콩, 조, 기장 들을 오곡(五穀)이라 한다.

12 언어 예절에 가장 알맞게 발화한 것은?

① (아침에 출근해서 직급이 같은 동료에게) 좋은 아침!
② (집에서 손님을 보낼 때 손위 사람에게) 살펴 가십시오.
③ (윗사람의 생일을 축하하며) 건강하십시오.
④ (관공서에서 손님이 들어올 때) 무엇을 도와 드릴까요?

※ 다음 글을 읽고 물음에 답하시오. [13~14]

계해년(癸亥年) 겨울에 우리 전하께서 정음 28자를 처음으로 만들어 예의(例義)를 간략하게 들어 보이고 이름을 훈민정음(訓民正音)이라 하였다. (①) 천지인(天地人) 삼극(三極)의 뜻과 음양(陰陽)의 이기(二氣)의 정묘함을 포괄(包括)하지 않은 것이 없다. 28자로써 전환이 무궁하고 간요(簡要)하며 모든 음에 정통하였다. (㉠) 슬기로운 사람은 하루아침을 마치기도 전에 깨우치고, 어리석은 이라도 열흘이면 배울 수 있다. (②) 이 글자로써 글을 풀면 그 뜻을 알 수 있고, 이 글자로써 송사를 심리하더라도 그 실정을 알 수 있게 되었다. (③) 한자음은 청탁을 능히 구별할 수 있고 악기는 율려에 잘 맞는다. 쓰는 데 갖추어지지 않은 바가 없고, 가서 통달되지 않는 바가 없다. 바람 소리, 학의 울음, 닭의 홰치며 우는 소리, 개 짖는 소리일지라도 모두 이 글자를 가지고 적을 수가 있다. (④)

– 〈훈민정음 해례(解例)〉 정인지(鄭麟趾) 서문(序文) 중에서

13 다음 (가)의 위치로 가장 적절한 것은?

(가) 상형을 기본으로 하고 글자는 고전(古篆)을 본떴고 사성을 기초로 하고 음(音)이 칠조(七調)를 갖추었다.

① ② ③ ④

14 (㉠)에 들어갈 접속부사로 가장 적절한 것은?

① 그리고　　　　② 그런데　　　　③ 그러므로　　　　④ 왜냐하면

15 우리말 어법에 맞고 가장 자연스러운 문장은?

① 그의 하루 일과를 일어나자마자 아침 신문을 읽는 데서 시작한다.

② 저녁노을이 지는 들판에서 농부 내외가 조용히 기도하는 모습이 멀리 보였다.

③ 졸업한 형도 못 푸는 문제인데, 하물며 네가 풀겠다고 덤볐다.

④ 제가 여러분에게 당부하고 싶은 것은 주변 환경을 탓하지 마시기 바랍니다.

16 밑줄 친 '성김'과 '빽빽함'의 의미 관계와 같지 않은 것은?

구도의 필요에 따라 좌우와 상하의 거리 조정, 허와 실의 보완, 성김과 빽빽함의 변화 표현 등이 자유로워졌다.

① 곱다 : 거칠다　　　　　　　　② 무르다 : 야무지다

③ 넉넉하다 : 푼푼하다　　　　　④ 느슨하다 : 팽팽하다

17 한글 맞춤법에 옳게 쓰인 것을 모두 고른 것은?

> 나는 먼저 미역을 물에 ㉠담궈 두고 밥을 ㉡안쳤다. 불린 미역을 냄비에 넣고 불을 ㉢붙였다. 미역국이 끓는 동안 생선도 ㉣졸였다. 마지막으로 두부에 달걀옷을 입혀 ㉤부쳤다. 상을 차려놓고 어머니가 오시기를 기다렸다. ㉥하느라고 했는데 생일상치고 영 볼품이 없는 것 같다.

① ㉠, ㉡, ㉣
② ㉢, ㉤, ㉥
③ ㉡, ㉣, ㉤
④ ㉡, ㉢, ㉤

18 다음 내용과 관계있는 한자성어로 가장 거리가 먼 것은?

> 선비는 단순한 지식 습득에 목적을 두지 않고 아는 것을 실천하는 것에 중점을 두고 있다. 또한 선비는 개인의 이익보다 사회 정의를 생각하며 행동하고 살아간다. 자신의 인격을 완성하고 그것을 통해 모든 사람에게 평안한 삶을 살게 하는 것이 그들의 궁극적 목적이다. 선비가 갖추어야 할 덕목은 많지만 상호 연결되어 있다. 자신을 낮추는 자세, 타인을 존중하는 마음, 검소하고 청렴결백한 삶 등이 하나로 연결되어 있는 것이다.

① 見利思義
② 勞謙君子
③ 修己安人
④ 梁上君子

19 다음 밑줄 친 '-의' 중에서 '기쁨의 열매'와 쓰임이 같은 것은?

① 조선의 독립국임
② 천(天)의 명명(明命)
③ 인도(人道)의 간과(干戈)
④ 대의(大義)의 극명(克明)

20 다음 글에서 밑줄 친 ㉠과 바꿔 쓰기에 가장 적절한 것은?

> 킬트의 독특한 체크무늬가 각 씨족의 상징으로 자리 잡은 것은, 1822년에 영국 왕이 방문했을 때 성대한 환영 행사를 마련하면서 각 씨족장들에게 다른 무늬의 킬트를 입도록 종용하면서부터이다. 이때 채택된 독특한 체크무늬가 각 씨족을 대표하는 의상으로 ㉠자리를 잡게 되었다.

① 정돈(整頓)되었다.
② 정제(精製)되었다.
③ 정리(整理)되었다.
④ 정착(定着)되었다.

21 다음 글의 내용과 가장 부합하는 것은?

심리학자 융은 인간에게는 '페르소나(persona)'와 '그림자(shadow)'의 측면이 있다고 한다. 페르소나란 한 개인이 사회에서 요구하는 역할에 적응하면서 얻어진 자아의 한 측면을 의미한다. 그런데 오로지 페르소나만 추구하려 한다면 그림자가 위축되어 결국 자기 자신으로부터 소외를 당해 무기력하고 생기가 없어지게 된다. 한편 그림자는 인간의 원시적인 본능 성향을 의미한다. 이것은 사회에서 부도덕하다고 생각하는 충동적인 면이 있지만, 자발성, 창의성, 통찰력, 깊은 정서 등 긍정적인 면이 있어 지나치게 억압해서는 안 된다.

① 페르소나는 현실적인 속성, 그림자는 근원적인 속성을 갖고 있다.

② 페르소나를 멀리 하게 되면, 자아는 무기력하게 된다.

③ 그림자는 도덕성을 추구할 때, 자발성과 창의성이 더욱 커진다.

④ 그림자를 억압하게 되면 페르소나를 더욱 추구하게 된다.

22 낱말의 발음이 옳지 않은 것은?

① 맑고 → [말꼬]　　　　　　　　　② 끊기다 → [끈기다]

③ 맏형 → [마텽]　　　　　　　　　④ 밟고 → [밥 : 꼬]

23 단어의 구조가 다른 것은?

① 도시락　　　　② 선생님　　　　③ 날고기　　　　④ 밤나무

24 다음 글의 내용과 가장 거리가 먼 것은?

항생제는 세균에 대한 항균 효과가 있는 물질을 말한다. '프로폴리스' 같이 자연적으로 존재하는 항생제를 자연 요법제라고 하고, '설파제' 같이 화학적으로 합성된 항생제를 화학 요법제라고 한다. 현재 사용되고 있는 많은 항생제들은 곰팡이가 생성한 물질을 화학적으로보다 효과가 좋게 합성한 것들이어서 넓은 의미에서는 이들도 화학 요법제라고 할 수 있을 것이다.

'페니실린', '세파로스포린' 같은 것은 우리 몸의 세포에는 없는 세균의 세포벽에 작용하여 세균을 죽이는 것이다. 그 밖의 항생제들은 '테트라사이크린', '클로로마이신' 등과 같이 세균세포의 단백합성에 장애를 만들어 항균 효과를 나타내거나, '퀴노론', '리팜핀' 등과 같이 세균세포의 핵산합성을 저해하거나, '포리믹신' 등과 같이 세균세포막의 투과성에 장애를 일으켜 항균 효과를 나타낸다.

① 항생제의 정의　　　　　　　　　② 항생제의 내성 정도

③ 항균 작용의 기제　　　　　　　　④ 항생제의 분류 방법

25 주장하는 말이 범하는 논리적 오류 유형이 다른 하나는?

① 식량을 주면, 옷을 달라고 할 것이고, 그 다음 집을 달라고 할 것이고, 결국 평생직장을 보장하라고 할 것이 틀림없어. 식량 배급은 당장 그만두어야 해.

② 네가 술 한 잔을 마시면, 다시 마시게 되고, 결국 알코올 중독자가 될 거야. 애초부터 술 마실 생각은 하지 마라.

③ 아이들에게 부드럽게 말하면, 아이들은 부모를 무서워하지 않게 되고, 그 부모는 아이들을 망치게 될 겁니다. 아이들에게 엄하게 말하는 것을 두려워하지 마세요.

④ 식이요법을 시작하면 영양 부족에 빠지고, 어설픈 식이요법이 알코올 중독에 이르게 한다는 것을 암시해. 식이요법을 시작하지 못하게 막아야 해.

CHAPTER 03 | 2019년 국어 기출문제

Civilian Worker In The Military **PART 01**

국방부(육 · 해 · 공군) 시행 필기시험(2019.06.22)

---

01 다음 중 밑줄 친 부분의 표기가 옳은 것은?

〈보기〉
우리는 ⓐ널따란 바위 위에 자리를 잡고 앉았다.
코는 뭉툭하고 입은 ⓑ넓죽해서 볼품이 없다.
그는 매일 반복되는 생활에 ⓒ실증을 느끼고 있다.
그 집 지붕에는 ⓓ얇다란 함석판들이 이어져 있었다.
그는 어머니를 생각하며 ⓔ굵다란 눈물을 뚝뚝 흘렸다.

① ⓐ, ⓑ, ⓒ   ② ⓐ, ⓑ, ⓓ

③ ⓐ, ⓑ, ⓔ   ④ ⓑ, ⓓ, ⓔ

02 다음 중 밑줄 친 부분에 사용된 것은?

불휘 <u>기픈</u> 남ᄀᆞᆫ ᄇᆞᄅᆞ매 아니 뮐씨 곶 됴코 여름 하ᄂᆞ니
시미 <u>기픈</u> 므른 ᄀᆞ무래 아니 그츨씨 내히 이러 바ᄅᆞ래 가ᄂᆞ니

– 「용비어천가 2장」

믈 <u>깊고</u> ᄇᆡ 업건마ᄅᆞᆫ 하ᄂᆞᆯ히 命(명)ᄒᆞ실씨 ᄆᆞᆯ 톤자히 건너시니이다.
城(성) <u>높고</u> ᄃᆞ리 업건마ᄅᆞᆫ 하ᄂᆞᆯ히 도ᄫᆞ실씨 ᄆᆞᆯ 톤자히 ᄂᆞ리시니이다.

– 「용비어천가 34장」

님그미 賢(현)커신마ᄅᆞᆫ 太子(태자)를 몯 어드실씨 누본 남기 니러셔니이다
나라히 오라건마ᄅᆞᆫ 天命(천명)이 다아갈씨 이본 남기 새 닢 나니이다

– 「용비어천가 84장」

① 초성종성통용팔자(初聲終聲通用8字)   ② 종성부용초성(終聲復用初聲)

③ 초성독용팔자(初聲獨用八字)   ④ 중성독용팔자(中聲獨用八字)

03 다음 중 줄여 쓸 수 있는 말은?

① 바뀌었습니다.　　　② 품종이어요.　　　③ 다투었군요.　　　④ 줄어들었습니다

04 다음 중 로마자 표기가 옳은 것으로만 묶인 것은?

김치 Kimchi	설날 seollal	왕십리 Wangsimni
대관령 daegwalryeong	속리산 Songnisan	불국사 Bulkuksa
벚꽃 beotkkot		

① 김치, 왕십리, 대관령, 불국사　　　② 김치, 설날, 왕십리, 벚꽃

③ 설날, 왕십리, 속리산, 벚꽃　　　④ 설날, 대관령, 속리산, 불국사, 벚꽃

05 다음 중 빈칸에 들어갈 한자성어로 옳은 것은?

과연 노파는 한 푼이라도 더 돈으로 바꾸고 싶은 노파심에서였을 것이다. 먹지도 않고 그 곁에서 (　　　)하는 나에게 하나쯤 먹어 보는 것도 좋다. 그리고 먹음직하거든 제발 좀 사달라고 얼굴은 울음 반 웃음 반이다.

① 小貪大失　　　② 寤寐不忘　　　③ 十匙一飯　　　④ 垂涎萬丈

06 다음 중 한국어를 기술하기 위해 만든 책이 아닌 것은?

① 훈몽자회　　　② 한불자전　　　③ 말모이　　　④ 큰사전

07 〈보기〉와 같은 높임법이 모두 쓰인 것은?

〈보기〉
아버지께서 쓰시던 물건을 그 분께 가져다 드렸습니다.

① 누나가 어머니를 모시고 병원에 갔습니다.
② 선생님은 제가 여쭈었던 내용을 기억하고 계셨습니다.
③ 어머니께서 동생에게 용돈을 주셨습니다.
④ 할머니께서 방에서 주무시고 계십니다.

※ 다음 글을 읽고 물음에 답하시오. [08~09]

(가) 비자의 생명은 유연성이란 특질에 있다. 한번 균열이 생겼다가 제 힘으로 도로 유착·결합했다는 것은 그 유연성이란 특질을 실지로 증명해 보인, 이를테면 졸업 증서이다. 하마터면 목침감이 될 뻔했던 불구 병신이, 그 치명적인 시련을 이겨내면 되레 한 급(級)이 올라 특급품이 되어 버린다. 재미가 깨를 볶는 이야기다.

(나) 반면이 갈라진다는 것이 기약치 않은 불측(不測)의 사고이다. 사고란 어느 때 어느 경우에도 별로 환영할 것이 못 된다. 그 균열(龜裂)의 성질 여하에 따라서는 일급품 바둑판이 목침(木枕)감으로 전락해 버릴 수도 있다. 그러나 그렇게 큰 균열이 아니고 회생할 여지가 있을 정도라면 헝겊으로 싸고 뚜껑을 덮어서 조심스럽게 간수해 둔다(갈라진 균열 사이로 먼지나 티가 들어가지 않도록 하는 단속이다.).

(다) 1년, 이태, 때로는 3년까지 그냥 내버려 둔다. 계절이 바뀌고 추위, 더위가 여러 차례 순환한다. 그 동안에 상처 났던 바둑판은 제 힘으로 제 상처를 고쳐서 본디대로 유착(癒着)해 버리고, 균열진 자리에 머리카락 같은 희미한 흔적만이 남는다.

(라) 비자반 일등품 위에 또 한층 뛰어 특급품이란 것이 있다. 반재며, 치수며, 연륜이며 어느 점이 일급과 다르다는 것은 아니나, 반면에 머리카락 같은 가느다란 흉터가 보이면 이게 특급품이다. 알기 쉽게 값으로 따지자면, 전전(戰前) 시세로 일급이 2천 원(돌은 따로 하고) 전후인데, 특급은 2천 4, 5백 원, 상처가 있어서 값이 내리기는 커녕 오히려 비싸진다는 데 진진(津津)한 묘미가 있다.

08 윗글의 독해 순서가 옳게 나열된 것은?

① (라) – (나) – (가) – (다)
② (라) – (나) – (다) – (가)
③ (나) – (라) – (가) – (나)
④ (나) – (가) – (라) – (다)

09 윗글의 주제로 가장 옳은 것은?

① 인생의 과실에 낙담하지 않고 융통성 있게 헤쳐 나간다.
② 각박한 현실에 맞서서 대항하는 자세가 중요하다.
③ 내상을 신비로운 상태로 남겨 두는 것이 필요하다.
④ 위기를 기회로 삼아야 한다.

10 다음 중 밑줄 친 부분의 띄어쓰기가 옳지 않은 것은?

① 그들은 부자 간에 정을 나누었다.
② 그는 대학 재학 중에 고등 고시에 합격하였다.
③ 그 사람을 만난 지도 꽤 오래되었다.
④ 이 책을 보는 데만 세 시간이 걸렸다.

11 표준어와 비표준어의 연결이 잘못된 것은?

	표준어	비표준어
①	총각무	알타리무
②	개다리밥상	개다리소반
③	방고래	구들고래
④	산누에	멧누에

12 밑줄 친 단어를 사전에서 찾을 때 검색하기 위한 표제어로 맞는 것은?

① 보내 주든지 가지고 가든지 네 <u>생각대로</u> 해라. → 생각대로

② 그는 라면 국물을 <u>그릇째</u>로 들고 먹었다. → 그릇째

③ 할머니께서 가끔 이야기를 <u>들려주곤</u> 하셨다. → 들리다

④ 나는 동생에게 문을 잠그고 나가라고 <u>신신당부했건만</u> 동생은 그대로 나가 버렸다. → 신신당부하다

13 다음 중 〈보기〉의 규정에 맞지 않는 것은?

〈보기〉
제39항 어미 '-지' 뒤에 '않 -'이 어울려 '-잖-'이 될 적과 '-하지' 뒤에 않-'이 어울려 '-찮-'이 될 적에는 준 대로 적는다.

① 당찮다   ② 그렇잖다   ③ 달갑잖다   ④ 올곧찮다

※ 다음 글을 읽고 물음에 답하시오. [14~16]

(가) 고음역이 깨끗하게 들리는 CD는 저음역의 음악 정보를 제대로 담지 못하는 반쪽짜리 그릇이기 때문이다. '양자화(quantize)'라고 불리는 디지털화 과정에서 저음역의 주파수가 아주 미세한 ㉠근삿값으로 바뀌는데, 그 순간 다른 음으로 변화된 저음이 화음과 어울리지 않게 되어 버린다. 배음(倍音)과 화음의 바탕을 이루는 베이스음이 변동되는 순간, 조화를 이루어야 할 음악의 구조는 기초부터 흔들리게 된다.

(나) 왜 이런 오류가 발생하는 걸까? 디지털화의 기본 처리 과정에서 충분한 해상도가 확보되지 않을 때, 음악 정보가 원본과 다른 근삿값으로 바뀌어 기록되기 때문이다. 예를 들어, 소수점 한 자리까지 처리할 수 있는 성적 시스템에서 89.4와 89.5는 0.1의 작은 차이를 보이는 점수이다. 그런데 만일 소수점을 처리하지 못하는 시스템이라면 어떻게 될까? 89.4점은 근삿값인 89점이 되고 89.5점은 근삿값인 90점이 된다. 작은 차이의 점수가 '수'와 '우'라는 현격한 차이의 점수로 바뀐다. 해상도가 떨어지는 디지털 변환은 이처럼 매 우 미세한 차이를 차원이 다른 결과로 바꿔 버리는 문제를 안고 있다.

(다) 디지털의 오류는 44.1kHz, 16비트 해상도의 '작은 그릇'인 CD가 안고 있는 치명적인 단점이다. 잡음 없는 깨끗한 소리를 전달한다는 장점과는 달리, 음악의 전체적인 조화를 무너뜨릴 수 있는 커다란 오류를 지니고 있는 것이다. CD의 편의성에 찬사를 보내면서도 음악성에는 불합격점을 줄 수밖에 없는 이유다. CD의 사운드는 충분하지 못한 해상도의 디지털이 갖는 단점을 명백하게 드러낸다. 해상도 낮은 사진에서 불분명한 화소가 뭉뚱그려져 보이는 '깍두기 현상'이 나타나듯, 클래식 음악에 사용되는 악기들의 섬세한 사운드에 담긴 미묘한 변화와 표정, 다이내믹, 특징적인 공명을 제대로 잡아내지 못한다.

(라) 구스타프 말러의 교향곡 제2번 '부활'의 서주부와 같이 더블베이스의 저음이 중요한 비중을 차지하는 연주를 CD와 LP로 비교하여 들어 보면, 저음 정보가 충분하지 않을 때 오케스트라의 사운드가 얼마나 빈약하게 느껴지는지 잘 알 수 있다. 정확한 저음을 바탕으로 하모니를 만들어 가는 클래식 음악을 CD로 듣고 있으면, 마치 모래 위에 지어진 집처럼 위태롭고 불안한 느낌이 들곤 한다.

— 「레코드의 비밀」

14 다음 중 밑줄 친 ㉠과 같은 사이시옷 구성은?

① 시냇물　　　　② 조갯살　　　　③ 전셋집　　　　④ 두렛일

15 윗글의 내용과 일치하지 않는 것은?

① CD는 고음역 소리를 깨끗하게 담아낸다.

② CD는 44.1kHZ, 16비트 해상도라는 단점을 가진다.

③ LP와는 다르게 CD로 저음으로 이루어진 사운드를 들으면 위태롭고 불안한 느낌을 받을 수 있다.

④ CD는 양자화 과정에서 소수점 한 자리까지 처리할 수 있다.

16 윗글의 설명 방식으로 옳은 것은?

① (가)와 (나)는 원인과 결과의 순서로 나열되어 있다.

② (나)와 (다)는 수학적 원리를 이용하여 설명하고 있다.

③ (다)와 (라)는 CD의 장점에 대해 설명하고 있다.

④ (가), (다), (라)에는 은유와 직유법을 사용하고 있다.

17 밑줄 친 부분의 띄어쓰기가 옳지 않은 것은?

① 그쪽으로 갈까요? 어젯밤에 <u>갔던데요</u>.

② 약속이 자꾸 어긋나서 어찌해야 할지 <u>모르겠던데요</u>.

③ 오늘 회사로 택배가 <u>왔던데요</u>.

④ 운동을 했더니 다리가 <u>아프던데요</u>.

18 다음 중 현대어 해석으로 잘못된 것은?

> (가) 毗盧峯(비로봉) 上上頭(샹샹두)의 올라 보니 긔 뉘신고
> (나) 東山(동산) 泰山(태산)이 어ᄂᆞ야 놉돗던고
> (다) 넙거나 넙은 天下(텬하) 엇씨ᄒᆞ야 젹닷 말고
> (라) 오ᄅᆞ디 못ᄒᆞ거니 ᄂᆞ려가미 고이홀가

① (가) 비로봉에 올라보니 그대는 누구이신가

② (나) 동산과 태산은 어느 것이 높은가

③ (다) 넓거나 넓은 천하를 어찌하여 작다고 했는가

④ (라) 오르지 못해 내려가는 것이 무엇이 이상할까

19 회의 의안 심의 과정을 올바르게 나열한 것은?

① 제출 – 상정 – 제안 설명 – 질의응답 – 찬반토론 표결

② 제출 – 상정 – 제안 설명 – 찬반토론 – 질의응답 – 표결

③ 제출 – 찬반토론 – 상정 – 제안 설명 – 질의응답 – 표결

④ 제출 – 제안 설명 – 상정 – 찬반토론 – 질의응답 – 표결

20 다음 문장 중 맞춤법이 옳은 것은?

① 밤을 새서라도 일을 끝마치겠다.   ② 자꾸 밤새지 마라, 몸 축날라.

③ 밤샌 보람이 있다.   ④ 몇 밤을 뜬눈으로 새웠다.

21 다음 중 두음 법칙이 적용되는 구성 분석으로 옳지 않은 것은?

① 공+염불   ② 신+년도   ③ 강수+량   ④ 비구+니

※ 다음 글을 읽고 물음에 답하시오. [22~23]

> 열무 삼십 단을 이고
> 시장에 간 우리 엄마
> 안 오시네, 해는 시든 지 오래
> 나는 찬밥처럼 방에 담겨
> 아무리 천천히 숙제를 해도
> 엄마 안 오시네, 배춧잎 같은 발소리 타박타박
> 안 들리네, 어둡고 무서워
> 금간 창 틈으로 고요한 빗소리
> 빈 방에 혼자 엎드려 훌쩍거리던
> 아주 먼 옛날
> 지금도 내 눈시울을 뜨겁게 하는
> 그 시절, 내 유년의 윗목

22 다음 중 엄마의 고생을 가리키는 시어와 거리가 먼 것은?

① 열무 삼십 단   ② 해는 시든 지 오래

③ 찬밥   ④ 배춧잎 같은 발소리

23 '배춧잎 같은 발소리'에 사용된 수사 기법은?

① 고요한 빗소리   ② 내 유년의 윗목

③ 해는 시든 지 오래   ④ 찬밥처럼 방에 담겨

24 다음 중 문장부호에 대한 것으로 옳지 않은 것은?

① 제목이나 표제어, 표어에는 마침표를 쓰지 않는다.

② 열거할 어구들을 생략할 때 사용하는 줄임표 앞에는 쉼표를 쓰지 않는다.

③ 가운뎃점은 기준 단위당 수량을 표시할 때 사용한다.

④ 문장 안에서 책의 제목을 나타낼 때 겹낫표를 쓴다.

25 다음 중 외래어 규정에 대한 설명으로 옳지 않은 것은?

① 외래어는 국어의 현용 24자모만으로 적는다.

② 외래어의 1 음운은 원칙적으로 1 기호로 적는다.

③ 받침에는 'ㄱ, ㄴ, ㄷ, ㄹ, ㅁ, ㅂ, ㅇ'만을 쓴다.

④ 파열음 표기에는 된소리를 쓰지 않는 것을 원칙으로 한다.

2021년
2020년
2019년
2018년
2017년
2016년
2015년
2014년
2013년
2012년
2011년
2010년
2009년
2008년
2007년

CHAPTER **04** 2018년 국어 기출문제

Civilian Worker In The Military **PART** 01

국방부(육 · 해 · 공군) 시행 필기시험(2018.08.11)

01 다음 중 맞춤법에 옳은 문장은?

① 누구나 하고 싶은 데로 하고 살 수는 없다.

② 올해 신입 사원은 일도 잘할 뿐더러 성격도 좋다.

③ 그는 쏟아지는 질문 공세에도 일체 답하지 않았다.

④ 앞으로는 절대 불법 운전을 하지 않겠다.

02 다음 중 띄어쓰기가 옳게 표기된 것은?

① 하릴 없다

② 하잘것 없다

③ 보잘 것 없다

④ 물샐틈없다

03 다음 중 감탄사가 사용되지 않은 문장은?

① 어! 그거 좋은 생각이다.

② 어머나! 언제 오신 거예요?

③ 청춘! 이는 듣기만 하여도 설레는 말이다.

④ 애! 너 거기서 뭐 하고 있니?

04 의미상 빈칸 ㉠과 ㉡에 들어갈 말을 옳게 짝지은 것은?

서주(西疇) 놉흔 논애 잠산 긴 널비예
도상(道上) 무원수(無源水)를 반만산 디혀두고,
쇼 흔 적 듀마 ᄒ고 엄섬이 ᄒᄂ는 말삼
친절(親切)호라 너긴 집의 돌 업슨 황혼(黃昏)의 (㉠) 다라 가셔,
구디 다둔 문(門) 밧긔 어득히 혼자 서셔
큰 기츰 아함이를 양구(良久)토록 ᄒᄋᆫ 후(後)에,
어와 긔 뉘신고 염치(廉恥) 업산 닉옵노라.
초경(初更)도 거읜듸 긔 엇지 와 겨신고.
연년(年年)에 이러ᄒᆞ기 구차(苟且)ᄒᆫ 줄 알건마ᄂᆞᆫ
쇼 업슨 궁가(窮家)애 혜염 만하 왓삽노라.
공ᄒ니나 갑시나 주엄 즉도 ᄒ다마ᄂᆞᆫ,
다만 어제 밤의 거ᄂᆡᆫ 집 져 사롬이,
목 불근 수기치(雉)을 옥지읍(玉脂泣)게 ᄭ우어 닉고,
간 이근 삼해주(三亥酒)을 취(醉)토록 권(勸)ᄒ거든,
이러한 은혜(恩惠)을 어이 아니 갑흘넌고.
내일(來日)로 주마 ᄒ고 큰 언약(言約) ᄒ야거든,
실약(失約)이 미편(未便)ᄒ니 사셜이 어려왜라.
실위(實爲) 그러ᄒ면 혈마 어이ᄒ고.
헌 먼덕 수기 스고 측 업슨 집신에 (㉡) 믈너 오니,
풍채(風採) 저근 형용(形容)애 기 즈칠 뿐이로다.

① 허덕허덕, 타울타울　　　　　② 굼실굼실, 슴벅슴벅

③ 허위허위, 타박타박　　　　　④ 허둥허둥, 설픗설픗

05 「훈몽자회」에 대한 설명으로 옳지 않은 것은?

① 어린이를 위한 교습서로 1527년 편찬되었다.

② 초성과 종성에만 쓰일 수 있는 것은 ㄱ, ㄴ, ㄷ, ㄹ, ㅁ, ㅂ, ㅅ, ㆁ 8개로 규정하였다.

③ 초성에만 쓰일 수 있는 것은 ㅈ, ㅊ, ㅋ, ㅍ, ㅌ, ㅎ 6개로 규정하였다.

④ 중성에만 쓰일 수 있는 것은 ㅏ, ㅑ, ㅓ, ㅕ, ㅗ, ㅛ, ㅜ, ㅠ, ㅡ, ㅣ, ㆍ 11개로 규정하였다.

06 다음 중 한자성어와 유사한 의미의 속담을 연결한 것으로 옳지 않은 것은?

① 동병상련 - 거지가 하늘을 불쌍히 여긴다.

② 견문발검 - 닭 잡는 데 소 잡는 칼 쓴다.

③ 작학관보 - 뱁새가 황새 따라가다 가랑이가 찢어진다.

④ 내빈외부 - 난 부자 든 거지

07 다음 중 〈보기〉를 통해 설명할 수 없는 문장은?

〈보기〉
올바른 글쓰기를 위해서는 다음과 같은 문장을 사용하지 않도록 해야 한다.
• 생물이 아닌 무생물을 생물인 주어처럼 사용하는 문장
• 이중사동이나 이중피동이 사용된 문장
• 과도한 명사화가 이루어진 문장

① 많은 세월이 지났음에도 그때 그 일은 잊혀지지 않았다.

② 그는 새로운 발견인 양 떠들어 댔지만 그건 이미 알려져 있는 사실이었다.

③ 과학자들이 연구함으로써 과학 발전에 이바지를 하고 있다.

④ 대학 축제가 사람들을 즐겁게 하고 있다.

08 다음은 박경리의 소설 「토지」에서 사용된 단어이다. 각 단어의 뜻을 풀이한 것으로 옳지 않은 것은?

① 질정(質正)하다 : 갈피를 잡아서 분명하게 정하다.

② 상글하다 : 눈과 입을 귀엽게 움직이며 소리 없이 정답게 웃다.

③ 부지(扶持)하다 : 상당히 어렵게 보존하거나 유지하여 나가다.

④ 억실억실 : 얼굴 모양이나 생김새가 선이 굵고 시원시원한 모양

09 다음 글에서 〈보기〉가 들어갈 위치로 옳은 것은?

> **〈보기〉**
>
> 이 말을 다시 하자면, 실패하고 좌절하는 연습을 하기 때문에 결국 좌절하고 마는 것이다. 이와 마찬가지로, 연습을 통해서 자신에게 숨겨져 있는 연민과 인내력, 친절, 겸손, 그리고 평화라는 더없이 긍정적인 자질을 끌어낼 수도 있다.

우리가 매일 되풀이해 행하는 '습관'은 개인의 인생행로를 결정하는 가장 정신적이면서도 구체적인 기본 원리 중 하나이다. 다시 말해, 그것이 무엇이든 현재 가장 습관적으로 하는 일이 우리의 미래를 결정짓게 된다.

(가)

인생이 뜻대로 풀리지 않을 때마다 초조해하고, 다른 사람의 비판에 대해 공격적이거나 방어적인 자세를 취하며, 항상 자신이 옳다고 주장하거나, 불운한 상황을 실제보다 훨씬 더 비관적인 눈길로 바라보고, 인생이 위급 상황인 양 행동하는 습관에 젖어 있다면, 우리의 삶 역시 이러한 습관의 반영물이 되고 만다.

(나)

나는 인간은 연습을 통해 완벽해질 수 있으며, 그렇기 때문에 매일매일의 습관에 주의를 기울여야 한다고 생각한다. 그렇다고 인생 전체를 원대한 계획으로 가득 채우고, 목표 달성을 향해 항상 자신을 질책해야 한다는 것은 아니다. 다만 자신의 내적·외적 습관을 의식하는 것이 삶에 큰 도움이 된다는 것이다.

(다)

지금 어디에 관심을 쏟고 있는가? 어떻게 시간을 보내고 있는가? 자신이 정한 목표에 도움이 되는 습관을 개발하고 있는가? 자신이 기대해 온 인생이 실제 자신의 인생과 일치하는가? 스스로에게 이러한 질문을 던져 보고, 정직하게 대답하는 것만으로도 어떤 방법이 자신에게 가장 유용한지 결정하는 데 도움이 된다.

(라)

혹시 "나는 좀 더 많은 시간을 혼자 보내고 싶어" 혹은 "나는 항상 명상법을 배우고 싶었어" 하고 말하면서도 어찌 된 일인지 시간이 없어 그렇게 하지 못하지 않았는가? 유감스럽게도 많은 사람들이 마음을 살찌우는 일에 시간을 투자하기보다는 세차를 하거나 재미도 없는 시시껄렁한 텔레비전 프로그램의 재방송을 보는 데 더 많은 시간을 쏟는다. 하지만 매일같이 시간을 내서 하는 일이 자신의 미래를 결정짓는다는 점을 명심한다면, 분명 이전과는 다른 일들을 시작하게 될 것이다.

① (가) ② (나) ③ (다) ④ (라)

10 다음 문장을 로마자로 올바르게 표기한 것은?

웃는 순간 어색함이 사라진다.

① unneun sungan eosaekami sarajinda

② un-nun sunkan eosaekami sarajinda

③ unnun sungan eosaekhami sarajinda

④ utneun sungan eosaekami sarazinda

11 다음 중 표현이 부드럽고 주관적인 느낌을 주는 상대 높임법을 사용한 문장은?

① 부인께서도 여전히 아름다우십니다.

② 어제도 일했어요? 일하느라 많이 바빴어요?

③ 친구들과 영화 보러 가오? 늦었으니 어서 가시오.

④ 불편해 하지 말고 어서 들어오게나.

※ 다음 글을 읽고 이어지는 물음에 답하시오. [12~13]

옛날 이 원소가 생기기 전에, 이 터에는 장자 첨지가 수없는 종들과 전지와 살진 가축들을 가지고 살았다는 것이다. 그런데 그 첨지는 하도 인색하여서, 연년이 추수하는 곡식을 미처 먹지 못하고 곡간에서 푹푹 썩어 내도 근처 어려운 사람들을 구제할 생각은 고사하고, 어쩌다 걸인이 밥 한술을 구걸하여도 그것이 아까워서는 대문을 닫아걸고 끼니도 끓여 먹었다는 것이다.

그런데 마침 몇 해를 거푸 흉년이 들어서 이 동네 사람들이 모두 굶어 죽게 되었을 때 그들은 하루에도 몇 번씩 장자 첨지에게 애걸을 하였다. 그러나 첨지는 들은 체도 하지 않고 오히려 그들을 나무라고 문간에도 들이지 않았다는 것이다.

그러므로 그들은 하는 수 없이 몰래 작당을 하여 가지고 밤중에 장자 첨지네 집을 습격하여 쌀과 살진 짐승들을 끌어냈다는 것이다.

이런 일이 있은 후 며칠 만에 장자 첨지는 관가에 고소장을 들여 이 근처 농민들을 모두 잡아가게 하였다. 그래서 무수한 악형을 하고 혹은 죽이고 그나마는 멀리 쫓아 버렸다는 것이다.

아버지 어머니 혹은 아들딸을 잃어버린 이 동네 노인이며 어린것들은 목이 터지도록 아버지 어머니를 부르며 혹은 아들과 딸을 찾으며 장자 첨지네 마당가를 떠나지 않고 울었다는 것이다.

그래서 울고 울고 또 울어서 그 눈물이 고이고 고이어서 마침내는 장자 첨지네 고래잔등 같은 기와집이 하룻밤 새에 큰 못으로 변하였다는 것이다. 그 못이 즉 내려다보이는 저 푸른 못이다.

– 강경애 「인간문제」

12 제시된 글에서 이 이야기가 '전설'임을 나타내는 문장으로 가장 적절한 것은?

① 밤중에 장자 첨지네 집을 습격하여 쌀과 살진 짐승들을 끌어냈다는 것이다.

② 무수한 악형을 하고 혹은 죽이고 그나마는 멀리 쫓아 버렸다는 것이다.

③ 마침내는 장자 첨지네 고래잔등 같은 기와집이 하룻밤 새에 큰 못으로 변하였다.

④ 그 못이 즉 내려다보이는 저 푸른 못이다.

13 제시된 글의 내용을 고려했을 때, 밑줄 친 부분의 한자 표기로 가장 적절한 것은?

① 苑沼   ② 怨沼   ③ 原沼   ④ 元沼

14 다음은 「용비어천가」의 일부이다. 〈자료〉를 참고했을 때, 빈칸 ㉠과 ㉡에 들어갈 주격조사의 형태를 순서 대로 옳게 나열한 것은?

奉天討罪(㉠)실씨 四方諸侯(㉡) 몯더니 聖化ㅣ 오라샤 西夷 쏘 모드니

〈자료〉
• 주격조사의 쓰임 1 : 체언의 끝소리가 자음으로 끝나면 '이'로 표기한다.
• 주격조사의 쓰임 2 : 체언의 끝소리가 '이'나 반모음 'ㅣ'로 끝나면 표기를 생략한다.
• 주격조사의 쓰임 3 : 체언의 끝소리가 '이'나 반모음 'ㅣ' 외의 모음으로 끝나면 'ㅣ'로 표기한다.

	㉠	㉡
①	이	생략
②	ㅣ	ㅣ
③	생략	ㅣ
④	이	ㅣ

15 다음은 한 잡지에 기고할 글의 일부이다. 이 글을 퇴고하려고 할 때, 내용상 삭제하는 것이 적절한 문단은?

미국의 스트리밍 서비스 업체인 '넷플릭스'가 한국에 정식으로 서비스를 시작한 후 엄청난 속도로 시장을 점유하고 있다. 이러한 넷플릭스의 성공에는 공격적인 마케팅, 현지 맞춤형 콘텐츠 제작 등도 한몫을 했지만, 무엇보다 다양하고 방대한 양의 '미드(미국 드라마)'를 주요 콘텐츠로 제공한다는 것이 큰 작용을 했다. 충성도가 높은 미드 소비자 층을 적절히 공략함으로써 안정적인 시장 안착이 가능했다는 것이다. 그동안 미드는 케이블이나 IPTV 등 제한적인 방식으로만 정식 제공되어 접근이 쉽지 않았음에도 불구하고 상당수의 대중, 특히 젊은 층 상당수의 지지를 얻고 있다. 한국 드라마가 갈수록 그 화제성이나 시청률이 하락하고 있는 것과 대조적이다. 과연 시청자들을 열광케하는, '한드'에는 없는 미드만의 특징은 무엇일까?

(가) 우선 다양한 전개 방식을 들 수 있다. 미드는 '기묘한 이야기'와 같이 옴니버스식 구성으로 매 회 다른 이야기를 전해주기도 하고, '왕좌의 게임'처럼 극중 지역에 따라 어느 곳은 중세 전쟁 드라마처럼, 어느 곳은 정치 드라마처럼 이야기를 끌고 가기도 한다. '24' 같은 경우는 24시간 동안 벌어진 사건을 1회당 1시간씩 나누어 보여주는 독특한 방식으로 유명하다. 기본적으로 시간의 흐름에 따라 큰 이야기 줄기를 따라가는 전개 방식이 거의 대부분인 한드와 달리, 미드는 각 드라마마다 이야기에 어울리는 전개 방식을 활용하고 있는 것이다.

(나) 장르의 다양성 또한 많은 팬층을 확보할 수 있었던 요인이다. 한국의 경우 로맨틱 코미디나 멜로, 신데렐라 스토리 등 각 시기별로 유행하던 장르의 드라마가 복제되듯이 만들어져 "어느 채널을 틀든 비슷한 드라마뿐"이라는 혹평을 듣기도 했다. 그러나 미드의 경우 공포, 스릴러, 추리, 정치, 의학, 코미디 등 다양한 장르가 각각의 색깔을 지닌 채 대중에 공개된다. 심지어는 공상과학 관련 드라마만을 전문적으로 제작하는 채널이 있을 정도이다. 이렇게 다양한 장르의 드라마를 높은 완성도로 만들어 냄으로써, 해당 장르를 좋아하는 마니아들의 절대적 지지를 얻고 충성도 높은 팬들을 확보할 수 있었던 것이다.

(다) 미드는 작중 인물들을 통해 다양한 인간들의 군상을 보여주기도 한다. 이는 미국이라는 사회의 특성을 반영하고 있다고 볼 수도 있을 것이다. 미국은 기본적으로 다민족국가인 만큼 사회를 이루고 있는 구성원들의 인종과 국적, 직업 등이 매우 다양하고, 이것이 드라마에도 그대로 반영되어 다양한 설정의 인물이 등장하게 되는 것이다. 장수 시트콤으로 사랑받고 있는 '빅뱅 이론'에 인도인 물리학자가 주연으로 등장하는 것이나, 작중 유태인인 '하워드'가 그들만의 관습 등으로 하나의 에피소드를 만들어내는 것도 미드가 미국 내 사회 구성원의 특징들을 사실적으로 반영하고 있음을 보여주는 사례이다.

(라) 소재의 다양성은 개성이 강한 시청자들을 사로잡을 수 있었던 미드의 힘이다. 한드의 대부분이 사랑과 결혼, 가정, 성공이라는 획일적인 가치만을 다루었던 반면, 미드는 소재와 내용 면에서 다양하면서도 전문적인 모습을 보인다. 게다가 한국과 달리 이러한 드라마에서 '멜로'가 미치는 영향은 극히 적어, '의학 드라마는 의사가 연애하는 드라마이고 법정 드라마는 변호사나 검사가 연애하는 드라마'라는 뼈 있는 농담을 듣곤 하는 한드의 멜로 과잉에 지친 소비자들이 미드에 열광하게 된 것이다.

① (가)　　　　　　② (나)　　　　　　③ (다)　　　　　　④ (라)

16 다음 글의 각 문단에 대한 설명으로 옳지 않은 것은?

> (가) 지난 2014년 12월 발표된 보고서 '청소년 아르바이트 실태 조사 및 정책방안 연구'에 따르면 15∼18세 청소년 중 한 번이라도 아르바이트를 경험한 비율은 25.1%이며, 특히 특성화고등학교의 경우 절반 이상이 아르바이트를 경험한 것으로 나타났다. 이처럼 '일하는 청소년'의 비율은 점차 늘어나 명실상부한 사회현상이 되었지만, 여전히 이들은 일상적인 부당 대우와 노동 환경, 고강도의 노동에 시달리며 법의 사각지대에서 고통받고 있다. 임금 체불 및 미지급, 초과 노동 등의 부당 대우는 아르바이트생 중 31.9%가 겪어 본 문제이며, 이 중 71.7%는 이러한 문제에 적절한 대응을 하지 못하고 사직이나 이직을 선택했다.
>
> (나) 이러한 일이 일어나는 가장 큰 이유는 '근로계약서'의 부재이다. 전체 아르바이트 청소년의 약 60% 정도가 업무 내용과 급여, 근로 시간 등이 포함된 근로계약서를 작성하지 못했으며, 이로 인해 부당한 대우를 받았음에도 불구하고 본인이 부당한 대우를 받은 것을 알지 못한 청소년들도 적지 않았다. 이는 나이가 어릴수록 더 심해, 중학생의 경우 근로계약서를 작성한 비율이 채 15%도 되지 않았다.
>
> (다) 고용노동부는 2014년 8월 근로감독관 집무규정을 개정해 기간제나 단시간노동자에 대해서도 근로계약서를 작성하지 않으면 500만 원 이하의 과태료를 즉시 물리도록 했다. 또한 청소년들이 스스로 자신의 권리를 알고 지킬 수 있도록 유인물 및 수첩을 각 학교에 배포하는 등 노동권 보호 캠페인을 벌이기도 했다. 그러나 정작 규정을 어겼을 때 실제 처벌의 실행 여부는 근로감독관의 개별 의지에 달려 있어 사업주와 진정인 사이에서 타협하는 경우가 심심치 않게 발생하는 상황이다.
>
> (라) 청소년 노동 문제 활동가인 A씨는 "청소년의 노동 문제는 모든 노동 문제의 근본적 해결과 맞닿아 있다"며 "법적·제도적 문제를 넘어 학교에서부터 노동을 존중하고 권리를 주장할 수 있는 교육이 이루어져야 한다"고 주장한다. 불법을 저지른 사업주들에 대한 처벌을 강력하게 행하면서, 동시에 학교 안팎에서 노동인권교육을 상시로 진행하고 청소년들이 믿고 의지할 수 있는 상담창구가 운영되어 '조력자'로서 함께하도록 해야 한다는 것이다.

① (가) : 글에서 다루고 있는 문제 상황을 개괄적으로 제시하고 있다.

② (나) : 문제가 일어나는 주된 이유가 무엇인지 설명하고 있다.

③ (다) : 문제를 해결하기 위한 구체적인 해결책을 제시하고 있다.

④ (라) : 기존의 해결책을 보완하기 위한 대안 중 하나를 제시하고 있다.

17 다음 시에 관한 설명으로 옳지 않은 것은?

> 나는 아직 죽은 것이 아닙니다.
> 나의 우둔(愚鈍)이 끝났다고 생각하는 것은 세상 사람들의 일
> 결코 나는 죽은 것이 아닙니다.
> 죽어, 그대가 나의 시신을 쓰다듬을 때까지
> 그대의 손이 나의 두 눈을 가릴 때까지
> 나의 정직한 어리석음은 아직
> 끝나지 않은 것입니다.
>
> — 윤석산 「온달전」, 「온달의 죽음」

① 「상여부착설화」를 소재로 재해석한 시이다.

② 온달의 죽음에 초점이 맞춰져 있다.

③ 온달이 평강에게 하는 고백이다.

④ 소재가 된 원전(原典)은 삼국유사에 수록되어 있다.

※ 다음 글을 읽고 이어지는 물음에 답하시오. [18~20]

> "저 사람 때문에 이런 문제가 발생했다", "저 사람은 그만한 문제도 그냥 못 넘긴다" 또는 "우리 관계는 엉망이다"라는 식으로 결론부터 내리게 되면 서로에게 좋은 결론을 찾는다는 것은 애당초 그른 일이다. 한쪽에서 판단부터 내린 채 문제에 접근하면 다른 쪽은 자신의 가치가 무시되었다고 여기기 때문에 감정적으로 반응하게 되고, 때로는 적대감까지 갖게 된다. 따라서 성급한 판단을 피하고 문제를 가능한 객관적인 방식으로 표현해야 한다.
> 문제를 객관적으로 표현하기 위해서는 묘사적인 언어를 사용해야 한다. 여기서 묘사적인 언어란 상대를 비난하거나 그의 동기를 해석하지 않고 일어난 일만을 그대로 기술하는 표현 방식을 의미한다. 즉, 자신의 가치나 판단을 개입시키지 않는 표현법을 일컫는 것이다. 예를 들어 노사 관계에서 사원 복지의 문제로 갈등이 있을 때, 노조 측에서 "사측은 자신의 이익밖에 모른다. ㉠쥐꼬리만 한 월급만 ㉡던져주면 그만이냐?"라고 한다면 이것은 사측의 판단이 크게 개입된 표현이 된다. 이러한 말을 들으면 사측 또한 "너희들은 어떤가? 회사가 ㉢망하던 말던 ㉣제이익만 챙기지 않느냐?" 하는 식으로 나오게 되므로 갈등은 심화되고 문제의 해결은 요원해진다. 이럴 때는 "우리 회사의 사원 복지가 다른 회사에 비해 부족한 점이 많다"와 같이 객관적인 방식으로 묘사하는 것이 통합적인 해결책을 찾기 위한 출발점이 된다.

18 위 글의 제목으로 가장 적절한 것은?

① 협의의 중요성

② 객관적 표현

③ 판단의 신중함

④ 갈등 대응 전략

19 위 글의 주제로 가장 적절한 것은?

① 갈등을 해결하는 과정에서는 대화법이 매우 중요하다.

② 상황을 객관적으로 바라보는 것이 문제 해결에 중요하다.

③ 통합적인 해결책을 찾기 위해서는 신중한 판단이 필요하다.

④ 갈등의 해결을 위해서는 묘사적인 표현을 사용해야 한다.

20 위 글에서 맞춤법이 옳지 않은 것을 모두 고르면?

① ㉠, ㉡   ② ㉡, ㉢   ③ ㉡, ㉣   ④ ㉢, ㉣

21 다음 단어들을 표준 발음법에 옳게 발음한 것은?

절약 / 몰상식한 / 낯설어 / 읊조렸어

① 절략 / 몰상시칸 / 낟서러 / 을쪼려써   ② 저략 / 몰쌍시칸 / 낟써러 / 읍쪼려써

③ 절냑 / 몰쌍시간 / 나써러 / 읍조려써   ④ 저략 / 몰상시칸 / 낟서러 / 을쪼려써

22 다음은 외래어 표기법 규정 일부이다. 주어진 규정을 참고할 때 외래어 표기법에 옳게 표기된 것은?

- 표기 세칙이 마련되지 않은 언어권의 인명, 지명은 원지음을 따르는 것을 원칙으로 한다.
- 원지음이 아닌 제3국의 발음으로 통용되고 있는 것은 관용을 따른다.
- 중국 인명은 과거와 현대인을 구분하여 과거인은 종전의 한자음대로 표기하고, 현대인은 원칙적으로 중국어 표기법에 따라 표기하되, 필요한 경우 한자를 병기한다.
- 일본의 인명과 지명은 과거와 현대의 구분 없이 일본어 표기법에 따라 표기하는 것을 원칙으로 하되, 필요한 경우 한자를 병기한다.
- 지명이 산맥, 산, 강 등의 뜻이 들어 있는 것은 '산맥', '산', '강' 등을 겹쳐 적는다.

① 앙카라, 간디   ② 등소평, 공자

③ 이등박문, 풍산수길   ④ 히말라야산, 몽블랑산

※ 다음 글을 읽고 이어지는 물음에 답하시오. [23~25]

울지 마라.
외로우니까 사람이다.
살아간다는 것은 외로움을 견디는 일이다.
공연히 오지 않는 전화를 기다리지 마라.

눈이 오면 눈길을 걸어가고
비가 오면 빗길을 걸어가라.
갈대숲에서 가슴 검은 도요새도 <u>너</u>를 보고 있다.
가끔은 하느님도 외로워서 눈물을 흘리신다.

새들이 나뭇가지에 앉아 있는 것도 외로움 때문이고
네가 물가에 앉아 있는 것도 외로움 때문이다.
산 그림자도 외로워서 하루에 한 번씩 마을로 내려온다.
종소리도 외로워서 울려 퍼진다.

– 정호승 「수선화에게」

23 다음 중 제시된 시에서 사용되지 않은 수사법은?

① 의인법　　　　② 대구법　　　　③ 반복법　　　　④ 풍유법

24 제시된 시에서 밑줄 친 '너'는 누구인가?

① 비　　　　② 눈　　　　③ 수선화　　　　④ 그림자

25 주어진 시의 주제로 가장 적절한 것은 무엇인가?

① 인생의 본질　　　　② 존재의 의의
③ 고독의 속성　　　　④ 자연의 섭리

국방부(육·해·공군) 시행 필기시험(2017.07.01)

01 다음 중 밑줄 친 부분의 품사가 나머지와 다른 것은?

① 교통편부터 숙박까지 뭐 하나 <u>아쉬운</u> 게 없는 여행이었다.

② 아까 넘어졌을 때 네 <u>바른</u> 무릎에 상처가 생겼나 보구나.

③ 이전에 있었던 사고에 비하면 이번 일은 <u>가벼운</u> 사건이다.

④ 언덕 위에는 <u>곧은</u> 모습의 전망대가 있었다.

02 다음 중 복수 표준어 인정 의도가 다른 것은?

① 어수룩하다 – 어리숙하다   ② 토담 – 흙담

③ 목물 – 등물   ④ 남우세스럽다 – 남사스럽다

03 다음 중 띄어쓰기가 옳은 것은?

① 한참 전에 준비를 마쳤는데도 좀처럼 출발할 기미가 보이지 않는다.

② 장비를 창고에 들여놓는데만 장정 넷이 필요했다.

③ 이 모든 것이 고작 한 달만에 일어난 일이었다.

④ 무고한 사람들의 피해를 줄이는 방법은 이것 뿐이다.

04 다음 글을 읽고 추론한 내용으로 적절하지 않은 것은?

> 사방이 어두워지자 그들도 얘기를 그쳤다. 어디에나 눈이 덮여 있어서 길을 잘 분간할 수가 없었다. 뒤에 처졌던 백화가 눈 덮인 길의 고랑에 빠져 버렸다. 발이라도 삐었는지 백화는 꼼짝 못하고 주저앉아 신음을 했다. 영달이가 달려들어 싫다고 뿌리치는 백화를 업었다. 백화는 영달이의 등에 업히면서 말했다.
> "무겁죠?"
> 영달이는 대꾸하지 않았다. 백화가 어린애처럼 가벼웠다. 등이 불편하지도 않고 어쩐지 가뿐한 느낌이었다. 아마 쇠약해진 탓이리라 생각하니, 영달이는 어쩐지 대전에서의 옥자가 생각나서 눈시울이 화끈했다. 백화가 말했다.
> "어깨가 참 넓으네요. 한 세 사람쯤 업겠어."
> "댁이 근수가 모자라니 그렇다구."
>
> – 황석영 「삼포 가는 길」

① 영달은 백화가 쇠약해져 야윈 것에 대해 슬퍼하고 있다.

② 등에 업힌 백화는 영달이 '옥자'를 떠올리는 계기로 작용한다.

③ 백화는 영달에게 업힌 상황을 끝까지 달가워하지 않고 있다.

④ '눈 덮인 길의 고랑'은 백화가 영달에게 업히게 되는 계기로 작용한다.

05 다음 시가에 대한 설명으로 적절하지 않은 것은?

> 龜何龜何
> 首其現也
> 若不現也
> 燔灼而喫也
>
> – 「구지가」

① 작자 · 연대 미상의 고대가요이다.

② '환기 – 요구 – 조건 – 위협'의 전개 방식을 보이고 있다.

③ '머리'는 우두머리, 즉 왕을 의미한다고 보는 견해가 있다.

④ 신라의 시조인 박혁거세의 탄생 신화와 관련이 있다.

06 다음 중 한자성어가 잘못 쓰인 것은?

① 男負女戴의 피난민 행렬이 까마득하게 이어져 있었다.

② 남이 어려울 때 돕고, 또 내가 어려울 때 도움을 받고, 이게 바로 肝膽相照 아니겠어?

③ 네게 많은 것을 주려는 사람일수록 口蜜腹劍일 가능성을 생각하고 더욱 조심해야 한다.

④ 孤掌難鳴이라고, 너도 무엇인가 잘못을 했으니 일이 이렇게까지 되었겠지!

07 다음 중 밑줄 친 '훔치다'와 다른 의미로 쓰인 것은?

문밖에는 온 동네 사람들이 몰려들어 아버지를 내놓으라고 소리를 질러 대고 있었다. 큰형과 둘째 형이 나서 우리도 아버지를 본 적이 없노라고 이야기했지만 사람들은 쉬이 물러날 기미가 보이지 않았다. 그때의 나는 아무것도 모른 채 그저 어머니만을 쳐다보고 있었고, 어머니께서는 초점을 잃은 눈을 한 채 걸레로 방 한쪽을 <u>훔치고</u> 계셨다.

① 갑작스러운 정전에 놀란 나는 찬장을 <u>훔쳐</u> 간신히 작은 초 하나를 찾아내었다.

② 그는 아무런 대답도 하지 못한 채 식은땀을 <u>훔쳐낼</u> 뿐이었다.

③ 그의 편지를 본 나는 그저 흐르는 눈물을 <u>훔치는</u> 것밖에 할 수 없었다.

④ 주인장은 들고 있던 걸레로 대충 상을 <u>훔치고는</u> 우리를 가만히 바라보았다.

08 다음 〈보기〉를 통해 설명할 수 있는 로마자 표기법으로 옳지 않은 것은?

〈보기〉
집현전(Jiphyeonjeon), 낙동강(Nakdonggang), 묵호(Mukho), 팔당(Paldang)

① 고유명사는 첫 글자를 대문자로 적는다.

② 된소리되기는 표기에 반영하지 않는다.

③ 체언에서 ㄱ, ㄷ, ㅂ 뒤에 ㅎ이 따를 때에는 ㅎ을 밝혀 적는다.

④ 장모음을 표기하지 않는다.

09 다음 중 사이시옷이 형성되는 원리가 다른 것은?

① 가윗일　　　　② 툇마루　　　　③ 제삿날　　　　④ 양칫물

10 다음 중 밑줄 친 부분의 띄어쓰기가 옳지 않은 것은?

① 올해는 우리 <u>최씨 문중</u>에 큰 행사가 있는 해이다.

② 어느덧 고향 땅을 <u>떠난지</u> 10여 년이 되었다.

③ 가끔씩 <u>어릴 적</u>에는 휴대전화도 없이 어떻게 약속을 잡았을까 하는 생각이 든다.

④ 요즈음에는 <u>숙질간</u> 서로 모르고 지내는 경우도 많은데, 흔치 않은 광경이었다.

11 다음 중 적절한 호칭이나 단어를 사용하지 않은 경우는?

① 상갓집에 가 조의금을 낼 때 봉투에 '부의' 혹은 '근조'라고 쓰는 경우

② 남편 누나의 남편에게 '아주버님'이라고 부르는 경우

③ 아내 남동생의 부인에게 '처남댁'이라고 부르는 경우

④ 형 부인의 아버님에게 '사돈어른'이라고 부르는 경우

12 다음 글을 순서대로 바르게 배열한 것은?

> (가) 인간의 생각이라는 것은 매우 넓고 큰 것이며 말이란 결국 생각의 일부분을 주워 담는 작은 그릇에 지나지 않는다. 그러나 아무리 인간의 생각이 말보다 범위가 넓고 큰 것이라 하여도 그것을 가능한 한 말로 바꾸어 놓지 않으면 그 생각의 위대함이나 오묘함이 다른 사람에게 전달되지 않기 때문에 생각이 형님이요, 말이 동생이라고 할지라도 생각은 동생의 신세를 지지 않을 수가 없게 되어 있다. 그러니 말을 통하지 않고는 생각을 전달할 수가 없는 것이다.
>
> (나) 우리는 우리가 생각한 것을 말로 나타낸다. 또 다른 사람의 말을 듣고, 그 사람이 무슨 생각을 가지고 있는가를 짐작한다. 그러므로 생각과 말은 서로 떨어질 수 없는 깊은 관계를 가지고 있다.
>
> (다) 이 두 가지 생각 가운데서 앞의 것은 조금만 깊이 생각해 보면 틀렸다는 것을 즉시 깨달을 수 있다. 우리가 생각한 것은 거의 대부분 말로 나타낼 수 있지만, 누구든지 가슴속에 응어리진 어떤 생각이 분명히 있기는 한데 그것을 어떻게 말로 표현해야 할지 애태운 경험을 가지고 있을 것이다. 이것 한 가지만 보더라도 말과 생각이 서로 안팎을 이루는 쌍둥이가 아님은 쉽게 판명된다.
>
> (라) 그러면 말과 생각이 얼마만큼 깊은 관계를 가지고 있을까? 이 문제를 놓고 사람들은 오랫동안 여러 가지 생각을 하였다. 그 가운데 가장 두드러진 것이 두 가지 있다. 그 하나는 말과 생각이 서로 꼭 달라붙은 쌍둥이인데, 한 놈은 생각이 되어 속에 감추어져 있고 다른 한 놈은 말이 되어 사람 귀에 들리는 것이라는 생각이다. 다른 하나는 생각이 큰 그릇이고 말은 생각 속에 들어가는 작은 그릇이어서 생각에는 말 이외에도 다른 것이 더 있다는 생각이다.

① (가) – (나) – (다) – (라)

② (나) – (라) – (다) – (가)

③ (다) – (가) – (나) – (라)

④ (라) – (나) – (가) – (다)

13 다음 글에서 나타난 상황과 관련된 속담으로 가장 적절한 것은?

건설사에 근무하는 K는 동료들과 함께 백방으로 노력한 끝에 큰 매출을 확보할 수 있는 중대형 프로젝트를 수주할 수 있게 되었다. 그런데 정작 상사인 L 부장은 중요한 미팅 때마다 지각을 하거나 쓸데없는 농담으로 분위기를 좋지 않게 만들고 있어 K와 동료들은 매번 골머리를 앓고 있다.

① 눈 어둡다 하더니 다홍고추만 잘 딴다.
② 봄에 깐 병아리 가을에 와서 세어 본다.
③ 논 팔아 굿 하니 맏며느리 춤춘다.
④ 바늘구멍으로 코끼리를 몰라 한다.

14 다음 글을 읽고 나타낸 반응으로 적절하지 않은 것은?

음식이 상한 것과 가스가 새는 것을 쉽게 알아차릴 수 있는 것은 우리에게 냄새를 맡을 수 있는 후각이 있기 때문이다. 이처럼 후각은 우리 몸에 해로운 물질을 탐지하는 문지기 역할을 하는 중요한 감각이다. 어떤 냄새를 일으키는 물질을 '취기재(臭氣材)'라 부르는데, 우리가 어떤 냄새가 난다고 탐지할 수 있는 것은 취기재의 분자가 코의 내벽에 있는 후각 수용기를 자극하기 때문이다.

일반적으로 인간은 동물만큼 후각이 예민하지 않다. 물론 인간도 다른 동물과 마찬가지로 취기재의 분자 하나에도 민감하게 반응하는 후각 수용기를 갖고 있다. 하지만 개(犬)가 10억 개에 이르는 후각 수용기를 갖고 있는 것에 비해 인간의 후각 수용기는 1천만 개에 불과하여 인간의 후각이 개의 후각보다 둔한 것이다.

우리가 냄새를 맡으려면 공기 중에 취기재의 분자가 충분히 많아야 한다. 다시 말해, 취기재의 농도가 어느 정도에 이르러야 냄새를 탐지할 수 있다. 이처럼 냄새를 탐지할 수 있는 최저 농도를 '탐지역치'라 한다. 탐지역치는 취기재에 따라 차이가 있다. 우리가 메탄올보다 박하 냄새를 더 쉽게 알아챌 수 있는 까닭은 메탄올의 탐지역치가 박하향에 비해 약 3,500배가량 높기 때문이다.

취기재의 농도가 탐지역치 정도의 수준인 경우 냄새가 나는지 안 나는지 정도를 탐지할 수는 있지만 그 냄새가 무슨 냄새인지는 인식하지 못한다. 즉 냄새의 존재 유무를 탐지할 수는 있어도 냄새를 풍기는 취기재의 정체를 인식하지는 못하는 상태가 된다. 취기재의 정체를 인식하려면 취기재의 농도가 탐지역치보다 3배가량은 높아야 한다. 즉 취기재의 농도가 탐지역치 수준으로 낮은 상태에서는 그 냄새가 꽃향기인지 비린내인지 알 수 없는 것이다. 한편 같은 취기재들 사이에서는 농도가 평균 11% 정도 차이가 나야 냄새의 세기 차이를 구별할 수 있다고 알려져 있다.

① 건우 – 후각 수용기의 수가 많을수록 냄새에 예민하게 반응하겠군.
② 은지 – 탐지역치가 낮은 물질일수록 냄새를 쉽게 알아챌 수 있겠네.
③ 병호 – 꽃향기의 농도가 메탄올 냄새의 농도보다 11% 정도 짙다면 이 둘을 구별할 수 있어.
④ 재환 – 박하향의 농도가 탐지역치 수준이라면, 우리는 이것이 석유 냄새인지 박하향인지 분간할 수 없어.

15 다음 중 밑줄 친 단어의 품사와 문장성분으로 옳은 것은?

> 아니나 다를까 그는 이번 문제의 답도 <u>틀리게</u> 적어 놓았다.

① 동사, 부사어

② 관형사, 목적어

③ 형용사, 부사어

④ 형용사, 관형어

16 다음 중 밑줄 친 한자어의 표기가 옳지 않은 것은?

① 여기까지 올 수 있었던 것도 모두 선생님 <u>덕택(德澤)</u>입니다.

② 안전을 위해서라면 증류수를 조금 더 부어서 농도를 <u>희석(稀釋)</u>하는 것이 좋다.

③ 이제 그 사람 말 하나하나가 전부 <u>염증(炎症)</u>이 날 지경이다.

④ 이번 일로 그 사람의 이름은 오랫동안 사람들 사이에 <u>회자(膾炙)</u>될 것이다.

17 다음 〈보기〉의 밑줄 친 단어 중 표기가 옳지 않은 것을 모두 고르면?

> 〈보기〉
> ㄱ. 그는 구석에 누워 잠시 눈을 <u>부쳤다.</u>
> ㄴ. 서로 <u>넉넉지</u> 않은 형편에 마음 쓰실 것 없습니다.
> ㄷ. 그렇게 한참을 싸우다 보니 어느새 <u>새벽녘</u>이었다.
> ㄹ. 몰골을 보고 <u>짐작컨대</u>, 또 어디 갯바닥을 뒤지다 온 게 틀림없다.

① ㄱ, ㄴ

② ㄱ, ㄹ

③ ㄴ, ㄷ

④ ㄷ, ㄹ

18 다음 중 밑줄 친 부분과 관련된 사자성어로 가장 적절한 것은?

> 전국 시대 말, 진나라의 공격을 받은 조나라 혜문왕은 동생인 평원군을 초나라에 보내어 구원군을 청하기로 했다. 이십 명의 수행원이 필요한 평원군은 그의 삼천여 식객 중에서 십구 명은 쉽게 뽑았으나, 나머지 한 명을 뽑지 못한 채 고심했다. 이때에 모수라는 식객이 나섰다. 평원군은 어이없어하며 자신의 집에 언제부터 있었는지 물었다. 모수가 삼 년이 되었다고 대답하자 평원군은 <u>재능이 뛰어난 사람은 숨어 있어도 저절로 사람들에게 알려지게 되는 법인데,</u> 모수의 이름을 들어 본 적이 없다고 답했다. 그러자 모수는 "나리께서 이제까지 저를 단 한 번도 주머니 속에 넣어 주시지 않았기 때문입니다. 하지만 이번에 주머니 속에 넣어 주신다면 끝뿐이 아니라 자루까지 드러날 것입니다." 하고 재치 있는 답변을 했다. 만족한 평원군은 모수를 수행원으로 뽑았고, 초나라에 도착한 평원군은 모수가 활약한 덕분에 국빈으로 환대받고, 구원군도 얻을 수 있었다.

① 囊中之錐

② 淸風明月

③ 水滴石穿

④ 吳越同舟

19 다음 소설의 며느리와 시어머니의 대화 중 며느리의 의도로 옳은 것은?

> "한참 그러고 서 있다 보니 찬바람에 정신이 좀 되돌아오더구나. 정신이 들어 보니 갈 길이 새삼 허망스럽지 않았겠냐. 지금까진 그래도 저하고 나하고 둘이서 함께 헤쳐 온 길인데 이참에는 그 길을 늙은 것 혼자서 되돌아서려니… 거기다 아직도 날은 어둡지야… 그대로는 암만해도 길을 되돌아설 수가 없어 차부를 찾아 들어갔더니라. 한 식경이나 차부 안 나무 걸상에 웅크리고 앉아 있으려니 그제사 동녁 하늘이 훤해져 오더구나… 그래서 또 혼자 서두를 것도 없는 길을 서둘러 나섰는디, 그때 일만은 언제까지도 잊혀질 수가 없을 것 같구나."
>
> "길을 혼자 돌아가시던 그때 일을 말씀이세요?"
>
> "눈길을 혼자 돌아가다 보니 그 길엔 아직도 우리 둘 말고는 아무도 지나간 사람이 없지 않았겠냐. 눈발이 그친 신작로 눈 위에 저하고 나하고 둘이 걸어온 발자국만 나란히 이어져 있구나."
>
> "그래서 어머님은 그 발자국 때문에 아들 생각이 더 간절하셨겠네요."
>
> "간절하다뿐이었겠냐. 신작로를 지나고 산길을 들어서도 굽이굽이 돌아온 그 몹쓸 발자국들에 아직도 도란도란 저 아그의 목소리나 따뜻한 온기가 남아 있는 듯만 싶었제. 산비둘기만 푸르르 날아올라도 저 아그 넋이 새가 되어 다시 되돌아오는 듯 놀라지고, 나무들이 눈을 쓰고 서 있는 것만 보아도 뒤에서 금세 저 아그 모습이 뛰어나올 것만 싶었지야. 하다 보니 나는 굽이굽이 외지기만 한 그 산길을 저 아그 발자국만 따라 밟고 왔더니라. 내 자석아, 내 자석아, 너하고 둘이 온 길을 이제는 이 몹쓸 늙은 것 혼자서 너를 보내고 돌아가고 있구나!"
>
> "어머님 그때 우시지 않았어요?"
>
> "울기만 했겠냐. 오목오목 디뎌 논 그 아그 발자국마다 한도 없는 눈물을 뿌리며 돌아왔제. 내 자석아, 내 자석아, 부디 몸이나 성히 지내거라. 부디부디 너라도 좋은 운 타서 복 받고 살거라… 눈앞이 가리도록 눈물을 떨구면서 눈물로 저 아그 앞길만 빌고 왔제…"
>
> 노인의 이야기는 이제 거의 끝이 나 가고 있는 것 같았다. 아내는 이제 할 말을 잊은 듯 입을 조용히 다물고 있었다.
>
> — 이청준 「눈길」

① 시어머니의 과거 일을 책망하고 있다.

② 시어머니의 행동을 격려하고 있다.

③ 시어머니가 진실을 말할 때까지 신문하고 있다.

④ 시어머니가 말을 이어 가도록 유도하고 있다.

20 다음 중 밑줄 친 단어를 적절히 사용한 것은?

① 한가하게 휴일을 즐기고 있던 <u>와중</u>에 갑작스레 벌어진 일이었다.

② 비록 직접적인 증거는 아니었지만, 그 사람의 범행임을 <u>반증</u>할 수 있는 정도는 되었다.

③ 1차 시험의 합격자가 예상보다 많았던 탓에, 2차 시험은 <u>난이도</u>를 높일 수밖에 없었다.

④ 예상치 못한 일에 그는 <u>안절부절못했다</u>.

21 다음 시 중 밑줄 친 단어의 의미에 대한 설명으로 옳지 않은 것은?

> (가) 이 흰 바람벽에 / 내 <u>가난한</u> 늙은 어머니가 있다 / 내 가난한 늙은 어머니가 / 이렇게 시퍼러둥둥하니 추운 날인데 차디찬 물에 손은 담그고 / 무이며 배추를 씻고 있다
>
> (나) 내가 이렇게 외면하고 거리를 걸어가는 것은 잠풍 날씨가 너무나 좋은 탓이고 / <u>가난한</u> 동무가 새 구두를 신고 지나간 탓이고 / 언제나 똑같은 넥타이를 매고 고운 사람을 사랑하는 탓이다
>
> (다) <u>가난한</u> 내가 / 아름다운 나타샤를 사랑해서 / 오늘밤은 푹푹 눈이 나린다 / 나타샤를 사랑은 하고 / 눈은 푹푹 날리고 / 나는 혼자 쓸쓸히 앉아 소주를 마신다 / 소주를 마시며 생각한다
>
> (라) 이 추운 세상의 한구석에 / 맑고 <u>가난한</u> 친구가 하나 있어서 / 내가 이렇게 추운 거리를 지나온 걸 / 얼마나 기뻐하며 낙단하고 / 그즈런히 손깍지베개 하고 누어서 / 이 못된 놈의 세상을 크게 크게 욕할 것이다

① 당시 가난한 사람들의 빈곤한 생활상을 묘사하는 데 중점을 두고 있다.

② 기본적으로 물질적 가난을 포함하고 있는 개념이다.

③ 가난을 소박하고 자유로운 심상으로 풀어내고 있다.

④ 시인은 자신과 가까운 이를 '가난하다'고 표현하고 있다.

22 다음 중 밑줄 친 단어의 기본형으로 옳지 않은 것은?

① 무를 강판에 <u>가니</u> 즙이 나온다. (기본형 : 갈다)

② 퇴근하는 길에 잠시 슈퍼마켓에 <u>들렀다가</u> 중학교 동창을 마주쳤다. (기본형 : 들르다)

③ 그 잠깐 사이에 국수는 이미 <u>불어</u> 있었다. (기본형 : 불다)

④ 늦지 말라고 아무리 <u>일러</u> 봤자 또 지각하기 일쑤다. (기본형 : 이르다)

23 다음 중 외래어 표기가 옳지 않은 것은?

① 앙케트   ② 타깃   ③ 섀도우복싱   ④ 바리케이드

24 다음 중 옳은 문장은?

① 귀사의 노고와 번영을 진심으로 기원합니다.

② 소생의 자식 결혼 시 축복과 격려를 해 주신 데 대하여 감사를 드립니다.

③ 직분, 즉 회사가 이루어야 할 것을 생각하고 일을 해야 한다.

④ 정성을 다한 시공과 공사 기간을 최대한 단축하여 공사를 마무리하겠습니다.

25 다음 〈보기〉를 참고했을 때, 밑줄 친 ㉠~㉣을 분석한 것으로 옳지 않은 것은?

〈보기〉
어떤 특정한 시기의 풍속이나 세태의 한 단면을 그리는 소설 양식을 세태 소설이라 한다. 세태 소설은 당대 사회의 모순이나 부조리 등을 있는 그대로 묘사하여 그 사회에 대한 비판 의식을 드러낸다. 그 대표적인 소설로 박태원의 '설가 구보 씨의 일일'이 있다.

㉠개찰구 앞에 두 명의 사내가 서 있었다. 낡은 파나마에 모시 두루마기, 노랑 구두를 신고, 그리고 손에 조그만 보따리 하나도 들지 않은 그들을, 구보는, 확신을 가져 무직자라고 단정한다. 그리고 이 시대의 무직자들은, 거의 다 ㉡금광 브로커에 틀림없었다. 구보는 새삼스러이 대합실 안팎을 둘러본다. 그러한 인물들은, 이곳에도 저곳에도 눈에 띄었다.

㉢황금광 시대(黃金狂時代)
저도 모를 사이에 구보의 입술에서는 무거운 한숨이 새어 나왔다. 황금을 찾아, 황금을 찾아, 그것도 역시 숨김 없는 인생의, 분명히, 일면이다. 그것은 적어도, 한 손에 단장과 또 한 손에 공책을 들고, 목적 없이 거리로 나온 자기보다는 좀 더 진실한 인생이었을지도 모른다. 시내에 산재한 무수한 광무소(鑛務所). 인지대 백 원. 열람비 오 원. 수수료 십 원. 지도대 십팔 전…… 출원 등록된 광구, 조선 전토(全土)의 칠 할. 시시각각으로 사람들은 졸부가 되고, 또 몰락해 갔다. 황금광 시대. 그들 중에는 평론가와 시인, 이러한 문인들조차 끼어 있었다. 구보는 일찍이 창작을 위해 그의 벗의 광산에 가 보고 싶다 생각하였다. 사람들의 사행심. 황금의 매력. 그러한 것들을 구보는 보고, 느끼고, 하고 싶었다. 그러나 고도의 금광열은, 오히려, ㉣총독부 청사, 동측 최고층, 광무과 열람실에서 볼 수 있었다.

– 박태원 「소설가 구보 씨의 일일」

① ㉠ : 세태의 단면이 드러나는 공간적 배경이다.

② ㉡ : 적극성을 지닌 존재들로서 서술가의 예찬 대상이다.

③ ㉢ : '무거운 한숨'을 유발하는 부조리한 현실로 서술자의 비판 대상이다.

④ ㉣ : 서술자가 '금광열'이 고조되어 있는 것으로 설정한 대상 혹은 공간이다.

Civilian Worker In The Military **PART** 01

국방부(육 · 해 · 공군) 시행 필기시험(2016.07.02)

---

01 다음 중 본말과 준말을 바르게 연결한 것은?

① 기러기야 – 기럭아
② 쓰레기야 – 쓰렉아
③ 바둑 장기 – 받장기
④ 어제그저께 – 억그저께

02 다음 중 로마자 표기법으로 옳은 것은?

① 울릉도 : Ulleung-do
② 창경궁 : Changgyeonggung
③ 석굴암 : Seogguram
④ 대관령 : Daegwanryeong

03 다음 중 속담과 뜻풀이가 바르게 연결된 것은?

① 벼린 도끼가 이 빠진다 → 공을 들여 잘 장만한 것이 오히려 빨리 못쓰게 됨

② 남의 떡 함지에 넘어진다 → 거의 다 된 일을 망쳐 놓음

③ 가을에는 부지깽이도 덤빈다 → 매우 입맛이 당기어 많이 먹게 됨

④ 사또 방석에 기름 좋지 나앉는다 → 자신과 어울리지 않는 자리에 어지로 앉게 됨

04 다음 중 밑줄 친 단어를 적절하게 사용한 것은?

① 언젠가 네가 저지른 죗값을 <u>치루게</u> 될 것이다.

② 인터넷에서 <u>개거품</u> 물고 난리 쳐 봤자 직접 나서지 않는 한 달라지는 건 없어.

③ 아저씨, 분명 <u>구렛나루</u>는 남겨 달라고 했었잖아요.

④ 내가 언제까지 너한테 <u>목매고</u> 있을 줄 알았다면 큰 착각이야.

05 다음 중 접두사 '수-', '숫-'의 쓰임이 옳지 않은 것은?

① 숫소 ② 숫양 ③ 수꿩 ④ 수놈

06 다음 중 외래어 표기가 옳지 않은 것은?

① 플래카드 ② 앙케이트 ③ 초콜릿 ④ 주스

07 다음 중 빈칸에 사용할 수 없는 단어는?

> 평화로운 시대에 시인의 존재는 문화의 비싼 장식일 수 있다. 그러나 시인의 조국이 비운에 빠졌거나 통일을 잃었을 때 시인은 장식의 의미를 떠나 민족의 예언가가 될 수 있고, 민족혼을 불러일으키는 선구자적 지위에 놓일 수도 있다. 예를 들면 스스로 군대를 가지지 못한 채 제정 러시아의 가혹한 탄압 아래 있던 폴란드 사람들은 시인의 존재를 민족의 재생을 예언하고 굴욕스러운 현실을 탈피하도록 격려하는 예언자로 (   )하였다. 또한 통일된 국가를 가지지 못하고 이산되어 있던 이탈리아 사람들은 시성 단테를 유일한 '이탈리아'로 (   )했고, 제1차 세계대전 때 독일군의 잔혹한 압제 하에 있었던 벨기에 사람들은 베르하렌을 조국을 상징하는 시인으로 (   )하였다.

① 추앙 ② 숭앙 ③ 승상 ④ 추존

08 다음 글에서 나타난 상황과 관련된 속담 혹은 관용구로 가장 적절한 것은?

> 현재 우리나라의 양극화 심화 추세는 그대로 방치한 채 자연 치유되도록 기다릴 수 없는, 매우 심각한 수준이다. 정부는 이와 관련하여 각종 규제 및 지원 대책들을 내놓고 있으나 대부분 단편적인 수준에 그치고 있다. 특히 이 중에는 당장 눈에 보이는 효과를 내기 위해 향후 더 큰 부작용을 야기할 수 있는 정책들도 있어 보다 장기적인 관점에서 양극화 문제를 바라보아야 한다는 지적이 이어지고 있다.

① 벙어리 재판 ② 귀가 질기다
③ 배알이 뒤틀리다 ④ 아랫돌 빼서 윗돌 괴듯

09 다음 중 띄어쓰기가 옳은 것은?

① 그는 황소 같이 일을 했다.
② 하루 종일 밥은 커녕 물 한 모금도 마시지 못했다.
③ 그는 우리 시대의 스승이라기 보다는 자상한 어버이이다.
④ 내 모자는 그것하고 다르다.

10 다음 중 표준어로 옳지 않은 것은?

① 남사스럽다   ② 무우   ③ 이쁘다   ④ 개발새발

11 다음 대통령의 연설문 작성 순서를 바르게 배열한 것은?

> ㉠ 대통령은 연설문을 검토하여 초안에 대한 지침을 내린다.
> ㉡ 비서실에서 연설의 내용을 분석하고 초안을 만들어 대통령에게 보고한다.
> ㉢ 다시 작성된 연설문을 대통령이 마지막으로 수정 · 보완한다.
> ㉣ 대통령의 지침을 토대로 연설문이 다시 작성된다. 이때 새로 작성하는 정도로 내용이 완전히 변경될 수도 있다.

① ㉠ – ㉡ – ㉢ – ㉣   ② ㉡ – ㉠ – ㉣ – ㉢

③ ㉢ – ㉡ – ㉣ – ㉠   ④ ㉣ – ㉢ – ㉡ – ㉠

12 다음 밑줄 친 단어의 뜻풀이로 옳지 않은 것은?

① 이제는 내가 <u>안갚음</u>을 할 차례이다.

  – 안갚음 : 남이 저에게 해를 준 대로 저도 그에게 해를 줌

② 울타리는 여기저기 쓰러지고 주저앉아 <u>볼썽</u>이 아니었다.

  – 볼썽 : 남에게 보이는 체면이나 태도

③ 어느덧 바다에는 한 치 앞도 보이지 않을 정도로 <u>해무</u>가 짙게 껴 있었다.

  – 해무 : 바다 위에 끼는 안개

④ 도시는 이미 봄바람이 불고 있건만, 산 위에는 여전히 <u>상고대</u>가 하얗게 피어 있었다.

  – 상고대 : 나무나 풀에 내려 눈처럼 된 서리

13 다음 중 고유어로 옳은 것은?

① 이간질   ② 하소연   ③ 빈티지   ④ 파렴치

14 다음 밑줄 친 단어의 한자 표기로 옳지 않은 것은?

> - 그는 적의 사주를 받아 내부 ㉠기밀을 염탐했다.
> - 남의 일에 지나친 ㉡간섭을 하지 않기 바랍니다.
> - 그 선박은 치명적인 결함을 지닌 채로 출항을 ㉢강행하였다.
> - 갑작스러운 시장 변동에 외국인들은 ㉣매도 추세를 보이기 시작했다.

① ㉠ 機密   ② ㉡ 干涉   ③ ㉢ 强行   ④ ㉣ 買收

15 다음 작품에 대한 설명으로 적절하지 않은 것은?

> 년닙희 밥 싸두고 반찬으란 쟝만 마라.
> 닫드러라 닫드러라
> 청약립(靑蒻笠)은 써잇노라, 녹사의(綠蓑依) 가져오냐.
> 지국총(至匊悤) 지국총(至匊悤) 어사와(於思臥)
> 무심(無心)호 빅구(白鷗)난 낸 좃는가 제 좃는가.

① 여름철 어부의 소박한 삶을 그리고 있다.

② '지국총 지국총 어사와'는 배 저을 때 나는 소리를 한자의 뜻을 빌려 적은 것이다.

③ '무심흔 빅구난 낸 좃는가 제 좃는가'에서 물아일체(物我一體)의 경지를 나타내고 있다.

④ 후렴구를 빼면 시조 형식이다.

16 다음 밑줄 친 부분의 표기가 옳은 것은?

① 핵폐기장 설치는 주민들의 <u>찬반 여부</u>에 따라 결정된다.

② 부동층의 표가 이번 선거의 <u>당락 여부</u>를 결정짓는 중요한 변수이다.

③ 그 일은 너무 오래돼서 <u>진위 여부</u>를 판단하기 어렵다.

④ 구조대는 매몰자의 <u>생존 여부</u>에 상관없이 구조작업을 연장할 것이다.

2021년
2020년
2019년
2018년
2017년
2016년
2015년
2014년
2013년
2012년
2011년
2010년
2009년
2008년
2007년

※ 다음 작품을 읽고 물음에 답하시오. [17~18]

(가) 껍데기는 가라.
　　사월도 알맹이만 남고
　　껍데기는 가라.

　　껍데기는 가라.
　　동학년(東學年) 곰나루의, 그 아우성만 살고
　　껍데기는 가라.

(나) 내가 그의 이름을 불러 주기 전에는
　　그는 다만
　　하나의 몸짓에 지나지 않았다.

　　내가 그의 이름을 불러 주었을 때
　　그는 나에게로 와서
　　꽃이 되었다.

　　내가 그의 이름을 불러 준 것처럼
　　나의 이 빛깔과 향기(香氣)에 알맞은
　　누가 나의 이름을 불러다오.
　　그에게로 가서 나도
　　그의 꽃이 되고 싶다.

　　우리들은 모두
　　무엇이 되고 싶다.
　　너는 나에게 나는 너에게
　　잊혀지지 않는 하나의 의미가 되고 싶다.

(다) 유리(琉璃)에 차고 슬픈 것이 어른거린다.
　　열없이 붙어 서서 입김을 흐리우니
　　길들은 양 언 날개를 파닥거린다.
　　지우고 보고 지우고 보아도
　　새까만 밤이 밀려나가고 밀려와 부딪히고,
　　물 먹은 별이, 반짝, 보석처럼 박힌다.
　　밤에 홀로 유리를 닦는 것은
　　외로운 황홀한 심사이어니
　　고운 폐혈관이 찢어진 채로
　　아아, 늬는 산(山)새처럼 날아갔구나!

(라) 세상의 나무들은
　　무슨 일을 하지?
　　그걸 바라보기 좋아하는 사람.
　　허구한 날 봐도 나날이 좋아
　　가슴이 고만 푸르게 푸르게 두근거리는
　　그런 사람 땅에 뿌리내려 마지않게 하고
　　몸에 온몸에 수액 오르게 하고
　　둥글고 둥글어 탄력의 샘!
　　하늘에도 땅에도 우리들 가슴에도
　　들리지 나무들아 날이면 날마다
　　첫사랑 두근두근 팽창하는 기운을!

17 (가)~(라) 시를 발표된 시기 순으로 바르게 나열한 것은?

① (가) – (나) – (다) – (라)
② (나) – (다) – (가) – (라)
③ (다) – (나) – (라) – (가)
④ (다) – (나) – (가) – (라)

18 다음 중 (나) 시를 쓴 시인과 가장 밀접한 것은?

① 무의미시론
② 퇴폐적 관능미
③ 참여적 시
④ 자연 예찬

19 다음 글에서 경계하고자 하는 태도로 가장 적절한 것은?

> 비판적 사고는 지엽적이고 시시콜콜한 문제를 트집 잡아 물고 늘어지는 것이 아니라 문제의 핵심을 중요한 대상으로 삼는다. 비판적 사고는 제기된 주장에 어떤 오류나 잘못이 있는가를 찾아내기 위해 지엽적인 사항을 확대하여 문제로 삼는 태도나 사고방식과는 거리가 멀다.

① 초미지급(焦眉之急)　　　　　② 맥수지탄(麥秀之嘆)
③ 계옥지탄(桂玉之嘆)　　　　　④ 본말전도(本末顚倒)

20 다음 중 ㉠~㉣의 접속어가 바르게 연결되지 않은 것은?

> 文化(문화)에도 수준이 있고 높고 낮은 지체가 있다면 그 높은 쪽에 두는 게 학문, 예술, 종교, 도덕 등 정신활동의 所産(소산)이고 출판 역시 그렇다. (㉠) 오늘의 우리 출판 풍토는 '業者性(업자성)' 상업주의에 너무나 물들어 있다. (㉡) 엄밀한 의미에선 모든 인간이 능력과 노동력을 파는 '장사꾼'이요, 일터는 거래시장에 불과하다. (㉢) 출판계야말로 目不忍見(목불인견)이다. 85년 아이아코가 自敍傳(자서전)은 16가지나 동시에 번역돼 나왔고 83년 ET선풍이 몰아치자 단 3개월에 13가지나 쏟아져 나왔다. 별로 신통치도 못한 노벨상 作品(작품)들은 또 어땠는가. 일명 '빨간책'인 低質(저질) 불량 지하 출판물이 지상에 범람했고 假名(가명)·匿名(익명) 불온출판물이 활개를 쳤다. 요즘도 많다. (㉣) 하나 문제는 智識産品(지식산품)인 출판물을 '低知能者(저지능자)'가 만든다는 점이다.

① ㉠ : 한데　　　　　② ㉡ : 하기야
③ ㉢ : 그리고　　　　④ ㉣ : 또

21 다음 글이 독자에게 웃음을 유발하는 이유로 옳은 것은?

> 개의 몸에 기생하는 진드기가 있다. 미친 듯이 제 몸을 긁어 대는 개를 붙잡아서 털 속을 헤쳐 보라. 진드기는 머리를 개의 연한 살에 박고 피를 빨아 먹고 산다. 머리와 가슴이 붙어 있는데 어디까지가 배인지 꼬리인지도 분명치 않다. 수컷의 몸길이는 2.5밀리미터, 암컷은 7.5밀리미터쯤으로 핀셋으로 살살 집어내지 않으면 몸이 끊어져 버린다.
> 한번 박은 진드기의 머리는 돌아 나올 줄 모른다. 죽어도 안으로 파고들다가 죽는다. 나는 그 광경을 '몰두(沒頭)'라고 부르려 한다.
>
> – 성석제 「몰두」

① 소리는 같지만 뜻은 전혀 다른 두 단어를 의도적으로 혼란스럽게 섞어 사용해서
② 어떤 단어를 보통 쓰이는 의미 대신 글자 그대로의 의미로 짐짓 받아들여서
③ 일반적으로 예상되는 사건 대신 아주 엉뚱한 사건을 전개해서
④ 묘사하는 대상의 우스꽝스러운 생태를 충분한 거리를 유지한 채 객관적으로 전달해서

22 다음 글의 밑줄 친 단어가 상징하는 것과 가장 유사한 것은?

> 나 하늘로 돌아가리라.
> 새벽빛 와 닿으면 스러지는
> <u>이슬</u> 더불어 손에 손을 잡고,
>
> 나 하늘로 돌아가리라.
> 노을빛 함께 단둘이서
> 기슭에서 놀다가 구름 손짓하면은,
>
> 나 하늘로 돌아가리라.
> 아름다운 이 세상 소풍 끝내는 날,
> 가서, 아름다웠더라고 말하리라…….
>
> — 천상병 「귀천(歸天)」

① 얽매인 삶보다는 <u>구름</u> 같은 삶이 훨씬 좋을 때가 있다.

② 잠을 깨고 나니 고된 인생도 한바탕 <u>꿈</u>처럼 여겨졌다.

③ 어머니는 <u>눈물</u>로 진주를 만드신다.

④ 반짝이는 <u>나뭇잎</u>은 어린 아이들의 웃음 같다.

23 다음 밑줄 친 단어 중 표준어에 해당하지 않는 것은?

① 그 사람 <u>눈초리</u>가 아래로 축 처진 것이 순하게 생겼어.

② 그는 얼금얼금한 얼굴에 <u>콧망울</u>을 벌름거리면서 웃음을 터뜨렸다.

③ 등산을 하고 났더니 <u>장딴지</u>가 땅긴다.

④ 무슨 일인지 <u>귓밥</u>이 훅 달아오르면서 목덜미가 저린다.

24 다음 글을 알맞은 순서로 바르게 배열한 것은?

> ㉠ 그러나 연구 결과 김정호의 옥사설은 사실이 아닌 것으로 확인되었으며, 흥선대원군에 의해 불타 사라졌다던 대동여지도의 원판이 11장이나 발견되었다.
> ㉡ 김정호가 대동여지도를 제작하자 흥선대원군은 김정호를 감옥에 가두고 지도의 판목은 압수해 불태웠다고 한다.
> ㉢ 이는 일제 강점기 때 조선 총독부가 발행한 「조선어독본」에 나와 있는 내용이다.
> ㉣ 최근까지도 이것은 사실로 받아들여지고 있었다.
> ㉤ 식민 지배를 공고히 하기 위해 일제는 "조선인들은 김정호와 대동여지도의 위대함을 알아보지 못하고 목판마저 불태워버린 미개한 민족"이라고 비난하며 진품의 존재를 숨겨 왔던 것이다.

① ㉠ - ㉡ - ㉤ - ㉢ - ㉣
② ㉡ - ㉢ - ㉣ - ㉠ - ㉤
③ ㉢ - ㉤ - ㉣ - ㉡ - ㉠
④ ㉤ - ㉣ - ㉢ - ㉠ - ㉡

25 다음 주어진 글을 근거로 할 때, 〈보기〉의 대화에서 ⓛ의 대답이 갖는 특징을 설명한 것으로 옳은 것은?

그라이스(Grice)는 원활한 대화 진행을 위한 요건으로 네 가지의 '협력의 원리'를 제시한 바 있다. 첫째, 주고받는 대화의 목적에 필요한 만큼만 정보를 제공하고 필요 이상의 정보를 제공하지 말라는 양의 격률이다. 둘째, 진실한 정보만을 제공하도록 노력하고 증거가 불충한 것은 말하지 말라는 질의 격률이다. 셋째, 해당 대화 맥락과 관련되는 말을 하라는 관련성의 격률이다. 넷째, 모호하거나 중의적인 표현을 피하고 간결하고 조리 있게 말하라는 태도의 격률이다. 그러나 모종의 효과를 위해 이 네 가지의 격률을 위배하는 일은 일상 대화에서 빈번하게 이루어지는데, 일반적으로 언중들은 그것을 자연스럽게 받아들일 뿐 아니라 때에 따라서는 협력의 원리를 지키는 것이 예의에 어긋난 경우도 많다.

〈보기〉
대화 (1) : ㉠ 출신 고등학교 이름이 무엇인가요?
ⓛ ○○고등학교 3학년 4반 17번이었습니다. 학생회 부회장이었고 2학기 학급 반장이기도 했습니다.
대화 (2) : ㉠ 우리 어제 저녁 먹으러 갔던 가게 이름이 뭐였지?
ⓛ 그 스테이크 집 말하는 거지? 나는 확실히 웰던보다는 미디엄 레어 정도로 살짝 익힌 게 입에 맞더라.
대화 (3) : ㉠ 그래도 여행이니까 지역 특색에 맞는 음식을 먹었으면 좋겠는데, 첫날 저녁은 무얼 먹을까?
ⓛ 길 가다 보이는 거 아무거나 먹지 뭐.
대화 (4) : ㉠ 이번에 배우 A랑 가수 C랑 열애설 나온 거 봤어?
ⓛ 그거 나도 봤어! 근데 인터넷에서 보니까 C가 성질이 그렇게 더럽다던데? 전에 만나던 사람하고도 엄청 안 좋게 헤어졌대.

① 대화 (1) : 관련성의 격률을 위배하였다.
② 대화 (2) : 질의 격률을 위배하였다.
③ 대화 (3) : 태도의 격률을 위배하였다.
④ 대화 (4) : 양의 격률을 위배하였다.

CHAPTER **07** 2015년 국어 기출문제

국방부(육 · 해 · 공군) 시행 필기시험(2015.07.04)

01 다음 중 관계가 다른 것은?

① 쌉싸름하다 – 쌉싸래하다

② 등물 – 목물

③ 냄새 – 내음

④ 허섭스레기 – 허접쓰레기

02 다음 중 표준 발음법으로 옳지 않은 것은?

① 색연필은 [생년필]로 발음해야 한다.

② '옷맵시가 난다'에서 '옷맵시'는 [온맵씨]로 발음해야 한다.

③ 식용유는 [시굥뉴]로 발음해야 한다.

④ '걸쭉하다'는 [걸쭈카다]로 발음해야 한다.

03 다음 중 맞춤법이 잘못된 단어가 포함된 것은?

① 당신의 말이 아니꼬워 견딜 수 없다.

② 시골 낚시터에 몇몇 낚시꾼들이 낚시대를 걸어 놓았다.

③ 청하는 일을 하도록 들어주는 것을 '허락', 청하는 바를 들어주는 것은 '승낙'이라고 한다.

④ 엄마는 혼자 있으니 문을 잘 잠가야 한다고 당부했다.

04 다음은 용비어천가 제2장의 일부 내용이다. 밑줄 친 부분에 해당하는 한자를 바르게 짝지은 것은?

> 불휘 기픈 남ᄀᆞᆫ ᄇᆞᄅᆞ매 아니 ㉠뮐씨,
> 곶 됴코 ㉡여름 하ᄂᆞ니…

	㉠	㉡
①	動	夏
②	動	實
③	勤	實
④	勤	夏

05 다음 중 표준 발음으로 옳은 것은?

① 임진란[임 : 질란]　　　　　　　② 젖먹이[점머기]

③ 땀받이[땀바지]　　　　　　　　④ 송별연[송 : 별련]

06 다음 중 한자어의 뜻으로 옳지 않은 것은?

① 전파(傳播) : 전하여 널리 퍼뜨림

② 이행(履行) : 실제로 행함

③ 고루(固陋) : 편향된 의견

④ 예지(叡智) : 사물의 이치를 꿰뚫어 보는 지혜롭고 밝은 마음

07 다음 중 훈민정음 제자원리에서 가획의 원리가 아닌 것은?

① ㄴ － ㅌ　　　　　② ㅇ － ㆆ　　　　　③ ㅅ － ㅿ　　　　　④ ㅁ － ㅍ

08 다음 시에서 고향을 그리워하는 매개체로 쓰인 것은?

> 눈이 오는가 북쪽엔
> 함박눈 쏟아져 내리는가.
>
> 험한 벼랑을 굽이굽이 돌아간
> 백무선 철길 위에
> 느릿느릿 밤새워 달리는
> 화물차의 검은 지붕에
>
> 연달린 산과 산 사이
> 너를 남기고 온
> 작은 마을에도 복된 눈 내리는가.
>
> 잉크병 얼어드는 이러한 밤에
> 어쩌자고 잠을 깨어
> 그리운 곳 차마 그리운 곳.
>
> 눈이 오는가 북쪽엔
> 함박눈 쏟아져 내리는가.

① 눈　　　　　　　② 화물차　　　　　　③ 산　　　　　　④ 잉크병

09 다음 글의 주제를 나타내는 문장으로 가장 적절한 것은?

앵겔의 주장에 따르면 동물은 우리가 흔히 생각하는 것처럼 건강을 타고나는 것은 아니다. 동물도 건강을 유지하기 위해 여러 가지 활동을 한다. 특히 야생동물에게 건강은 반드시 필요한 요소다. 건강을 잃는 순간, 동물은 무리에서 뒤떨어지거나 천적에게 잡아먹히는 등 자연에서 생존할 수 없게 되기 때문이다.

야생동물이 건강에 좋은 먹을거리를 선택한다는 것은 이미 과학적으로 입증되었다. 그 수준도 '동물 따위가 뭘 알겠어' 하고 치부하기에는 놀라울 정도로 높다. 예를 들면 동물은 기운을 북돋기 위해 흥분제 성분이 들어 있는 과일이나 환각 작용을 일으키는 버섯, 아편 성분이 들어 있는 양귀비 등 향정신성 먹을거리를 즐겨 섭취한다. 개 중에는 흥분제에 중독 증상을 보이는 동물도 있다. 더욱 놀랄 만한 사실은 교미 시의 생산 능력을 높이기 위해 자연에 널려 있는 '최음제'를 먹는 경우마저 있다는 사실이다.

몇 가지 사례를 더 들겠다. 사막에 사는 거북은 칼슘을 찾아 사막을 몇십 km씩 여행한다. 칼슘은 거북의 껍질을 단단하게 만드는 데 필요한 성분이다. 원숭이와 곰 등은 신맛이 나는 기름과 고약한 냄새의 송진을 온몸에 즐겨 바른다. 이러한 냄새들은 벌레에 물리는 것을 막아 줄 뿐만 아니라 세균 감염도 예방해 준다. 침팬지는 털이 난 나뭇잎을 독특한 방법으로 뭉쳐서 삼킨다. 잎에 난 털이 식도로 넘어가며 식도 주위의 기생충들을 청소해 준다. 개와 고양이가 가끔 풀을 뜯어먹는 것도 비슷한 이유다. 이 풀들은 기생충과 함께 소화되지 않고 몸 바깥으로 배설된다.

또, 새들은 특정한 향이 나는 허브 잎을 모아 둥지를 둘러싼다. 잎의 향 때문에 진드기와 벼룩이 둥지로 접근하지 못한다. 코끼리는 나트륨 성분을 섭취하기 위해 소금을 먹는다. 만약 소금이 모자라면 새로운 소금 동굴을 찾기 위해 죽음을 무릅쓴 집단 이동도 마다하지 않는다. 붉은 원숭이는 주식인 나뭇잎에 함유된 독성 성분을 없애기 위해 숯을 먹는다. 인도의 코끼리 사육사들은 코끼리가 병이 났을 때 코끼리를 산으로 데리고 가서 약초나 풀을 뜯어 먹도록 한다. 이렇게 동물들은 자기에게 필요한 약초 처방을 알고 있다.

① 야생동물은 필요한 먹이를 찾기 위해 어떤 자연환경이라도 금방 적응한다.

② 야생동물은 좋아하는 먹이를 구하고자 자연을 훼손하지는 않는다.

③ 야생동물은 스스로 치료하는 방법을 선천적으로 알고 있다.

④ 야생동물은 질병에서 생존하기 위해 먼 거리를 이동한다.

※ 다음 글을 읽고 물음에 답하시오. [10~11]

삼팔 접경의 이 북쪽 마을은 드높이 개인 가을하늘 아래 한껏 고즈넉했다.

주인 없는 집 봉당에 흰 박통만이 ⑦흰 박통만을 의지하고 굴러 있었다.

어쩌다 만나는 늙은이는 담뱃대부터 뒤로 돌렸다. 아이들은 또 아이들대로 멀찌감치서 미리 길을 비켰다. 모두 겁에 질린 얼굴들이었다.

동네 전체로는 이번 동란에 깨어진 자국이라곤 별로 없었다. 그러나 어쩐지 자기가 어려서 자란 옛마을은 아닌 성싶었다.

뒷산 ⑥밤나무 기슭에서 성삼이는 발걸음을 멈추었다. 거기 한 나무에 기어올랐다. 귓속 멀리서, 요놈의 자식들이 또 남의 밤나무에 올라가는구나, 하는 혹부리 할아버지의 고함소리가 들려 왔다. 그 혹부리 할아버지도 그새 세상을 떠났는가, 몇 사람 만난 동네 늙은이 가운데 뵈지 않았다. 성삼이는 밤나무를 안은 채 잠시 푸른 가을하늘을 쳐다보았다. 흔들지도 않은 밤나무가지에서 남은 밤송이가 저 혼자 아람이 벌어져 떨어져 내렸다.

임시 치안대 사무소로 쓰고 있는 집 앞에 이르니, 웬 청년 하나가 포승에 묶이어 있다. 이 마을에서 처음 보다시피하는 젊은이라, 가까이 가 얼굴을 들여다보았다. 깜짝 놀랐다. 바로 어려서 단짝 동무였던 덕재가 아니냐.

천태에서 같이 온 치안대원에게 어찌된 일이냐고 물었다. 농민동맹 부위원장을 지낸 놈인데 지금 자기 집에 잠복해 있는 걸 붙들어 왔다는 것이다. 성삼이는 거기 봉당 위에 앉아 담배를 피워 물었다.

덕재를 청단까지 호송하기로 되었다. 치안 대원 청년 하나가 데리고 가기로 했다.

성삼이가 다 탄 담배꼬투리에서 새로 담뱃불을 댕겨가지고 일어섰다.

"이 자식은 내가 데리고 가지요."

덕재는 한결같이 외면한 채 성삼이 쪽은 보려고도 하지 않았다.

동구 밖을 벗어났다.

성삼이는 연거푸 ⑥담배만 피웠다. 담배 맛은 몰랐다. 그저 연기만 기껏 빨았다 내뿜곤 했다. 그러다가 문득 이 덕재 녀석도 담배 생각이 나려니 하는 생각이 들었다. 어려서 어른들 몰래 담모퉁이에서 ⑫호박잎 담배를 나눠 피우던 생각이 났다. 그러나 오늘 이놈에게 담배를 권하다니 될 말이냐.

한번은 어려서 덕재와 같이 혹부리 할아버지네 밤을 훔치러 간 일이 있었다. 성삼이가 나무에 올라갈 차례였다. 별안간 혹부리 할아버지의 고함소리가 들려 왔다. 나무에서 미끄러져 떨어졌다. 엉덩이에 밤송이가 찔렸다. 그러나 그냥 달렸다. 혹부리 할아버지가 못 따라올 만큼 멀리 가서야 절로 눈물이 질끔거려졌다. 덕재가 불쑥 자기 밤을 한줌 꺼내어 성삼이 호주머니에 넣어 주었다.

성삼이는 새로 불을 댕겨 문 담배를 내던졌다. 그리고는 이 덕재 자식을 데리고 가는 동안 다시 담배는 붙여 물지 않으리라 마음먹는다.

고갯길에 다다랐다. 이 고개는 해방 전전에 성삼이가 삼팔이남 천태 부근으로 이사가기까지 덕재와 더불어 늘 꼴 베러 넘나들던 고개다.

성삼이는 와락 저도 모를 화가 치밀어 고함을 질렀다.

"이 자식아. 그동안 사람을 몇이나 죽였냐?"

그제야 덕재가 힐끗 이쪽을 바라다보더니 다시 고개를 거둔다.

"이 자식아. 사람 몇이나 죽였어?"

덕재가 다시 고개를 이리로 돌린다. 그리고는 성삼이를 쏘아본다. 그 눈이 점점 빛을 더해 가며 제법 수염발 잡힌 입 언저리가 실쭉거리더니,

"그래 너는 사람을 그렇게 죽여 봤니?"

이 자식! 그러면서도 성삼이의 가슴 한복판이 환해짐을 느낀다. 막혔던 무엇이 풀려 내리는 것만 같은. 그러나,

"농민 동맹 부위원장쯤 지낸 놈이 왜 피하지 않구 있었어? 필시 무슨 사명을 띠구 잠복해 있는 거지?

덕재는 말이 없다.

10 다음 ㉠~㉣ 중 주인공의 내적 갈등을 나타내는 것은?

① ㉠   ② ㉡   ③ ㉢   ④ ㉣

11 다음 중 윗글의 시점에 대한 설명으로 옳은 것은?

① 주인공이 주변 인물이자 관찰자인 '나'와 주인공인 '나'는 별개의 인물이다.

② 주인공인 '나'가 자신이 겪은 일을 서술하며, '나'라는 말에서 자신의 생각을 얘기할 수 있다.

③ 작가가 등장인물의 심리와 행동을 모두 아는 위치에서 이야기를 전개해 나간다.

④ 주인공이 실제 겪지 않은 일은 독자가 알 수 없다.

12 다음 제시된 글의 성격에 대한 설명 중 옳지 않은 것은?

> 나는 그믐달을 몹시 사랑한다.
>
> 그믐달은 요염하여 감히 손을 댈 수도 없고 말을 붙일 수도 없이 깜찍하게 예쁜 계집 같은 달인 동시에 가슴이 저리고 쓰리도록 가련한 달이다.
>
> 서산 위에 잠깐 나타났다 숨어 버리는 초생달은 세상을 후려 삼키려는 독부(毒婦)가 아니면 철모르는 처녀 같은 달이지마는 그믐달은 세상의 온갖 풍상을 다 겪고 나중에는 그 무슨 원한을 품고서 애처롭게 쓰러지는 원부(怨婦)와 같이 애절하고 애절한 맛이 있다.
>
> 보름에 둥근 달은 모든 영화와 끝없는 숭배를 받는 여왕과 같은 달이지마는 그믐달은 애인을 잃고 쫓겨남을 당한 공주와 같은 달이다.
>
> 초생달이나 보름달은 보는 이가 많지마는 그믐달은 보는 이가 적어 그만큼 외로운 달이다.
>
> 객창한등(客窓寒燈)에 정든 님 그리워 잠 못 들어 하는 분이나 못 견디게 쓰린 가슴을 움켜잡은 무슨 한(恨) 있는 사람이 아니면 그 달을 보아 주는 이가 별로 없을 것이다.
>
> 그는 고요한 꿈나라에서 평화롭게 잠들은 세상을 저주하며, 홀로이 머리를 풀어뜨리고 우는 청상(靑孀)과 같은 달이다. 내 눈에는 초생달 빛은 따뜻한 황금빛에 날카로운 쇳소리가 나는 듯하고, 보름달은 치어다 보면 하얀 얼굴이 언제든지 웃는 듯하지마는 그믐달은 공중에서 버둥거리는 날카로운 비수와 같이 푸른 빛이 있어 보인다. 내가 한(恨) 있는 사람이 되어서 그러한지는 모르지마는, 내가 그 달을 많이 보고 또 보기를 원하지만, 그 달은 한 있는 사람만 보아 주는 것이 아니라 늦게 돌아가는 술주정꾼과 노름하다 오줌 누러 나온 사람도 보고 어떤 때는 도둑놈도 보는 것이다.
>
> 어떻든지, 그믐달은 가장 정(情) 있는 사람이 보는 중에, 또한 가장 한 있는 사람이 보아 주고, 또 가장 무정한 사람이 보는 동시에 가장 무서운 사람들이 많이 보아 준다.
>
> 내가 만일 여자로 태어날 수 있다 하면, 그믐달 같은 여자로 태어나고 싶다.

① 글쓴이의 인간성이 잘 두드러진다.

② 작가가 꾸며낸 허구의 인물이 등장한다.

③ 특별한 형식이 없다.

④ 비전문적인 글로, 소재가 다양하다.

13 다음 중 '감실감실'의 뜻으로 옳은 것은?

① 물 따위가 자꾸 큰 물결을 이루며 흔들리는 모양

② 몸이 큰 사람이나 짐승이 가볍게 율동적으로 자꾸 움직이는 모양

③ 사람이나 물체, 빛 따위가 먼 곳에서 자꾸 아렴풋이 움직이는 모양

④ 매달려 있거나 떠 있는 것이 자꾸 크게 흔들리며 움직이는 모양

14 다음 중 띄어쓰기가 옳은 것은?

① 경찰공무원 제 3차 채용 선발인원이 공개되었다.

② 내 눈을 의심하리 만큼 신기한 광경을 목격했다.

③ 인터넷 속도로는 한국만 한 나라도 없다.

④ 온종일 밥은 커녕 물 한 모금도 마시지 못했다.

15 다음 우리나라 지역 명칭을 로마자 표기법으로 옮긴 것 중 옳지 않은 것은?

① 남원시 : Namwon-shi   ② 함평군 : Hampyeong-gun

③ 도봉구 : Dobong-gu   ④ 인왕리 : Inwang-ri

16 다음 밑줄 친 부분의 품사가 넷 중 다른 것은?

① 분위기가 <u>달라지다</u>.   ② 네가 더 <u>낫다</u>.

③ 키가 갑자기 <u>컸구나</u>.   ④ 비 온 뒤에 땅이 <u>굳는다</u>.

17 다음 속담과 사자성어 중 의미가 다른 것은?

① 삼순구식(三旬九食)   ② 부자 하나면 세 동네가 망한다.

③ 적수공권(赤手空拳)   ④ 볏고 쓴 듯하다.

18 다음 동사와 형용사에 대한 설명으로 옳지 않은 것은?

① 동사와 형용사를 묶어서 용언이라고 한다.

② 동사는 현재시제 선어말어미와 결합될 수 있다.

③ 형용사는 현재를 나타내는 관형사형 진성어미 '-는'과 결합하지 못한다.

④ 형용사는 명령형·청유형 어미와 결합될 수 있다.

19 다음 시에 대한 설명 중 옳지 않은 것은?

> 그립다
> 말을 할까
> 하니 그리워
>
> 그냥 갈까
> 그래도
> 다시 더 한 번……
>
> 져 산(山)에도 가마귀, 들에 가마귀
> 서산(西山)에는 해 진다고
> 지저귑니다.
>
> 앞 강물 뒷 강물
> 흐르는 물은
> 어서 따라오라고 따라가자고
> 흘러도 연달아 흐릅디다려.

① 2연에서는 미련과 그리움으로 인한 내적 갈등이 나타난다.

② 까마귀는 암울한 의미로 사용되었다.

③ 물이 흘러가는 듯한 부드러운 음향감을 부여했다.

④ 강물은 이별의 아픔을 더 심화시키고 있다.

20 다음 중 청자에 대한 상대 높임법으로 옳은 것은?

① 정희는 어머니를 모시고 학교에 갔다.

② 선생님께서 교실로 오고 계신다.

③ 저는 학교에 갑니다.

④ 나는 아버지께 신문을 드렸다.

21 다음 중 공손성의 원리에 대한 설명으로 옳은 것은?

① 요령의 격률 : 화자 자신에게 혜택을 주는 표현은 최소화하고 화자 자신에게 부담을 주는 표현을 극대화하는 것이다.

② 관용의 격률 : 상대방에게 부담되는 표현을 최소화하고 상대방의 이익을 극대화하는 것이다.

③ 겸양의 격률 : 다른 사람에 대한 비방을 최소화하고 칭찬을 극대화하는 것이다.

④ 동의의 격률 : 자신의 의견과 다른 사람의 의견 사이의 다른 점을 최소화하고 일치점을 극대화하는 것이다.

바람도 없는 공중에 수직(垂直)의 파문을 내이며 고요히 떨어지는 <u>오동잎</u>은 누구의 발자취입니까.

지리한 장마 끝에 서풍에 몰려가는 무서운 검은 구름의 터진 틈으로 언뜻언뜻 보이는 <u>푸른 하늘</u>은 누구의 얼굴입니까.

꽃도 없는 깊은 나무에 푸른 이끼를 거쳐서 옛 탑(塔) 위의 고요한 하늘을 스치는 <u>알 수 없는 향기</u>는 누구의 입김입니까.

근원은 알지도 못할 곳에서 나서 돌부리를 울리고 가늘게 흐르는 작은 시내는 굽이굽이 누구의 노래입니까.

연꽃 같은 발꿈치로 가이 없는 바다를 밟고 옥 같은 손으로 끝없는 하늘을 만지면서 떨어지는 해를 곱게 단장하는 저녁놀은 누구의 시(詩)입니까.

타고 남은 재가 다시 기름이 됩니다. 그칠 줄을 모르고 타는 나의 가슴은 누구의 밤을 지키는 <u>약한</u> 등불입니까.

22 위 시에 대한 설명으로 옳은 것은?

① 경어체와 남성적 어조를 사용하고 있다.

② 의문형 종결을 통해 절대적 존재에 대한 동경과 구도의 자세를 나타내고 있다.

③ 역설적 표현이 나타나지 않는다.

④ 한 가지 사물에 대해 한정적으로 시각적 이미지를 썼다.

23 위 시의 밑줄 친 시어 중 시적 의미가 다른 것은?

① 오동잎   ② 푸른 하늘

③ 알 수 없는 향기   ④ 약한 등불

※ 다음 글을 읽고 물음에 답하시오. [24~25]

그 이튿날 그들은 옛날 함께 살았던 곳을 찾아갔다. 그곳에서 금은재보를 찾고, 또한 그것을 팔아 부모의 유골을 거두어 오관산 기슭에 합장하였다. 장례를 치른 뒤 이생이 벼슬을 하지 않고 최랑과 함께 살림을 차리니, 뿔뿔이 흩어졌던 노복도 다시 모여들었다.

이생은 그 이후로 인간의 일을 다 잊어버리고, 심지어는 친척 빈객의 방문과 길흉대사를 모두 제쳐 놓고, 문을 굳게 닫고 최랑과 함께 시구를 창수(唱酬)하며 몇 해 동안 금슬을 누렸다. 어느 날 저녁 최랑은 이렇게 말했다.

"세상일이 하도 덧없어 세 번째의 가약도 이제 머지 않아 끝나게 되니, 한없는 이 슬픔 또 어찌 하오리까?"

"그게 무슨 말이오?"

"저승길은 피할 수 없는 길입니다. 저와 당신은 천연이 정해져 있고 또한 전생에 아무런 죄악도 없으므로 이 몸이 잠깐 당신과 만나게 되었사온데, 어찌 인간 세상에 오래 머물러 산 사람을 유혹할 수 있겠습니까?"

이야기가 끝나자 그녀는 향아를 시켜서 술과 과일을 들이고, 옥루춘(玉樓春) 한 가락을 불러 이생에게 술을 권하였다.

干戈滿目交揮處 도적떼 밀려와서 처참한 싸움터에
玉碎花飛鴛失侶 몰죽음 당하니 원앙도 짝 잃었네.
殘骸狼藉竟誰埋 여기저기 흩어진 해골 그 누가 묻어주리
血汚遊魂無與語 피투성이 그 유혼(遊魂)은 하소연도 할 곳 없네
高唐一下巫山女 슬프다 이내 몸은 무산선녀 될 수 없고
破鏡重分心慘楚 깨진 거울 갈라지니 마음만 쓰라리네.
從玆一別兩茫茫 이로부터 작별하면 둘이 모두 아득하네
天上人間音信阻 저승과 이승 사이 소식조차 막히리라.

노래 부르는 동안 눈물이 흘러내려 곡조를 거의 이루지 못하였다. 이생도 슬픔을 걷잡지 못하며 말했다.

"내가 차라리 당신과 함께 지하로 돌아갈지언정 어찌 무료하게 여생을 홀로 보전하겠소? 이마적 난리를 치른 뒤 친척들과 노복이 흩어지고 돌아가신 부모님의 유골이 들판에 버려졌을 때 당신이 아니었다면 누가 가르쳐 주었겠소? 옛 성인의 말씀에 '어버이 계실 적에 예로 섬길 것이며, 돌아가신 후에 예로 장사할 것이라' 하였는데, 이제 당신이 모두 실천하였으니 내 감사의 뜻을 아끼지 않으리라. 아무쪼록 당신은 인간 세상에 오래 살아 100년의 행복을 누린 뒤에 나와 같이 진토가 되는 것이 어떻겠소?"

"당신의 명수는 아직 많이 남았고 저는 이미 귀신의 명부에 올랐으니, 만약 굳이 인간의 미련을 가지면 명부의 법령에 위반되어 저에게 죄과가 미칠 뿐만 아니라 당신에게도 누가 미칠까 염려됩니다. 단지 제 해골이 아직 그 곳에 흩어져 있사오니 은혜를 거듭 베푸시어 사체를 거두어 주시면 더욱 감사하겠나이다."

두 사람은 서로 바라보며 눈물을 흘렸다. 잠시 후에 여인은 말했다.

"낭군님, 부디 안녕히 계십시오."

말을 마치자 그녀의 육체는 점점 사라져 종적을 감추어 버렸다. 이생은 그녀의 말대로 해골을 거두어 부모의 묘 옆에다 장사 지낸 후 병이 나서 몇 개월 만에 세상을 떠나고 말았다.

이 이야기를 들은 모든 이들은 감탄하며 그들의 아름다운 절개를 칭찬하지 않을 수 없었다고 한다.

24 윗글에 대한 설명으로 옳지 않은 것은?

① 인물의 성격이 규범적이지 않고 개성적이다.   ② 행불행이 반복된다.

③ 귀신과의 사랑 이야기이다.   ④ 꿈에서 겪은 내용이다.

25 다음 중 제시된 작품과 출처가 다른 것은?

① 「남염부주지」   ② 「용궁부연록」

③ 「사씨남정기」   ④ 「만복사저포기」

CHAPTER **08** | 2014년 국어 기출문제

Civilian Worker In The Military **PART 01**

국방부(육 · 해 · 공군) 시행 필기시험(2014.07.05)

01 다음 중 밑줄 친 어휘의 사용이 적절하지 않은 것은?

① 그는 <u>가붓한</u> 가방 하나만 들고 나온 것이 오랫동안 여행할 사람 같지 않았다.

② 그녀는 사귐성이 좋아 누구와도 <u>버슷하게</u> 지낸다.

③ 그들은 <u>다붓한</u> 강가에서 무엇인가 조용히 이야기를 나누고 있었다.

④ 그는 고개를 <u>기웃하게</u> 하고서 무엇인가 골몰히 생각하고 있다.

02 다음 중 밑줄 친 부분의 표준 발음으로 옳은 것은?

① 그는 이따금씩 시를 <u>읊기도[을끼도]</u> 하였다.

② 벌써 5년은 더 쓰고 있는 가방인데도 전혀 <u>닳지[달찌]</u> 않았다.

③ 칡으로 서까래를 <u>얽고[억꼬]</u> 억새로 지붕을 덮었다.

④ 그녀는 너무 <u>외곬으로[외골쓰로]</u> 생각하는 경향이 있다.

03 다음 중 밑줄 친 부분의 한자어의 표기가 옳은 것은?

① 그것은 우리가 지금껏 지켜 온 모든 가치에 대한 <u>모독(侮瀆)</u>이었다.

② 그는 가정 <u>파탄(破綻)</u>의 위기에서 벗어났다.

③ 불필요한 <u>규제(規除)</u>는 시장을 경직시키기도 한다.

④ 비행기는 지상의 <u>유도(誘道)</u>에 따라 안전하게 착륙하였다.

04 다음은 윤선도의 「어부사시사」이다. 이를 계절의 순서대로 바르게 나열한 것은?

> (가) 마람닙희 바람나니 봉창(篷窓)이 셔늘코야
>   녀름바람 뎡홀소냐 가는디로 비시겨라
>   아희야 북포남강(北浦南江)이 어디 아니 됴흘리니
> (나) 슈국(水國)의 그울히드니 고기마다 슬져인다
>   만경징파(萬頃澄波)의 슬크지 용여(容與)하쟈
>   인간(人間)을 도라보니 머도록 더옥됴타
> (다) 우는거시 벅구기가 프른거시 버들숩가
>   어촌(漁村) 두어집이 닛속의 나락들락
>   말가흔 깁픈소희 온갇고기 뛰노노다
> (라) 어와 져므러간다 안식(安息)이 맏당토다
>   그는눈 쁘린길 불근곳 훗더딘디 흥(興)치며 거러가셔
>   셜월(雪月)이 서봉(西峰)의 넘도록 숑창(松窓)에 비겨잇쟈

① (가) - (라) - (다) - (나)   ② (가) - (라) - (나) - (다)

③ (다) - (가) - (나) - (라)   ④ (다) - (라) - (나) - (가)

05 다음 글의 논지 전개 방식으로 가장 적절한 것은?

> 기계문명이 인간에게 준 공로는 크다. 생활을 더욱 편리하게 해주고, 과학을 끝도 없이 앞으로 나아가게 하고 세계인을 한 가족처럼 가깝게 살도록 만들었다. 그러면서 인간에게 준 피해 또한 크다. 기계문명에 인간이 종노릇을 하게 된 사실이 그것이다. 도시의 거대한 공장에는 인간이 기계의 부속품이 되어 그들이 움직이는 대로 함께 움직이고 있다. 그러는 동안에 인간도 마침내 기계가 되었다. 생각도 행동도 사상도 기계의 영향 아래에서 변화되어 가고 있다. 잃어버린 것은 무엇이냐. 자연과 영원과 본래부터의 인간성이다. 있어야 할 것은 없어지고, 있어선 안 될 것들이 인간 속으로 침투해 왔다. 어떻게 하면 본래의 인간으로 돌아가느냐. 어떻게 하면 옛날의 자연으로 회복되느냐를 고민해야 할 때이다.

① 서로 대비되는 견해를 제시한 후 문제를 제기하고 과제를 제시한다.

② 예상되는 반론을 제기한 후 논거를 제시하며 반박한다.

③ 필자의 주장과 대립되는 주장을 제시한 후 이를 비판하고 나의 주장을 내세운다.

④ 기존의 주장들을 소개하며 문제를 제기하고 새로운 대안을 제시한다.

06 다음 단위를 나타내는 어휘 중 그 뜻이 옳은 것을 모두 고르면?

> ㄱ. 채소·과일 한 접 – 100개
> ㄴ. 고등어 한 손 – 큰 것 하나와 작은 것 하나를 합친 2마리
> ㄷ. 바늘 한 쌈 – 크고 작은 바늘 20개
> ㄹ. 오징어 한 축 – 20마리

① ㄱ, ㄴ   ② ㄴ, ㄹ

③ ㄱ, ㄴ, ㄹ   ④ ㄱ, ㄷ, ㄹ

07 다음 중 훈민정음에서 지칭하는 28자에 해당되는 것은?

① ㅟ   ② ㅑ   ③ ㅐ   ④ ㅔ

08 다음 중 밑줄 친 부분의 쓰임이 옳은 것은?

① 그와 나는 전부터 <u>알음</u>이 있는 사이이다.

② 약속 날짜를 너무 <u>바토</u> 잡았다.

③ 된장찌개가 입맛을 <u>돋군다</u>.

④ 그는 <u>설레이는</u> 가슴을 가라앉히지 못하였다.

09 다음 외래어 표기 중 옳은 것끼리 짝지어진 것은?

(가) 스태미나(stamina)	(나) 밀크쉐이크(milk shake)
(다) 컨셉트(concept)	(라) 랑데뷰(rendez-vous)
(마) 밸런타인데이(valentine day)	(바) 드라이클리닝(dry cleaning)
(사) 프로포즈(propose)	

① (가), (다), (사)   ② (가), (마), (바)

③ (나), (다), (바)   ④ (라), (바), (사)

10 다음 글에 대한 수정 방안으로 옳지 않은 것은?

젊어서 고생은 사서도 한다지만 그것은 육체적 노동에 해당되는 이야기가 아닐까. ㉠정신적 노동을 감당하는 일명 '감정 노동자'의 삶은 피로 그 이상의 고통을 수반한다. 육체적 노동은 하룻밤 푹 자고 일어나면 다시 회복될 수 있지만 정신적 노동으로 받은 상처는 쉽게 회복되지 않기 때문이다.

'감정 노동자'라는 용어는 약 30년 전, 미국의 사회학자이자 버클리 대학의 교수인 앨리 러셀 혹 실드가 쓴 저서를 통해 처음으로 소개되었다. (㉡). 저자는 갈수록 서비스가 고도화되어 가는 사회에서 정도의 차이만 있을 뿐, 누구나 감정노동을 하게 될 수밖에 없으며 사람들은 그 후유증을 안고 살 수밖에 ㉢없다.

서비스산업이 성장할수록 이러한 감정 노동에 시달리는 사람들은 나날이 늘어나고 있지만 '손님은 왕', '돈이면 다 된다.'라는 식의 잘못된 사고방식을 가진 사람들로 인해 바람직한 고객정신은 오히려 퇴보하고 있다. 이로 인해 ㉣과반수 이상의 감정노동자들이 고객의 폭언, 폭행, 성희롱 등으로 만성적인 고통을 호소하고 있는 것이다. 감정을 추스를 시간도 없이 과도한 스트레스에 반복적으로 노출되는 감정 노동자들은 점차 자신이 실제로 느끼는 감정에 대해 무뎌지면서 심각한 상태에 이르기도 한다.

– 「웃을수록 병드는 감정 노동자의 비애(EBS)」

① ㉠은 글의 통일성을 고려하여 삭제한다.
② 문단의 완결성을 고려해 ㉡에는 '감정 노동자'라는 용어의 정의를 첨가해 준다.
③ ㉢은 문장 성분의 호응을 고려해 '없다고 역설하고 있다'로 고친다.
④ ㉣은 어휘 사용이 부적절하므로 '과반수의'로 고친다.

※ 다음 글을 읽고 물음에 답하시오. [11~12]

요사이 우리 사회는 터진 봇물처럼 마구 흘러드는 외래 문명에 정신을 차리지 못할 지경이다. 세계화가 미국이라는 한 나라의 주도 아래 이루어지고 있다. 일본은 얼마 전 영어를 아예 공용어로 채택하는 안을 검토한 바 있다. 문화 인류학자들은 이번 세기가 끝나기 전에 대부분의 언어들이 이 지구상에서 자취를 감출 것이라고 예측한다. 언어를 잃는다는 것은 곧 그 언어로 세운 문화도 사라진다는 것을 의미한다. 우리가 그토록 긍지를 갖고 있는 우리말의 운명은 과연 어떻게 될 것인가.

[중략]

우리나라에도 몇몇 도입종들이 활개를 치고 있다. 예전엔 청개구리가 울던 연못에 요즘은 미국에서 건너온 황소개구리가 들어앉아 이것저것 닥치는 대로 삼키고 있다. 어찌나 먹성이 좋은지 심지어는 우리 토종 개구리들을 먹고 살던 뱀까지 잡아먹는다. 토종 물고기들 역시 미국에서 들여온 블루길에게 물길을 빼앗기고 있다. 이들이 어떻게 자기 나라보다 남의 나라에서 더 잘 살게 된 것일까?

제 아무리 대원군이 살아 돌아온다 하더라도 더 이상 타 문명의 유입을 막을 길은 없다. 어떤 문명들은 서로 만났을 때 충돌을 면치 못할 것이고, 어떤 것들은 비교적 평화롭게 공존하게 될 것이다. 결코 일반화할 수 있는 문제는 아니겠지만 스스로 아끼지 않은 문명은 외래 문명에 텃밭을 빼앗기고 말 것이라는 예측을 해도 큰 무리는 없을 듯싶다. 내가 당당해야 남을 수용할 수 있다.

영어만 잘하면 성공한다는 믿음에 온 나라가 야단법석이다. 한술 더 떠 일본을 따라 영어를 공용어로 하자는 주장이 심심찮게 들리고 있다. 영어는 배워서 나쁠 것 없고, 국제 경쟁력을 키우는 차원에서 반드시 배워야 한다. 하지만 영어보다 더 중요한 것은 우리말이다. 우리말을 제대로 세우지 않고 영어를 들여오는 일은 우리 개구리들을 돌보지 않은 채 황소개구리를 들여온 우를 또다시 범하는 것이다.

영어를 자유롭게 구사하는 일은 새 시대를 살아가는 필수 조건이다. 하지만 우리말을 바로 세우는 일에도 소홀해서는 절대 안 된다. 황소개구리의 황소울음 같은 소리에 익숙해져 청개구리의 소리를 잊어서는 안 되는 것처럼.

11 제시된 글과 다음 〈보기〉의 공통된 주제는 무엇인가?

〈보기〉

새로운 민족문화 창조(創造)가 단순한 과거의 묵수(墨守)가 아닌 것과 마찬가지로, 또 단순한 외래문화(外來文化)의 모방(模倣)도 아닐 것임은 스스로 명백한 일이다. 외래문화도 새로운 문화 창조에 이바지함으로써 뜻이 있는 것이고, 그러함으로써 비로소 민족문화의 전통을 더욱 빛낼 수가 있는 것이다.

① 외래문화를 최대한 수용하여 우리 문화를 발전시켜야 한다.

② 우리 문화의 존속을 위해서는 외래문화의 수용을 막아야 한다.

③ 외래문화에 대한 주체적인 수용 태도가 필요하다.

④ 우리의 문화를 다른 국가에 적극적으로 전파하여야 한다.

12 다음 중 제시된 글의 밑줄 친 부분과 내용 전개 방식이 다른 것은?

① 인간은 감각기관을 통해 정보를 받아들여 머릿속에 저장했다가 필요한 때 불러낸다. 컴퓨터도 기계적이기는 하지만 입·출력, 저장 절차가 인간과 비슷하다.

② 서양의 희곡에서 관객은 사건을 바라보는 수동적인 존재일 뿐이다. 그러나 우리의 탈놀이에서 관객은 배우와 함께 사건에 참여하는 능동적인 존재가 된다.

③ 험난한 사막에도 여행자를 위한 오아시스가 있는 것처럼, 우리들의 힘든 인생에도 아픔을 함께해 줄 소중한 친구가 있다.

④ 일단 물을 바닥에 엎어 버리면 양동이에 그것을 전부 주워 담을 수는 없다. 말 또한 마찬가지이다. 일단 입 밖으로 나가게 되면, 그것을 완벽하게 되돌릴 수는 없다.

13 다음 빈칸에 들어갈 관용어로 가장 적절한 것은?

그나마 일표를 얻지 못한 노동자들은 실망을 하고 그들을 부럽게 바라보면서 (   ) 돌아선다.

– 강경애 「인간문제」

① 머리를 싸고   ② 머리를 빠뜨리고

③ 머리가 빠지도록   ④ 머리가 젖어

14 다음 중 ㉠과 ㉡에 각각 들어갈 단어와 조사로 옳은 것은?

남산 위에 저 소나무 철갑을 두른 듯
(㉠) 불변함은 우리(㉡) 기상일세
무궁화 삼천리 화려 강산
대한 사람 대한으로 길이 보전하세

	㉠	㉡
①	바람소리	의
②	바람소리	에
③	바람서리	의
④	바람서리	가

15 다음 중 밑줄 친 부분이 한글 맞춤법에 맞게 사용된 것은?

① 정신없이 살다 보니 어느새 눈가에 <u>잘다랗게</u> 주름이 잡혀 있었다.

② 그녀는 얼굴이 너무 <u>하야서</u> 꼭 아픈 사람 같다.

③ 그는 월간지를 <u>달달이</u> 구독한다.

④ 그는 재산이 <u>붇는</u> 재미에 힘든 줄도 몰랐다.

16 다음 중 괄호 안에 들어갈 한자어를 순서대로 바르게 짝지은 것은?

> • 군악대의 음악에 맞춰 애국가를 (   )하겠습니다.
> • 정도전은 새로운 사상을 (   )하였으나 결국 뜻을 이루지 못했다.

① 제창(齊唱) – 주창(主唱) 　　　　② 시창(視唱) – 재창(再唱)

③ 제창(齊唱) – 합창(合唱) 　　　　④ 합창(合唱) – 제창(提唱)

17 다음 제시된 표준 발음 규정에 따라 옳게 설명한 것은?

> [제5항] 'ㅑ ㅒ ㅕ ㅖ ㅘ ㅙ ㅛ ㅝ ㅞ ㅠ ㅢ'는 이중 모음으로 발음한다.
> 다만 1. 용언의 활용형에 나타나는 '져, 쪄, 쳐'는 [저, 쩌, 처]로 발음한다.
> 다만 2. '예, 례' 이외의 'ㅖ'는 [ㅔ]로도 발음한다.
> 다만 3. 자음을 첫소리로 가지고 있는 음절의 'ㅢ'는 [ㅣ]로 발음한다.
> 다만 4. 단어의 첫음절 이외의 '의'는 [ㅣ]로, 조사 '의'는 [ㅔ]로 발음함도 허용한다.

① '계시다'의 '계'는 이중모음이 쓰였지만 [게시다]와 같이 단모음으로 발음해야 한다.

② '다쳐'는 [다쳐/다처]로 둘 다 발음할 수 있다.

③ '민주주의'는 [민주주에]로 '우리의'는 [우리에]로 발음해도 무방하다.

④ '희망'은 [희망/히망]으로 둘 다 발음할 수 있다.

18 다음 글을 순서대로 바르게 배열한 것은?

> (가) 정부가 '저탄소 녹색성장'을 향후 60년의 새로운 국가 비전으로 제시한 것도 이런 세계적 트렌드의 변화를 대비한 선제적 포석인 셈이다. '저탄소, 친환경'이라는 인식이 전 세계적으로 통용되는 상황에서 이미 단순 경제 성장 논리에 익숙한 우리에게는 더 이상 미룰 수 없는 과제적 성격을 가지는 것이기도 하다.
>
> (나) 그렇다면 신재생에너지와 이 국가적 규모의 정책 기조와의 관계를 살펴보는 것은 매우 중요하다. 정부 스스로 60년 앞을 내다보는 계획을 제출했다고 천명했으므로, 신재생에너지를 산업분야로서 주목하지 않을 수 없는 것이다.
>
> (다) 정부에서 내놓은 1차 국가에너지기본계획에서 강조하고 있는 것은 크게 세 가지로 볼 수 있다. 첫째 석유 의존도 축소, 둘째 에너지 효율성 개선, 셋째 그린 에너지 산업 성장 동력화. 사실 이 세 가지가 서로 다른 문제는 아니다.
>
> (라) 우리나라는 세계 10대 에너지 소비국이다. 그런데 이 에너지의 97퍼센트를 해외 수입에 의존하고 있다. 향후 온실가스 감축 의무가 부과될 경우, 우리나라 경제가 안게 될 부담은 상상 이상일 수 있다. 기후변화 문제가 심각해질수록 국제사회는 점차 강한 규제를 통해 각국의 탄소 배출을 강제할 것이다.

① (가) – (다) – (나) – (라)　　　　② (가) – (나) – (라) – (다)

③ (다) – (가) – (라) – (나)　　　　④ (라) – (가) – (나) – (다)

19 다음 중 '목불식정(目不識丁)'과 가장 비슷한 의미의 한자성어는?

① 문일지십(聞一知十)　　　　② 각자무치(角者無齒)

③ 마이동풍(馬耳東風)　　　　④ 숙맥불변(菽麥不辨)

20 다음 중 계획에 맞는 토의의 방식으로 가장 적절한 것은?

> 1. 주제 : '학교폭력의 예방과 해결'
> 2. 참가자 : 사회자 1명, 전문가 2명, 청중 50명(선생님과 학생들)
> 3. 참가자의 역할
>   1) 사회자 : 사회자는 토의가 시종 화제에 집중되도록 통제하고 조절하며 청중의 질문을 다시 조직해서 연사에게 전달한다.
>   2) 전문가 : 토의를 위한 간략한 주제 발표나 의견 제시를 할 뿐 강의나 연설은 하지 않는다.
>   3) 청중 : 질문 형식을 통해 토의에 참여하게 된다. 청중의 적극적인 참여가 필요하다.

① 패널　　　　② 포럼　　　　③ 심포지엄　　　　④ 원탁토의

21 다음 중 빈칸에 들어갈 단어로 가장 적절한 것은?

> 내가 살다 살다 그런 (　　　　　)은/는 처음 봤다니까. 사람이 줏대라고는 하나도 없이 옆에서 이렇게 하라면 이렇게, 저렇게 하라면 저렇게 하기만 하니 뭘 믿고 맡길 수가 있어야지.

① 망석중이 　　　　　　　　　　　② 천둥벌거숭이

③ 가린주머니 　　　　　　　　　　④ 책상물림

22 다음 국어사전의 정보를 참고할 때, 접두사 '군-'의 의미가 다른 것은?

> • 군- [접사] : (일부 명사 앞에 붙어) ①'쓸데없는'의 뜻을 더하는 접두사 ②'가외로 더한', '덧붙은'의 뜻을 더하는 접두사

① 그는 머쓱한 기분에 군기침만 연신 해 댔다.

② 이번 내기가 마지막이오. 이걸로 더 이상 군말하지 않기로 합시다.

③ 겨우내 늘어난 군살을 빼야 한다.

④ 괜한 소리를 하는 바람에 신혼집에 군식구만 하나 더 늘었다.

23 다음 글의 내용과 부합하지 않는 것은?

> 노자의 형이상학 체계는 구체적인 사물들에 선행해서 두 가지 존재 원리가 먼저 존재한다는 간단한 생각으로부터 출발한다. 모든 개체들은 다른 개체들과 구분되지만 동시에 다른 개체들과 관계를 맺고 있다. 개체와 개체가 구별되는 원리를 '유(有)' 또는 '유명(有名)'이라 하고 앞으로 타자와 관계를 맺게 될 원리를 '무(無)' 또는 '무명(無名)'이라 부른다.
> 노자는 모든 개체들에는 눈에 보이지 않는 측면과 눈에 보이는 측면이 있다고 보았다. 그는 전자의 측면을 관계의 원리인 무명(無名)이나 도(道)로, 후자의 측면을 식별의 원리인 유명(有名)이나 명(名)이라고 규정했던 것이다. 노자의 생각이 옳다면 개체들은 도와 명이라는 두 가지 계기를 가지고 있다고 할 수 있다.
> 노자는 관계의 원리로서의 도(道)를 개체의 원리로서의 명(名)보다 존재론적으로 우월한 것으로 간주했다. 그는 만물의 근원적인 관계 원리로서의 도(道)를 모든 개체들에 선행하여 존재하는 절대적 원리라고 이해했던 것이다. 이로부터 다양한 개체들이 상호 조화로운 관계를 맺으려면 이 개체들은 자신을 낳은 관계 원리, 즉 도(道)를 먼저 회복해야만 한다는 결론이 자연스럽게 도출된다.

① '무(無)'란 다른 것과 관계할 수 있는 잠재성을 상징하는 원리이다.

② 개체 간에 '나'와 '타자'라는 구별이 선행되어야 비로소 관계가 가능해진다.

③ '도(道)'란 세상 모든 만물들 간의 관계에 절대적 매개로 작용한다.

④ 모든 개체들은 존재론적으로는 보이지 않는 측면이 더 우월하다.

24 다음 중 띄어쓰기가 옳지 않은 것은?

① 그녀는 눈물 때문에 더 이상 말을 잇지 못했다.

② 공부가 안 될 땐 잠시 휴식을 취하는 것이 좋다.

③ 그들은 말도 안 되는 이유로 파업을 벌이고 있다.

④ 자주 가던 식당의 음식 맛이 예전만 못하다.

25 다음 조건을 모두 충족하는 금연 캠페인 문구로 가장 적절한 것은?

은유와 대구의 방법을 이용해 흡연으로 인한 건강의 위험성을 강조한다.

① 담배 피우는 골목은 향불 피우는 저승길
   금연하는 골목은 희망 피우는 생명길

② 늘어가는 담배만큼 줄어드는 내 주머니
   금연하는 시간만큼 줄어드는 건강 걱정

③ 연기 없는 화장실에는 앞사람의 양심이 머물고
   연기 남은 화장실에는 뒷사람의 양심이 머뭅니다.

④ 흡연 뒤에 남은 것은 쾌락 뒤에 병든 심신뿐이지만
   금연 뒤에 남는 것은 온 가족의 건강한 행복입니다.

CHAPTER **09** 2013년 국어 기출문제

Civilian Worker In The Military **PART 01**

국방부(육 · 해 · 공군) 시행 필기시험(2013.06.29)

01 다음 중 복수 표준어가 아닌 것은?

① 짓물다 – 짓무르다

② 네 – 예

③ 쬐다 – 조이다

④ 고린내 – 코린내

02 다음 빈칸에 들어갈 한자성어로 가장 적절한 것은?

기억이 좋은 분은 작년 여름 야시에서 순사가 발 장수를 쳐 죽인 사단을 잊지 않았으리라. 그때 모든 신문이 이 기사로 거의 3면의 전부를 채웠고, 또 사설에까지 격월 신랄한 논조로 무도한 경관의 폭행을 여지없이 비난하고 공격하였었다. 온 세상도 이 칼자루의 위풍을 빌어 무고한 양민을 살해한 놈을 (   )하였었다. 더구나 그 무참하게도 목숨을 빼앗긴 이야말로 씻은 듯한 가난뱅이이며, 온 집안 식구를 저 한 손으로 벌어 먹여 살리던 그가 비명횡사를 하고 보니, 그의 가족은 무엇을 막고 살 것이랴.

– 현진건 「발」

① 절치부심(切齒腐心)

② 수구초심(首丘初心)

③ 분골쇄신(粉骨碎身)

④ 견마지로(犬馬之勞)

03 다음 중 모음의 영향을 받아 발음이 바뀐 것은?

① 입히다[이피다]

② 칼날[칼랄]

③ 국물[궁물]

④ 미닫이[미 : 다지]

04 다음 중 로마자 표기법이 옳지 않은 것은?

① 압구정[Apggujeion]

② 같이[gachi]

③ 묵호[Mukho]

④ 도봉구[Dobong-gu]

05 다음 중 높임법이 올바르지 않은 문장은?

① 선생님, 제가 잠시 말씀을 드려도 되겠습니까?

② 고객님, 주문하신 커피 나왔습니다.

③ 대표님의 축사가 있으시겠습니다.

④ 은사님께서는 따님이 계시다.

06 다음 중 띄어쓰기가 옳은 것은?

① 기왕 이렇게 된 거, 제가 한 번 해 보겠습니다.

② 조국의 독립을 이루고자 고향 땅을 떠나온지 어느덧 5년이 지났다.

③ 박 부장은 박씨 문중에서도 퍽 출세한 인물이었다.

④ 간단한 일이라고 생각했지만, 앞마당을 정리하는데만 두어 시간이 걸렸다.

07 다음 중 맞춤법에 맞는 단어는?

① 귀절   ② 귀띔   ③ 통채   ④ 윗쪽

08 다음 ㉠~㉢에 알맞은 단어를 고르시오.

> 자신의 (㉠)를(을) 모르고 흥청망청 쓰는 것이 (㉡)(이)다. 불필요한 것을 과다하게 사 모으는 것이 (㉡)(이)다. 반면에 무조건 아끼는 것이 (㉢)는(은) 아니다. 조잡한 물건을 높여 쓰는 것을 의미하지도 않는다. (㉢)(이)란 제 (㉠)에 맞는 소비행태를 말한다. (㉡)과(와) (㉢)를(을) 도식적으로 나누기보다는 좋은 물건을 적절한 가격을 치르고 유용하게 사용하는 기풍이 더 필요하다. 한 사람에게 있어 (㉡)과(와) (㉢)도 중요하지만 한 나라에 있어서는 더욱 그 의미가 중하다 하겠다. 아름답고 정교한 기예로 물건을 만들어 내는 것은 한 국가의 생산력을 높이는 데 긍정적인 요소로 작용한다.
>
> – 유길준 「서유견문」

	㉠	㉡	㉢
①	지위	부유	겸손
②	분수	사치	검소
③	위치	풍요	빈곤
④	실속	충동	억제

※ 다음 글을 읽고 물음에 답하시오. [09~10]

'삵'이라는 별명을 가지고 있는 '정익호'라는 인물을 본 것이 여기서이다.

익호라는 인물의 고향이 어디인지는 ××촌에서 아무도 몰랐다. 사투리로 보아서 경기 사투리인 듯하지만 빠른 말로 재재거리는 때에는 영남 사투리가 보일 때도 있고, 싸움이라도 할 때는 서북 사투리가 보일 때도 있었다. 그런지라 사투리로서 그의 고향을 짐작할 수가 없었다. 쉬운 일본말도 알고, 한문글자도 좀 알고, 중국말은 물론 꽤 하고, 쉬운 러시아말도 할 줄 아는 점 등등, 이곳저곳 숱하게 줏어먹은 것은 짐작이 가지만 그의 경력을 ㉠똑똑히 아는 사람은 없었다.

그는 여(余)가 ××촌에 가기 일 년 전쯤 빈손으로 이웃이라도 오듯 ㉡후덕덕 ××촌에 나타났다 한다. 생김생김으로 보아서 얼굴이 쥐와 같고 날카로운 이빨이 있으며 눈에는 교활함과 독한 기운이 늘 나타나 있으며, 발룩한 코에는 코털이 밖으로까지 보이도록 길게 났고, 몸집은 작으나 민첩하게 되었고, 나이는 스물 다섯에서 사십까지 임의로 볼 수 있으며, 그 몸이나 얼굴 생김이 어디로 보든 남에게 미움을 사고 ㉢근접치 못할 놈이라는 느낌을 갖게 한다.

그의 장기(長技)는 투전이 일쑤며, 싸움 잘하고, 트집 잘 잡고, 칼부림 잘하고, 색시에게 덤벼들기 잘하는 것이라 한다.

생김생김이 벌써 남에게 미움을 사게 되었고, 거기다 하는 행동조차 ㉣변변치 못한 일만이라, ××촌에서도 아무도 그를 ㉤대척하는 사람이 없었다. 사람들은 모두 그를 피하였다. 집이 없는 그였으나 뉘 집에 잠이라도 자러 가면 그 집 주인은 두말없이 다른 방으로 피하고 이부자리를 준비하여 주고 하였다. 그러면 그는 이튿날 해가 낮이 되도록 실컷 잔 뒤에 마치 제 집에서 일어나듯 ㉥느직이 일어나서 조반을 청하여 먹고는 한마디의 사례도 없이 나가버린다. 그리고 만약 누구든 그의 이 청구에 응치 않으면 그는 그것을 트집으로 싸움을 시작하고, 싸움을 하면 반드시 칼부림을 하였다.

동네의 처녀들이며 젊은 여인들은 익호가 이 동네에 들어온 뒤부터는 마음 놓고 나다니지를 못하였다. 철없이 나갔다가 봉변을 당한 사람도 몇이 있었다.

'삵'

이 별명은 누가 지었는지 모르지만 어느덧 ××촌에서는 익호를 익호라 부르지 않고 '삵'이라고 부르게 되었다

– 김동인 「붉은 산」

09 제시된 작품의 서술 시점에 대한 설명으로 옳은 것은?

① 글 밖의 서술자가 글 안의 주인공에 대해 서술하고 있다.

② 작가가 전지전능한 존재와 같이 작중 인물들의 내면 심리까지 묘사하는 방식으로 서술하고 있다.

③ 부수적인 인물인 '나'가 주인공의 성격과 사건에 대해 서술하고 있다.

④ '나'라는 인물이 이야기의 주인공으로서 사건을 서술하고 있다.

10 제시된 글의 밑줄 친 단어 중, 맞춤법이 틀린 단어만 고른 것은?

① 똑똑히, 대척하는　　　　　　② 근접치, 느직이

③ 변변치, 느직이　　　　　　　④ 후덕덕, 근접치

11 다음 중 밑줄 친 부분의 용법이 바르지 않은 것은?

① 사내에 잡상인이 자주 <u>들어오므로</u> 문단속을 철저히 해야 한다.

② 그는 자신의 <u>근면함으로</u> 회사를 여기까지 일구어 온 사람이다.

③ 해외에 정착하는 것은 생각보다 <u>힘들므로</u> 심사숙고하여야 한다.

④ 나는 <u>달리므로</u> 잡다한 걱정거리를 잊고는 한다.

12 다음 중 맞춤법이 잘못된 단어가 포함된 것은?

① 동치밋국이 맛있기만 한데… 쟤는 입맛이 여간 민감한 게 아니라니까.

② 처음 만났는데도 금세 친해져서 아주 법썩이었다.

③ 밤새 설사에 시달렸더니 얼굴이 핼쑥해졌다.

④ 아주머니께서는 김이 모락모락 나는 시금칫국을 듬뿍 퍼 담아 주셨다.

13 다음 문장부호에 대한 설명 중 옳지 않은 것은?

① 대괄호 [ ] : 괄호 안에 또 괄호를 쓸 필요가 있을 때 바깥쪽의 괄호로 사용한다.

② 소괄호 ( ) : 연도, 주석을 표시할 때 사용한다.

③ 큰따옴표 " " : 특히 강조하여 주의를 돌리려는 말을 쓸 때 사용한다.

④ 붙임표 - : 서로 밀접한 뜻을 지닌 단어를 연결할 때 사용한다.

14 다음 중 언어예절에 어긋나는 말을 사용한 사람은?

① 문상객이 상주에게 : 호상입니다.

② 정년퇴임을 앞둔 부장에게 : 벌써 정년이시라니 아쉽습니다.

③ 새해에 연장자가 젊은이에게 : 소원 성취하게!

④ 문병 가서 환자에게 : 얼마나 고생이 되십니까?

15 다음 중 중의적 문장이 아닌 것은?

① 그는 웃으며 다가오는 그녀에게 손을 흔들었다.

② 학생들이 전부 다 오지는 않았다.

③ 고개를 들어 보니 그는 모자를 쓰고 있었다.

④ 나는 옷을 잘 입는 친구의 동생을 좋아한다.

16 다음 글을 통해 알 수 있는 언어 기호의 특성으로 옳은 것은?

> • 언어는 문장, 단어, 형태소, 음운으로 쪼개어 나눌 수 있다. 특히 한정된 음운을 결합하여 수많은 형태소, 단어를 만들고 무한한 문장을 만들 수 있다.
> • 언어는 외부 세계를 반영할 때 있는 그대로 반영하지 않고 연속적으로 이루어져 있는 세계를 불연속적인 것으로 끊어서 표현한다. 실제로 무지개 색깔 사이의 경계를 찾아볼 수 없는데도 우리는 무지개 색깔이 일곱 가지라고 말한다.

① 분절성　　　　　② 자의성　　　　　③ 역사성　　　　　④ 추상성

17 다음 밑줄 친 부분 중 문장의 주성분이 아닌 것은?

① 할아버지께서 영화 보는 것을 좋아하신다.　　② 철수는 영희에게 선물을 주었다.

③ 철수는 사과도 좋아한다.　　④ 영희는 가수가 되었다.

18 다음 중 한자의 표기와 그 의미가 바르게 연결된 것은?

① 곡선(曲善) : 부드럽게 그려진 선

② 아미(蛾眉) : 아름다운 눈썹

③ 고전(古展) : 예부터 현재까지 전해져 오는 예술 작품

④ 반월(反月) : 반달 혹은 한 달의 반

19 다음 중 우리말 '새옹'의 뜻으로 알맞은 것은?

① 일을 짓궂게 훼방하는 짓　　② 채 마르지 아니한 장작

③ 작고 오목한 샘　　④ 놋쇠로 만든 작은 솥

20 다음 글을 순서대로 바르게 배열한 것은?

> ㄱ. 도구의 발달은 기술의 발전으로 이어져 인간은 자연환경의 제약으로부터 벗어날 수 있게 되었다.
> ㄴ. 그리하여 인간은 자연이 주는 혜택과 고난 속에서 자신의 의지에 따라 선택적으로 자연을 이용하고 극복하게 되었다.
> ㄷ. 인류는 지혜가 발달하면서 점차 자연의 원리를 깨닫고 새로운 도구를 만들 줄 알게 되었다.
> ㄹ. 필리핀의 고산 지대에서 농지가 부족한 자연환경을 극복하기 위해 계단처럼 논을 만들어 벼농사를 지은 것이 그 좋은 예이다.

① ㄱ - ㄷ - ㄴ - ㄹ   ② ㄱ - ㄹ - ㄷ - ㄴ

③ ㄷ - ㄱ - ㄹ - ㄴ   ④ ㄷ - ㄱ - ㄴ - ㄹ

21 여자 입장에서 오빠의 아내와 남동생의 아내에게 공통적으로 사용할 수 있는 명칭은?

① 아가씨   ② 동서   ③ 계수   ④ 올케

22 다음 중 밑줄 친 단어와 동일한 의미로 쓰인 것은?

> 방이 비좁은 탓에 구석에 막을 <u>쳐서</u> 간신히 옷장 비슷한 것을 만들 수 있었다.

① 도서관 열람실은 책상마다 칸막이를 <u>쳐</u> 둔 상태였다.

② 어느덧 창밖은 눈보라가 <u>치는</u> 밤으로 바뀌어 있었다.

③ 두 살 된 고양이는 사람으로 <u>치면</u> 24살에 해당한다.

④ 삐걱거리는 의자에 못을 <u>쳐서</u> 고정해 두었다.

23 다음 밑줄 친 단어 중 보조사에 해당하는 것은?

① 미영이는 포도<u>를</u> 정말 좋아한다.

② 출입을 제한함<u>으로써</u> 그 일대를 보호하고 있었다.

③ 나<u>는</u> 거칠 것 없는 바다의 사나이다.

④ 몇 년이나 지났건만 아직도 어제<u>의</u> 일처럼 생생했다.

24 다음 단어들의 국어사전 등재 순서로 옳은 것은?

> 요대 / 왕좌 / 왜깍 / 왜각 / 외곬

① 왕좌 → 요대 → 왜각 → 왜깍 → 외곬
② 요대 → 왕좌 → 왜각 → 왜깍 → 외곬
③ 왜각 → 왜깍 → 왕좌 → 외곬 → 요대
④ 왕좌 → 왜각 → 왜깍 → 외곬 → 요대

25 다음 기행문의 일부를 통해 알 수 없는 것은?

> 인천국제공항 광장에 걸린, '한민족의 뿌리를 찾자! 대한고등학교 연수단'이라고 쓴 현수막을 보자 내 가슴은 마구 뛰었다.
> 난생 처음 떠나는 해외여행, 8월 15일 오후 3시 15분 비행기에 오르는 나는 한여름의 무더위도 잊고 있었다. 비행기가 이륙하자, 거대한 공항 청사는 곧 성냥갑처럼 작아졌고, 푸른 바다와 들판은 빙빙 돌아가는 듯했다. 비행기에서 내려다본 구름은 정말 아름다웠다. 뭉게뭉게 떠다니는 하얀 구름 밭은 꼭 동화 속에서나 나옴직한 신비의 나라, 바로 그것이었다.
> '나는 지금 어디로 가고 있을까. 꿈속을 헤매는 영원한 방랑자가 된 걸까?'

① 여행의 동기와 목적
② 출발할 때의 감흥
③ 출발할 때의 날씨와 시간
④ 여행의 노정과 일정

국방부(육·해·공군) 시행 필기시험(2012.06.30)

01 다음 중 표준 발음법에 어긋나는 것은?

① 얇다[얄 : 따] ② 짧게[짤께]

③ 맑더라[막떠라] ④ 밟고[발 : 꼬]

02 다음 중 밑줄 친 부분이 맞춤법에 옳은 것은?

① 어른 앞에서는 행동을 삼가해야 한다.

② 그렇게 조그만 일에 삐지다니 큰일을 못할 사람일세.

③ 한참을 웃었더니 얼굴이 땅겼다.

④ 그 사람을 만나러 갈 생각에 벌써부터 마음이 설레인다.

03 다음 중 단어의 뜻풀이로 옳은 것은?

① 싱둥겅둥 : 정신을 차릴 수 없을 만큼 갈팡질팡하며 다급하게 서두르는 모양

② 삭정이 : 말라 죽은 나무에 붙어 있는, 살아 있는 가지

③ 호드기 : 불어서 소리를 내는 신호용 도구

④ 홰 : 화톳불을 놓는 데 쓰는 물건

04 다음 중 외래어 표기가 모두 옳은 것은?

① 슈퍼마켓(supermarket), 주스(juice) ② 라디에터(radiator), 비즈니스(business)

③ 맛사지(massage), 하모니커(harmonica) ④ 잠바(jumper), 케익(cake)

05 다음 중 '벗다'의 반의어가 아닌 것은?

① (배낭을) 매다   ② (짐을) 부리다

③ (책임을) 지다   ④ (누명을) 쓰다

06 다음 중 단어의 뜻풀이로 옳지 않은 것은?

① 칠칠하다 : 주접 들고 단정하지 못함

② 속손톱 : 손톱의 뿌리 쪽에 있는 반달 모양의 하얀 부분

③ 낟가리 : 낟알이 붙은 곡식을 쌓은 더미

④ 시나브로 : 모르는 사이 조금씩 조금씩

07 다음은 춘향가의 일부분이다. 판소리에서 어떤 기법을 사용한 대목인가?

쑥대머리 구신형용 적막옥방 찬 자리에 생각난 것이 임뿐이라. 보고지고 보고지고 한양 낭군 보고지고. 오리정 정별 후(情別後)로 일장서(一張書)를 내가 못 봤으니. 부모봉양 글공부 겨를이 없어서 이러는가. 연이신혼(宴爾新婚) 금슬우지(琴瑟友之) 나를 잊고 이러는가. 계궁항아(桂宮姮娥) 추월(秋月)같이 번뜻 솟아서 비치고저. 막왕막래(莫往莫來) 막혔으니 앵무서(鸚鵡書)를 내가 어이 보며, 전전반측(輾轉反側)의 잠 못 이루니 호접몽을 어이 꿀 수 있나. 손가락 피를 내어 사정으로 편지헐까. 간장의 썩은 눈물로 임의 화상을 그려볼까. 녹수부용(綠水芙蓉) 연을 캐는 채련녀(採蓮女)와 제롱망채(提籠忘採)업 뽕따는 여인네도 낭군 생각은 일반이라. 옥문 밖을 못 나가니 뽕을 따고 연 캐겠나. 내가 만일의 임을 못보고 옥중 고혼이 되거지면 무덤 근처 있는 돌은 망부석이 될 것이오. 무덤 앞에 섰는 낭구 상사목이 될 것이요. 생전사후 이 원통을 알어 줄 이가 뉘 있드란 말이냐. 아무도 모르게 울음을 운다.

① 휘모리   ② 진양조   ③ 자진모리   ④ 중모리

08 다음 중 띄어쓰기가 옳지 않은 것은?

① 기행문은 느낀대로 쓰는 것이다.   ② 나는 마음대로 돌아다닐 계획이다.

③ 집에 도착하는 대로 쓰러져 잠들 것이다.   ④ 음식을 닥치는 대로 먹어치우기 시작했다.

09 다음 내용을 통하여 추론할 수 있는 것은?

> 추어탕은 서민의 음식이었다. 조선 후기 실학자 이규경은 "미꾸라지를 성균관 부근 관노들과 백정들이 즐겨 먹는다"고 기록했다. 점잖은 양반들은 추어탕을 즐겨 먹지 않았다는 말이다. 왜일까.
> 미꾸라지의 어원은 '밑이 구리다'이다. 들이마신 공기를 항문으로 내보내는 것을 옛 사람들은 방귀를 뀐다고 생각했다. 게다가 "거지들이 추어를 잡아 만들어 팔던 음식"으로 알려져 이미지는 더욱 좋지 않았다. 서울 거지들이 미꾸라지를 잡아 추어탕을 끓여 수구문(광희문) 근처에서 팔아 '수구문 추어탕'으로 이름이 났다고 한다.
> 추어탕은 일제 강점기까지만 해도 서울의 명물 음식으로 알려져 있었다. 전국적으로 퍼진 건 한국전쟁 이후로 추정된다. 서울의 3대 추어탕집으로 꼽히는 곳들이 80여 년의 전통을 가진 반면, 전북 남원이나 강원도 원주 등 현재 추어탕으로 이름 난 다른 지역은 가장 오래된 추어탕집이 50년 정도이다.
> 추어탕은 크게 서울 · 남원 · 원주 · 경북 스타일로 나뉜다. 서울에선 다른 지역과 달리 추어탕이라 하지 않고 '추탕(鰍湯)'이라 부른다. 추탕은 미꾸라지를 갈지 않고 통째로 넣는 점이 추어탕과 가장 큰 차이다. 미꾸라지를 갈지 않아 국물이 맑고 덜 텁텁하다. 양지나 내장 등 쇠고기로 국물을 내고 미꾸라지를 더한 다음 고추장과 고춧가루로 양념해 육개장처럼 얼큰하다. 두부와 유부, 버섯이 들어가는 점도 특징이다.
> 전라도 음식이 전국을 평정했듯, 추어탕도 남원식이 표준으로 자리 잡았다. 흔히 아는, 미꾸라지를 갈아 넣은 구수하고 걸쭉한 추어탕이 바로 남원식이다. 된장으로 양념하고, 우거지에 파, 들깨 등이 들어가고 부추와 산초가루를 곁들인다.
> 원주식 추어탕은 과거 여름 물가에서 물고기를 잡아 끓여 먹던 어죽 비슷하다. 고추장으로 간하고, 한 그릇씩 뚝배기에 담아 내지 않고 솥에 끓여 떠먹는다. 수제비를 떠 넣기도 한다. 강원도답게 감자가 빠지지 않는다. 깻잎과 버섯, 미나리가 들어가는 점도 다른 지역과 다르다.
> 경북 지역의 추어탕은 미꾸라지에 국한되지 않는다. 강에서 잡히는 여러 민물생선을 두루 쓴다. 된장으로 간을 하고 생선을 삶아 으깬다는 점은 남원과 같지만, 우거지 대신 시래기를 쓰고 들깨를 넣지 않아 투박하면서도 개운하다.

① 추어탕은 한국전쟁 당시 서울의 거지들이 미꾸라지를 잡아 탕을 끓여 판 것에서 유래하였다.

② 전라도식 추어탕이 표준으로 자리 잡은 것은 추어탕이 전라도에서 다른 지역으로 퍼졌기 때문이다.

③ 추어탕은 모두 된장으로 양념을 하고 미꾸라지만을 주재료로 사용한다.

④ 추탕과 추어탕의 공통점은 미꾸라지를 재료로 한다는 점이다.

10 다음 중 맞춤법에 옳은 문장은?

① 다음은 대표님의 말씀이 계시겠습니다.

② 그는 인삼을 뿌리째 질겅질겅 씹고 있었다.

③ 군 당국은 미국에게 군사 훈련을 위한 협조를 요청하였다.

④ 이번 태풍은 우리나라에 직접적인 영향을 미칠 것으로 보여진다.

11 다음 중 한자어 표기가 틀린 것은?

① 최근(最根)　　　② 기념(記念)　　　③ 전시(展示)　　　④ 본래(本來)

12 다음 중 로마자 표기법으로 옳은 것은?

① 독립문[Dongnipmun]

② 낙동강[Nakddonggang]

③ 대관령[Daegwallyeong]

④ 압구정[Apkujeong]

13 다음 문장 중 문법상 오류가 없는 것은?

① 양계장에서는 갓 태어난 병아리들의 노란 솜털이 봄기운을 한껏 느끼게 했다.

② 국방부에서 실시하는 국토 순례에 나도 끼어 가기로 하였다.

③ 주부들은 부담 없이 가구를 장만할 수 있다는 사실에 모두 놀랐다.

④ 너 요새 허리가 많이 두꺼워진 걸 보니 통 운동을 안 하는 모양이다.

14 다음 중 쌍점(:)의 용법으로 옳지 않은 것은?

① 희곡에서 대화 내용을 제시할 때 말하는 이와 말한 내용 사이에 쓴다.

② 같은 계열의 단어 사이에 쓴다.

③ 시와 분, 장과 절을 구별할 때 쓴다.

④ 소표제 뒤에 간단한 설명이 붙을 때 쓴다.

15 다음 중 어법에 맞지 않는 것은?

① 변변하지 않다 → 변변찮다

② 성실하지 않다 → 성실잖다

③ 만만하지 않다 → 만만찮다

④ 넉넉하지 않다 → 넉넉잖다

16 다음은 어떤 토의 방식인가?

어떤 문제에 대하여 풍부한 지식·경험·흥미를 가진 4~6명의 대표자가 청중 앞에서 자유롭게 토론한 후에 청중들이 참여하여 질문을 하거나 의견을 말하는 토의 방식이다. 또 전체 토의를 한 뒤에 다시 참가자 대표나 강사들이 토의해 최후에 사회자가 논점을 취합하는 방식도 있다. 이 방식의 경우 발신에 공평성이 있어야 하고 참가자의 발언 시간을 충분하게 할당하는 것이 중요하다.

① 포럼

② 심포지엄

③ 패널토의

④ 원탁토의

17 다음 중 맞춤법에 옳지 않은 것은?

① 책상 위에는 으레 놓여 있어야 할 서류가 보이지 않았다.

② 그는 새벽 일찍이 나타나 공부를 시작했다.

③ 당신은 군무원으로서 지켜야 할 규정을 어겼다.

④ 우리는 친구가 아니요, 형제이올시다.

18 다음 속담과 뜻이 가장 유사한 한자성어는?

처삼촌 뫼에 벌초하듯

① 首丘初心   ② 東問西答   ③ 走馬看山   ④ 他山之石

19 다음 중 한글 표기법이 옳지 않은 것은?

① 긁어서   ② 읊도록   ③ 꺽으면   ④ 잊었느냐

※ 다음 글을 읽고 물음에 답하시오. [20~21]

언젠가부터 우리 바다에 해파리나 불가사리와 같이 특정한 종들만이 크게 번창하고 있다는 우려의 말이 들린다. 한마디로 다양성이 크게 줄었다는 이야기이다. ㉠척박한 환경에서는 몇몇 특별한 종들만이 득세한다는 점에서 자연생태계와 우리 사회는 닮은 것 같다. 어떤 특정 집단이나 개인들에게 앞으로 어려워질 경제 상황은 새로운 기회가 될지 모른다. 하지만 이는 사회 전체로 볼 때 그다지 바람직한 현상이 아니다. 왜냐하면 자원과 에너지 측면에서 보더라도 이들 몇몇 집단들만 존재하는 세계에서는 이들이 쓰다 남은 물자와 이용하지 못한 에너지는 고스란히 버려질 수밖에 없고, 따라서 효율성이 극히 낮기 때문이다.

다양성 확보는 사회 집단의 생존과도 무관하지 않다. 조류 독감이 발생할 때마다 수많은 양계장의 닭이 폐사되어야 하는 참혹한 현실을 본다. 이러한 이유는 지금의 닭들은 인공적인 교배로 만들어져 모두가 똑같은 유전자를 가졌기 때문이다. 따라서 다양한 유전 형질을 확보하는 길만이 재앙의 확산을 막고 피해를 줄이는 길이다. 출산 휴가를 주고, 노약자를 배려하고, 장애인에게 필요한 의료기기를 보조하고, 다문화 가정이나 외국인 노동자를 위한 행정제도 개선 등은, 따라서 그들의 편의를 위해 우리가 희생하는 것이 아니라, 우리 사회에 '독감'이 유행할 때 우리가 '폐사' 당하지 않고 건강하게 버티어 낼 힘을 기르는 것이다.

20 밑줄 친 ㉠을 나타내는 단어로 가장 적절한 것은?

① 자승자박(自繩自縛)   ② 적자생존(適者生存)

③ 약육강식(弱肉强食)   ④ 자화자찬(自畵自讚)

21 제시된 글의 논지 전개 방식으로 옳은 것은?

① 다양성이 사라진 사회의 사례들을 나열하고 있다.

② 다양성 확보의 중요성에 대해 관점이 다른 두 주장을 대비하고 있다.

③ 다양성이 사라진 사회를 여러 기준에 따라 분류하고 있다.

④ 다양성 확보의 중요성에 대해 유추를 통해 설명하고 있다.

22 다음 글의 전개 방식으로 옳은 것은?

> 관용구는 어떤 표현이 습관적으로 굳어져 사용됨으로써 원래의 뜻을 잃어버린 언어 표현을 의미한다. '내 코가 석 자', '배가 남산만 하다'와 같은 표현은 결코 코의 길이나 배의 크기에 대한 내용을 담고 있는 것이 아니다. 즉, 이 표현들을 이루고 있는 단어들의 표면적인 뜻만 가지고는 그 진짜 의미를 알 수가 없는 것이다. 이러한 관용어는 우리의 문화를 잘 보여주고 있다는 점에서 큰 의의를 지닌다고 할 수 있다.

① 점층적 방식   ② 예시적 방식

③ 인과적 방식   ④ 연쇄적 방식

23 다음 근로기준법을 참고했을 때, 올해 16세인 A가 아르바이트를 할 경우 옳지 않은 진술은?

> 제67조(근로계약) ① 친권자나 후견인은 미성년자의 근로계약을 대리할 수 없다.
> ② 친권자, 후견인 또는 고용노동부장관은 근로계약이 미성년자에게 불리하다고 인정하는 경우에는 이를 해지할 수 있다.
> 제68조(임금의 청구) 미성년자는 독자적으로 임금을 청구할 수 있다.
> 제69조(근로시간) 15세 이상 18세 미만인 자의 근로시간은 1일에 7시간, 1주일에 40시간을 초과하지 못한다. 다만, 당사자 사이의 합의에 따라 1일에 1시간, 1주일에 6시간을 한도로 연장할 수 있다.

① A는 1주일에 45시간을 일할 수 있다.

② A는 자신의 고용주에게 독자적으로 임금을 청구할 수 있다.

③ A의 아버지가 A를 대신해 고용계약을 체결할 수 있다.

④ 고용노동부장관은 A에게 불리한 근로계약을 해지할 수 있다.

24 다음 중 '금빛 게으른 울음'과 심상이 다른 것은?

① 바알간 숯불

② 향기로운 종소리

③ 푸른 종소리

④ 꽃처럼 붉은 웃음

25 다음 작품에 대한 해설 중 빈칸에 들어갈 말을 순서대로 옳게 나열한 것은?

모란이 피기까지는
나는 아직 나의 봄을 기다리고 있을 테요.
모란이 뚝뚝 떨어져 버린 날
나는 비로소 봄을 여읜 설움에 잠길 테요.
오월 어느 날, 그 하루 무덥던 날
떨어져 누운 꽃잎마저 시들어 버리고는
천지에 모란은 자취도 없어지고,
뻗쳐 오르던 내 보람 서운케 무너졌느니.
모란이 지고 말면 그뿐, 내 한 해는 다 가고 말아
삼백 예순 날 하냥 섭섭해 우옵내다.
모란이 피기까지는
나는 아직 기다리고 있을 테요,
찬란한 슬픔의 봄을.

– 김영랑 「모란이 피기까지는」

이 시에서 '모란'은 여러 가지 꽃 중 하나이면서 동시에 지상의 (   )을 대표하는 상징적인 의미를 가진다. 이 것은 우리가 아무리 보존하려고 해도 (   )할 수밖에 없으며, 결코 죽지 않고 (   )할 수 없다. 태어남과 피어남이 (   )이라면, 죽음과 떨어짐은 슬픔이다. 김영랑은 바로 이러한 문제를 주제로 삼은 것이다.

① 기쁨 – 소멸 – 영원 – 아름다움

② 영원 – 소멸 – 기쁨 – 아름다움

③ 아름다움 – 소멸 – 영원 – 기쁨

④ 기쁨 – 영원 – 아름다움 – 소멸

국방부(육 · 해 · 공군) 시행 필기시험(2011.06.25)

01 다음에서 밑줄 친 단어의 관계와 가장 유사한 것은?

> 하룻강아지 범 무서운 줄 모른다.

① 까마귀 날자 배 떨어진다.

② 낫 놓고 기역자도 모른다.

③ 아내가 귀여우면 처갓집 문설주도 귀엽다.

④ 자라 보고 놀란 토끼 솥뚜껑 보고 놀란다.

※ 다음 시조를 읽고 물음에 답하시오. [02~03]

> (가) 우는 거시 벅구기가 프른 거시 버들숩가
>   ㉠이어라 이어라
>   어촌(漁村) 두어 집이 냇속의 나락들락
>   지국총(至匊恩) 지국총(至匊恩) 어사와(於思臥)
>   말가한 기픈 소희 온갇 고기 뛰노나다
>
> (나) 간밤의 눈갠 후(後)에 경물(景物)이 달랃고야.
>   이어라 이어라
>   ㉡압희는 만경유리(萬頃琉璃) 뒤희는 천첩옥산(千疊玉山)
>   지국총(至匊恩) 지국총(至匊恩) 어사와(於思臥)
>   션계(仙界)ㄴ가 불계(佛界)ㄴ가 인간(人間)이 아니로다.

02 위 시조에 대한 설명으로 옳지 않은 것은?

① '지국총 지국총 어사와'는 한자음을 빌려 표기한 것이다.

② 청각적 심상과 시각적 심상이 조화를 이루고 있다.

③ (가)의 ㉠'이어라 이어라'는 아무런 의미가 없다.

④ 춘하추동 사계절의 변화에 따라 각각 10수씩 읊은 40수의 연시조이다.

03 위 시조 (나)의 ⓒ에 해당하는 계절로 알맞은 것은?

① 봄   ② 여름   ③ 가을   ④ 겨울

※ 다음 시를 읽고 물음에 답하시오. [04~05]

이것은 소리 없는 아우성
저 푸른 해원을 향하여 흔드는
영원한 노스탤지어의 ㉠손수건
㉡순정은 물결같이 바람에 나부끼고
오로지 맑고 곧은 ㉢이념의 푯대 끝에
애수는 백로처럼 날개를 펴다.
아아 누구던가.
이렇게 슬프고도 애달픈 ㉣마음을
맨 처음 공중에 단 줄을 안 그는

04 위 시의 밑줄 친 '소리 없는 아우성'과 같은 표현법이 아닌 것은?

① 우리의 사랑을 위하여서는 이별이, 이별이 있어야 하네.

② 외로운 황홀한 심사이어니.

③ 나 보기가 역겨워 가실 때에는 죽어도 아니 눈물 흘리오리다.

④ 아아! 님은 갔지마는 나는 님을 보내지 아니하였습니다.

05 위 시의 밑줄 친 ㉠~㉣ 중 의미하는 바가 다른 하나는?

① ㉠   ② ㉡   ③ ㉢   ④ ㉣

06 다음 중 로마자 표기가 잘못된 것은?

① 송빛나리 : Song Bitnari   ② 알약 : allyak

③ 법학사 : Beopaksa   ④ 득량면 : Deungnyang-myeon

07 다음은 민원 처리에 관한 법률 제19조의 일부 내용이다. 밑줄 친 '첫날'의 의미로 알맞은 것은?

> 제19조(처리기간의 계산) ① 민원의 처리기간을 5일 이하로 정한 경우에는 민원의 접수시각부터 "시간" 단위로
> 계산하되, 공휴일과 토요일은 산입(算入)하지 아니한다. 이 경우 1일은 8시간의 근무시간을 기준으로 한다.
> ② 민원의 처리기간을 6일 이상으로 정한 경우에는 "일" 단위로 계산하고 <u>첫날</u>을 산입하되, 공휴일과 토요일은
> 산입하지 아니한다.
> ③ 민원의 처리기간을 주·월·연으로 정한 경우에는 첫날을 산입하되, 「민법」 제159조부터 제161조까지의 규
> 정을 준용한다.

① 접수하기 전 날 　　　　　　　　　　② 처리하기 시작한 날

③ 접수한 다음 날 　　　　　　　　　　④ 접수한 날

08 다음 작품에 대한 설명으로 옳지 않은 것은?

> 담징은 비로소 붓을 놓고, 이마에 흐르는 땀을 씻었다. 그리고는 한걸음 물러서서 눈을 가늘게 뜨고 화면을 바라
> 보았다. 온갖 정성을 다 기울였건만 어딘지 모르게 허전한 것 같았다. 조국 땅에 두고 온 여인의 모습이 떠올랐
> 다. 담징은 다시 눈을 크게 뜨고 화면을 들여다 보았다. 여인의 모습이 더욱 뚜렷해졌다. 담징은 몹시 괴로웠다.
> 그것은 열반의 세계를 구현한 것이 아니라, <u>사바</u>의 세계를 모방한 것 같은 생각이 들었던 까닭이다.
> 다시 붓을 든 담징은 한걸음 물러섰다가 앞으로 나갔다. 그대로 화면을 지워 버리고 싶은 충동이 일었던 것이다.
> 담징은 다시 주춤 서 버렸다. 초승달 같은 아미(蛾眉), 열반의 세계가 그 속에 있어야겠는데, 거친 속세의 모습만
> 이 떠도는 것 같았다. 넓은 듯 좁은 듯한 그 미간에 떠오르는 여인의 모습, 담징은 속세에 대한 마지막 미련을 씻
> 기라도 하듯, 온 정성을 다하여 그 미간에다 일점을 찍었다.
>
> 　　　　　　　　　　　　　　　　　　　　　　　　　　　　　　　　　　　　- 정한숙 「금당벽화」

① 실제 있었던 사건을 바탕으로 쓴 소설이다. 　　② 조국은 백제를 말한다.

③ 전지적 작가 시점의 작품이다. 　　　　　　　④ 밑줄 친 사바의 한자는 '娑婆'이다.

09 밑줄 친 조사의 쓰임이 틀린 것은?

① 건축 면적은 설계도<u>에서</u> 정한 기준에 따라 산정한다.

② 제안서 및 과업 지시서는 참가 신청자<u>에게</u> 한하여 교부한다.

③ 관계 조서 사본을 관리 사무소<u>에</u> 비치하고 일반인에게 보인다.

④ 제5조 제1항의 규정<u>에도</u> 불구하고 다음 각 목의 평가는 1년 유예를 둔다.

10 다음 작품에 대한 설명으로 옳지 않은 것은?

> 달하 노피곰 도다샤
> 어긔야 머리곰 비취오시라.
> 어긔야 어강됴리
> 아으 다롱디리
> 져재 녀러신고요
> 어긔야 즌대를 드뎌욜셰라.
> 어긔야 어강됴리
> 어느이다 노코시라.
> 어긔야 내 가논데 졈그를셰라.
> 어긔야 어강됴리
> 아으 다롱디리

① 사랑하는 임의 죽음에 대한 슬픔이 담겨 있다.

② 3장 6구의 형식을 보아 시조의 원형으로 추정할 수 있다.

③ 배경설화로 망부석 설화가 있다.

④ 현전하는 유일한 백제가요이다.

11 다음 문장의 밑줄 친 부분을 잘못 고친 것은?

① 동아리에 가입하기 위해서는 <u>절대로</u> 직접 손으로 쓴 작품을 제출해야 한다.

  → 동아리에 가입하기 위해서는 <u>반드시</u> 직접 손으로 쓴 작품을 제출해야 한다.

② 진호는 선수치고 공을 <u>잘 찬다.</u>

  → 진호는 선수치고 공을 <u>잘 못 찬다.</u>

③ 정부는 일본 시마네현의 '독도의 날' 선포에 대해서 <u>일본에게</u> 강력히 항의하였다.

  → 정부는 일본 시마네현의 '독도의 날' 선포에 대해서 <u>일본을</u> 강력히 항의하였다.

④ <u>학생들에 대하여</u> 많은 관심을 기울이자.

  → <u>학생들에게</u> 많은 관심을 기울이자.

12 다음 한자성어의 짜임이 주술관계인 것은?

① 역지사지(易地思之) 　② 골육상쟁(骨肉相爭)

③ 새옹지마(塞翁之馬) 　④ 삼고초려(三顧草廬)

13 다음 중 중의성이 없는 올바른 문장은?

① 키가 큰 할머니의 손녀가 저기 있다.

② 선생님이 보고 싶은 학생이 많다.

③ 솔직하고 성실한 학생의 발언에 공감했다.

④ 사람들이 많은 도시를 다녀 보면 재미있는 일이 많다.

14 다음 한자성어 중 같은 뜻이 연결된 것이 아닌 것은?

① 각주구검(刻舟求劍) – 수주대토(守株待兎)

② 구우일모(九牛一毛) – 양두구육(羊頭狗肉)

③ 간담상조(肝膽相照) – 관포지교(管鮑之交)

④ 초미지급(焦眉之急) – 풍전등화(風前燈火)

15 다음 문장 중 맞춤법이 옳지 않은 것은?

① 쓰느라고 쓴 것이 이 모양이다.

② 낚시터에 낚싯대를 드리운 낚시꾼들이 많다.

③ 돼야 한다고 생각하면 잘 돼요.

④ 지금은 바빠서 어렵고 다음에 갈게.

16 다음 글의 전개 방식으로 옳은 것은?

> 시꺼멓게 탄 얼굴에 움푹 꺼져 들어간 두 눈자위, 그리고 코 밑이랑 턱에는 수염이 지저분했다. 목덜미로 식은땀이 흐르고 있었고, 입 언저리에는 파리 떼가 바글바글 붙어 있었다. 그러나 아버지는 그런 줄도 모르고 '푸푸' 코를 불면서 자고만 있었다.

① 논증   ② 묘사   ③ 서사   ④ 설명

17 다음 문장에서 '의존 형태소'인 것은?

> 친구 혼자서 하기엔 힘들 것 같아.

① 친구, 혼자, 힘, 것

② 친구, 혼자, 하기, 힘, 것

③ –서, 하기, 에, 는, 들–, –ㄹ, 같–, –아

④ –서, 하–, –기, 에, 는, 들–, –ㄹ, 같–, –아

18 다음 중 국어의 특징이 아닌 것은?

① 접속사가 발달한 언어이다.

② 주어나 목적어가 쉽게 생략될 수 있는 언어이다.

③ 조사와 어미가 발달한 언어이다.

④ 경어법이 발달한 언어이다.

19 다음 중 띄어쓰기가 옳지 않은 문장은?

① 진선이는 연수차 미국에 갔다.

② 공사를 진행한지 꽤 오래되었다.

③ 이처럼 좋은 걸 어떡해?

④ 학교에 간바 강의가 휴강이었다.

20 다음 중 행정용어의 순화에 대한 예로 옳지 않은 것은?

① 각본조(各本條) → 각 해당 조문

② 무인(拇印) → 손도장

③ 부킹(Booking) → 예약

④ 가검물(可檢物) → 임시검사물품

21 다음 밑줄 친 말의 문맥적 의미와 같은 것은?

고장 난 시계를 <u>고치다.</u>

① 부엌을 입식으로 고치다.

② 상호를 순 우리말로 고치다.

③ 정비소에서 자동차를 고치다.

④ 국민 생활에 불편을 주는 낡은 법을 고치다.

22 다음 제시문의 빈칸에 들어갈 가장 알맞은 것은?

〈태극기는 이렇게 답니다〉
◆ 2011년 3월 1일(화) 07:00~18:00 ◆
심한 비 · 바람(악천후) 등으로 국기의 (　　)이 훼손될 우려되는 경우에는 게양하지 아니한다.

① 품격　　　　② 원형　　　　③ 존엄성　　　　④ 상징성

23 다음 중 속담의 뜻풀이로 옳지 않은 것은?

① 볶은 콩에 싹이 날까? : 아주 가망이 없음을 비유적으로 이르는 말

② 빛 좋은 개살구 : 겉만 그럴듯하고 실속이 없는 경우를 비유적으로 이르는 말

③ 가난할수록 기와집 짓는다 : 이래저래 부담되는 것이 많음을 이르는 말

④ 뚝배기보다 장맛이 좋다 : 겉모양은 보잘것없으나 내용은 훨씬 훌륭함을 이르는 말

24 다음 밑줄 친 부분이 어문 규정에 맞는 것은?

① 이번 경기는 사대가 모든 면에서 더 <u>낳았다</u>.

② <u>넉넉치</u> 못한 선물이나 받아 주세요.

③ 그는 자물쇠로 책상 서랍을 <u>잠갔다</u>.

④ 옷가지를 <u>이여서</u> 밧줄처럼 만들었다.

25 국어의 소리 변이 중 다른 하나는?

① 꽃밭 → 꼳빧   ② 끝물 → 끈물   ③ 앞문 → 암문   ④ 먹는 → 멍는

2021년 2020년 2019년 2018년 2017년 2016년 2015년 2014년 2013년 2012년 2011년 2010년 2009년 2008년 2007년

국방부(육 · 해 · 공군) 시행 필기시험(2010.06.26)

01 다음 글의 전개 방식으로 옳은 것은?

> 오늘날 민주주의는 심한 시련을 겪고 있다. 그 이유는 사이비 민주 정치의 범람 때문이요, 정치 지도자들의 도덕적 타락 때문이다. 우선 이 세상에 현존하는 정치 제도 중에 민주주의라는 허울을 쓰지 않은 것이 없을 만큼 사이비 민주주의가 들끓고 있다. 1920~1930년대에 유럽을 휩쓸었고 급기야는 세계를 피비린내 나는 대전의 도가니로 몰아넣었던 '파시스트'의 독재 정치도 민주주의란 허울을 썼고, 개인의 자유를 무시하면서 독재를 표방하고 있는 나라에서도 자기네들이야말로 '진정한 민주주의'라고 주장하고 있다.

① 논증　　　　　② 예시　　　　　③ 분석　　　　　④ 분류

02 다음 중 표준 발음으로 옳은 것은?

① 맑게 – [말게]　　　　　② 신발로 – [심발로]

③ 무릎이 – [무르비]　　　　　④ 나뭇잎이 – [나문니피]

03 다음 중 어법에 맞는 표현은?

① 내일 야유회 간데요?　　　　　② 그이가 말을 아주 잘하대.

③ 연예인을 보니 그렇게 좋던?　　　　　④ 제가 직접 봤는데 너무 크대요.

04 다음 중 단위어의 사용으로 옳지 않은 것은?

① 한 쾌 – 북어 20마리　　　　　② 한 두름 – 조기 20마리

③ 한 쌈 – 바늘 24개　　　　　④ 한 축 – 옷 10벌

05 다음 중 로마자 표기가 옳은 것은?

① 음성 : Umseong
② 옥천 : Oucheon
③ 담양 : Damyang
④ 충청북도 : Chungchungbuk-do

06 다음 중 한자성어의 뜻으로 옳지 않은 것은?

① 고식지계(姑息之計) : 당장 눈앞의 안일함만 취하는 계책
② 혼정신성(昏定晨省) : 온갖 정성을 다하여 학문이나 덕행을 연마함
③ 견강부회(牽强附會) : 말을 억지로 끌어다가 이치에 맞추어 댐
④ 간담상조(肝膽相照) : 진심을 터놓고 격의 없이 사귐

07 다음 중 단어의 관계가 나머지와 다른 것은?

① 무서리 – 된서리
② 노루잠 – 새우잠
③ 안짱다리 – 밭장다리
④ 옥니 – 벋니

08 다음 중 한자성어와 속담의 연결이 옳지 않은 것은?

① 일거양득(一擧兩得) : 배 먹고 이 닦기
② 아전인수(我田引水) : 제 논에 물대기
③ 자가당착(自家撞着) : 적삼 벗고 은가락지 낀다.
④ 교각살우(矯角殺牛) : 빈대 잡으려다가 초가삼간 태운다.

※ 다음 시를 읽고 물음에 답하시오. [09~11]

(가) 공무도하(公無渡河)
공경도하(公竟渡河)
타하이사(墮河而死)
당내공하(當奈公何)

(나) 껍데기는 가라.
4월도 알맹이만 남고
껍데기는 가라.

껍데기는 가라.
동학년 곰나루의, 그 아우성만 살고
껍데기는 가라.

(다) 생사(生死)의 길은
예 있으매 머뭇거리고,
나는 간다는 말도
못다 이르고 어찌 갑니까.
어느 가을 이른 바람에
이에 저에 떨어지는 잎처럼,
㉠한 가지에 나고
가는 곳 모르온저,
아아, 미타찰(彌陀刹)에서 만날 나
도(道) 닦아 기다리겠노라.

(라) 비 개인 긴 언덕에는 풀빛이 푸른데
그대를 남포에서 보내며 슬픈 노래 부르네.
대동강 물은 그 언제 다 마를 것인가,
해마다 푸른 물결에 이별의 눈물 더하고 있으니.

09 위의 제시된 시 중에서 성격이 다른 것은?

① (가) 　　② (나) 　　③ (다) 　　④ (라)

10 (나)시에서 '껍데기'는 역사의 부조리와 허구성의 (　　)이다. 빈칸에 들어갈 알맞은 말은?

① 시뮬라시옹 　　② 아이러니 　　③ 알레고리 　　④ 패러독스

11 ㉠이 의미하는 것은?

① 부자(父子)　　　　② 부부(夫婦)　　　　③ 형제 · 자매　　　　④ 친한 친구

12 다음 중 한자어가 잘못 쓰인 것은?

① 논증 – 論證　　　　② 비판 – 比判　　　　③ 단계 – 段階　　　　④ 개념 – 槪念

13 다음 시를 읽고 해석한 것으로 옳지 않은 것은?

> 죽는 날까지 하늘을 우러러
> 한 점 부끄럼이 없기를
> 잎새에 이는 바람에도
> 나는 괴로워했다.
> 별을 노래하는 마음으로
> 모든 죽어 가는 것을 사랑해야지
> 그리고 나한테 주어진 길을 걸어가야겠다.
>
> 오늘 밤에도 별이 바람에 스치운다.

① '밤'은 위 시에서 시대 상황을 암시하는 시어이다.

② '별'은 '하늘'과 '바람', '잎새'와 같은 의미이다.

③ 위 시의 시상 전개 방식은 '과거 → 미래 → 현재' 순이다.

④ '한 점 부끄럼이 없기를'에서 서술어가 생략되었다.

14 다음 제시문의 ㉠~㉣에 들어갈 단어가 바르게 나열된 것은?

> 돌은 천년을 값없이 내버려져 있다가도 문득 필요한 자에게 쓸모가 보이면서 비로소 석재(石材)라는 (㉠)을 얻으며 가치가 주어진다. 그럴 기회를 얻지 못한 돌은 만년을 묵어도 (㉡)이 될 리 없으며 어떤 품목(品目)에 끼어들 (㉢)도 없다. 그렇듯 돌은 (㉣)가 곧 쓸모이되 장중한 바위로부터 간지러운 자갈에 이르기까지 타고난 성질만은 매한가지로 된다. 더위에 늘어짐이 없고 장마에 젖으나 물러지지 않으며, 추위에 움츠러들지 않고 바람에 뒹굴지언정 가벼이 날아가지 않는다. 가벼워지거나 무거워지지 않고 망치로 얻어맞아 깨지긴 해도 일그러지지 않는다.

	㉠	㉡	㉢	㉣
①	명분	허울	골동	용모
②	허울	골동	명분	용모
③	용모	허울	골동	명분
④	골동	허울	명분	용모

15 다음 중 글의 전개 방식이 다른 것은?

① 인생은 여행과 같다. 간혹 험난한 길을 만나기도 하고, 예상치 않은 일을 당하기도 한다. 우연히 누군가를 만나고 그들과 관계를 맺기도 한다. 여행을 끝내고 집으로 돌아왔을 때 편안함을 느끼는 것처럼 생을 끝내고 죽음을 맞이할 때 우리는 더없이 편안해질 것이다.

② 거대한 기계에서 일부분만 분리되면 아무 쓸모없는 고철이 될 수도 있다. 기계의 일부분은 전체의 체계 속에서만 진정한 기능을 발휘하게 되는 것이다. 우리가 독서를 할 때에는, 이와 같이 어느 한 부분의 내용도 한 편의 글이라는 전체의 구조 속에서 파악하여야만 그 바른 의미를 이해할 수 있게 된다.

③ 이마에서 뒷머리까지는 갈색의 양털 모양 솜털이 있고, 눈앞과 뒤, 덮깃과 턱밑과 뺨에는 갈색을 띤 짧은 솜털과 어두운 갈색 털 모양의 깃털이 있다. 눈 주위에는 푸른색을 띤 흰색의 솜털과 어두운 갈색 털이 나 있다.

④ 지구와 화성은 비슷한 점이 많다. 둘은 태양계의 행성으로, 태양으로부터 거리가 비슷하고, 태양을 중심으로 공전(公轉), 자전(自轉)하고 있는 점이 같다. 그런데 지구에는 물과 공기가 있고, 생물이 있다. 그러므로 화성에도 물과 공기가 있고, 생물이 존재할 가능성이 있다.

16 다음 밑줄 친 곳과 같은 의미로 사용된 것은?

> 어린아이가 대합실에서 엄마를 찾고 있다.

① 갑자기 비염 때문에 병원을 찾는 사람이 늘었다.
② 저희 마을을 찾아 주셔서 감사합니다.
③ 은행에서 저금했던 돈을 찾았다.
④ 숨겨 놓은 보물을 찾으면 상품을 받을 수 있다.

17 다음 중 밑줄 친 곳이 어법에 맞지 않는 문장은?

① 선생님이신 줄 알았는데요.
② 요즘 직장을 구하기가 무척 힘들대요.
③ 사무실에서 그녀의 모습을 볼 수 있었데요.
④ 유치원에서 재롱잔치가 너무 재미있었는데요.

18 다음 보고서에 들어 있지 않은 내용은?

지속적인 저출산으로 한국은 인구감소사회로의 진입을 눈앞에 두고 있다. 1984년 합계출산율이 인구대체 수준인 2.1명 이하로 떨어진 이후 2009년 현재 1.15명으로 OECD 선진국 평균인 1.75명의 65.6%에 불과한 수준이다. 이러한 추세가 지속된다면 당장 2010년부터 노동시장의 중핵 취업연령인 25~54세 인구가 감소할 것이다. 또한 2100년에는 한민족의 총인구가 2010년 인구의 50.5%에 불과한 2,468만 명으로 축소되고, 2500년에는 인구가 33만 명으로 줄어 민족이 소멸될 우려가 있다.

만혼(晩婚) 및 결혼기피 현상은 1990년대 이후 합계출산율 하락의 가장 큰 요인이 되고 있으며, 청년층의 소득 및 고용 불안과 높은 주택가격에 따른 과다한 결혼비용 부담이 만혼(晩婚) 및 결혼기피의 중요 요인으로 판단된다. 출산 의향이 있는 기혼여성에게 교육 및 보육비용 부담은 출산 기피의 가장 큰 요인으로 지목되고 있다. 특히 가정 내에서 육아 부담이 여성에게 집중되어 출산 기피를 초래하고 있는 것으로 파악되었다. 한편 여성의 경력단절 현상도 결혼 및 출산 기피를 심화시키고 있다.

이러한 저출산 현상으로 인해 생산활동을 담당할 청년층이 감소하면서 2029년에는 경제성장률이 마이너스로 떨어지고, 2050년에 이르면 −4.8% 수준에 불과하게 될 전망이다. 또한 리스크를 부담하려는 진취적인 기업가 정신이 약화되며 지역 커뮤니티가 붕괴되는 등 경제·사회 시스템의 노화현상이 심화될 우려가 있다.

저출산으로 인한 급격한 인구감소와 성장률 저차의 심각함을 고려하면 발상의 전환을 통한 비상조치를 강구할 필요가 있다. 단기적인 생색용 대책보다는 실질적이며 장기적인 대책이 필요하고, 이러한 대책이 무리없이 추진되기 위해서는 가족 및 출산의 가치에 대한 사회적 합의와 다양한 경로를 통한 가치관의 전달이 필수적이다.

저출산 해소를 위한 파격적인 경제적 인센티브로 우선 국민연금 및 실업급여 소득대체율을 자녀 수에 비례하여 현 제도의 2배까지 인상하는 사회보험 개혁 추진을 검토할 필요가 있다. 이를 통해 출산이 경제적 부담이 아니라 노후보장이 될 수 있다는 인식의 전환을 유도해야 한다. 아울러 교육비의 소득공제를 세액공제로 전환하고 상속세율을 자녀 수에 따라 대폭 인하하는 등 자녀가 있는 가구에 대한 세제혜택을 강화하고, 3자녀 이상 가구에 대한 고등학교 학비 무상지원도 고려할 필요가 있다. 결혼 촉진을 위해서는 소득공제 중 결혼공제 항목을 신설하고 신혼부부 대상 주택 보급을 중산층에게 확대하는 등의 과감한 조치가 필요하다. 경제적 인센티브 제공만으로 출산율 제고에 한계가 있기 때문에 출산이 우대받는 사회 풍토를 조성해야 한다. 이를 위해서 다자녀 가구에 대한 생활 편의 및 아동친화적 양육 환경을 제공해야 할 것이다.

① 노인 재정지출   ② 취업인구와 경제성장

③ 임산부   ④ 취업률 비교

19 ㉠~㉣의 밑줄 친 어휘의 한자가 옳지 않은 것은?

• 그는 적의 ㉠사주를 받아 내부 기밀을 염탐했다.
• 남의 일에 지나친 ㉡간섭을 하지 않기 바랍니다.
• 그 선박은 ㉢결함을 지닌 채로 출항을 강행하였다.
• 비리 ㉣척결이 그가 내세운 가장 중요한 목표였다.

① ㉠ − 使嗾   ② ㉡ − 間涉   ③ ㉢ − 缺陷   ④ ㉣ − 剔抉

20 다음 글에 대한 설명으로 옳지 않은 것은?

안락사란 질병에 의한 자연적인 죽음보다 훨씬 이전에 생명을 마감시키는 것이며, 질병에 의한 죽음이 아니라 인위적인 행위에 의한 죽음을 의미하는 것이다. 때문에 존엄사와 의미가 전혀 다르다. 안락사는 크게 적극적 안락사와 소극적 안락사로 나뉘게 되는데, 이 중에서도 적극적 안락사는 환자의 요청에 따라 고통을 받는 환자에게 약제 등을 투입해서 인위적으로 죽음을 앞당기는 행위를 뜻한다. 또 소극적 안락사란 환자나 가족의 요청에 따라 생명 유지에 필수적인 영양공급, 약물 투여 등을 중단함으로써 환자를 죽음에 이르게 하는 행위를 의미한다.

반면 존엄사는 말 그대로 품위 있는 죽음을 말한다. 인간적 삶을 살 수 있도록 최선의 의학적인 치료를 다 했음에도 돌이킬 수 없는 죽음이 임박했을 때 의학적으로 무의미한 연명치료를 중단함으로써 질병에 의한 자연적인 죽음을 받아들이는 것이다. 안락사와 존엄사는 의도에 의한 비자연사에 속하게 된다. 자연사는 별다른 사고나 큰 질병 없이 나이가 들어 사망하는 경우나 노환으로 인한 죽음을 의미한다. 비자연사는 흔히들 이야기하는 본래의 수명대로 살지 못하고 본인의 의도에 의해서나 의도하지 않은 바에 의해 죽음에 이르게 되는 경우이다.

① 안락사와 자연사에 대해 설명하고 있다.

② 죽음에 대한 슬픔을 절제하고 있다.

③ 안락사에 대해 두 가지로 구분하여 설명하고 있다.

④ 안락사와 존엄사의 차이점을 설명하고 있다.

21 다음 〈보기〉가 들어갈 곳으로 알맞은 위치는?

〈보기〉
그동안 3·1 운동에 관한 학자들의 부단한 연구는 3·1 운동의 원인과 배경을 비롯하여, 운동의 형성과 전개 과정, 일제의 통치지배정책, 운동의 국내외의 반향, 운동의 검토와 평가, 그리고 3·1 운동 이후의 국내외 민족운동 등 각 분야에 걸쳐 수많은 저작을 내놓고 있다.

(가) 일제의 식민지통치 밑에서 천도교가 주도하여 일으킨 3·1 독립운동은 우리나라 민족사에서 가장 빛나는 위치를 차지하는 거족적인 해방독립투쟁이다.

(나) 뿐만 아니라 1918년 11월 제1차 세계대전이 끝나자 미국 대통령 윌슨(Woodrow Wilson)이 전후 처리 방안인 14개조의 기본원칙으로 민족자결주의를 이행한다고 발표한 후 최초이자 최대 규모로 일어난, 제국주의에 대항한 비폭력투쟁으로서 세계 여러 약소 민족 국가와 피압박 민족의 해방운동에 끼친 영향은 실로 지대한 세계사적 의의가 있다고 하겠다.

(다) 또한 '최후의 一人까지, 최후의 一刻까지'를 부르짖은 3·1 독립운동이 비록 민족해방을 쟁취하는 투쟁으로서는 실패하였으나 평화적인 수단으로 지배자에게 청원(請願)하거나 외세에 의존하는 사대주의적 방법으로는 자주독립이 불가능하다는 교훈을 남겼다는 점에서도 그 의의는 크다고 할 것이다.

(라) 언론 분야의 경우 3·1 운동이 일어나자 독립선언서와 함께 천도교의 보성사에서 인쇄하여 발행한 지하신문인 「조선독립신문」이 나왔으며, 이를 계기로 국내에서는 다양한 신문이 쏟아져 나왔기 때문에 이들 자료를 통해 많은 연구가 이루어져 있다.

① (가)의 뒤   ② (나)의 뒤   ③ (다)의 뒤   ④ (라)의 뒤

22 다음 문장에서 밑줄 친 부분의 역할이 나머지와 다른 것은?

① <u>가을은</u> 어느새 지나가 버렸다.

② <u>나의</u> 살던 고향은 아름다운 어촌이다.

③ 그녀는 다른 사람의 <u>의견은</u> 귀담아듣지 않는다.

④ 내가 부르는 <u>이름도</u> 중요하다.

※ 다음을 읽고 물음에 답하시오. [23~25]

(가) 합리주의 문화를 기반으로 한 서구 제국들은 자신들보다 물질문화가 뒤처져 있던 동양을 비롯한 많은 타국, 타민족에 대해 우월하다고 생각했다. 이를 통해 앞선 물질문화를 앞세워 경쟁이라도 하듯 해외 식민지 건설에 열을 올리게 되는 서구 제국주의가 등장하게 된다. 이에 따라 상대방을 힘으로 이기는 게 우월하고, 제압당한 상대방은 열세하다고 생각한다. 이는 대단히 자기중심적이고 힘의 논리의 편협한 사고방식이다.

(나) 이와 같은 제국주의는 독일의 나치즘이나 이탈리아의 파시즘과 같은 극단적인 국가주의로 나타나기도 하는데, 이들은 자신을 제외한 타민족, 타국에 대해 배척하고 때로는 공격의 대상으로 삼아 물리적인 힘으로 지배하려고 했다. 결과적으로 1차 세계대전이나 2차 세계대전 등과 같은 극단적인 형태로 나타나는데, 이는 결코 일어나서는 안 되는 극단적인 형태였다.

(다) 물론 국가주의라는 점에서는 한편으로 수긍할 수 있는 부분도 있으나 너무 과했을 때 문제가 되는 것이다. 이러한 극단적인 국가주의는 단순히 힘이 약하다는 이유와 민족이 다르고, 국가가 다르다는 이유만으로 침략과 약탈을 하게 되는 엄청난 폐해를 낳게 된다. 그런데 이러한 서구 합리주의 사상에 뿌리를 둔 극단적인 사고는 인본사상이 기본인 동양철학에서는 도저히 상상할 수 없는 일이다.

(라) 한편, 동양문화권에서조차도 서양의 합리주의 사고방식에 젖어 조화와 균형, 인본주의 사상 등의 동양철학 기본 사상을 등한시한 게 사실이다. 결코 바람직한 현상은 아니다. 앞으로 우리는 서구 합리주의 사상을 등한시해서도 안 되지만, 한편으론 수천 년 동안 내려온 우리의 동양철학 사상의 뿌리를 잊어서는 더더욱 안 될 것이다. 이를 잘 이어서 바람직한 세상을 만들어 가는 게 우리의 임무이다.

23 윗글의 제목으로 적절한 것은?

① 서양철학의 수용　　　　　　　② 동양철학의 계승

③ 동양철학의 비교　　　　　　　④ 동양철학의 과학화

24 윗글의 밑줄이 가리키는 말은?

① 민족주의　　　② 보수주의　　　③ 제국주의　　　④ 국수주의

25 윗글에서 국수주의를 비판한 내용을 가장 잘 나타낸 부분은?

① (가)　　　　② (나)　　　　③ (다)　　　　④ (라)

국방부(육·해·공군) 시행 필기시험(2009.06.27)

01 다음 중 단어의 뜻이 옳게 연결된 것은?

① 까투리 – 수꿩
② 쪽박 – 곁땀
③ 가시어미 – 가시나무
④ 마파람 – 남풍(南風)

02 다음 중 로마자 표기가 옳지 않은 것은?

① 충청북도(Chungcheongbuk-do)
② 의정부시(Uijeongbu-si)
③ 삼죽면(Samjuj-myeon)
④ 퇴계로 3가(Toekyeoro 3-ga)

03 다음 중 연결이 옳지 않은 것은?

① 황해도 – 「봉산탈춤」
② 함경도 – 「가면극놀이」
③ 경기도 – 「산대놀이」
④ 경상도 – 「오광대놀이」

04 다음 중 한글 맞춤법의 규정에 맞는 문장은?

① 문이 저절로 닫쳤다.
② 힘이 붙이는 일이다.
③ 차와 차가 마주 부딪혔다.
④ 이것은 책이요, 저것은 붓이오.

2021년
2020년
2019년
2018년
2017년
2016년
2015년
2014년
2013년
2012년
2011년
2010년
2009년
2008년
2007년

※ 다음 글을 읽고 물음에 답하시오. [05~06]

> 그것은 무슨 곡절인고? 거짓말일지라도 옛날에 불가사리라 하는 물건 하나 생겨나더니 어데든지 뛰어다니면서 쇠란 쇠는 다 집어먹은 일이 있었다 하는데, ㉠감사가 내려와서 강원도 ㉡돈을 싹싹 핥아먹으려 드는 고로 그 동요가 생겼다 하는지라. 이때 동요는 고사하고 진남 문 밖에 익명서가 한 달에 몇 번씩 걸려도 감사는 모르는 체하고 저 할 일만 한다.
> 그 하는 일은 무슨 일인고? 긁어서 바치는 일이라. 긁기는 무엇을 긁으며 바치기는 어데로 바치는고? 강원 일도에 먹고 사는 재물을 뺏어다가 서울 있는 상전들에게 바치는 일이라. 상전이라 하면 강원 감사가 남의 집에 문서 있는 종이 아니라 무서워하기를 상전같이 알고 믿기를 상전같이 믿고 섬기기를 상전같이 섬기는데 그 상전에게 등을 대고 만만한 사람을 죽여 내는 판이라.

05 제시된 글의 밑줄 친 단어의 한자어 연결이 올바른 것은?

	㉠	㉡
①	監事	金
②	勘査	錢
③	監司	錢
④	監司	干

06 제시된 글과 가장 관련이 없는 것은?

① 원각사에서 공연된 신극의 대본이 된 소설이다.

② 운문체라 낭독이 쉬웠다.

③ 구습에서 벗어나 신사조에 눈뜨려는 개화사상이 배경이다.

④ 고대 소설과 현대 소설의 교량적 역할을 했다.

07 다음 중 번역 투의 문장이 아닌 것은?

① 즐거운 시간을 가지시기 바랍니다.

② 지금까지 치른 행사 가운데 이번에 가장 많은 사람이 모였다.

③ 당면한 문제를 해결하기 위해 다양한 대책을 모색하고 있는 중이다.

④ 시장을 선점하기 위해서는 현지 진출이 적극적으로 검토되어야 한다.

08 다음 중 옳게 표현된 문장은?

① 전세를 놉니다.

② 잘되길 바래.

③ 아무것도 안 뺐.

④ 문을 잘 잠궈라.

09 다음 중 표준 발음법에 맞지 않는 것은?

① 밟고[밥:고]

② 넋과[넉꽈]

③ 맑고[막꼬]

④ 묽고[물꼬]

10 다음 제시된 글에서 밑줄 친 문장과 관계있는 한자성어는?

우리 아저씨 말이지요? 아따 저 거시키, 한참 당년에 무엇이냐 그놈의 것, 사회주의라더냐 막덕이라더냐, 그걸 하다 징역 살고 나와서 폐병으로 시방 앓고 누웠는 우리 오촌 고모부 그 양반⋯⋯.

뭐, 말도 마시오. 대체 사람이 어쩌면 글쎄⋯⋯. 내 원! 신세 간 데 없지요.

자, 십 년 적공, 대학교까지 공부한 것 풀어먹지도 못했지요. 좋은 청춘 어영부영 다 보냈지요. 신분에는 전과자 라는 붉은 도장 찍혔지요. 몸에는 몹쓸 병까지 들었지요. 이 신세를 해 가지굴랑은 굴속 같은 오두막집 단칸 셋 방 구석에서 사시장철 밤이나 낮이나 눈 딱 감고 드러누웠군요.

재산이 어디 집 터전인들 있을 턱이 있나요. 서발막대 내저어야 짚 검불 하나 걸리는 것 없는 철빈인데.

① 설상가상(雪上加霜)

② 점입가경(漸入佳境)

③ 자승자박(自繩自縛)

④ 타산지석(他山之石)

11 다음 중 시어의 뜻풀이로 옳지 않은 것은?

① 오리도 가리도 업슨 바므란 또 엇디 호리라 : 올 이도 갈 이도 없는 밤은 또 어찌하리오.

② 어여쁜 그림자 : 가엾은 그림자

③ 긴힛똔 그츠리잇가 : 긴한(중요한) 인연이야 끊어지겠습니까?

④ 출하리 싀여디여 : 차라리 찾아 없어져서

12 다음 중 가장 올바르지 않은 문장은?

① 선거를 치른 후에 개각을 단행하였다.

② 승패를 가름한 것은 그 수비 하나였다.

③ 노인은 육교 위에 좌판을 벌여 놓았다.

④ 허가를 받지 않은 분은 시설 사용을 삼가해 주세요.

13 다음 제시된 글의 빈칸에 들어갈 속담으로 가장 적절한 것은?

> 가만있자. 열 여섯 살에 아저씨네 집으로 시집을 갔다니깐 그게 내가 세살 적이니 꼬박 열 여덟 해로군. 열 여덟 해면 이십 년 아니요.
> 그때 우리 아저씨 양반은 나이 어리기도 했지만 공부를 한답시고 서울로, 동경으로 십여 년이나 돌아다녔고 조끔 자라서 색시 재미를 알 만하니까는 누가 예쁘달까봐 이혼하자고 아주머니를 친정으로 쫓고는 통히 불고를 하고……
> 공부를 다 마치고 오더니만 그담에는 그놈의 짓에 디립다 발광해 다니면서 명색 학생 출신이라는 딴 여편네를 얻어 살았지요. 그 여편네는 나도 몇 번 보았지만 쌍판대기라고 별반 출 수도 없이 생겼습디다. 그 인물로 남의 첩이야? (   )더니. 사실 소박맞은 우리 아주머니가 그 여편네께다 대면 월등 예뻤다우.

① 노처녀가 시집을 가려니 등창이 난다
② 가는 방망이 오는 홍두깨라
③ 일색 소박은 있어도 박색 소박은 없다
④ 여편네 팔자는 뒤웅박 팔자라

14 다음 중 중의적으로 해석되지 않는 문장은?

① 민수와 수아는 고양이를 키운다.
② 수아에 대한 민수의 사랑은 지극했다.
③ 민수는 수아보다 만화를 좋아한다.
④ 민수는 웃으면서 뛰어나오는 수아에게 심부름을 시켰다.

15 다음 중 풍자적 성격을 띤 시조는?

① 두터비 프리를 물고 두험 우희 치드라 안자
　킨빗 신 바라보니 백승쯤이 써 잇서늘 가슴이 금측ㅎ여
　풀덕 쮜어 내둣다가 두험 아래 쟛바지거고.
　모쳐라 눌낸 낼싀망졍 에헐질 번ㅎ괘라.
② 어뎌 닉일이여 그릴 줄을 모로던가
　이시라 ㅎ시면 가랴마ᄂ 제 구틱야
　보닉고 그리ᄂ 情(정)은 나도 몰나 ㅎ노라.
③ 十年(십년)을 經營(경영)ㅎ야 草廬三間(초려 삼간) 지어 닉니,
　나 ᄒ 간 둘 ᄒ 간에 淸風(청풍) ᄒ 간 맛져 두고,
　江山(강산)은 드릴 듸 업스니 둘너 두고 보리라.
④ 간밤의 우던 여흘 슬피 우러 지내여다.
　이제야 싱각ㅎ니 님이 우러 보내도다.
　져 물이 거스리 흐르고져 나도 우러 녜리라.

16 다음 중 어법에 맞는 문장은?

① 비록 그들이 신입이라서 업무 적응력은 높았다.

② 본격적인 공사가 언제 시작되고, 언제 개통될지 모른다.

③ 내가 성공한 것은 내 능력이 좋아서가 아니라 많은 도움이 있었기 때문이다.

④ 민호는 선수치고 공을 잘 찬다.

17 다음 제시된 글에 드러난 내용이 아닌 것은?

나·랏:말싼·미 中듕國·귁·에 달·아, 文문字·쯩·와·로 서르 ᄉᆞᆺ·디 아·니홀·씨 ·이런 젼·ᄎ·로 어·린 百·ᄇᆡᆨ姓·셩·이 니르·고·져 ·홇·배 이·셔·도, ᄆᆞᆺ·촘:내 제 ·ᄠᅳ·들 시·러 펴·디 :몯홇·노·미 하·니·라. ·내 ·이·ᄅᆞᆯ為·윙·ᄒᆞ·야 :어엿·비 너·겨, ·새·로 ·스·믈 여·듧 字·쯩·ᄅᆞᆯ밍·ᄀᆞ노·니, :사ᄅᆞᆷ:마·다:ᄒᆡ·ᅇᅧ:수·ᄫᅵ니·겨 ·날·로 ·뿌·메 便뼌安한·킈 ᄒᆞ·고·져 홇ᄯᆞᄅᆞ·미니·라.

① 우리 말과 문자가 일치하지 않았다.

② 문자 생활을 하지 못하는 백성들이 많았다.

③ 우리 고유어가 사라져 가고 있다.

④ 모든 백성들이 쉽게 사용하도록 만들었다.

18 다음 제시된 글과 가장 관련이 없는 한자 성어는?

금준미주(金樽美酒)는 천인혈(千人血)이요
옥반가효(玉盤佳肴)는 만성고(萬姓膏)라.
촉루락시(燭淚落時)에 민루락(民淚落)이요
가성고처(歌聲高處)에 원성고(怨聲高)라.

① 도탄지고(塗炭之苦)　　　　　　② 풍수지탄(風樹之嘆)

③ 가정맹어호(苛政猛於虎)　　　　④ 가렴주구(苛斂誅求)

※ 다음 글을 읽고 물음에 답하시오. [19~20]

(가) 나무토막으로 조그마한 당닭을 새겨
　　젓가락으로 집어다가 벽에 앉히고
　　이 닭이 꼬끼오 하고 때를 알리면
　　그제사 어머님 얼굴 늙으시옵소서.

(나) 삭삭기 셰몰애 별헤 나는
　　삭삭기 셰몰애 별헤 나는
　　구은 밤 닷 되를 심고이다
　　그 바미 우미 도다 삭나거시아
　　그 바미 우미 도다 삭나거시아
　　유덕(有德)ᄒ신 니믈 여희ᄋᆞ와지이다.

(다) 三冬(삼동)에 뵈옷 닙고 巖穴(암혈)에 눈비 마자
　　구름 낀 볏뉘도 쬔 적이 업건마난
　　西山(서산)에 해지다 하니 눈물겨워 하노라.

(라) 四海(ᄉᆞ히) 바닷 기픠는 닫줄로 자히리어니와
　　님의 德澤(덕틱) 기픠는 어늬 줄로 자히리잇고
　　享福無疆(향복무강)ᄒ샤 萬歲(만셰)롤 누리쇼서
　　享福無疆(향복무강)ᄒ샤 萬歲(만셰)롤 누리쇼서
　　一竿明月(일단명월)이 亦君恩(역군은)이샷다.

(마) 철령 노픈 봉에 쉬여 넘는 저 구름아
　　고신원루를 비 삼아 띄어다가
　　님 계신 주궁심처에 뿌려본들 엇더리.

(바) 마음이 어린 後(후)ㅣ니 하는 일이 다 어리다.
　　萬重雲山(만중운산)에 어내 님 오리마는
　　지는 닙 부는 바람에 행여 긘가 하노라.

19 위 작품 중 서로 유사한 의미의 시어끼리 바르게 연결한 것은?

① 눈비 - 비　　　　　　　　　② 당닭 - 님
③ 볏뉘 - 덕틱　　　　　　　　④ 구중심처 - 만중운산

20 위 작품 중 역설적 표현이 사용된 것만을 묶은 것은?

① (가), (나)　　　② (다), (라)　　　③ (다), (바)　　　④ (마), (바)

21 다음 한자의 독음이 바른 것은?

① 索引(색인) - 索道(색도)　　　② 說明(설명) - 遊說(유설)
③ 減殺(감쇄) - 相殺(상쇄)　　　④ 變易(변이) - 容易(용이)

22 다음 높임법 어휘 중 성격이 같은 것끼리 묶은 것은?

| ⊙ 잡수시다 | ⓒ 모시다 | ⓒ 쑤시다 | ② 주무시다 |

① ⊙, ⓒ

② ⊙, ②

③ ⓒ, ⓒ

④ ⊙, ⓒ, ⓒ

23 다음 중 작가와 작품의 연결이 잘못된 것은?

① 나운규 – 「아리랑」

② 심훈 – 「그날이 오면」

③ 홍난파 – 「설중매」

④ 유치진 – 「토막」

24 다음 글의 핵심 주제로 옳은 것은?

문법적 지식은 국어를 바르게 이해하고 활용할 수 있는 기틀을 마련하는 데 중요한 역할을 하며 한 사회의 사람들이 서로 원활한 의사소통을 하기 위해 암묵적으로 동의한 하나의 약속이다. 따라서 자신의 생각을 자유롭게 표현한다는 명분 아래 이러한 약속을 깨뜨리는 것은 다른 사람들이 자신의 글을 잘못 이해하게 할 위험이 있다. 그러므로 사람들은 단어의 성격과 문법적 기능, 단어의 형성방법 등 단어에 대한 지식과 함께 사잇소리 현상, 모음조화, 구개음화 등과 같은 음운 현상에 대한 지식은 기본적 사항이라도 반드시 알아 두어야 한다.

① 문법에 흥미를 가져야 한다.

② 문법은 언어적 지식에서 나온다.

③ 문법은 자기도 모르게 쓰인다.

④ 문법은 사람들이 알고 있는 지식이다.

25 다음 글에서 사용되지 않은 표현법은?

전통은 물론 과거로부터 이어 온 것을 말한다. 이 전통은 대체로 그 사회 및 그 사회의 구성원인 개인의 몸에 배어 있는 것이다. 그러므로 스스로 깨닫지 못하는 사이에 전통은 우리의 현실에 작용하는 경우가 있다. 그러나 과거에서 이어 온 것을 무턱대고 모두 전통이라고 한다면, 인습(因襲)이라는 것과 구별이 서지 않을 것이다. 우리는 인습을 버려야 할 것이라고 생각하지만, 계승해야 할 것이라고는 생각하지 않는다.

여기서 우리는, 과거에서 이어 온 것을 객관화하고, 이를 비판하는 입장에 서야 할 필요를 느끼게 된다. 그 비판을 통해 현재의 문화 창조에 이바지할 수 있다고 생각되는 것만을 우리는 전통이라고 불러야 할 것이다. 이같이, 전통은 인습과 구별될뿐더러, 또 단순한 유물과도 구별되어야 한다. 현재 있어서의 문화창조와 관계가 없는 것을 우리는 문화적 전통이라고 부를 수 없기 때문이다.

그러므로 어느 의미에서 고정불변(固定不變)의 신비로운 전통이라는 것이 존재한다기보다 오히려 우리 자신이 전통을 찾아내고 창조한다고도 할 수가 있다. 따라서, 과거에는 훌륭한 문화적 전통의 소산(所産)으로 생각되던 것이, 후대(後代)에는 버림을 받게 되는 예도 허다하다. 한편, 과거에는 돌보아지지 않던 것이 후대에 높이 평가되는 일도 또한 한두 가지가 아니다. 연암의 문학은 바로 그러한 예인 것이다. 비단, 연암의 문학만이 아니다. 우리가 현재 민족 문화의 전통과 명맥(命脈)을 이어 준 것이라고 생각하는 거의 모두가 그러한 것이다.

① 대조　　　　　② 예시　　　　　③ 묘사　　　　　④ 열거

국방부(육·해·공군) 시행 필기시험(2008.06.14)

01 다음 한자어 중 樂의 독음으로 옳지 않은 것은?

① 樂山樂水 – 요산요수　　　② 和樂 – 화악

③ 聲樂 – 성악　　　④ 至樂 – 지락

02 다음 중 말(言)과 관련된 한자어가 아닌 것은?

① 訣別(결별)　　　② 長廣舌(장광설)

③ 橫說竪說(횡설수설)　　　④ 口舌數(구설수)

03 다음 중 '천한 재주를 가진 사람도 요긴하게 쓸모가 있음'을 뜻하는 한자성어는?

① 낭중지추(囊中之錐)　　　② 계명구도(鷄鳴狗盜)

③ 우이독경(牛耳讀經)　　　④ 불치하문(自家撞着)

04 다음 중 '무른 감도 쉬어 가면서 먹어라'라는 속담과 그 의미가 유사한 것은?

① 가랑비에 옷 젖는 줄 모른다

② 부뚜막의 소금도 집어넣어야 짜다

③ 가마 속의 콩도 삶아야 먹는다

④ 돌다리도 두들겨 보고 건너라

05 다음 중 어법에 맞지 않는 문장은?

① 직접 김치를 담가 먹는다.

② 밤새우지 말아요.

③ 그들은 떼려야 뗄 수 없는 관계이다.

④ 우리 사겨 볼래?

06 다음 중 표준어가 아닌 것은?

① 환쟁이   ② 미장이   ③ 점장이   ④ 멋쟁이

07 다음 중 어법에 맞는 문장은?

① 집에 오는 길에 가게에 들려 먹을 것 좀 사 오렴.

② 그는 열심히 일하므로 잘살 것이다.

③ 좋은 결과가 있을 것으로 보여진다.

④ 이제 뭘 할거니?

08 다음 중 표준어로 옳은 것은?

① 시끄러   ② 졸립다   ③ 무거운   ④ 사랑스런

09 다음 중 밑줄 친 부분의 띄어쓰기가 옳은 것은?

① 성규는 음치여서 노래를 못한다.

② 간이 안 좋아 술을 못 한다.

③ 아우만 못 하다.

④ 희다 못 해서 푸르다.

10 다음 중 외래어 표기법으로 옳은 것은?

① 퍼머   ② 아메리카   ③ 카톨릭   ④ 앨토

11 다음 중 발음이 옳지 않은 것은?

① 6 · 25[유기오]   ② 8 · 15[파리로]

③ 3 · 1절[사밀쩔]   ④ 탈영[탈령]

12 다음 중 직장에서 상대방을 호칭할 때의 예절로 옳지 않은 것은?

① '미스 ㅇ, 미스터 ㅇ'는 사용하지 않는 것이 좋다.

② 직함이 없는 동료는 남녀를 불문하고 'ㅇㅇㅇ 씨'라고 부른다.

③ 사적으로 친한 사이라면 공석에서 이름을 불러도 무방하다.

④ 직함이 없거나 지위가 낮아도 나이 든 동료에게는 'ㅇㅇㅇ 선생님'이라고 부를 수 있다.

13 다음 중 소개 순서로 옳지 않은 것은?

① 남자를 여자에게 먼저 소개한다.

② 가까운 사람을 먼 사람에게 먼저 소개한다.

③ 아랫사람을 윗사람에게 먼저 소개한다.

④ 어머니와 어머니보다 젊은 남자 선생님이 있을 때는 선생님을 먼저 소개한다.

14 다음에 제시된 시조의 주제로 옳은 것은?

청산에 눈이 오니 봉마다 옥이로다.
져 산 푸르기는 봄비에 있거니와
엇디타 우리의 백발은 검겨 볼 줄 이시랴.

① 강호가도(江湖歌道)
② 이별의 정한(情恨)
③ 연군지정(戀君之情)
④ 젊어질 수 없음을 탄식함

15 다음 문장에서 단어의 수는?

내가 사랑하는 아들과 딸

① 4개
② 5개
③ 6개
④ 7개

16 다음 제시된 시조에서 작가가 가장 중요하게 여기는 것은?

(가) 산수간(山水間) 바회 아래 뛰집을 짓노라 하니
　　 그 모론 남들은 웃는가 한다마는
　　 하얌의 뜻에는 내 분인가 하노라.

(나) 보리밥 풋나물을 알마초 머근 後(후)에
　　 바횟긋 물가에 슬카지 노니노라.
　　 그나믄 여나믄 일이야 부롤 줄이 이시랴.

(다) 잔들고 혼자 안자 먼 뫼흘 바라보니
　　 그리던 님이 오다 반가옴이 이러하랴.
　　 말삼도 우움도 아녀도 몯내 됴하 하노라.

(라) 누고셔 三公(삼공)도곤 낫다 하더니 萬乘(만승)이 이만하랴.
　　 이제로 헤어도느 巢父(소부) 許由(허유)ㅣ 냑돗더라.
　　 아마도 임천한흥(林泉閑興)을 비길 곳이 업세라.

① 님
② 자연
③ 술잔
④ 웃음

17 다음 시의 제재로 가장 옳은 것은?

> 빗방울하고 어울리고 싶어요
> 깨금발로 깨금발로 놀고 싶어요
> 세상의 어깨도 통통 두드려 주고 싶어요

① 구름   ② 바람   ③ 낙엽   ④ 낙숫물

18 다음 중 어법에 맞는 문장은?

① 공부하노라고 밤을 새웠다.   ② 앎이 힘이다.

③ 문이 저절로 닫혔다.   ④ 흥정을 부치다.

19 다음 제시된 시의 배경이 되는 계절은?

> 간밤의 눈 갠 後(후)에 景物(경믈)이 달랃고야
> 이어라 이어라
> 앎희ᄂᆞᆫ 萬頃琉璃(만경류리) 뒤희ᄂᆞᆫ 天疊玉山(천텹옥산)
> 至匊忽(지국총) 至匊忽(지국총) 於思臥(어ᄉ와)
> 仙界(선계)ㄴ가 佛界(불계)ㄴ가 人間(인간)이 아니로다
>
> 그물 낙시 니저 두고 빗젼을 두드린다
> 이어라 이어라
> 압개를 건너고쟈 몃 번이나 혜여본고
> 至匊忽(지국총) 至匊忽(지국총) 於思臥(어ᄉ와)
> 無端(무단)ᄒᆞᆫ 된ᄇᆞ람이 횡혀 아니 부러올까

① 봄   ② 여름   ③ 가을   ④ 겨울

20 다음 시에서 작가와 누이의 관계를 나타내는 시어로 옳은 것은?

생사(生死) 길흔
이에 이샤매 머믓그리고
나는 가ᄂ다 말ㅅ도
몯다 니르고 가ᄂ닛고.
어느 ᄀᆞᄉᆞᆯ 이른 ᄇᆞᄅᆞ매
이에 뎌에 ᄠᅥ러딜 닙곧
ᄒᆞᄃᆞᆫ 가지라 나고
가논 곧 모ᄃᆞ론뎌.
아야 미타찰(彌陀刹)아 맛보올 나
도(道) 닷가 기드리고다.

① 이른 ᄇᆞᄅᆞ   ② ᄠᅥ러딜 닙   ③ ᄒᆞᄃᆞᆫ 가지   ④ 미타찰(彌陀刹)

21 다음 시조에서 강조하는 것은?

놈으로 삼긴 즁에 벗ᄀᆞ치 有信(유신)ᄒᆞ랴
내의 왼 일을 다 니려 ᄒᆞ노매라
이 몸이 벗님곳 아니면 사룸되미 쉬올가

① 친구   ② 부모   ③ 형제   ④ 스승

22 다음 중 판소리 12마당에 속하지 않는 것은?

①「흥부가」   ②「춘향가」   ③「수궁가」   ④「구지가」

23 다음 작품에서 '어머니'를 비유해 나타낸 것끼리 묶인 것은?

목련이 피는 날 어머니는 눈과 귀를 닫으셨다.

닫힌 눈과 귀를 내면의 먼 소실점에 향하고 누워 있는 어머니에게서 문득 누에 냄새가 난다. 어머니는 전력을 다해 자신의 한 생애를 뽑아내고 있는 중이다. 집을 짓는 누에처럼 웅크리며 자꾸만 작아진다. 한치의 구멍도 없이 누에의 집이 완성되는 날, 어머니는 마침내 다른 한 세상을 향해 개화할 것이다.

나뭇잎 하나 없는 가지에, 먼 세상으로부터 이켠으로 지금 막 목련이 피고 있다.

① 누에, 목련   ② 소실점, 구멍
③ 구멍, 가지   ④ 가지, 소실점

24 다음 중 후각적 심상이 사용된 것은?

① 간간하고 짭쪼롬한 미역

② 푸른 휘파람 소리

③ 온 입에 퀴퀴한 돼지 비린내

④ 구겨진 넥타이처럼

25 다음 제시된 소설에서 '화자'와 '노인'의 관계로 적절한 것은?

> "방이 이렇게 비좁은데 그럼 어머니, 이 옷장이라도 어디 다른 데로 좀 내놓을 수 없으세요? 이 옷장을 들여놓으니까 좁은 방이 더 비좁지 않아요."
>
> 아내는 마침내 내가 가장 거북스럽게 시선을 피해오던 곳으로 화제를 끌어들이고 있었다. 바로 그 옷궤 이야기였다. 십칠팔 년 전, 고등학교 1학년 때였다. 술버릇이 점점 사나워져가던 형이 전답을 팔고 선산을 팔고, 마침내는 그 아버지 때부터 살아온 집까지 마지막으로 팔아 넘겼다는 소식이 들려왔다. K시에서 겨울방학을 보내고 있던 나는 도대체 일이 어떻게 되어 가는지나 알아보고 싶어 옛 살던 마을엘 찾아가 보았다. 집을 팔아버렸으니 식구들을 만나게 될 기대는 없었지만, 그래도 달리 소식을 알아볼 곳이 없기 때문이었다. 어스름을 기다려 살던 집 골목을 들어서니 사정은 역시 K시에서 듣고 온 대로였다. 집은 텅텅 빈 채였고 식구들은 어디론지 간 곳이 없었다. 나는 다시 골목 앞에 살고 있던 먼 친척 간 누님을 찾아갔다. 그런데 그 누님의 말을 들으니, 노인이 뜻밖에 아직 나를 기다리고 있다는 것이었다.
>
> "여기가 어디냐. 네가 누군데 내 집 앞 골목을 이렇게 서성대고 있어야 하더란 말이냐."
>
> 한참 뒤에 어디선가 누님의 소식을 듣고 달려온 노인이 문간 앞에서 어정어정 망설이고 있는 나를 보고 다짜고짜 나무랐다. 행여나 싶은 마음으로 노인을 따라 문간을 들어섰으나 집이 팔린 것은 분명해 보였다.
>
> 그날 밤 노인은 옛날과 똑같이 저녁을 지어 내왔고, 그날 밤을 거기서 함께 지냈다. 그리고 이튿날 새벽 일찍 K시로 나를 다시 되돌려 보냈다.

① 할머니와 손자

② 할아버지와 손자

③ 어머니와 아들

④ 아버지와 아들

2021년

2020년

2019년

2018년

2017년

2016년

2015년

2014년

2013년

2012년

2011년

2010년

2009년

2008년

2007년

국방부(육 · 해 · 공군) 시행 필기시험(2007.05.12)

01 다음 시에서 주로 나타나는 심상은?

> 어두운 방 안엔
> 바알간 숯불이 피고,
> 외로이 늙으신 할머니가
> 애처로이 잦아드는 어린 목숨을 지키고 계시었다.
> 이윽고 눈 속을
> 아버지가 약(藥)을 가지고 돌아오시었다.

① 묘사적 심상 ② 상징적 심상 ③ 지배적 심상 ④ 비유적 심상

02 다음에서 제시된 것들과 관련 있는 것은?

> • 투르크어군(Turkic languages)
> • 퉁구스어군(Tungusic languages)
> • 몽골어군(Mongolian languages)

① 햄 · 셈 어족 ② 알타이 어족
③ 인도 · 게르만 어족 ④ 우랄어족

03 다음 글에서 지은이의 의지를 심화시키고 소원을 절대성을 강조하기 위해 사용한 표현 기법은?

> 네 소원(所願) 무엇이냐 하고 하느님이 내게 물으시면, 나는 서슴지 않고
> "내 소원은 대한(大韓) 독립(獨立)이오."
> 하고 대답할 것이다. 그 다음 소원은 무엇이냐 하면, 나는 또
> "우리나라의 독립이오."
> 할 것이요, 또 그 다음 소원이 무엇이냐 하는 세 번째 물음에도, 나는 더욱 소리를 높여서
> "나의 소원은 우리나라 대한의 완전한 자주(自主) 독립(獨立)이오."
> 하고 대답할 것이다.
>
> – 김구, 「나의 소원」

① 열거법 ② 반복법 ③ 점층법 ④ 문답법

04 다음 작품에 대한 설명으로 옳지 않은 것은?

> 슈박것치 두렷한 님아 ᄎ뮈것튼 단 말슴 마소
> 가지가지 ᄒ시ᄂ 말이 말마ᄃ 왼말이로다
> 九十月(구시월) 씨동아것치 속 셩귄 말 마르시소

① '슈박'은 임의 외모를, 'ᄎ뮈'는 임의 말을 비유한다.

② 임은 듣기 좋은 말로 환심을 사려고 한다.

③ 약속을 잘 지키지 않는 임에 대한 원망이 나타난다.

④ '왼말'과 '셩귄 말'은 서로 대조되는 의미이다.

05 다음 빈칸에 들어갈 한자가 바르게 연결된 것은?

> 曾子曰 吾 日三省吾身
> 爲人謀而不( )乎
> 與朋友交而不( )乎
> 傳不( )乎

① 忠 – 信 – 習 　　　　　　② 性 – 義 – 習

③ 性 – 信 – 學 　　　　　　④ 忠 – 義 – 學

06 다음 빈칸에 들어갈 말로 옳은 것은?

> 김명정 : 사둔님! 혼인의 의식이란 자고로 엄숙한 것이며 인륜의 대사입니다. 혹시 신랑이 불만이시다면은 모든 것을 없던 것으로 하고 물러가겠습니다.
> 맹 진사 : 어이구, 아니올시다. 그런 거 아니예요. (이때 실심해 돌아오는 참봉을 쫓아간다.) 참봉!
> 참봉 : ……
> 맹 진사 : 참봉!
> 맹 노인 : 신부 데려 내오게. 내 마지막 경사인 이 초렐랑 내 손으로 올려야겠다. 오냐, 너희들도 그걸 바랬든 모양이지? 에이, 그렇다구 진작 말을 해야잖느냐? 자, 참봉.
> 참봉 : ( ) 어유, 진사님.

① 넋두리 　　　　② 역정 　　　　③ 비명 　　　　④ 혼잣말로

07 다음에서 설명하는 작품에 해당하지 않는 것은?

> 고려가요에는 남녀 간의 사랑을 읊은 노래가 많은데, 표현이 너무 노골적이었기 때문에 조선의 국시(國是)와 유교적 안목으로는 매우 못마땅하였으므로, 비난하는 뜻으로 이를 '남녀상열지사(男女相悅之詞)라 불렀다.

① 만전춘   ② 서경별곡   ③ 쌍화점   ④ 유구곡

08 다음 설명에 해당하는 작품은?

> 소화(笑話)는 웃음을 주는 단편적인 이야기로 소담(笑談)이라고도 한다. 소화는 다시 그 유형에 따라 치우담, 과장담, 지략담 등 다양한 형태로 분류되는데, 이 중 모방담(模倣譚)은 행운을 얻는 사람의 행위를 모방했다가 오히려 화를 입는다를 이야기로, 이때 모방하는 사람은 대체로 선하지 못하거나 욕심이 많은 인물로 그려진다. 이를 통해 모방담은 응징적인 요소를 지니고 있다.

① 「흥부전」   ② 「심청전」   ③ 「토끼전」   ④ 「춘향전」

※ 다음 시를 읽고 물음에 답하시오. [09~10]

> (가) 어허 저거 물이 끓는다. 구름이 마구 탄다.
>   둥근 원구가 검붉은 불덩이다.
>   수평선 한 지점 위로 머문 듯이 접어든다.
>
> (나) 큰 바퀴 피로 물들며 반 나마 잠시었다.
>   먼 뒷섬들이 다시 환히 얼리더니
>   아차차 채운만 남고 정녕 없어졌구나.
>
> (다) 구름 빛도 가라앉고 섬들도 그림 진다.
>   끓던 물도 검푸르게 잔잔히 숨더니만,
>   어디서 살진 반달이 함(艦)을 따라 웃는고.
>
>   — 이태극, 「서해상의 낙조」

09 제시된 글과 같은 현대 시조의 특징이 아닌 것은?

① 시행의 배열이 규칙적이다.

② 음악성보다는 회화성이 두드러진다.

③ 음절 수에 관해 파격적인 모습이 나타나기도 한다.

④ 개인적 정서와 생활에 밀착된 모습을 다양하게 담고 있다.

10 다음 중 (다)에 사용된 표현 방법을 바르게 묶은 것은?

① 은유법, 직유법

② 영탄법, 의인법

③ 설의법, 의인법

④ 대유법, 은유법

11 다음 글에 사용된 설명 방법으로 가장 적절한 것은?

> 지식재산이란 인간의 창조적 활동 또는 경험 등에 의하여 창출되거나 발견된 지식·정보·기술, 사상이나 감정의 표현, 영업이나 물건의 표시, 생물의 품종이나 유전자원, 그 밖의 무형적인 것으로서 재산적 가치가 실현될 수 있는 것을 말한다.

① 묘사

② 예시

③ 분류

④ 정의

12 작품 내에서 인물의 대화나 행동 등을 통해 인물의 성격을 나타내는 방법은?

① 직접적 제시

② 극적 제시

③ 간접적 제시

④ 역설적 제시

13 다음 글과 관련 있는 작가들을 바르게 묶은 것은?

> 순이야, 누이야!
> 근로하는 청년, 용감한 사내의 연인아!
> 생각해 보아라, 오늘은 네 귀중한 청년인 용감한 사내가
> 젊은 날을 부지런한 일에 보내던 그 여윈 손가락으로
> 지금은 굳은 벽돌담에다 달력을 그리겠구나!
> 또 이거 봐라, 어서.
> 이 사내도 네 커다란 오빠를……
> 남은 것이라고는 때묻은 넥타이 하나뿐이 아니냐!
> 오오, 눈보라는 「튜럭」처럼 길거리를 휘몰아간다.

① 권환, 김남천

② 조지훈, 박목월

③ 김영랑, 박용철

④ 서정주, 유치환

14 다음 중 고유어인 것은?

① 영양분

② 장마

③ 수라상

④ 소문

15 다음 중 신파극에 대한 설명으로 옳지 않은 것은?

① 임성구의 '혁신단'에서 본격적으로 출발하였다.

② 일본 신파극의 영향을 받았다.

③ '토월회', '극예술연구회'의 활동과 관계가 있다.

④ 권선징악, 풍속 개량, 진충갈력 등을 목표로 한다.

16 다음 중 한자어의 표기가 올바른 것은?

① 年間 – 년간

② 出産律 – 출산률

③ 烈烈 – 열렬

④ 家庭欄 – 가정난

17 다음 중 고소설을 신소설로 개작한 작품은?

①「옥중화」

②「설중매」

③「장한몽」

④「추월색」

18 다음 중 희곡의 특징으로 옳지 않은 것은?

① 현재 시제로 쓰인다.

② 대사와 행동에 의해 사건이 전개된다.

③ 서술자의 서술에 의해 표현된다.

④ 무대 상연을 전제로 한다.

19 다음 중 외래어 표기가 옳은 것은?

① 쥬스

② 로보트

③ 메세지

④ 리더십

20 다음 중 우리나라 현대시의 유파 흐름을 순서대로 나열한 것은?

① 낭만파 – 순수시파 – 신경향파 – 청록파

② 낭만파 – 신경향파 – 청록파 – 순수시파

③ 낭만파 – 예맹파 – 순수시파 – 청록파

④ 낭만파 – 생명파 – 주지시파 – 순수시파

21 다음 중 패관문학에 해당하는 것은?

① 「파한집」, 「보한집」, 「역옹패설」

② 「임진록」, 「유충렬전」, 「박씨전」

③ 「정시사전」, 「국선생전」, 「공방전」

④ 「심청전」, 「춘향전」, 「흥부전」

22 다음에서 설명하는 판소리의 구성 요소는?

판소리에서 창자가 소리를 하다가 다른 대목으로 넘어가기 전 자유리듬으로 사설을 엮어 나가는 행위로, 음률이나 장단에 의하지 않고 일상적 어조의 말로 하는 부분이다.

① 추임새 　　　　② 창 　　　　③ 아니리 　　　　④ 발림

23 한 단어 속에서 인접한 두 음소나 음절의 순서가 바뀌는 현상을 무엇이라고 하는가?

① 음운 첨가 　　　② 음운 전위 　　　③ 모음조화 　　　④ 음운 동화

24 다음 중 표기가 옳지 않은 것은?

① 아래마을 　　　② 선짓국 　　　③ 쳇바퀴 　　　④ 하굣길

25 다음 동시를 쓴 작가는?

자주 꽃 핀 건
자주 감자
파 보나 마나
자주 감자

하얀 꽃 핀 건
하얀 감자
파 보나 마나
하얀 감자

① 김춘수 　　　② 권태응 　　　③ 이원수 　　　④ 유진오

P / A / R / T

02

국어 모의고사

01 다음 중 로마자 표기가 옳지 않은 것을 모두 고른 것은?

백암 Baekam	울릉 Ulleung	왕십리 Wansipri
김빛나 Kim Binna	합정 Hapjeong	해돋이 haedoji
학여울 Hangnyeoul	묵호 Muko	속리산 Songnisan

① 백암, 왕십리, 합정, 학여울
② 백암, 왕십리, 김빛나, 묵호
③ 울릉, 해돋이, 묵호, 속리산
④ 왕십리, 김빛나, 해돋이, 속리산

02 다음 중 한자성어의 뜻을 풀이한 것으로 옳지 않은 것은?

① 마이동풍(馬耳東風) : 남의 말에 귀 기울이지 않고 흘려버림
② 근묵자흑(近墨者黑) : 사람도 주위 환경에 따라 변할 수 있음
③ 오월동주(吳越同舟) : 뜻이 전혀 다른 사람과 한자리에 있게 됨
④ 낭중지추(囊中之錐) : 아무리 뛰어난 재능을 지녔어도 환경이 준비되지 않으면 힘듦

03 다음 시에 대한 감상으로 적절하지 않은 것은?

막차는 좀처럼 오지 않았다
대합실 밖에는 밤새 송이눈이 쌓이고
흰 보라 수수꽃 눈시린 유리창마다
톱밥난로가 지펴지고 있었다
그믐처럼 몇은 졸고
몇은 감기에 쿨럭이고
그리웠던 순간들을 생각하며 나는
한줌의 톱밥을 불빛 속에 던져 주었다
내면 깊숙이 할 말들은 가득해도
청색의 손바닥을 불빛 속에 적셔 두고
모두들 아무 말도 하지 않았다
산다는 것이 때론 술에 취한 듯
한 두름의 굴비 한 광주리의 사과를
만지작거리며 귀향하는 기분으로
침묵해야 한다는 것을
모두들 알고 있었다
오래 앓은 기침소리와
쓴 약 같은 입술 담배 연기 속에서
싸륵싸륵 눈꽃은 쌓이고
그래 지금은 모두들
눈꽃의 화음에 귀를 적신다
자정 넘으면
낯설음도 뼈아픔도 다 설원인데
단풍잎 같은 몇 잎의 차창을 달고
밤열차는 또 어디로 흘러가는지
그리웠던 순간들을 호명하며 나는
한줌의 눈물을 불빛 속에 던져 주었다.

― 곽재구 「사평역에서」

① 이 시에서 '눈꽃'은 현실의 고난을 의미하는 부정적 의미이다.

② '톱밥난로'는 가난한 사람들의 삶을 위로하는 의미를 담고 있다.

③ 눈 내리는 겨울 밤 간이역 대합실을 배경으로 하고 있다.

④ 다양한 감각적 이미지를 사용하여 사람들의 고단한 삶을 드러낸다.

04 밑줄 친 단어 중 어법에 맞지 않는 것은?

① 오늘 아침은 <u>단출하게</u> 준비해 봤어요.

② 그렇게 꿈만 <u>좇는</u> 건 이제 그만 뒀어.

③ 말을 안 듣더니 결국에는 이 <u>사단</u>을 내는구나.

④ 그 남자의 손엔 굳은살이 <u>박여</u> 있었다.

05 다음 글에 대한 이해로 가장 적절하지 않은 것은?

(가) 내 마음 베어 내어 저 달을 만들고져 　　구만 리 장천(長天)에 번듯이 걸려 있어 　　고운 님 계신 곳에 가 비추어나 보리라	(나) 열다섯 아리따운 아가씨가 　　남부끄러워 이별의 말 못 하고 　　돌아와 겹겹이 문을 닫고는 　　배꽃 비친 달 보며 흐느낀다

① (가)와 (나)에서 '달'이 지닌 의미는 다르다.

② (가)는 연군의 정을, (나)는 임과의 이별에 대한 한을 얘기한다.

③ (가)의 '나'는 소극적인 태도로, (나)의 '아가씨'는 적극적인 태도로 정서를 드러낸다.

④ (가)의 '고운 님 계신 곳'과 (나)의 '문'은 공간적 의미로 쓰였다.

06 다음 밑줄 친 한자어의 쓰임이 문맥상 가장 적절한 것은?

① 책을 <u>矯正</u>하는 일은 결코 쉽지 않다.

② 요새 밤과 낮 기온의 <u>較差</u>가 심해졌다.

③ 오늘 상사로부터 최종 <u>決濟</u>를 받아야 합니다.

④ 이번 일은 결과가 너무 뻔해서 <u>提高</u>할 겁니다.

07 다음 중 밑줄 친 단어의 품사가 나머지와 다른 것은?

① 이 일은 <u>어제</u> 끝냈어야 했다.

② 회사의 <u>모든</u> 직원들이 봉사활동에 참여했다.

③ 친구와 <u>같이</u> 사업을 할 때는 더 주의해야 한다.

④ <u>과연</u> 오늘은 지각하지 않고 제시간에 올까?

08 다음 중 음운 변동에 대한 설명으로 옳지 않은 것은?

- 교체 : 한 음운이 다른 음운으로 바뀌는 현상
- 탈락 : 한 음운이 없어지는 현상
- 첨가 : 없던 음운이 생기는 현상
- 축약 : 두 음운이 합쳐져서 또 다른 음운 하나로 바뀌는 현상
- 도치 : 두 음운의 위치가 서로 바뀌는 현상

① '하얗다'는 축약 현상에 의해 '하야타'로 발음된다.

② '많은'은 탈락 현상과 첨가 현상에 의해 '마는'으로 발음된다.

③ '깎다'는 교체 현상에 의해 '깍따'로 발음된다.

④ '한여름'은 첨가 현상에 의해 '한녀름'으로 발음된다.

09 다음 글을 읽고 나타낸 반응으로 적절하지 않은 것은?

동양의 음식 중에는 특별한 의미가 담긴 것들이 있다. 우리나라 대표적인 명절 음식 중 하나인 송편은 반달의 모습을 본뜬 음식으로 풍년과 발전을 상징한다. 삼국사기에 따르면, 백제 의자왕 때 궁궐 땅속에서 파낸 거북이 등에 쓰여 있는 '백제는 만월(滿月), 신라는 반달'이라는 글귀를 두고 점술사가 백제는 만월이라서 다음 날부터 쇠퇴하고 신라는 앞으로 크게 발전할 징표라고 해석했다고 한다. 결과적으로 점술가의 예언이 적중했다. 이때부터 반달은 더 나은 미래를 기원하는 뜻으로 쓰이며, 그러한 뜻을 담아 송편도 반달 모양의 떡으로 빚었다고 한다. 중국에서는 반달이 아닌 보름달 모양의 월병을 빚어 즐겨 먹었다. 옛날에 월병은 송편과 마찬가지로 제수 용품이었다. 점차 제례 음식으로서 위상을 잃었지만 모든 가족이 모여 보름달을 바라보면서 함께 나눠 먹는 음식으로 자리 잡았다. 이 때문에 보름달 모양의 월병은 둥근 원탁에 온 가족이 모인 것을 상징한다. 한국에서 지역의 단합을 위해 수천 명분의 비빔밥을 만들듯이 중국에서는 수천 명이 먹을 수 있는 월병을 만들 정도로 이는 의미 있는 음식으로 대접받고 있다.

① 은진 - 백제 의자왕 때 점술사가 거북이 등에서 읽은 글귀의 점괘가 적중했어.

② 유리 - 백제 때 점술사의 점괘가 이뤄진 후부터 더 나은 미래의 기원을 담은 반달 모양의 송편을 빚게 됐어.

③ 지현 - 옛날 중국의 월병은 우리나라 송편처럼 제사를 위한 음식이고, 그 모양 또한 같아.

④ 은비 - 중국의 월병은 단합, 화합을 의미하는 음식이야.

10 다음 국어사전의 정보를 참고할 때, 접두사 '풋-'의 의미가 다른 것은?

> • 풋- [접사] : (일부 명사 앞에 붙어) ① '처음 나온' 또는 '덜 익은'의 뜻을 더하는 접두사 ② '미숙한', '깊지 않은'의 뜻을 더하는 접두사

① 오늘 저녁은 풋고추를 썰어 넣은 된장찌개이다.

② 우리 가족은 봄이면 시골에 가서 산에서 캔 풋나물을 먹곤 했다.

③ 나의 학창 시절 풋사랑의 상대는 담임 선생님이다.

④ 제주도의 갈옷은 풋감으로 물을 들여 만든 옷이다.

11 다음 제시된 글과 관련된 사자성어로 가장 적절한 것은?

> 김만중의 '사씨남정기'에서 사씨는 교씨의 모함을 받아 집에서 쫓겨난다. 사악한 교씨는 문객인 동청과 작당하여 남편인 유한림마저 모함한다. 그러나 결국은 교씨의 사악함이 만천하에 드러나고, 유한림이 유배지에서 돌아오자 교씨는 처형되고 사씨는 누명을 벗어 다시 집으로 돌아오게 된다.

① 개과천선(改過遷善)

② 토사구팽(兔死狗烹)

③ 도원결의(桃園結義)

④ 사필귀정(事必歸正)

12 다음 중 외래어 표기가 옳지 않은 것은?

① 플래시(flash)

② 쉬림프(shrimp)

③ 프레젠테이션(presentation)

④ 뉴턴(Newton)

13 다음 중 밑줄 친 부분이 한글 맞춤법에 맞게 사용된 것은?

① 고구마는 껍질채 먹는 것이 몸에 좋다.

② 나는 당신이 꼭 성공하길 바래.

③ 나는 아내로서 부족함이 없다고 생각했다.

④ 최근 일어난 사건은 왠만한 사람들은 다 아는 일이다.

14 다음 중 띄어쓰기가 옳은 것은?

① 윗집은 매일 한밤중에 피아노를 친다.

② 신입직원은 적응도 잘할 뿐더러 능력도 출중하다.

③ 신상품은 문 연 지 한 시간만에 매진됐다.

④ 이 위치에서는 연결이 잘 안 된다.

15 다음 글의 서술자에 대한 설명으로 가장 적절한 것은?

> 그들은 여전히 이야기를 계속하고 있다.
> "그래 촌에 들어가면 위험하진 않은가요?"
> 조선에 처음 간다는 시골자가 또 다시 입을 벌렸다.
> "뭘요. 어델 가든지 조금도 염려 없웨다. 생번(生蕃)이라 하여도 요보는 온순한 데다가 가는 곳마다 순사요 헌병인데 손 하나 꼼짝할 수 있나요. 그걸 보면 데라우찌[寺內]상이 참 손아귀 힘도 세지만 인물은 인물이야!"
> 매우 감격한 모양이다.
> "그래 촌에 들어가서 할 게 뭐예요?"
> "할 것이야 많지요. 어델 가기로 굶어 죽을 염려는 없지만, 요새 돈 몰 것이 똑 하나 있지요. 자본 없이 힘 안 들고……하하하."
> 표독한 위인이 충동이는 수작이다.
>
> [중략]
>
> 나는 여기까지 듣고 깜짝 놀랐다. 그 불쌍한 조선 노동자들이 속아서 지상의 지옥 같은 일본 각지의 공장과 광산(鑛山)으로 몸이 팔리어 가는 것이 모두 이런 도적놈 같은 협잡 부랑배의 술중(術中)에 빠져서 속아 넘어가는구나 하는 생각을 하며 나는 다시 한 번 그 자의 상판대기를 치어다보지 않을 수 없었다.
>
> — 염상섭 「만세전」

① 작품 밖의 서술자가 관찰자가 되어 등장인물의 행동을 묘사한다.
② 작품 속 서술자가 작품 밖의 서술자와 교차하며 사건을 입체적으로 서술한다.
③ 작품 밖의 전지적 서술자가 일어난 사건의 전말을 전달한다.
④ 작품 속에 등장하는 인물이 다른 인물을 관찰하며 평가한다.

16 다음 밑줄 친 어휘의 뜻풀이로 옳지 않은 것은?

① 이곳에서 <u>해거름</u>에 젖은 억새를 볼 수 있다.
　　– 해거름 : 해가 서쪽으로 넘어가는 일 또는 그런 때
② 그녀의 동생은 마음 씀씀이가 <u>슬겁다</u>.
　　– 슬겁다 : 마음씨가 너그럽지 못하다.
③ 그는 남산 둘레 <u>길섶</u>에 핀 꽃을 보면서 올라갔다.
　　– 길섶 : 길의 가장자리
④ 최종 단계에서 <u>데면데면</u> 일을 마무리하면 꼭 탈이 난다.
　　– 데면데면 : 성질이 꼼꼼하지 않아 행동이 신중하지 않은 모양

17 다음 밑줄 친 부분의 상황과 관련된 속담 혹은 관용구로 가장 적절한 것은?

> "이놈아! 너 왜 남의 닭을 때려죽이니?"
> "그럼 어때?"
> 하고 일어나다가,
> "뭐 이 자식아! 누 집 닭인데?"
> 하고 복장을 떼미는 바람에 다시 벌렁 자빠졌다. 그리고 나서 가만히 생각하니 분하기도 하고 무안도 스럽고 또 한편 일을 저질렀으니 인젠 땅이 떨어지고 집도 내쫓기고 해야 될는지 모른다.
> 나는 비슬비슬 일어나며 소맷자락으로 눈을 가리고는 얼김에 엉 하고 울음을 놓았다. 그러다 점순이가 앞으로 다가와서,
> "그럼, 너 이 담부턴 안 그럴 테냐?"
> 하고 물을 때에야 비로소 살 길을 찾은 듯 싶었다. 나는 눈물을 우선 씻고 뭘 안 그러는지 명색도 모르건만,
> "그래!"
> 하고 무턱대고 대답하였다.
> "요 담부터 또 그래 봐라. 내 자꾸 못살게 굴 테니."
> "그래 그래, 인젠 안 그럴 테야."
> "닭 죽은 건 염려 마라. 내 안 이를 테니."
> 그리고 뭣에 떠다 밀렸는지 나의 어깨를 짚은 채 그대로 퍽 쓰러진다. 그 바람에 나의 몸뚱이도 겹쳐서 쓰러지며 한창 피어 퍼드러진 노란 동백꽃 속으로 폭 파묻혀 버렸다. 알싸한 그리고 향긋한 그 냄새에 나는 땅이 꺼지는 듯이 온 정신이 고만 아찔하였다.
>
> — 김유정 「동백꽃」

① 사공이 많으면 배가 산으로 간다. ② 울며 겨자 먹기
③ 말은 해야 맛이고 고기는 씹어야 맛이다. ④ 닭 쫓던 개 지붕 쳐다본다.

18 다음 작품에 대한 설명으로 옳지 않은 것은?

> 우리 장인님은 약이 오르면 이렇게 손버릇이 아주 못됐다. 또 사위에게 이 자식 저 자식 하는 이놈의 장인님은 어디 있느냐. 오죽해야 우리 동네에서 누굴 물론하고 그에게 욕을 안 먹는 사람은 명이 짧다 한다. 조그만 아이들까지도 그를 돌려 세워놓고 욕필이(본 이름이 봉필이니까) 욕필이, 하고 손가락질을 할 만치 두루 인심을 잃었다. 허나 인심을 정말 잃었다면 욕보다 읍의 배참봉 댁 마름으로 더 잃었다. 본디 마름이란 욕 잘 하고, 사람 잘 치고, 그리고 생김 생기길 호박개 같아야 쓰는 거지만 장인님은 외양이 똑 됐다. 장인이 닭 마리나 좀 보내지 않는다든가 애벌논 때 품을 좀 안 준다든가 하면 그해 가을에는 영락없이 땅이 뚝뚝 떨어진다. 그러면 미리부터 돈도 먹고 술도 먹고 안달재신으로 돌아치던 놈이 그 땅을 슬쩍 돌려 앉는다.
>
> — 김유정 「봄봄」

① '욕필이'라 불리는 이는 장인이다.
② '나'를 상징하는 마름을 동물의 외양에 빗대어 표현했다.
③ 해학적 표현이 쓰였다.
④ 장인이 횡포를 부린 상황이 나타나 있다.

19 다음 중 ㉠~㉣에 들어갈 접속어로 가장 적절하지 않은 것은?

논리학에서 비형식적 오류 유형에는 우연의 오류, 애매어의 오류, 결합의 오류, 분해의 오류 등이 있다. 우선 우연의 오류란 거의 대부분의 경우에 적용되는 일반적인 원리나 규칙을 우연적인 상황으로 인해 생긴 예외적인 특수한 경우에까지도 무차별적으로 적용할 때 생기는 오류이다. 그 예로 "인간은 이성적인 동물이다. 중증 정신 질환자는 인간이다. (㉠) 중증 정신 질환자는 이성적인 동물이다."를 들 수 있다. (㉡) 애매어의 오류는 동일한 한 단어가 한 논증에서 맥락마다 서로 다른 의미를 지니는 것으로 사용될 때 생기는 오류를 말한다. "김 씨는 성격이 직선적이다. 직선적인 모든 것들은 길이를 지닌다. 고로 김 씨의 성격은 길이를 지닌다."가 그 예이다. (㉢) 각각의 원소들이 개별적으로 어떤 성질을 지니고 있다는 내용의 전제로부터 그 원소들을 결합한 집합 전체도 역시 그 성질을 지니고 있다는 결론을 도출하는 경우가 결합의 오류이고, 반대로 집합이 어떤 성질을 지니고 있다는 내용의 전제로부터 그 집합의 각각의 원소들 역시 개별적으로 그 성질을 지니고 있다는 결론을 도출하는 경우가 분해의 오류이다. 전자의 예로는 "그 연극단 단원들 하나하나가 다 훌륭하다. 고로 그 연극단은 훌륭하다."를, 후자의 예로는 "그 연극단은 일류급이다. 박 씨는 그 연극단 일원이다. (㉣) 박 씨는 일류급이다."를 들 수 있다.

① ㉠ : 그러므로

② ㉡ : 다음으로

③ ㉢ : 한편

④ ㉣ : 그럼에도

20 다음 시와 같은 시대적 상황을 그린 작품으로 옳지 않은 것은?

흐르는 것이 물뿐이랴
우리가 저와 같아서
강변에 나가 삽을 씻으며
거기 슬픔도 퍼다 버린다.
일이 끝나 저물어
스스로 깊어 가는 강을 보며
쭈그려 앉아 담배나 피우고
나는 돌아갈 뿐이다.
삽자루에 맡긴 한 생애가
이렇게 저물고, 저물어서
샛강 바닥 썩은 물에
달이 뜨는구나
우리가 저와 같아서
흐르는 물에 삽을 씻고
먹을 것 없는 사람들의 마을로
다시 어두워 돌아가야 한다.

– 정희성 「저문 강에 삽을 씻고」

① 조세희, 「난장이가 쏘아 올린 작은 공」

② 황석영, 「삼포 가는 길」

③ 신경림, 「농무」

④ 하근찬, 「흰 종이수염」

※ 다음 작품을 읽고 물음에 답하시오. [21~22]

(가)
오호, 여기 줄지어 누워있는 넋들은
눈도 감지 못하였겠구나.

어제까지 너희의 목숨을 겨눠
방아쇠를 당기던 우리의 그 손으로
썩어 문드러진 살덩이와 뼈를 추려
그래도 양지 바른 두메를 골라
고이 파묻어 떼마저 입혔거니.

죽음은 이렇듯 미움보다도 사랑보다도
더욱 너그러운 것이로다.

이곳서 나와 너희의 넋들이
돌아가야 할 고향 땅은 삼십 리(里)면
가로막히고

무주 공산(無主空山)의 적막만이
천만 근 나의 가슴을 억누르는데,

살아서는 너희가 나와
미움으로 맺혔건만,
이제는 오히려 너희의
풀지 못한 원한이
나의 바램 속에 깃들어 있도다.

손에 닿을 듯한 봄 하늘에
구름은 무심히도
북으로 흘러 가고
어디서 울려오는 포성(砲聲) 몇 발
나는 그만 이 은원(恩怨)의 무덤 앞에
목놓아 버린다.
― 구상 「초토의 시 8」

(나)
아무도 그에게 수심(水深)을 알려준 일이 없기에
흰나비는 도무지 바다가 무섭지 않다.

청(靑)무우밭인가 해서 내려갔다가는
어린 날개가 물결에 절어서
공주처럼 지쳐서 돌아온다.

삼월(三月)달 바다가 꽃이 피지 않아서 서글픈
나비 허리에 새파란 초생달이 시리다.
― 김기림 「바다와 나비」

(다)
老主人의 腸壁에
無時로 忍冬 삼긴 물이 나린다.

자작나무 덩그럭 불이
도로 피여 붉고,

구석에 그늘 지여
무가 순돋아 파릇하고,

흙냄새 훈훈히 김도 사리다가
바깥 風雪소리에 잠착하다.

山中에 册曆도 없이
三冬이 하이얗다.
― 정지용 「忍冬茶」

21 (가)~(다) 시를 발표된 시기가 이른 순으로 바르게 나열한 것은?

① (가)-(나)-(다)   ② (가)-(다)-(나)

③ (나)-(가)-(다)   ④ (나)-(다)-(가)

22 다음 중 (가) 시에 대한 해석으로 옳지 않은 것은?

① 삼십 리(里)는 남북의 분단으로 서로 다가설 수 없는 상황을 나타내는 말이다.

② 2연과 7연에서 '방아쇠'와 '포성'은 전쟁의 이미지를 나타내는 시어로 연결된다.

③ 시구 '고이 파묻어 떼마저 입혔거니'는 시각적 이미지를 사용하여 전쟁의 비극성을 극대화하여 표현하였다.

④ '구름'은 통일을 염원하는 시적 화자의 마음이 담겼으며, 시적 화자의 처지와 대조되는 시어이다.

23 다음 단어 중 표준어에 해당하지 않은 것은?

① 윗목   ② 윗돈   ③ 위층   ④ 웃옷

24 다음 글을 통해 알 수 없는 것은?

> 우리나라를 찾는 외국인들이 가장 즐겨 찾는 곳은 이태원이다. 여기서 '원(院)'이란 이곳이 과거에 여행자들을 위한 휴게소였다는 것을 말해 준다. 사리원, 조치원 등의 '원'도 마찬가지이다. 조선 전기에는 여행자가 먹고 자고 쉴 수 있는 휴게소를 '원'이라고 불렀다. 1530년에 발간된 신증동국여지승람에 따르면 원은 당시 전국에 무려 1,210개나 있었다고 한다.
>
> 조선 전기에도 여행자를 위한 편의 시설은 잘 갖추어져 있었다. 주요 도로에는 이정표와 역(驛), 원(院)이 일정한 원칙에 따라 세워졌다. 10리마다 지명과 거리를 새긴 작은 장승을 세우고, 30리마다 큰 장승을 세워 길을 표시했다. 그리고 큰 장승이 있는 곳에는 역과 원을 설치했다. 주요 도로마다 30리에 하나씩 원이 설치되다 보니, 전국적으로 1,210개나 될 정도로 많아진 것이다.
>
> 역이 국가의 명령이나 공문서, 중요한 군사 정보의 전달, 사신 왕래에 따른 영송(迎送)과 접대 등을 위해 마련된 교통 통신 기관이었다면, 원은 그런 일과 관련된 사람들을 위해 마련된 일종의 공공 여관이었다. 원은 주로 공공 업무를 위한 여관이었지만 민간인들에게 숙식을 제공하기도 했다.
>
> 원은 정부에서 운영했기 때문에 재원도 정부에서 마련했는데, 주요 도로인 대로와 중로, 소로 등에 설치된 원에는 각각 원위전(院位田)이라는 땅을 주어 운영 경비를 마련하도록 했다. 그렇다면 누가 원을 운영했을까? 역에는 종육품 관리인 찰방(察訪)이 파견되어 여러 개의 역을 관리하며 역리와 역노비를 감독했지만, 원에는 정부가 일일이 관리를 파견할 수 없었다. 그래서 대로변에 위치한 원에는 다섯 가구, 중로에는 세 가구, 소로에는 두 가구를 원주(院主)로 임명했다. 원주는 승려, 향리, 지방 관리 등이었는데 원을 운영하는 대신 각종 잡역에서 제외시켜 주었다.
>
> 조선 전기에는 원 이외에 여행자를 위한 휴게 시설이 따로 없었으므로 원을 이용하지 못하는 민간인 여행자들은 여염집 대문 앞에서 "지나가는 나그네인데, 하룻밤 묵어갈 수 있겠습니까"라고 물어 숙식을 해결할 수밖에 없었다. 그러나 임진왜란과 병자호란을 거치면서 점사(店舍)라는 민간 주막이나 여관이 생기고, 관리들도 지방 관리의 대접을 받아 원의 이용이 줄어들게 되면서 원의 역할은 점차 사라지고 지명에 그 흔적만 남게 되었다.

① 1530년에 발간된 서적에 따르면 당시 여행자가 먹고 자고 쉴 수 있는 휴게소는 전국에 1,210개나 있었다.

② '원(院)'이 30리마다 설치된 이유는 장승의 크기와 관련 있으며, 정부에서 관리인을 파견하여 원주와 함께 운영되었다.

③ 큰 장승이 세워진 곳에 설치된 역과 원은 주요 기관과 그 기관을 돕는 기관으로서의 역할을 수행하였다.

④ 원(院)은 2차례 전쟁을 거치면서 새로운 휴게 시설의 등장으로 그 역할이 줄어들게 되었다.

25 다음 글을 알맞은 순서로 배열한 것은?

ⓐ 사물은 저것 아닌 것이 없고, 또 이것 아닌 것이 없다. 이쪽에서 보면 모두가 저것, 저쪽에서 보면 모두가 이것이다.

ⓑ 그러므로 저것은 이것에서 생겨나고, 이것 또한 저것에서 비롯된다고 한다. 이것과 저것은 저 혜시(惠施)가 말하는 방생(方生)의 설이다.

ⓒ 그래서 성인(聖人)은 이런 상대적인 방법에 의하지 않고, 그것을 절대적인 자연의 조명(照明)에 비추어 본다. 그리고 커다란 긍정에 의존한다. 거기서는 이것이 저것이고 저것 또한 이것이다. 또 저것도 하나의 시비(是非)이고 이것도 하나의 시비이다. 과연 저것과 이것이 있다는 말인가. 과연 저것과 이것이 없다는 말인가.

ⓓ 그러나 그. 즉 혜시(惠施)도 말하듯이 삶이 있으면 반드시 죽음이 있고, 죽음이 있으면 반드시 삶이 있다. 역시 된다가 있으면 안 된다가 있고, 안 된다가 있으면 된다가 있다. 옳다에 의거하면 옳지 않다에 기대는 셈이 되고, 옳지 않다에 의거하면 옳다에 의지하는 셈이 된다.

① ㉠ - ㉡ - ㉢ - ㉣　　　　　　　② ㉠ - ㉡ - ㉣ - ㉢

③ ㉠ - ㉢ - ㉣ - ㉡　　　　　　　④ ㉠ - ㉣ - ㉢ - ㉡

01 다음 중 띄어쓰기가 옳은 것은?

① 그녀는 떨고 있는 소녀를 도외시 하였다.

② 그는 기분이 내키는 대로 하였다.

③ 이 문제는 기업주 대 근로자의 대리전으로 밖에는 보이지 않아.

④ 거래량이 얼마나 회복될 지 관심이 모아지고 있다.

02 다음을 알맞은 순서로 배열한 것은?

> ㉠ 그러나 밤에도 빛을 이용해 보겠다는 욕구가 관솔불, 등잔불, 전등을 만들어 냈고, 이에 따라 밤에 이루어지는 인간의 활동이 점점 많아졌다.
> ㉡ 그 덕분에 인류의 문명은 발달될 수 있었다.
> ㉢ 그 대신 사람들은 잠을 빼앗겼고 생물들은 생체 리듬을 잃었다.
> ㉣ 인간은 오랜 세월 태양의 움직임에 따라 신체 조건을 맞추어 왔다.

① ㉠ - ㉢ - ㉡ - ㉣

② ㉠ - ㉣ - ㉡ - ㉢

③ ㉢ - ㉠ - ㉡ - ㉣

④ ㉣ - ㉠ - ㉡ - ㉢

03 다음 중 각 단어의 의미 관계가 나머지 셋과 다른 것은?

① 벗 - 친구

② 반려자 - 배우자

③ 일치 - 부합

④ 겸손 - 오만

04 밑줄 친 사자성어의 쓰임이 적절하지 않은 것은?

① 그녀는 자신의 진로에 대해 좌고우면(左顧右眄)하지 않고 필요한 것을 준비해나가고 있다.

② 회사 재정 악화로 인한 인원 감축 결정에 모두 살아남고자 암중모색(暗中摸索)을 하고 있다.

③ 그는 아무것도 아닌 일을 침소봉대(針小棒大)하여 분위기를 이상하게 만들었다.

④ 우리가 아무 도움 없이 힘든 조건에서도 성공한 것은 연목구어(緣木求魚)나 다름없다.

05 다음 중 속담과 그 뜻풀이가 바르게 연결되지 않은 것은?

① 지나가는 불에 밥 익히기 – 우연한 기회를 잘 잡아 이용함을 의미

② 가지 많은 나무 바람 잘 날 없다 – 자식을 많이 둔 어버이는 근심이 끊일 날이 없음을 의미

③ 마른 나무를 태우면 생나무도 탄다 – 걱정으로 고통을 겪으면 더 빨리 늙게 마련임을 의미

④ 큰 북에서 큰 소리가 난다 – 도량이 커야 훌륭한 일을 할 수 있음을 의미

※ 다음은 어떤 사전에 제시된 '무르다'의 내용이다. [06~07]

■ 무르다 1 [무르다]. 물러[물러], 무르니[무르니]
「동사」 굳은 것이 물렁거리게 되다.
■ 무르다 2 [무르다]. 물러[골라], 무르니[무르니]
「동사」【…을】
　　「1」 사거나 바꾼 책을 원래 임자에게 도로 주고 돈이나 물건을 되찾다.
　　「2」 이미 행한 일을 그 전의 상태로 돌리다.
■ 무르다 3 [무르다]. 물러[물러]. 무르니[무르니]
「형용사」「1」 여리고 단단하지 않다.
　　「2」 물기가 많아서 단단하지 않다.
　　「3」 마음이 여리거나 힘이 약하다.
　　「4」 일 처리나 솜씨가 야무지지 못하다.

---

06 위 사전에 대한 설명으로 가장 옳지 않은 것은?

① '무르다 1', '무르다 2', '무르다 3' 모두 다의어이다.

② '무르다 1'과 '무르다 2'만 현재진행형으로 사용할 수 있다.

③ '무르다 1', '무르다 2', '무르다 3'은 서로 동음이의어이다.

④ '무르다 1', '무르다 2', '무르다 3'은 모두 불규칙 활용을 한다.

07 다음 밑줄 친 '무르다'가 위 사전의 '무르다 2'의 「1」에 해당하는 것은?

① 우리가 남을 도우면 그만큼 또 다른 사람을 도와준다.

② 달갑지 않은 손님의 방문에 나는 그를 대충 환대하고는 자리로 돌아갔다.

③ 무거운 물건을 들 때는 자세를 바로 하지 않으면 척추나 어깨 등에 부상을 입을 수 있다.

④ 갑작스럽게 들려 온 폭음에 그는 안절부절했다.

08 다음 고유어의 뜻풀이로 옳지 않은 것은?

① 곰살궂다 : 꼼꼼하고 자세하다.

② 음전하다 : 말 또는 행동이 음흉한 데가 있다.

③ 끌끌대다 : 마음에 마땅찮아 혀를 차는 소리를 자꾸 내다.

④ 시망스럽다 : 몹시 짓궂은 데가 있다.

09 다음 밑줄 친 단어의 한자 표기로 옳지 않은 것은?

- 잘못을 저질렀다면 궁색한 ㉠변명보다 정직한 시인이 현명한 대응이다.
- 지조를 지키기 위한 괴로움이 얼마나 가혹한가를 헤아리는 사람들은 한 나라의 지도자를 평가하는 기준으로 먼저 그 지조의 ㉡강도를 살피려 한다.
- 그는 ㉢유언비어를 퍼뜨린 죄로 실형을 선고받았다.
- 제가 낸 의견이 지금 추진하는 사업에 ㉣일조가 되기를 바라는 마음입니다.

① ㉠ 辨明　② ㉡ 強盜　③ ㉢ 流言蜚語　④ ㉣ 一助

10 다음 ㉠~㉣에 대한 설명으로 적절하지 않은 것은?

㉠삼동(三冬)에 베옷 입고 ㉡암혈에 눈비 맞아
구름 낀 ㉢볕뉘도 쬔 적이 없건마는
서산에 ㉣해 지다 하니 눈물겨워 하노라.

① ㉠ : 추운 겨울 석 달 동안을 의미하며, 어지러운 세상을 상징한다.

② ㉡ : 벼슬과 밀접한 관련이 있음을 의미한다.

③ ㉢ : 볕뉘는 낮은 벼슬을 말하며, 벼슬하지 않은 처지를 의미한다.

④ ㉣ : '해'는 임금을 상징하며, 임금의 서거를 의미한다.

11 ⊙∼㉣을 고친 내용으로 적절하지 않은 것은?

> 자본주의 체제에서 모든 계층의 사람이 똑같이 많이 벌고 잘살기를 바랄 수는 없다. 또한 어느 정도의 소득 격차는 경쟁을 유발하는 동기가 될 수 있다는 것도 부인할 수 없다. 그러나 우리와 같은 양극화 현상의 ⊙약화 추세를 그대로 방치한 채 자연 치유되도록 기다릴 수만은 없다. 그동안 단편적인 대책이 나오기는 했으나 ㉡떡 먹은 입 쓸어 치듯 개선은 되지 않고 오히려 악화되어 가고 있음이 역력히 드러나고 있다.
>
> 과거의 실패를 거울 삼아 저소득층 소득 향상을 통한 근본적인 빈부 격차 개선책을 제시하여 빈자에게 희망을 불어넣어야 한다. 그렇다고 고소득자나 대기업을 욕하거나 ㉢경원되어서는 안 된다. 무엇보다 기업 투자와 내수 경기를 일으키는 일이 긴요하다. 그래야 일자리가 생기고 서민 소득도 늘어나게 된다. ㉣그러나 세제 개혁을 통한 재분배 정책을 추진할 필요가 있다. 세제만큼 유효한 재분배 정책 수단도 없다. 동시에 장기적인 관점에서 각 부문의 양극화 개선을 위해 경제 체질과 구조 개선을 서두르지 않으면 안 된다.

① ⊙ – 의미에 맞도록 '심화'로 수정한다.

② ㉡ – 의미가 통하도록 '하석상대(下石上臺)와 같이'로 수정한다.

③ ㉢ – 어법에 맞도록 '경원을 사서는'으로 수정한다.

④ ㉣ – 문맥에 맞도록 '그리고'로 수정한다.

※ 다음 작품을 읽고 물음에 답하시오. [12∼13]

> (가)
> 열무 삼십 단을 이고
> 시장에 간 우리 엄마
> 안 오시네. ⊙해는 시든 지 오래
> 나는 ㉡찬밥처럼 방에 담겨
> 아무리 천천히 숙제를 해도
> 엄마 안 오시네. ㉢배춧잎 같은 발소리 타박타박
> 안 들리네, 어둡고 무서워
> ㉣금 간 창틈으로 고요히 빗소리
> 빈방에 혼자 엎드려 훌쩍거리던
>
> 아주 먼 옛날
> 지금도 내 눈시울을 뜨겁게 하는
> 그 시절, 내 유년의 윗목.
>
> – 기형도 「엄마 걱정」

> (나)
> 새끼오리도 헌신짝도 소똥도 갓신창도 개니빠디도 너울쪽도 짚검불도 가랑잎도 머리카락도 헝겊조각도 막대꼬치도 기왓장도 닭의 짓도 개 터럭도 타는 모닥불//
> 재당도 초시도 문장 늙은이도 더부살이 아이도 새사위도 갓사돈도 나그네도 주인도 할아버지도 손자도 붓장수도 땜장이도 큰 개도 강아지도 모두 모닥불을 쪼인다 //
> 모닥불은 어려서 우리 할아버지가 어미 아비 없는 서러운 아이로 불쌍하니도 몽동발이가 된 슬픈 역사가 있다 //
>
> – 백석 「모닥불」

(다)
동짓달 기나긴 밤을 한 허리를 버혀 내여
춘풍 니불 아래 서리서리 너헛다가
어론 님 오신 날 밤이여든 구뷔구뷔 펴리라

– 황진이 「동짓달 기나긴 밤을」

(라)
오늘은 바람이 불고
나의 마음은 울고 있다.
일찍이 너와 거닐고 바라보던 그 하늘 아래 거리언마는
아무리 찾으려도 없는 얼굴이여.
바람 센 오늘은 더욱 너 그리워
진종일 헛되이 나의 마음은
공중의 깃발처럼 울고만 있나니
오오 너는 어디메 꽃같이 숨었느뇨.

– 유치환 「그리움」

12 위의 (가)~(라) 시 중에서 성격이 나머지와 다른 것은?

① (가)　　　　② (나)　　　　③ (다)　　　　④ (라)

13 (가) 시의 ㉠~㉣ 중 감각적 이미지로 표현된 것이 아닌 것은?

① ㉠　　　　② ㉡　　　　③ ㉢　　　　④ ㉣

14 다음 밑줄 친 말의 기본형으로 옳지 않은 것은?

① 추를 장치에 거니 숨겨진 통로가 나타났다. (기본형 : 걸다)
② 그는 지나가는 친구를 발견하고 큰 소리로 그를 불렀다. (기본형 : 부르다)
③ 동생이 해외로 유학을 가겠다고 그렇게 별러? (기본형 : 벼르다)
④ 오래되어 불은 국수는 맛이 없다. (기본형 : 불다)

15 다음 밑줄 친 ⑦~㉢에 대한 풀이 중 적절하지 않은 것은?

> ⑦天텬根근을 못내 보와 望망洋양亭뎡의 올은말이, 바다 밧근 하놀이니 하놀 밧근 무서신고. 곳득 ㉡노흔 고래, 뉘라셔 놀내관디, 블거니 씀거니 어즈러이 구는디고. ㉢銀은山산을 것거 내여 六뉵合합의 누리는 돗, 五오月월 長댱天텬의 ㉣白빅雪셜은 므스 일고.
>
> – 정철 「관동별곡」

① ⑦ – 하늘의 끝   ② ㉡ – 성난 파도

③ ㉢ – 눈 덮인 산   ④ ㉣ – 하얀 물보라

16 다음 중 〈보기〉의 규정에 맞지 않는 것은?

> 〈보기〉
> 제39항 어미 '–지' 앞에 '않–'이 어울려 '–잖–'이 될 적과 '–하지' 뒤에 '않–'이 어울려 '–찮–'이 될 적에는 준 대로 적는다.

① 시답잖다   ② 당찮다   ③ 마뜩찮다   ④ 올곧잖다

17 다음은 용비어천가 12장과 13장의 내용이다. 밑줄 친 부분에 해당하는 한자를 바르게 짝지은 것은?

> [제12장]
> 五年을 改過 몯ᄒᆞ야 虐政이 날로 ⑦더을씨 倒戈之日에 先考ᄒᆞ뜯 몯일우시니
> 쳣나래 讒訴ᄅᆞᆯ 드러 兇謀ㅣ 날로 더을씨 勸進之日에 平生ㄱ 뜯 몯일우시니
> [제13장]
> 말ᄊᆞᆷ 몰 술ᄫᆞ리 하디 天命을 疑心ᄒᆞ실씨 ᄭᅮ므로 ㉡뵈아시니
> 놀애ᄅᆞᆯ 브르리 하디 天命을 모ᄅᆞ실씨 ᄭᅮ므로 알외시니

	⑦	㉡
①	炎	遲
②	加	促
③	加	遲
④	炎	促

18 다음 중 사이시옷의 삽입 원리가 〈보기〉의 밑줄 친 부분과 동일한 것은?

〈보기〉
이 청천벽력 같은 소식에 길주의 어미는 목에 <u>쇳조각</u>이라도 걸린 듯, 아무 말도 하지 못하고 그저 쌕쌕거리는 숨소리만 내고 있었다.

① 배갯잇   ② 횟가루   ③ 쳇바퀴   ④ 제삿날

19 다음 글의 주제를 나타내는 문장으로 가장 적절한 것은?

'언문'은 실용 범위에 제약이 있었는데, 이런 현실은 '언간'에도 적용된다. '언간' 사용의 제약은 무엇보다 이것을 주고받은 사람의 성별(性別)에서 뚜렷이 드러난다. 15세기 후반 이래로 숱한 언간이 현전하지만 남성 간에 주고받은 언간은 찾아보기 어렵다. 이는 남성 간에는 한문 간찰이 오간 때문이나 남성이 공적인 영역을 독점했던 당시의 현실을 감안하면 '언문'이 공식성을 인정받지 못했던 사실과 상통한다. 결국 조선시대에는 언간의 발신자나 수신자 어느 한쪽으로 반드시 여성이 관여하는 특징을 보인다고 할 수 있다. 이러한 사용자의 성별 특징으로 인하여 종래 '언간'은 '내간'으로 일컬어지기도 하였다. 그러나 이러한 명칭 때문에 내간이 부녀자만을 상대로 하거나 부녀자끼리만 주고받은 편지로 오해되어서는 안 된다. 16, 17세기의 것만 하더라도 수신자는 왕이나 사대부를 비롯하여 한글 해독 능력이 있는 하층민에 이르기까지 거의 전 계층의 남성이 될 수 있었기 때문이다. 한문 간찰이 사대부 계층 이상 남성만의 전유물이었다면 언간은 특정 계층에 관계없이 남녀 모두의 공유물이었다고 할 수 있다.

① 언간은 특정 계층과 성별에 관계없이 이용된 의사소통 수단이었다.

② '언문'과 동일하게 '언간'에도 실용 범위에 대한 제약이 있다.

③ 15세기 후반 이후 아주 많은 언간이 현전했으나, 남성 간의 언간을 보기는 어려웠다.

④ 사용자의 성별에 따라 언간은 다르게 일컬어지기도 했다.

※ 다음 글을 읽고 물음에 답하시오. [20~21]

잔을 씻어 다시 부으려 하더니 ㉠갑자기 석양에 막대 던지는 소리가 나거늘 괴이하게 여겨 생각하되, '어떤 사람이 올라오는고.' 하였다. 이윽고 한 중이 오는데 눈썹이 길고 눈이 맑고 얼굴이 특이하더라. 엄숙하게 자리에 이르러 승상을 보고 예하여 왈,

"산야(山野) 사람이 대승상께 인사를 드리나이다."

승상이 이인(異人)인 줄 알고 황망히 답례하여 왈,

"사부는 어디에서 오신고?"

중이 웃으며 왈,

"평생의 낯익은 사람을 몰라보시니 귀인이 잊는다는 말이 옳도소이다."

승상이 자세히 보니 과연 낯이 익은 듯하거늘 문득 깨달아 능파 낭자를 돌아보며 왈,

"소유가 전에 토번을 정벌할 때 꿈에 동정 용궁에 가서 잔치하고 돌아오는 길에 남악에 가서 놀았는데 한 화상이 법좌에 앉아서 불경을 강론하더니 노부께서 바로 그 노화상이냐?"

중이 박장대소하고 말하되,

"옳다. 옳다. 비록 옳지만 ㉡꿈속에서 잠깐 만나본 일은 생각하고 ㉢십 년을 같이 살던 일은 알지 못하니 누가 양 장원을 총명하다 하더뇨?"

승상이 어리둥절하여 말하되,

"소유가 ㉣열대여섯 살 전에는 부모 슬하를 떠나지 않았고, 열여섯에 급제하여 줄곧 벼슬을 하였으니 동으로 연국에 사신을 갔고 서로 토번을 정벌한 것 외에는 일찍이 서울을 떠나지 않았으니 언제 사부와 십 년을 함께 살았으리오?"

중이 웃으며 왈,

"상공이 아직 춘몽에서 깨어나지 못하였도소이다."

승상이 왈,

"사부는 어떻게 하면 소유를 춘몽에게 깨게 하리오?"

중이 왈,

"어렵지 않으니이다."

하고 손 가운데 돌 지팡이를 들어 난간을 두어 번 치니 갑자기 사방 산골짜기에서 구름이 일어나 누대 위에 쌓여 지척을 분변하지 못했다. 승상이 정신이 아득하여 마치 꿈에 취한 듯하더니 한참 만에 소리 질러 말하되,

"사부는 어찌 소유를 정도로 인도하지 않고 환술(幻術)로 희롱하나뇨?"

대답을 듣기도 전에 구름이 날아가니 중은 간 곳이 없고 좌우를 돌아보니 여덟 낭자 또한 간 곳이 없는지라.

– 김만중 「구운몽」

20 위 작품에 대한 설명으로 옳지 않은 것은?

① 꿈에서의 용궁은 비현실적인 공간이다.

② 승상이 꿈에서 깨게 된 것은 꿈 속 사부가 돌 지팡이로 난간을 두어 번 쳐서이다.

③ ㉠~㉣을 사건의 시간 순서에 따라 배열하면 ㉢ – ㉣ – ㉡ – ㉠이다.

④ 승상은 꿈 속 남악에서 중을 보았던 기억을 떠올리지 못한다.

21 다음 중 위 작품의 문학적 특징으로 옳지 않은 것은?

① '현실 – 꿈 – 현실'의 이중적 환몽 구조이다.

② 몽자류 소설의 효시로, 유사한 작품으로 「옥루몽」, 「옥린몽」 등이 있다.

③ 영웅 소설이라는 커다란 구조 안에 몽자류 소설이라는 작은 구조가 결합된 작품이다.

④ 고절 소설로 전기적인 요소가 쓰였다.

22 다음 글을 통해 알 수 없는 질문은?

> 사물놀이는 사물(四物), 즉 꽹과리, 징, 장구, 북의 네 가지 타악기만으로 연주하는 음악을 말한다. 사물놀이는 풍물놀이와는 좀 다르다. 풍물놀이를 무대 공연에 맞게 변형한 것이 사물놀이인데, 풍물놀이가 대체로 자기 지역의 가락만을 연주하는 데 비해 사물놀이는 거의 전 지역의 가락을 모아 재구성해서 연주한다.
> 사물놀이 연주자들은 흔히 쟁쟁거리는 꽹과리를 천둥이나 번개에, 잦게 몰아가는 장구를 비에, 둥실대는 북을 구름에, 여운을 남기며 울리는 징을 바람에 비유한다. 천둥이나 번개, 비, 구름, 바람이 어우러지며 토해 내는 소리가 사물놀이 소리라는 것이다. 사물놀이는 앉아서 연주하는 사물놀이와 서서 연주하는 사물놀이의 두 가지 형태로 나뉘어 있는데, 전자를 '앉은반', 후자를 '선반'이라고 한다.

① 풍물놀이와 사물놀이의 연주 형태는 어떻게 다른가?

② 사물놀이의 악기가 내는 소리를 비유하자면 어떤 것이 있는가?

③ 사물놀이의 악기에는 어떤 것이 있는가?

④ 사물놀이의 가치는 얼마만큼 있는가?

23 다음 밑줄 친 단어 중 그 품사가 형용사가 아닌 것은?

> 개나리꽃이 ㉠흐드러지게 핀 교정에서 친구들과 찍은 사진은, 그때 느꼈던 ㉡설레는 행복감은 물론, 대기 중에 ㉢충만한 봄의 기운, 친구들끼리의 익의 ㉣없는 능지기리, 빌들의 잉잉거림까지 현장에 있는 것과 다름없이 느끼게 해 준다.

① ㉠   ② ㉡   ③ ㉢   ④ ㉣

24 다음 중 비형식적 오류 유형에 대한 예로 옳지 않은 것은?

① 우연의 오류 : 한라산에 철쭉꽃이 만발하였다. 따라서 우리나라의 모든 산에 철쭉꽃이 피어 있을 것이다.

② 애매어의 오류 : 김 씨는 성격이 직선적이다. 직선적인 모든 것들은 길이를 지닌다. 고로 김 씨의 성격은 길이를 지닌다.

③ 결합의 오류 : 그 연극단 단원들 하나하나가 다 훌륭하다. 고로 그 연극단은 훌륭하다.

④ 분해의 오류 : 부패하기 쉬운 것은 냉동 보관해야 한다. 권력은 부패하기 쉽다. 고로 권력은 냉동 보관해야 한다.

25 다음 중 밑줄 친 방식이 적용된 것으로 가장 적절한 것은?

> 글의 설명 방식에는 정의, 유추, 비교, 대조, 분석, 예시, 인과 등이 있다.

① 목적을 지닌 인생은 의미 있다. 목적 없이 살아가는 사람은 험난한 인생의 노정을 완주하지 못한다. 목적을 갖고 뛰어야 마라톤에서 완주가 가능한 것처럼 우리의 인생에서도 목표를 가지고 꾸준히 노력하는 사람이 성공한다.

② 르네상스 시대의 화가들은 원근법을 사용하여 세상을 향한 창과 같은 사실적인 그림을 그렸다. 현대회화를 출발시켰다고 평가되는 인상주의자들이 의식적으로 추구한 것도 이러한 실성이었다.

③ 신라의 육두품 출신 가운데 학문적으로 출중한 자들이 많았다. 가령 강수, 설총, 녹진, 최치원 같은 사람들은 육두품 출신이었다. 이들은 신분적 한계 때문에 정계보다는 예술과 학문 분야에 일찌감치 몰두하게 되었다.

④ 온돌은 아궁이와, 고래, 개자리, 굴뚝 등으로 구성된다. 아궁이는 온돌방에 불을 때기 위해 만들어 놓은 구멍이고, 고래는 불길과 연기가 통하여 나가는 길이며, 개자리는 방 구들 윗목에 깊숙이 파 놓은 고랑, 굴뚝은 연소가스가 밖으로 빠져 나가도록 세운 마지막 통로이다.

CHAPTER 03 제3회 국어 모의고사

01 다음 중 띄어쓰기가 옳은 것은?

① 그녀는 회의에서 정한대로 일정을 소화할 수밖에 없었다.

② 발행사가 수정 요청시 관련된 내용을 재수정하여야 할 것입니다.

③ 새로 온 사원은 실력뿐 아니라 순발력 마저 없는 사람이다.

④ 지금으로부터 십여 년 전에 올렸던 글입니다.

02 다음 괄호에 가장 적절한 한자성어는?

> 일하다 보면 균형과 절제가 필요하다는 것을 알게 된다. 일의 수행 과정에서 부분적 잘못을 바로잡으려다 정작 일 자체를 뒤엎어 버리는 경우가 왕왕 발생하기 때문이다. 흔히 속담에 "빈대 잡으려다 초가삼간 태운다"는 말은 여기에 해당할 것이다. 따라서 부분적 결점을 바로잡으려다 본질을 해치는 (   )의 어리석음을 저질러서는 안 된다.

① 교각살우(矯角殺牛) ② 과유불급(過猶不及)

③ 낭중지추(囊中之錐) ④ 부화뇌동(附和雷同)

03 다음 중 어법에 맞는 문장은?

① 한국이 사력으로 8강 티켓 가능성은 낮다.

② 이 기사는 아직 한국 사회가 무사안일주의에 빠져 있다는 생각이 든다.

③ 한국 정부는 독도 영유권 문제에 대하여 일본에 강력히 항의하였다.

④ 제대로 된 경영 혁신이 요구되어지고 있다.

04 다음 중 단어의 발음이 옳지 않은 것은?

① 헛웃음 → [허두슴] ② 밝고 → [발꼬]

③ 넓죽한 → [넙쭈칸] ④ 읊다 → [을따]

05 밑줄 친 단어 중 외래어 표기법이 모두 맞는 문장으로 옳은 것은?

① 아이가 불독에 물려 엠블런스를 불렀다.

② 크리스마스가 되자 내비게이션에서 캐롤이 흘러나왔다.

③ 오늘 악세사리도 예쁘고, 특히 코사주가 정말 잘 어울려요!

④ 이번 작품의 콘셉트는 도시전설로 대표되는 미스터리입니다.

06 다음 〈보기〉의 시조에서 밑줄 친 부분의 상황은 어느 시기인가?

가노라 三角山아 다시 보쟈 漢江水야
故國山川을 써느고쟈 ᄒ랴마ᄂᆞᆫ
時節이 하 殊常ᄒ니 올동 말동 ᄒ여라

— 김상헌 「가노라 삼각산(三角山)아」

① 정유재란　　　　② 병자호란　　　　③ 임진왜란　　　　④ 정묘호란

07 아래의 문장이 들어가기에 가장 적절한 위치로 옳은 것은?

그러나 일각에서는 생태계 파괴와 '맞춤형 아기' 등 윤리적 문제에 대한 우려를 제기한다.

(가) '유전자가위'는 생물체 세포의 유전체를 교정하는 데 사용되는 유전자 교정 기술로, 1세대 '징크핑거 뉴클레이즈'와 2세대 '탈렌'을 거쳐 현재 3세대 기술인 크리스퍼(CRISPR–Cas9)까지 이르렀다.

(나) 가장 최근 기술인 크리스퍼 유전자가위는 세포에서 특정 유전자가 있는 DNA를 잘라내는 효소로, 이 기술을 사용할 경우 기존 유전자를 교체하는 데 몇 년까지 걸리던 것이 며칠로 줄어들며, 동시에 여러 군데의 유전자를 손볼 수도 있다.

(다) 유전자가위는 에이즈, 혈우병 등의 유전 질환 치료는 물론, 농작물 품질 개량 부문에서 GMO(유전자 변형 식물)의 대안으로도 주목받고 있다.

(라) 게다가 1, 2세대 유전자가위와 달리 오작동에 대한 보호 장치가 없어 자칫하면 엉뚱한 부분을 잘라내 돌연변이를 일으킬 수 있다는 치명적인 단점도 존재한다.

① (가) 문단 뒤　　　② (나) 문단 뒤　　　③ (다) 문단 뒤　　　④ (라) 문단 뒤

08 다음 밑줄 친 말의 쓰임이 적절하지 않은 것은?

① 이번 협상은 다양한 변수가 개재되어 있다.

② 역사상 유래가 없는 폭염으로 비상이다.

③ 특정 지역에서 자생하는 약초에 대해 공부하는 중이다.

④ 어떤 아이템을 선택하냐에 따라 이번 사업의 성패가 결정된다.

09 다음 글을 통해 알 수 없는 내용은?

해안에서 밀물에 의해 해수가 해안선에 제일 높게 들어온 곳과 썰물에 의해 제일 낮게 빠진 곳의 사이에 해당하는 부분을 조간대라고 한다. 지구상에서 생물이 살기에 열악한 환경 중 한 곳이 바로 이 조간대이다. 이곳의 생물들은 물에 잠겨 있을 때와 공기 중에 노출될 때라는 상반된 환경에 삶을 맞춰야 한다. 갯바위에 부서지는 파도의 파괴력도 견뎌내야 한다. 또한 빗물이라도 고이면 민물이라는 환경에도 적응해야 하며, 강한 햇볕으로 바닷물이 증발하고 난 다음에는 염분으로 범벅된 몸을 추슬러야 한다. 이러한 극단적이고 변화무쌍한 환경에 적응할 수 있는 생물만이 조간대에서 살 수 있다.

조간대는 높이에 따라 상부, 중부, 하부로 나뉜다. 바다로부터 가장 높은 곳인 상부는 파도가 강해야만 물이 겨우 닿는 곳이다. 그래서 조간대 상부에 사는 생명체는 뜨거운 태양열을 견뎌내야 한다. 중부는 만조 때에는 물에 잠기지만 간조 때에는 공기 중에 노출되는 곳이다. 그런데 물이 빠져 공기 중에 노출되었다 해도 파도에 의해 어느 정도의 수분은 공급된다. 가장 아래에 위치한 하부는 간조시를 제외하고는 항상 물에 잠겨 있다. 땅 위 환경의 영향을 적게 받는다는 점에선 다소 안정적이긴 해도 파도의 파괴력을 이겨내기 위해 강한 부착력을 지녀야 한다는 점에서 생존이 쉽지 않은 곳이다.

조간대에 사는 생물들은 불안정하고 척박한 바다 환경에 적응하기 위해 높이에 따라 수직으로 종이 분포한다. 조간대를 찾았을 때 총알고둥류와 따개비들을 발견했다면 그곳이 조간대에서 물이 가장 높이 올라오는 지점인 것이다. 이들은 상당 시간 물 밖에 노출되어도 수분 손실을 막기 위해 패각과 덮개 판을 꼭 닫은 채 물이 밀려올 때까지 버텨낼 수 있다.

① 조간대에 사는 생물들이 견뎌야 하는 환경적 조건

② 조간대의 높이에 따라 사는 생물의 종류

③ 조간대에 사는 생물들이 높이에 따라 종이 수직으로 분포하는 이유

④ 총알고둥류가 사는 곳

10 다음 글의 필자가 궁극적으로 강조하는 내용으로 가장 적절한 것은?

로마는 '마지막으로 보아야 하는 도시'라고 합니다. 장대한 로마 유적을 먼저 보고 나면 다른 관광지의 유적들이 상대적으로 왜소하게 느껴지기 때문일 것입니다. 로마의 자부심이 담긴 말입니다. 그러나 나는 당신에게 제일 먼저 로마를 보라고 권하고 싶습니다. 왜냐하면 로마는 문명이란 무엇인가라는 물음에 대해 가장 진지하게 반성할 수 있는 도시이기 때문입니다. 문명관(文明觀)이란 과거 문명에 대한 관점이 아니라 우리의 가치관과 직결되어 있는 것입니다. 그리고 과거 문명을 바라보는 시각은 그대로 새로운 문명에 대한 전망으로 이어지기 때문입니다.

① 가장 먼저 봐야 하는 도시는 로마이다.

② 로마의 장대한 유적에 대한 자부심을 가질 만하다.

③ 문명을 반성적으로 볼 수 있는 가치관이 필요하다.

④ 새로운 문명을 만들어가야 한다.

11 '잡다'의 유의어에 해당하는 예문으로 적절하지 않은 것은?

유의어	예문
어림하다	㉠
쥐다	㉡
진압하다	㉢
죽이다	㉣

① ㉠ : 축의금을 한 사람당 5만 원으로 <u>잡아도</u> 100명이면 500만 원이다.

② ㉡ : 상대 선수는 공을 <u>잡고</u> 절대 놓지 않았다.

③ ㉢ : 소방대원들은 5시간 만에 큰 불길을 <u>잡았다</u>.

④ ㉣ : 어부는 고기를 <u>잡아</u> 돌아오는 길이었다.

12 다음 〈보기〉가 들어갈 곳으로 알맞은 위치는?

〈보기〉
그러나 그것은 단지 겉모습의 유사성에 지나지 않을 뿐이고 사람의 말과 동물의 소리에는 아주 근본적인 차이가 존재한다는 점을 잊어서는 안 된다.

(가) 동물들의 행동을 잘 살펴보면 동물들도 우리가 사용하는 말 못지않은 의사소통 수단을 가지고 있는 듯이 보인다.

(나) 즉, 동물들도 여러 가지 소리를 내거나 몸짓을 함으로써 자신들의 감정과 기분을 나타낼 뿐 아니라 경우에 따라서는 인간과 다를 바 없이 의사를 교환하고 있는 듯하다.

(다) 동물들이 사용하는 소리는 단지 배고픔이나 고통 같은 생물학적인 조건에 대한 반응이거나, 두려움이나 분노 같은 본능적인 감정들을 표현하기 위한 것에 지나지 않는다.

(라) 따라서, 동물들이 내는 소리가 때때로 의사소통의 수단으로 이용된다고 해서 그것을 대화나 토론이나 회의와 같은 언어활동이라고 할 수는 없다.

① (가)의 뒤   ② (나)의 뒤   ③ (다)의 뒤   ④ (라)의 뒤

13 다음 글에 나타난 '내면 : 옷차림'의 관계와 가장 비슷한 것은?

> 인간은 단 몇 초 만에 상대방에 대한 호감도를 결정한다고 한다. 몇 초 만에 자신의 내면을 드러내기가 쉽지 않다는 것을 고려하면, 내면을 돋보이게 할 수 있는 옷차림은 분명 무시할 수 없는 요인이다.

① 나는 비닐을 깔고 아이에게 모래를 장난감 다루듯이 만져 보도록 한다. 모래의 두려움을 극복하고, 장난감처럼 모래를 가지고 놀 수 있다는 것을 알려주고자 하는 것이다. – '모래 : 장난감'

② 유명한 배우들은 인지도를 어떻게 쌓았을까. 그들은 그 요인으로 하나같이 성실함을 얘기한다. – '인지도 : 성실함'

③ 로댕은 돌을 바라봅니다. 그 안에서 손을 발견합니다. 그리고 자신의 손을 움직여 돌 속의 손을 끄집어내려고 합니다. 그러나 실패하지요. 실패했다고 포기하지 않고 로댕은 다시 새 돌을 꺼내 바라봅니다. – '돌 : 손'

④ 영화가 개봉하자마자 관람하고 나와 보니 전체적인 줄거리보다 감독의 연출력이 돋보였던 영화였다. 연출력이 굉장히 뛰어나다 보니, 줄거리가 다소 부족한 것과 달리 영화가 나쁘지 않았다. – '연출력 : 영화'

14 다음 빈칸에 들어갈 말로 적절한 것은?

> '개살구', '잠', '새파랗다' 등은 어휘 형태소인 '살구', '자–', '파랗–'에 '개–', '–ㅁ', '새–'와 같은 접사가 덧붙어서 파생된 단어들이다. 이처럼 직접 구성 요소 중 접사가 확인되는 단어들을 '파생어'라고 한다. 반면, (   ) 등은 각각 실질적 의미를 지닌 두 요소가 결합하여 한 단어가 된 경우인데, 이를 '파생어'와 구분하여 '합성어'라고 한다.

① 감나무, 보릿고개　　　　　　　② 햇감, 소나무
③ 선생님, 잠꾸러기　　　　　　　④ 젖먹이, 손등

15 다음 글의 논지 전개 방식으로 옳은 것은?

> 조금만 생각하면 우리의 환경을 위해 할 수 있는 일이 아주 많습니다. 먼저 조금 귀찮더라도 일회용 물품들을 사용하지 않도록 합시다. 우리가 잠깐 쓰고 버리는 일회용 물품들 중에는 앞으로 오백 년 동안 지구를 괴롭히게 되는 것도 있다고 합니다. 조금 귀찮겠지만 평소에 일회용 도시락과 종이컵을 사용하지 않는 것도 우리들이 어렵지 않게 지구를 보호할 수 있는 방법 가운데 하나라고 생각합니다.

① 문제 해결을 위한 제도 제시
② 문제 해결을 위한 방법 제시
③ 문제 해결을 위한 기존의 방법과 다른 대안 제시
④ 문제 해결을 위한 사례 장단점 분석

16 다음 빈칸에 각각 들어갈 말로 가장 적절한 것은?

베이징이나 시안 등지에서 볼 수 있는 중국의 유적들은 왜 그리도 클까? 이들 유적들은 크기만 한 것이 아니라 비인간적이라 할 만큼 권위적이다. 왜 그런가? 중국은 광대한 나라였다. 그 넓은 나라를 효과적으로 통치하기 위해서는 천자로 대표되는 정치적 권위가 절실하게 요구되었다. 이 넓은 나라의 통일성을 유지하기 위해서는 예상되는 지방의 반란에 대비하고 중앙의 권위에 복종하지 않는 지방 세력가들을 다스릴 수 있는 무자비한 권력이 반드시 필요하였다. 그래서 중국의 황제는 천자로 불리었으며, 그 권위에는 누구든지 절대 복종할 것을 요구하였다. 그러므로 중국의 황제는 단순한 세속인이 아니라 일종의 신적인 존재이기도 하였다. 중국 황제의 절대 권위, 이것을 온 천하에 확실하게 보여주지 않는다면 중국의 중심이 어디에 있는지 모를 것이며, 그러면 그 나라는 다시 분열된 여러 왕국으로 나뉘게 될 것이었다. 이런 이념으로 만들어진 중국의 정치적 유물들은 그 규모가 장대할 뿐 아니라 고도로 (㉠)인 것이 될 수밖에 없었다.
반면에 우리나라는 그렇게 광대한 나라는 아니었다. 그렇다고 해서 우리나라가 권위를 강조하지 않은 것은 아니었다. 그러한 사실은 조선 시대를 통해서도 잘 드러난다. 그러나 조선 시대의 왕들은 중국의 황제와 같은 권위를 (㉡)할 수는 없었다. 두 나라의 사회 구조, 정치 이념, 자연 환경 등 모든 것이 다르기 때문이다. 조선의 왕들은 주변의 정치 세력에 대하여 훨씬 더 타협적이어야만 하였다. 더욱이 중국은 황토로 이루어진 광대한 평원 위에 도시를 만들 수밖에 없었지만, 우리는 높고 낮은 수많은 산으로 이루어진 지형을 이용하여 왕성을 건설할 수밖에 없었다. 이러한 차이점들이 복합적으로 어울려 양국의 역사와 문화의 성격을 서로 다르게 만들었다. 큰 것이 선천적으로 잘나서도 아니며, 그렇다고 작은 것이 못나서도 아니다. 한중 양국은 각자의 필요에 따라 오랜 세월에 걸쳐 이처럼 서로 다른 문화를 (㉢)시켜 온 것이다.

	㉠	㉡	㉢
①	주도적(主導的)	행사(行使)	변형(變形)
②	위압적(威壓的)	향우(享有)	개발(開發)
③	타협적(妥協的)	강조(强調)	발달(發達)
④	권위적(權威的)	구축(構築)	발전(發展)

17 다음 중 밑줄 친 단어의 품사와 문장성분으로 옳은 것은?

그는 <u>아름다운</u> 신부의 모습에 잠시 넋이 나갔다.

① 형용사, 관형어 　　　　　　② 관형사, 목적어

③ 동사, 관형어 　　　　　　　④ 형용사, 부사어

18 다음 중 표준 발음으로 옳지 않은 것은?

① 갑자기 날씨가 추워졌으니 <u>겉옷[거돋]</u>은 입는 게 좋겠어.

② 넌 언제 봐도 참 <u>늙지[늑찌]</u> 않는 것 같아.

③ 새로 나온 크림은 <u>맑고[물꼬]</u> 촉촉해.

④ 나는 상사가 그렇게 진행한다니 그렇게 <u>할밖에[할바께]</u>.

19 다음 내용을 통하여 추론할 수 없는 것은?

> 그 녀석은 박 씨 앞에 삿대질을 하듯이 또 거쉰 소리를 질렀다. 검초록색 잠바에 통이 좁은 깜장색 바지 차림의 서른 남짓 되어 보이는 사내였다. 짧게 깎은 앞머리가 가지런히 일어서 있고 손에는 올이 굵은 깜장 모자를 들었다. 칼칼하게 야윈 몸매지만 서슬이 선 눈매를 지녔고, 하관이 빠르고 얼굴색도 까무잡잡하다. 앞에 금니 두 개를 해 박았다. 구두가 인상적으로 써늘하게 생겼다. 구둣방에 진열되어 있는 구두는 구두에 불과하지만 일단 사람의 발에 신기면 구두도 그 주인의 위인과 더불어 주인을 닮아 가게 마련이다. 끝이 뾰족하고 반들반들 윤기를 내고 있다.
>
> 헤프고, 사근사근하고, 무르고, 게다가 병역 기피자인 박 씨는 대번에 꺼칠한 얼굴이 되었다. 처음부터 나오는 것이 예사 손님 같지는 않다.
>
> "글쎄, 앉으십쇼. 빨리 해 드릴 테니."
>
> "얼마나 빨리 되어? 몇 분에 될 수 있소?"
>
> "허어, 이 양반이 참 급하기도."
>
> "뭐? 이 양반? 얻다 대구 반말이야? 말조심해."
>
> 앉았던 손님 두엇이 거울 속에서 힐끗 쳐다보았다. 그리고 거울 속에서 눈길이 부딪힐 듯하자 급하게 외면을 하였다. 세발대의 두 소년도 우르르 머리들을 이편으로 내밀고 구경을 하고 손이 빈 민 씨와 김 씨도 구석 쪽 빈 이발 의자에 앉아 묵은 신문을 보다가 말고 몸체만을 엉거주춤히 돌렸다.
>
> 청년은 다시 이발소 안을 둘러보다가 그 눈길이 주인에게 가 멎었다. 주인도 여전히 양말 신은 두 발을 두 손으로 주무르면서 마주 올려다보았다.
>
> "당신은 뭐요?"
>
> "주인이오."
>
> "주인이면 주인이지, 그 앉아 있는 꼴이 뭐요? 도대체 이 사람들 정신 있는 사람들인가. 때가 어느 때인지 모르고, 이 사람들이."

① 청년은 위압적인 외양을 지녔다.

② 이발소 안 사람들은 청년의 눈치를 보며 두려워하고 있다.

③ 병역 기피자인 박 씨는 함께 있던 사람들과 달리 청년에게 맞서고 있다.

④ 청년은 사람들에게 술책을 쓰고 있다.

20 다음 밑줄 친 단어의 사전적 의미로 가장 적절한 것은?

> 마치 취한이나 광인이 <u>스스로운</u> 사람과 대할 때에 특별한 주의와 긴장을 가지는 거와 같이….
>
> – 염상섭 「표본실의 청개구리」
>
> 현태도 선우 이등 상사에게서 어떤 격의 없는 솔직함을 보고 초대면이면서도 <u>스스러움</u>이 덜해진 차라….
>
> – 황순원 「나무들 비탈에 서다」

① 몹시 짓궂은 데가 있다.

② 하는 짓이 주제넘고 건방진 데가 있다.

③ 서로 사귀는 정분이 두텁지 않아 조심스럽다.

④ 성질이 차분하지 못하고 가벼워 부산한 데가 있다.

21 다음 중 한글 맞춤법에 옳게 쓰인 것을 모두 고른 것은?

> 나는 종종 부모님께 저녁 식사를 직접 만들어 드린다. 가끔씩 일을 너무 크게 ㉠벌린다는 기분이 들 때도 있지만, ㉡내로라하는 식당보다도 네 음식이 더 맛있다며 좋아해 주시는 모습을 보면 정말 뿌듯하다. 오늘은 고등어를 ㉢졸였는데, 적당히 ㉣가늠해서 만든 양념인데도 맛이 정말 좋았다. 술안주로 삼을 육전도 ㉤부치고 살짝 ㉥저린 배추도 겉절이로 만들어 내놓았는데 아버지께서 맛있게 드셔서 정말 다행이었다.

① ㉠, ㉡, ㉣   ② ㉡, ㉢, ㉥   ③ ㉡, ㉣, ㉤   ④ ㉢, ㉤, ㉥

22 다음 작품에 대한 설명으로 적절하지 않은 것은?

> 翩翩黃鳥
> 雌雄相依
> 念我之獨
> 誰其與歸
>
> － 「황조가」

① 4언 4구의 형식이다.   ② 현존하는 최고의 개인적인 서정시이다.
③ 선경후정의 방식을 사용하였다.   ④ 임과 재회한 기쁨을 노래하였다.

23 다음 중 가치 있는 존재를 만드는 것과 관련된 시어와 그에 대조적 속성을 가진 시어를 바르게 연결한 것은?

> 제 손으로 만들지 않고
> 한꺼번에 싸게 사서
> 마구 쓰다가
> 망가지면 내다 버리는
> 플라스틱 물건처럼 느껴질 때
> 나는 당장 버스에서 뛰어내리고 싶다
> 현대 아파트가 들어서며
> 홍은동 사거리에서 사라진
> 털보네 대장간을 찾아가고 싶다
> 풀무질로 이글거리는 불 속에
> 시우쇠처럼 나를 달구고
> 모루 위에서 벼리고
> 숫돌에 갈아
> 시퍼런 무쇠낫으로 바꾸고 싶다
> 땀 흘리며 두들겨 하나씩 만들어 낸
> 꼬부랑 호미가 되어
> 소나무 자루에서 송진을 흘리면서
> 대장간 벽에 걸리고 싶다
> 지금까지 살아온 인생이
> 온통 부끄러워지고
> 직지사 해우소
> 아득한 나락으로 떨어져 내리는
> 똥덩이처럼 느껴질 때
> 나는 가던 길을 멈추고
> 문득 어딘가 걸려 있고 싶다

① 플라스틱 물건 – 무쇠낫   ② 대장간 – 현대 아파트

③ 무쇠낫 – 호미   ④ 해우소 – 대장간

※ 다음 글을 읽고 물음에 답하시오. [24~25]

나는 집이 가난하여 말이 없어서 간혹 남의 말을 빌려 탄다. 노둔하고 여윈 말을 얻게 되면 일이 비록 급하더라도 감히 채찍을 대지 못하고 조심조심 금방 넘어질 듯 여겨서 개울이나 구렁을 지날 때는 말에서 내려 걸어가므로 후회할 일이 적었다. 발굽이 높고 귀가 쫑긋하여 날래고 빠른 말을 얻게 되면 의기양양 마음대로 채찍질하고 고삐를 늦추어 달리니 언덕과 골짜기가 평지처럼 보여 매우 ㉠장쾌(壯快)하지만 말에서 위험하게 떨어지는 근심을 면치 못할 때가 있었다. 아! 사람의 마음이 옮겨지고 바뀌는 것이 이와 같을까? 남의 물건을 빌려서 하루아침의 소용에 쓰는 것도 이와 같은데, 하물며 참으로 자기가 가지고 있는 것이야 어떻겠는가?

그러나 사람이 가지고 있는 것이 어느 것이나 빌리지 아니한 것이 없다. 임금은 백성으로부터 힘을 빌려서 높고 부귀한 자리를 가졌고, 신하는 임금으로부터 권세를 빌려 은총과 귀함을 누리며, 아들은 아비로부터, 지어미는 지아비로부터, ㉡비복(婢僕)은 상전으로부터 힘과 권세를 빌려서 가지고 있다.

그 빌린 바가 또한 깊고 많아서 대개 자기 소유로 하고 끝내 반성할 줄 모르고 있으니, 어찌 미혹(迷惑)한 일이 아니겠는가? 그러다가도 혹 잠깐 사이에 그 빌린 것이 도로 돌아가게 되면, ㉢만방(萬邦)의 임금도 외톨이가 되고, ㉣백승(百乘)을 가졌던 집도 외로운 신하가 되니, 하물며 그보다 더 미약한 자야 말할 것이 있겠는가?

맹자가 일컫기를 "남의 것을 오랫동안 빌려 쓰고 있으면서 돌려주지 아니하면, 어찌 그것이 자기의 소유가 아닌 줄 알겠는가?" 하였다.

내가 여기에 느낀 바가 있어서 차마설을 지어 그 뜻을 넓히노라.

24 작품에 나타난 작자의 인생관은?

① 부귀   ② 무소유   ③ 무가치   ④ 무존재

25 다음 중 ㉠~㉣의 뜻을 풀이한 것으로 옳지 않은 것은?

① 장쾌(壯快) : 씩씩하고 상쾌함   ② 비복(婢僕) : 계집종과 사내종

③ 만방(萬邦) : 큰 나라   ④ 백승(百乘) : 수레 백 대

P / A / R / T

03

히든카드

CHAPTER 01 ｜ 국어 Hidden Card

SECTION 1 | 주제별 사자성어

(1) 성품

- 공명정대(公明正大) : 하는 일이나 행동이 아주 정당하고 떳떳함
- 동분서주(東奔西走) : 사방으로 이리저리 바삐 돌아다님
- 마부위침(磨斧爲針) : '도끼를 갈아 바늘을 만든다'는 뜻으로, 아무리 이루기 힘든 일도 끊임없는 노력과 끈기 있는 인내로 성공하고 만다는 뜻
- 만고불역(萬古不易) : 오랜 세월을 두고 바뀌지 않음
- 멸사봉공(滅私奉公) : 사(私)를 버리고 공(公)을 위하여 힘써 일함
- 명심불망(銘心不忘) : 마음에 새기어 오래오래 잊지 아니함
- 분골쇄신(粉骨碎身) : '뼈가 가루가 되고 몸이 부서진다'는 뜻으로, 있는 힘을 다해 노력함, 또는 남을 위하여 수고를 아끼지 않음
- 불요불굴(不撓不屈) : '휘지도 않고 굽히지도 않는다'는 뜻으로, 어떤 난관도 꿋꿋이 견디어 나감을 이르는 말
- 빙청옥결(氷淸玉潔) : '얼음같이 맑고 옥같이 깨끗하다'는 뜻으로, 청렴결백한 절조나 덕행을 나타내는 말
- 수적석천(水滴石穿) : '물방울이 돌을 뚫는다'는 뜻으로, 미미한 힘이라도 꾸준히 노력하면 큰일을 이룰 수 있다는 의미
- 안빈낙도(安貧樂道) : 궁색하면서도 그것에 구속되지 않고 평안하게 즐기는 마음으로 살아감
- 일금일학(一琴一鶴) : '거문고 하나와 한 마리의 학이 전 재산'이라는 뜻으로, 관리의 결백한 생활을 일컫는 말
- 외유내강(外柔內剛) : 겉으로 보기에는 유순하지만 속마음은 단단하고 굳셈
- 우공이산(愚公移山) : '우공이 산을 옮긴다'는 말로, 남이 보기엔 어리석은 일처럼 보이지만 한 가지 일을 끝까지 밀고 나가면 언젠가는 목적을 달성할 수 있다는 의미
- 전심전력(全心全力) : 온 마음과 온 힘을 다 기울임
- 청렴결백(淸廉潔白) : 마음이 맑고 깨끗하며 재물 욕심이 없음
- 청풍명월(淸風明月) : '맑은 바람과 밝은 달'이라는 뜻으로, 결백하고 온건한 성격을 평하여 이르는 말
- 칠전팔기(七顚八起) : '일곱 번 넘어져도 여덟 번째 일어난다'는 뜻으로, 실패를 거듭하여도 굴하지 않고 다시 일어섬
- 파죽지세(破竹之勢) : '대나무를 쪼개는 기세'라는 뜻으로, 세력이 강하여 걷잡을 수 없이 나아가는 모양

(2) 관계

- 각골통한(刻骨痛恨) : 뼈에 사무치도록 마음속 깊이 맺힌 원한
- 견리망의(見利忘義) : 눈앞의 이익을 보면 탐내어 의리를 저버림
- 군신유의(君臣有義) : 임금과 신하 사이에 의리가 있어야 함
- 권토중래(捲土重來) : '흙먼지를 날리며 다시 온다'는 뜻으로, 한 번의 실패에 굴하지 않고 몇 번이고 다시 일어남
- 난형난제(難兄難弟) : '누구를 형이고 아우라 하기 어렵다'는 뜻으로, 사물의 우열이 없다는 말, 즉 비슷하다는 말
- 동고동락(同苦同樂) : '괴로움과 즐거움을 함께한다'는 뜻으로, 같이 고생하고 같이 즐김
- 망은배의(忘恩背義) : 은혜를 잊고 의리를 배반함
- 배은망덕(背恩忘德) : 남에게 입은 은덕을 잊고 배반함
- 백아절현(伯牙絶絃) : '백아가 거문고 줄을 끊어 버렸다'는 뜻으로, 자기를 알아주는 절친한 벗의 죽음을 슬퍼함
- 불구대천(不俱戴天) : 하늘 아래 같이 살 수 없는 원수, 죽여 없애야 할 원수
- 비분강개(悲憤慷慨) : 슬프고 분한 느낌이 마음속에 가득 차 있음
- 앙사부육(仰事俯育) : 위로는 부모를 섬기고 아래로는 처자를 보살핌
- 이심전심(以心傳心) : '석가와 가섭이 마음으로 마음에 전한다'는 뜻으로, 마음과 마음이 통하고, 말을 하지 않아도 의사가 전달됨
- 인면수심(人面獸心) : '얼굴은 사람의 모습을 하였으나 마음은 짐승과 같다'는 뜻으로, 사람의 도리를 지키지 못하고 배은망덕하거나 행동이 흉악하고 음탕한 사람
- 풍수지탄(風樹之歎) : 부모에게 효도를 다하려고 생각할 때에는 이미 돌아가셔서 그 뜻을 이룰 수 없음을 이르는 말

(3) 언행

- 각주구검(刻舟求劍) : '칼을 강물에 떨어뜨리자 뱃전에 그 자리를 표시했다가 나중에 그 칼을 찾으려 한다'는 뜻으로, 판단력이 둔하여 융통성이 없고 어리석다는 뜻
- 교각살우(矯角殺牛) : '쇠뿔 바로잡으려다 소를 죽인다'는 뜻으로, 결점이나 흠을 고치려 수단이 지나쳐 도리어 일을 그르침
- 과유불급(過猶不及) : '모든 사물이 정도를 지나치면 미치지 못한 것과 같다'는 뜻으로, 중용이 중요함을 가리키는 말
- 다기망양(多岐亡羊) : '갈림길이 많아 잃어버린 양을 찾지 못하다'는 뜻으로, 방침이 많아 할 바를 모르게 됨
- 만시지탄(晚時之歎) : '때늦은 한탄'이라는 뜻으로, 시기가 늦어 기회를 놓친 것이 원통해 탄식함
- 망자계치(亡子計齒) : '죽은 자식 나이 세기'라는 뜻으로, 이미 지나간 쓸데없는 일을 생각하며 애석하게 여김
- 사가망처(徙家忘妻) : '이사하면서 아내를 잊어버린다'는 뜻으로, 건망증이 심한 사람이나 의리를 분별하지 못하는 어리석은 사람을 비유해 이르는 말
- 상전벽해(桑田碧海) : '뽕나무밭이 푸른 바다가 되었다'는 뜻으로, 세상이 몰라볼 정도로 바뀐 것
- 소탐대실(小貪大失) : 작은 것을 탐하다가 오히려 큰 것을 잃음

- 아전인수(我田引水) : '자기 논에만 물을 끌어넣는다'는 뜻으로, 자기의 이익을 먼저 생각하고 행동함
- 양두구육(羊頭狗肉) : '양 머리를 걸어 놓고 개고기를 판다'는 뜻으로, 말과 행동이 일치하지 않음을 뜻함
- 어부지리(漁夫之利) : '어부의 이익'이라는 뜻으로, 둘이 다투는 틈을 타서 엉뚱한 제3자가 이익을 가로챔을 이르는 말
- 자가당착(自家撞着) : 말이나 행동이 서로 앞뒤가 맞지 않음
- 토사구팽(兎死狗烹) : '사냥하러 가서 토끼를 잡으면 사냥하던 개는 쓸모가 없게 되어 삶아 먹는다'는 뜻으로, 필요할 때 요긴하게 써 먹고 쓸모가 없어지면 가혹하게 버린다는 뜻
- 허장성세(虛張聲勢) : '헛되이 목소리의 기세만 높인다'는 뜻으로, 실력이 없으면서도 허세로만 떠벌림

(4) 은혜

- 각골난망(刻骨難忘) : 입은 은혜에 대한 고마운 마음이 뼈에까지 사무쳐 잊히지 아니함
- 결초보은(結草報恩) : '풀을 묶어서 은혜를 갚는다'는 뜻으로, 죽어 혼이 되더라도 입은 은혜를 잊지 않고 갚음
- 반포지효(反哺之孝) : '까마귀 새끼가 자란 뒤에 늙은 어미에게 먹이를 물어다 주는 효성'이라는 뜻으로, 자식이 자라서 부모를 봉양함
- 생사골육(生死骨肉) : '죽은 자를 살려 백골에 살을 붙인다'는 뜻으로, 큰 은혜를 베풂을 이르는 말

(5) 횡포

- 지록위마(指鹿爲馬) : '사슴을 가리켜 말이라고 한다'라는 뜻으로, 사실이 아닌 것을 사실로 만들어 강압으로 인정하게 함
- 호가호위(狐假虎威) : '여우가 호랑이의 위세를 빌려 호기를 부린다'는 뜻으로, 남의 세를 빌어 위세를 부림
- 가렴주구(苛斂誅求) : 가혹하게 세금을 거두거나 백성의 재물을 억지로 빼앗음

(6) 교훈

- 살신성인(殺身成仁) : '자신의 몸을 죽여 인을 이룬다'는 뜻으로, 자신을 희생하여 옳은 도리를 행함
- 읍참마속(泣斬馬謖) : '눈물을 머금고 마속의 목을 벤다'는 뜻으로, 사랑하는 신하를 법대로 처단하여 질서를 바로잡음을 이르는 말
- 일벌백계(一罰百戒) : 한 사람을 벌줌으로써 여러 사람의 경각심을 불러일으킴

(7) 위기

- 건곤일척(乾坤一擲) : '하늘이냐 땅이냐를 한 번 던져서 결정한다'는 뜻으로, 운명과 흥망을 걸고 단판으로 승부나 성패를 겨룸
- 명재경각(命在頃刻) : '목숨이 경각에 달렸다'는 뜻으로, 거의 죽게 되어 숨이 곧 끊어질 지경에 이름
- 배수지진(背水之陣) : '물을 등지고 진을 친다'는 뜻으로, 물러설 곳이 없어 목숨을 걸고 싸울 수밖에 없는 지경을 이르는 말
- 백척간두(百尺竿頭) : '백 자나 되는 높은 장대 위에 올라섰다'는 뜻으로, 위태로움이 극도에 달함
- 새옹지마(塞翁之馬) : '변방에 사는 노인의 말'이라는 뜻으로, 인생의 길흉화복은 늘 바뀌어 변화가 많음을 이르는 말

- 일촉즉발(一觸卽發) : '한 번 닿기만 하여도 곧 폭발한다'는 뜻으로, 조그만 자극에도 큰일이 벌어질 것 같은 아슬아슬한 상태를 이르는 말
- 진퇴양난(進退兩難) : 나아갈 수도 물러설 수도 없는 궁지에 빠짐
- 풍비박산(風飛雹散) : '바람이 불어 우박이 이리저리 흩어진다'는 뜻으로, 엉망으로 깨어져 흩어져 버림

(8) 가난

- 가도벽립(家徒壁立) : '빈한한 집안이라서 아무것도 없고 네 벽만 서 있다'는 뜻으로, 살림이 심히 구차함을 이르는 말
- 단사표음(簞食瓢飮) : '대그릇의 밥과 표주박의 물'이라는 뜻으로, 좋지 못한 적은 음식
- 삼순구식(三旬九食) : '삼순, 곧 한 달에 아홉 번 밥을 먹는다'는 뜻으로, 집안이 가난하여 먹을 것이 없어 굶주린다는 말
- 삼간초가(三間草家) : '세 칸짜리 초가'라는 뜻으로, 아주 보잘것없는 초가를 이르는 말
- 폐포파립(敝袍破笠) : '해진 옷과 부러진 갓'이란 뜻으로, 너절하고 구차한 차림새를 말함

SECTION 2 | **혼동하기 쉬운 한글 맞춤법**

(1) 사이시옷

사이시옷은 다음과 같은 경우에 받쳐 적는다.

① 순 우리말로 된 합성어로서 앞말이 모음으로 끝난 경우

- **뒷말의 첫소리가 된소리로 나는 것**

고랫재	귓밥	나룻배
댓가지	뒷갈망	맷돌
머릿기름	바닷가	부싯돌
선짓국	이랫집	잇자국
잿더미	쳇바퀴	햇볕

- **뒷말의 첫소리 'ㄴ, ㅁ' 앞에서 'ㄴ' 소리가 덧나는 것**

아랫니	텃마당	뒷머리
잇몸	냇물	빗물

- **뒷말의 첫소리 모음 앞에서 'ㄴㄴ'소리가 덧나는 것**

두렛일	뒷일	베갯잇
깻잎	나뭇잎	댓잎

② 순 우리말과 한자어로 된 합성어로서 앞말이 모음으로 끝난 경우

• 뒷말의 첫소리가 된소리로 나는 것

귓병	머릿방	샛강
자릿세	전셋집	찻잔
탯줄	텃세	핏기
햇수	콧병	횟가루

• 뒷말의 첫소리 'ㄴ, ㅁ' 앞에서 'ㄴ' 소리가 덧나는 것

곗날	제삿날	훗날
툇마루	양칫물	

• 뒷말의 첫소리 모음 앞에서 'ㄴㄴ'소리가 덧나는 것

가욋일	사삿일	예삿일
훗일		

③ 두 음절로 된 다음 한자어

곳간(庫間)	셋방(貰房)	숫자(數字)
찻간(車間)	툇간(退間)	횟수(回數)

(2) '-이'와 '-히'

① '-이'로 적는 것

• 겹쳐 쓰인 명사 뒤 : 겹겹이, 곳곳이, 나날이, 번번이, 살살이, 길길이 등

• 'ㅅ' 받침 뒤 : 나긋나긋이, 남짓이, 뜨뜻이, 지긋이, 버젓이 등

• 'ㅂ' 불규칙 용언의 어간 뒤 : 가벼이, 괴로이, 기꺼이, 너그러이, 쉬이, 새로이 등

• '-하다'가 붙지 않는 용어 어간 뒤 : 같이, 굳이, 깊이, 많이, 높이 등

• 부사 뒤 : 곰곰이, 더욱이, 생긋이, 오뚝이, 일찍이, 히죽이 등

② '-히'로 적는 것

• '-하다'가 붙는 어근 뒤(단, 'ㅅ' 받침 제외) : 간편히, 고요히, 급히, 나른히, 꼼꼼히, 정확히 등

• '-하다'가 붙는 어근에 '-히'가 결합하여 된 부사에서 온 말 : 익히(← 익숙히), 특히(← 특별히)

• 어원적으로는 '-하다'가 붙지 않는 어근에 부사화 접미사가 결합한 형태로 분석되더라도, 그 어근 형태소의 본뜻이 유지되고 있지 않은 단어의 경우는 익어진 발음 형태로 '히'로 적는다.

(3) 'ㅂ' 소리나 'ㅎ' 소리가 덧나는 경우

두 말이 어울릴 때 'ㅂ' 소리나 'ㅎ' 소리가 덧나는 것은 소리 나는 대로 적는다.

① 'ㅂ' 소리가 덧나는 경우

멥쌀(메ㅂ쌀)	볍씨(벼ㅂ씨)	입때(이ㅂ때)
입쌀(이ㅂ쌀)	좁쌀(조ㅂ쌀)	햅쌀(해ㅂ쌀)

② 'ㅎ' 소리가 덧나는 경우

머리카락(머리ㅎ가락)	살코기(살ㅎ고기)	수캐(수ㅎ개)
안팎(안ㅎ밖)	암컷(암ㅎ것)	암탉(암ㅎ닭)

(4) 띄어쓰기

① 의존명사와 단위를 나타내는 명사, 열거하는 말 등

- **의존명사는 띄어 쓴다.**

아는 것이 힘이다.	먹을 만큼 먹어라.
떠난 지 오래이다.	뜻한 바를 알겠다.

- **단위를 나타내는 명사는 띄어 쓴다.**

한 개	소 한 마리
스무 살	조기 한 손

※ 단, 순서를 나타낼 때나 숫자와 어울려 쓰는 경우 붙여 쓸 수 있다.

두시 삼십분 사초	삼학년
187미터	409호

- **수를 적을 때는 만 단위로 띄어 쓴다.**

십사억 사천팔백육십이만 구천오백이십일
14억 4,862만 9,521

- **두 말을 이어 주거나 열거할 때 쓰는 다음의 말은 띄어 쓴다.**

극장 겸 회의실	청군 대 백군	학생 및 학부모
사과, 배, 귤 등	아홉 내지 여덟	서울, 인천 등지

- **단음절로 된 단어가 연이어 나타날 경우 붙여 쓸 수 있다.**

좀더 큰것	이말 저말	한잎 두잎

② 보조 용언

보조 용언은 띄어 쓰는 것을 원칙으로 하되, 경우에 따라 붙여 쓰는 것도 허용한다.

원칙	허용
불이 꺼져 간다.	불이 꺼져간다.
어머니를 도와 드렸다.	어머니를 도와드렸다.
비가 올 듯하다.	비가 올듯하다.
이 정도는 할 만하다.	이 정도는 할만하다.
괜히 아는 척한다.	괜히 아는척한다.

제1장 표기의 기본 원칙

제1항 : 국어의 로마자 표기는 국어의 표준 발음법에 따라 적는 것을 원칙으로 한다.

제2항 : 로마자 이외의 부호는 되도록 사용하지 않는다.

제2장 표기 일람

제1항 : 모음은 다음 각호와 같이 적는다.

1. 단모음

ㅏ	ㅓ	ㅗ	ㅜ	ㅡ	ㅣ	ㅐ	ㅔ	ㅚ	ㅟ
a	eo	o	u	eu	i	ae	e	oe	wi

2. 이중 모음

ㅑ	ㅕ	ㅛ	ㅠ	ㅒ	ㅖ	ㅘ	ㅙ	ㅝ	ㅞ	ㅢ
ya	yeo	yo	yu	yae	ye	wa	wae	wo	we	ui

[붙임 1] 'ㅢ'는 'ㅣ'로 소리 나더라도 'ui'로 적는다.

　　　　예 광희문 → Gwanghuimun

[붙임 2] 장모음의 표기는 따로 하지 않는다.

제2항 : 자음은 다음 각호와 같이 적는다.

1. 파열음

ㄱ	ㄲ	ㅋ	ㄷ	ㄸ	ㅌ	ㅂ	ㅃ	ㅍ
g, k	kk	k	d, t	tt	t	b, p	pp	p

2. 파찰음

ㅈ	ㅉ	ㅊ
j	jj	ch

3. 마찰음

ㅅ	ㅆ	ㅎ
s	ss	h

4. 비음

ㄴ	ㅁ	ㅇ
n	m	ng

5. 유음

ㄹ	r, l

[붙임 1] 'ㄱ, ㄷ, ㅂ'은 모음 앞에서는 'g, d, b'로, 자음 앞이나 어말에서는 'k, t, p'로 적는다([ ] 안의 발음에 따라 표기함).

구미	Gumi	영동	Yeongdong	백암	Baegam
옥천	Okcheon	합덕	Hapdeok	호법	Hobeop
월곶[월곧]	Wolgot	벚꽃[벋꼳]	Beotkkot	한밭[한받]	Hanbat

[붙임 2] 'ㄹ'은 모음 앞에서는 'r'로, 자음 앞이나 어말에서는 'l'로 적는다. 단, 'ㄹㄹ'은 'll'로 적는다.

구리	Guri	설악	Seorak	칠곡	Chilgok
임실	Imsil	울릉	Ulleung	대관령[대괄령]	Daegwallyeong

제3장 표기상의 유의점

제1항 : 음운 변화가 일어날 때에는 변화의 결과에 따라 다음 각호와 같이 적는다.

1. 자음 사이에서 동화 작용이 일어나는 경우

백마[뱅마]	Baengma	신문로[신문노]	Sinmunno	종로[종노]	Jongno
왕십리[왕심니]	Wangsimni	별내[별래]	Byeollae	신라[실라]	Silla

2. 'ㄴ, ㄹ'이 덧나는 경우

학여울[항녀울]	Hangnyeoul	알약[알략]	allyak

3. 구개음화가 되는 경우

해돋이[해도지]	haedoji	같이[가치]	gachi	굳히다[구치다]	guchida

4. 'ㄱ, ㄷ, ㅂ, ㅈ'이 'ㅎ'과 합하여 거센소리로 소리 나는 경우

좋고[조코]	joko	놓다[노타]	nota
잡혀[자펴]	japyeo	낳지[나치]	nachi

※ 단, 체언에서 'ㄱ, ㄷ, ㅂ' 뒤에 'ㅎ'이 따를 때에는 'ㅎ'을 밝혀 적는다.

- 묵호(Mukho)
- 집현전[Jiphyeonjeon]

[붙임] 된소리되기는 표기에 반영하지 않는다.

압구정	Apgujeong	낙동강	Nakdonggang	죽변	Jukbyeon
낙성대	Nakseongdae	합정	Hapjeong	팔당	Paldang
샛별	satbyeol	울산	Ulsan	–	–

제2항 : 발음상 혼동의 우려가 있을 때에는 음절 사이에 붙임표(-)를 쓸 수 있다.

중앙	Jung-ang	반구대	Ban-gudae
세운	Se-un	해운대	Hae-undae

제3항 : 고유 명사는 첫 글자를 대문자로 적는다.

부산	Busan	세종	Sejong

제4항 : 인명은 성과 이름의 순서로 띄어 쓴다. 이름은 붙여 쓰는 것을 원칙으로 하되 음절 사이에 붙임표 (-)를 쓰는 것을 허용한다.

이름	원칙	허용
민용하	Min Yongha	Min Yong-ha
송나리	Song Nari	Song Na-ri

※ 이름에서 일어나는 음운 변화는 표기에 반영하지 않는다.

※ 성의 표기는 따로 정한다.

제5항 : '도, 시, 군, 구, 읍, 면, 리, 동'의 행정 구역 단위와 '가'는 각각 'do, si, gun, gu, eup, myeon, ri, dong, ga'로 적고, 그 앞에는 붙임표(-)를 넣는다. 붙임표 앞뒤에서 일어나는 음운 변화는 표기에 반영하지 않는다.

충청북도	Chungcheong buk-do	제주도	Jeju-do	의정부시	Uijeongbu-si
양주군	Yangju-gun	도봉구	Dobong-gu	신창읍	Sinchang-eup
삼죽면	Samjuk-myeon	인왕리	Inwang-ri	당산동	Dangsan-dong
봉천 1동	Bongcheon 1(il)-dong	종로 2가	Jongno 2(i)-ga	퇴계로 3가	Toegyero 3(sam)-ga

[붙임] '시, 군, 읍'의 행정 구역 단위는 생략할 수 있다.

청주시	Cheongju	함평군	Hampyeong	순창읍	Sunchang

제6항 : 자연 지물명, 문화재명, 인공 축조물명은 붙임표(-) 없이 쓴다.

남산	Namsan	속리산	Songnisan	금강	Geumgang
독도	Dokdo	경복궁	Gyeongbokgung	무량수전	Muryangsujeon
연화교	Yeonhwagyo	극락전	Geungnakjeon	안압지	Anapji
남한산성	Namhan sanseong	화랑대	Hwarangdae	불국사	Bulguksa
현충사	Hyeonchungsa	독립문	Dongnimmun	오죽헌	Ojukheon
촉석루	Chokseongnu	종묘	Jongmyo	다보탑	Dabotap

제1장 총칙

제1항 : 표준 발음법은 표준어의 실제 발음을 따르되, 국어의 전통성과 합리성을 고려하여 정함을 원칙으로 한다.

제2장 자음과 모음

제2항 : 표준어의 자음은 다음 19개로 한다.

ㄱ	ㄲ	ㄴ	ㄷ	ㄸ	ㄹ	ㅁ	ㅂ	ㅃ	ㅅ
ㅆ	ㅇ	ㅈ	ㅉ	ㅊ	ㅋ	ㅌ	ㅍ	ㅎ	

제3항 : 표준어의 모음은 다음 21개로 한다.

ㅏ	ㅐ	ㅑ	ㅒ	ㅓ	ㅔ	ㅕ	ㅖ	ㅗ	ㅘ
ㅙ	ㅚ	ㅛ	ㅜ	ㅝ	ㅞ	ㅟ	ㅠ	ㅡ	ㅢ
ㅣ									

제4항 : 'ㅏ, ㅐ, ㅓ, ㅔ, ㅗ, ㅚ, ㅜ, ㅟ, ㅡ, ㅣ'는 단모음으로 발음한다.

[붙임] 'ㅚ, ㅟ'는 이중 모음으로 발음할 수 있다.

제5항 : 'ㅑ, ㅒ, ㅕ, ㅖ, ㅘ, ㅙ, ㅛ, ㅝ, ㅞ, ㅠ, ㅢ'는 이중 모음으로 발음한다.

다만 1. 용언의 활용형에 나타나는 '져, 쪄, 쳐'는 [저, 쩌, 처]로 발음한다.

가지어 → 가져[가저]	찌어 → 쪄[쩌]	다치어 → 다쳐[다처]

다만 2. '예, 례' 이외의 'ㅖ'는 [ㅔ]로도 발음한다.

계집[계:집/게:집]
시계[시계/시게](時計)
메별[메별/메별](袂別)
혜택[혜:택/헤:택](惠澤)

계시다[계:시다/게:시다]
연계[연계/연게](連繫)
개폐[개폐/개페](開閉)
지혜[지혜/지혜](智慧)

다만 3. 자음을 첫소리로 가지고 있는 음절의 'ㅢ'는 [ㅣ]로 발음한다.

늴리리	닁큼	무늬	띄어쓰기	씌어
틔어	희어	희떱다	희망	유희

다만 4. 단어의 첫음절 이외의 '의'는 [ㅣ]로, 조사 '의'는 [ㅔ]로 발음함도 허용한다.

주의[주의/주이]
우리의[우리의/우리에]

협의[허븨/허비]
강의의[강:의의/강:의에]

제3장 음의 길이

제6항 : 모음의 장단을 구별하여 발음하되, 단어의 첫음절에서만 긴소리가 나타나는 것을 원칙으로 한다.

(1)		
눈보라[눈ː보라]	말씨[말ː씨]	밤나무[밤ː나무]
많다[만ː타]	멀리[멀ː리]	벌리다[벌ː리다]

(2)		
첫눈[천눈]	참말[참말]	쌍동밤[쌍동밤]
수많이[수ː마니]	눈멀다[눈멀다]	떠벌리다[떠벌리다]

다만, 합성어의 경우에는 둘째 음절 이하에서도 분명한 긴소리를 인정한다.

반신반의[반ː신바ː늬/반ː신바ː니]	재삼재사[재ː삼재ː사]

[붙임] 용언의 단음절 어간에 어미 '-아/-어'가 결합되어 한 음절로 축약되는 경우에도 긴소리로 발음한다.

보아 → 봐[봐ː]	기어 → 겨[겨ː]	되어 → 돼[돼ː]
두어 → 둬[둬ː]	하여 → 해[해ː]	

다만, '오아 → 와, 지어 → 져, 찌어 → 쪄, 치어 → 쳐' 등은 긴소리로 발음하지 않는다.

제7항 : 긴소리를 가진 음절이라도, 다음과 같은 경우에는 짧게 발음한다.

1. 단음절인 용언 어간에 모음으로 시작된 어미가 결합되는 경우

감다[감ː따] – 감으니[가므니]	밟다[밥ː따] – 밟으면[발브면]
신다[신ː따] – 신어[시너]	알다[알ː다] – 알아[아라]

다만, 다음과 같은 경우에는 예외적이다.

끌다[끌ː다] – 끌어[끄ː러]	떫다[떫ː따] – 떫은[떨ː븐]
벌다[벌ː다] – 벌어[버ː러]	썰다[썰ː다] – 썰어[써ː러]
없다[업ː따] – 없으니[업ː쓰니]	

2. 용언 어간에 피동, 사동의 접미사가 결합되는 경우

감다[감ː따] – 감기다[감기다]	꼬다[꼬ː다] – 꼬이다[꼬이다]
밟다[밥ː따] – 밟히다[발피다]	

다만, 다음과 같은 경우에는 예외적이다.

끌리다[끌ː리다]	벌리다[벌ː리다]	없애다[업ː쌔다]

[붙임] 다음과 같은 복합어에서는 본디의 길이에 관계없이 짧게 발음한다.

밀-물	썰-물	쏜-살-같이	작은-아버지

제4장 받침의 발음

제8항 : 받침소리로는 'ㄱ, ㄴ, ㄷ, ㄹ, ㅁ, ㅂ, ㅇ'의 7개 자음만 발음한다.

제9항 : 받침 'ㄲ, ㅋ', 'ㅅ, ㅆ, ㅈ, ㅊ, ㅌ', 'ㅍ'은 어말 또는 자음 앞에서 각각 대표음 [ㄱ, ㄷ, ㅂ]으로 발음한다.

닦다[닥따]	키읔[키윽]	키읔과[키윽꽈]
옷[옫]	웃다[욷ː따]	있다[읻따]
젖[젇]	빗다[빋따]	꽃[꼳]
쫓다[쫃따]	솥[솓]	뱉다[밷ː따]
앞[압]	덮다[덥따]	

제10항 : 겹받침 'ㄳ', 'ㄵ', 'ㄼ, ㄽ, ㄾ', 'ㅄ'은 어말 또는 자음 앞에서 각각 [ㄱ, ㄴ, ㄹ, ㅂ]으로 발음한다.

넋[넉]	넋과[넉꽈]	앉다[안따]
여덟[여덜]	넓다[널따]	외곬[외골]
핥다[할따]	값[갑]	없다[업ː따]

다만, '밟-'은 자음 앞에서 [밥]으로 발음하고, '넓-'은 다음과 같은 경우에 [넙]으로 발음한다.

(1)
밟다[밥ː따]	밟소[밥ː쏘]	밟지[밥ː찌]
밟는[밥ː는 → 밤ː는]	밟게[밥ː께]	밟고[밥ː꼬]

(2)
넓-죽하다[넙쭈카다]	넓-둥글다[넙뚱글다]

제11항 : 겹받침 'ㄺ, ㄻ, ㄿ'은 어말 또는 자음 앞에서 각가 [ㄱ, ㅁ, ㅂ]으로 발음한다.

닭[닥]	흙과[흑꽈]	맑다[막따]
늙지[늑찌]	삶[삼ː]	젊다[점ː따]
읊고[읍꼬]	읊다[읍따]	

다만, 용언의 어간 말음 'ㄺ'은 'ㄱ' 앞에서 [ㄹ]로 발음한다.

맑게[말께]	묽고[물꼬]	얽거나[얼꺼나]

제12항 : 받침 'ㅎ'의 발음은 다음과 같다.

　　1. 'ㅎ(ㄶ, ㅀ)' 뒤에 'ㄱ, ㄷ, ㅈ'이 결합되는 경우에는, 뒤 음절 첫소리와 합쳐서 [ㅋ, ㅌ, ㅊ]으로 발음한다.

놓고[노코]	좋던[조ː턴]	쌓지[싸치]
많고[만ː코]	않던[안턴]	닳지[달치]

　　[붙임 1] 받침 'ㄱ(ㄺ), ㄷ, ㅂ(ㄼ), ㅈ(ㄵ)'이 뒤 음절 첫소리 'ㅎ'과 결합되는 경우에도, 역시 두 음을 합쳐서 [ㅋ, ㅌ, ㅍ, ㅊ]으로 발음한다.

각하[가카]	먹히다[머키다]	밝히다[발키다]
맏형[마텽]	좁히다[조피다]	넓히다[널피다]
꽂히다[꼬치다]	앉히다[안치다]	

　　[붙임 2] 규정에 따라 'ㄷ'으로 발음되는 'ㅅ, ㅈ, ㅊ, ㅌ'의 경우에도 이에 준한다.

옷 한 벌[오탄벌]	낮 한때[나탄때]	꽃 한 송이[꼬탄송이]
숱하다[수타다]		

　　2. 'ㅎ(ㄶ, ㅀ)' 뒤에 'ㅅ'이 결합되는 경우에는, 'ㅅ'을 [ㅆ]으로 발음한다.

닿소[다ː쏘]	많소[만ː쏘]	싫소[실쏘]

　　3. 'ㅎ' 뒤에 'ㄴ'이 결합되는 경우에는, [ㄴ]으로 발음한다.

놓는[논는]	쌓네[싼네]

　　[붙임] 'ㄶ, ㅀ' 뒤에 'ㄴ'이 결합되는 경우에는, 'ㅎ'을 발음하지 않는다.

않네[안네]	않는[안는]
뚫네[뚤네 → 뚤레]	뚫는[뚤는 → 뚤른]

　　※ '뚫네[뚤네 → 뚤레], 뚫는[뚤는 → 뚤른]'에 대해서는 제20항 참조

　　4. 'ㅎ(ㄶ, ㅀ)' 뒤에 모음으로 시작된 어미나 접미사가 결합되는 경우에는, 'ㅎ'을 발음하지 않는다.

낳은[나은]	놓아[노아]	쌓이다[싸이다]
많아[마ː나]	않은[아는]	닳아[다라]
싫어도[시러도]		

제13항 : 홑받침이나 쌍받침이 모음으로 시작된 조사나 어미, 접미사와 결합되는 경우에는, 제 음가대로 뒤 음절 첫소리로 옮겨 발음한다.

깎아[까까]	옷이[오시]	있어[이써]
낮이[나지]	꽂아[꼬자]	꽃을[꼬츨]
쫓아[쪼차]	밭에[바테]	앞으로[아프로]
덮이다[더피다]		

제14항 : 겹받침이 모음으로 시작된 조사나 어미, 접미사와 결합되는 경우에는, 뒤엣것만을 뒤 음절 첫소리로 옮겨 발음한다(이 경우, 'ㅅ'은 된소리로 발음함).

넋이[넉씨]	앉아[안자]	닭을[달글]
젊어[절머]	곬이[골씨]	핥아[할타]
읊어[을퍼]	값을[갑쓸]	없어[업ː써]

제15항 : 받침 뒤에 모음 'ㅏ, ㅓ, ㅗ, ㅜ, ㅟ'들로 시작되는 실질 형태소가 연결되는 경우에는, 대표음으로 바꾸어서 뒤 음절 첫소리로 옮겨 발음한다.

밭 아래[바다래]	늪 앞[느밥]	젖어미[저더미]
맛없다[마덥따]	겉옷[거돋]	헛웃음[허두슴]
꽃 위[꼬뒤]		

다만, '맛있다, 멋있다'는 [마싣따], [머싣따]로도 발음할 수 있다.

[붙임] 겹받침의 경우에는, 그중 하나만을 옮겨 발음한다.

넋 없다[너겁따]	닭 앞에[다가페]	값어치[가버치]
값있는[가빈는]		

제16항 : 한글 자모의 이름은 그 받침소리를 연음하되, 'ㄷ, ㅈ, ㅊ, ㅋ, ㅌ, ㅍ, ㅎ'의 경우에는 특별히 다음과 같이 발음한다.

디귿이[디그시]	디귿을[디그슬]	디귿에[디그세]
지읒이[지으시]	지읒을[지으슬]	지읒에[지으세]
치읓이[치으시]	치읓을[치으슬]	치읓에[치으세]
키읔이[키으기]	키읔을[키으글]	키읔에[키으게]
티읕이[티으시]	티읕을[티으슬]	티읕에[티으세]
피읖이[피으비]	피읖을[피으블]	피읖에[피으베]
히읗이[히으시]	히읗을[히으슬]	히읗에[히으세]

제5장 음의 동화

제17항 : 받침 'ㄷ, ㅌ(ㄾ)'이 조사나 접미사의 모음 'ㅣ'와 결합되는 경우에는, [ㅈ, ㅊ]으로 바꾸어서 뒤 음절 첫소리로 옮겨 발음한다.

곧이듣다[고지듣따]	굳이[구지]	미닫이[미ː다지]
땀받이[땀바지]	밭이[바치]	벼훑이[벼훌치]

[붙임] 'ㄷ' 뒤에 접미사 '히'가 결합되어 '티'를 이루는 것은 [치]로 발음한다.

굳히다[구치다]	닫히다[다치다]	묻히다[무치다]

제18항 : 받침 'ㄱ(ㄲ, ㅋ, ㄳ, ㄺ), ㄷ(ㅅ, ㅆ, ㅈ, ㅊ, ㅌ, ㅎ), ㅂ(ㅍ, ㄼ, ㄿ, ㅄ)'은 'ㄴ, ㅁ' 앞에서 [ㅇ, ㄴ, ㅁ]으로 발음한다.

먹는[멍는]	국물[궁물]	깎는[깡는]	키읔만[키응만]	몫몫이[몽목씨]
굵는[궁는]	흙만[흥만]	닫는[단는]	짓는[진ː는]	옷맵시[온맵씨]
있는[인는]	맞는[만는]	젖멍울[전멍울]	쫓는[쫀는]	꽃망울[꼰망울]
붙는[분는]	놓는[논는]	잡는[잠는]	밥물[밤물]	앞마당[암마당]
밟는[밤ː는]	읊는[음는]	없는[엄ː는]		

[붙임] 두 단어를 이어서 한 마디로 발음하는 경우에도 이와 같다.

책 넣는다[챙넌는다]	흙 말리다[흥말리다]
옷 맞추다[온맏추다]	밥 먹는다[밤멍는다]
값 매기다[감매기다]	

제19항 : 받침 'ㅁ, ㅇ' 뒤에 연결되는 'ㄹ'은 [ㄴ]으로 발음한다.

담력[담ː녁]	침략[침ː냑]	강릉[강능]	항로[항ː노]	대통령[대ː통녕]

[붙임] 받침 'ㄱ, ㅂ' 뒤에 연결되는 'ㄹ'도 [ㄴ]으로 발음한다.

막론[막논 → 망논]	석류[석뉴 → 성뉴]
협력[협녁 → 혐녁]	법리[법니 → 범니]

제20항 : 'ㄴ'은 'ㄹ'의 앞이나 뒤에서 [ㄹ]로 발음한다.

(1)

난로[날ː로]	신라[실라]	천리[철리]	광한루[광ː할루]	대관령[대ː괄령]

(2)

칼날[칼랄]	물난리[물랄리]	줄넘기[줄럼끼]	할는지[할른지]

[붙임] 첫소리 'ㄴ'이 'ㄶ', 'ㄾ' 뒤에 연결되는 경우에도 이에 준한다.

닳는[달른]	뚫는[뚤른]	핥네[할레]

다만, 다음과 같은 단어들은 'ㄹ'을 [ㄴ]으로 발음한다.

의견란[의ː견난]	임진란[임ː진난]	생산량[생산냥]
결단력[결딴녁]	공권력[공꿘녁]	동원령[동ː원녕]
상견례[상견녜]	횡단로[횡단노]	이원론[이ː원논]
입원료[이붠뇨]	구근류[구근뉴]	

제21항 : 위에서 지적한 이외의 자음 동화는 인정하지 않는다.

감기[감:기](×[강:기])	옷감[옫깜](×[옥깜])	있고[읻꼬](×[익꼬])
꽃길[꼳낄](×[꼭낄])	젖먹이[전머기](×[점머기])	문법[문뻡](×[뭄뻡])
꽃밭[꼳빧](×[꼽빧])		

제22항 : 다음과 같은 용언의 어미는 [어]로 발음함을 원칙으로 하되, [여]로 발음함도 허용한다.

되어[되어/되여]	피어[피어/피여]

[붙임] '이오, 아니오'도 이에 준하여 [이요, 아니요]로 발음함을 허용한다.

제6장 경음화

제23항 : 받침 'ㄱ(ㄲ, ㅋ, ㄳ, ㄺ), ㄷ(ㅅ, ㅆ, ㅈ, ㅊ, ㅌ), ㅂ(ㅍ, ㄼ, ㄿ, ㅄ)' 뒤에 연결되는 'ㄱ, ㄷ, ㅂ, ㅅ, ㅈ'은 된소리로 발음한다.

국밥[국빱]	깎다[깍따]	넋받이[넉빠지]	삯돈[삭똔]	닭장[닥짱]
칡범[칙뻠]	뻗대다[뻗때다]	옷고름[옫꼬름]	있던[읻떤]	꽃고[꼳꼬]
꽃다발[꼳따발]	낯설다[낟썰다]	밭갈이[받까리]	솥전[솓쩐]	곱돌[곱똘]
덮개[덥깨]	옆집[엽찝]	넓죽하다[넙쭈카다]	읊조리다[읍쪼리다]	값지다[갑찌다]

제24항 : 어간 받침 'ㄴ(ㄵ), ㅁ(ㄻ)' 뒤에 결합되는 어미의 첫소리 'ㄱ, ㄷ, ㅅ, ㅈ'은 된소리로 발음한다.

신고[신:꼬]	껴안다[껴안따]	앉고[안꼬]	얹다[언따]	삼고[삼:꼬]
더듬지[더듬찌]	닮고[담:꼬]	젊지[점:찌]		

다만, 피동, 사동의 접미사 '-기-'는 된소리로 발음하지 않는다.

안기다	감기다	굶기다	옮기다

제25항 : 어간 받침 'ㄼ, ㄾ' 뒤에 결합되는 어미의 첫소리 'ㄱ, ㄷ, ㅅ, ㅈ'은 된소리로 발음한다.

넓게[널께]	핥다[할따]	훑소[훌쏘]	떫지[떨:찌]

제26항 : 한자어에서, 'ㄹ' 받침 뒤에 연결되는 'ㄷ, ㅅ, ㅈ'은 된소리로 발음한다.

갈등[갈뜽]	발동[발똥]	절도[절또]	말살[말쌀]	불소[불쏘](弗素)
일시[일씨]	갈증[갈쯩]	물질[물찔]	발전[발쩐]	몰상식[몰쌍식]
불세출[불쎄출]				

다만, 같은 한자가 겹쳐진 단어의 경우에는 된소리로 발음하지 않는다.

허허실실[허허실실](虛虛實實)	절절-하다[절절하다](切切-)

제27항 : 관형사형 '-(으)ㄹ' 뒤에 연결되는 'ㄱ, ㄷ, ㅂ, ㅅ, ㅈ'은 된소리로 발음한다.

할 것을[할꺼슬]	갈 데가[갈떼가]	할 바를[할빠를]
할 수는[할쑤는]	할 적에[할쩌게]	갈 곳[갈꼳]
할 도리[할또리]	만날 사람[만날싸람]	

다만, 끊어서 말할 적에는 예사소리로 발음한다.

[붙임] '-(으)ㄹ'로 시작되는 어미의 경우에도 이에 준한다.

할걸[할껄]	할밖에[할빠께]	할세라[할쎄라]
할수록[할쑤록]	할지라도[할찌라도]	할지언정[할찌언정]
할진대[할찐대]		

제28항 : 표기상으로는 사이시옷이 없더라도, 관형격 기능을 지니는 사이시옷이 있어야 할(휴지가 성립되는) 합성어의 경우에는, 뒤 단어의 첫소리 'ㄱ, ㄷ, ㅂ, ㅅ, ㅈ'을 된소리로 발음한다.

문-고리[문꼬리]	눈-동자[눈똥자]	신-바람[신빠람]
산-새[산쌔]	손-재주[손째주]	길-가[길까]
물-동이[물똥이]	발-바닥[발빠닥]	굴-속[굴:쏙]
술-잔[술짠]	바람-결[바람껼]	그믐-달[그믐딸]
아침-밥[아침빱]	잠-자리[잠짜리]	강-가[강까]
초승-달[초승딸]	등-불[등뿔]	창-살[창쌀]
강-줄기[강쭐기]		

제7장 음의 첨가

제29항 : 합성어 및 파생어에서, 앞 단어나 접두사의 끝이 자음이고 뒤 단어나 접미사의 첫음절이 '이, 야, 여, 요, 유'인 경우에는, 'ㄴ' 음을 첨가하여 [니, 냐, 녀, 뇨, 뉴]로 발음한다.

솜-이불[솜:니불]	홑-이불[혼니불]	막-일[망닐]
삯-일[상닐]	맨-입[맨닙]	꽃-잎[꼰닙]
내복-약[내:봉냑]	한-여름[한녀름]	남존-여비[남존녀비]
신-여성[신녀성]	색-연필[생년필]	직행-열차[지캥녈차]
늑막-염[능망념]	콩-엿[콩녇]	담-요[담:뇨]
눈-요기[눈뇨기]	영업-용[영엄뇽]	식용-유[시굥뉴]
백분-율[백뿐뉼]	밤-윷[밤:뉻]	

다만, 다음과 같은 말들은 'ㄴ' 음을 첨가하여 발음하되, 표기대로 발음할 수 있다.

이죽-이죽[이중니죽/이주기죽]	야금-야금[야금냐금/야그먀금]
검열[검:녈/거:멸]	욜랑-욜랑[욜랑뇰랑/욜랑욜랑]
금융[금늉/그뮹]	

[붙임 1] 'ㄹ' 받침 뒤에 첨가되는 'ㄴ' 음은 [ㄹ]로 발음한다.

들-일[들:릴]	솔-잎[솔립]	설-익다[설릭따]
물-약[물략]	불-여우[불려우]	서울-역[서울력]
물-엿[물렫]	휘발-유[휘발류]	유들-유들[유들류들]

[붙임 2] 두 단어를 이어서 한 마디로 발음하는 경우에도 이에 준한다.

한 일[한닐]	옷 입다[온닙따]	서른여섯[서른녀섣]
3 연대[삼년대]	먹은 엿[머근녇]	할 일[할릴]
잘 입다[잘립따]	스물여섯[스물려섣]	1 연대[일련대]
먹을 엿[머글렫]		

다만, 다음과 같은 단어에서는 'ㄴ(ㄹ)' 음을 첨가하여 발음하지 않는다.

6·25[유기오]	3·1절[사밀쩔]	송별-연[송:벼련]
등-용문[등용문]		

제30항 : 사이시옷이 붙은 단어는 다음과 같이 발음한다.

1. 'ㄱ, ㄷ, ㅂ, ㅅ, ㅈ'으로 시작하는 단어 앞에 사이시옷이 올 때는 이들 자음만을 된소리로 발음하는 것을 원칙으로 하되, 사이시옷을 [ㄷ]으로 발음하는 것도 허용한다.

냇가[내:까/낻:까]	샛길[새:낄/샏:낄]	빨랫돌[빨래똘/빨랟똘]
콧등[코뜽/콛뜽]	깃발[기빨/긷빨]	대팻밥[대:패빱/대:팯빱]
햇살[해쌀/핻쌀]	뱃속[배쏙/밷쏙]	뱃전[배쩐/밷쩐]
고갯짓[고개찓/고갣찓]		

2. 사이시옷 뒤에 'ㄴ, ㅁ'이 결합되는 경우에는 [ㄴ]으로 발음한다.

콧날[콛날 → 콘날]	아랫니[아랟니 → 아랜니]	툇마루[퇻:마루 → 퇸:마루]
뱃머리[밷머리 → 밴머리]		

3. 사이시옷 뒤에 '이' 음이 결합되는 경우에는 [ㄴㄴ]으로 발음한다.

베갯잇[베갣닏 → 베갠닏]	깻잎[깯닙 → 깬닙]	나뭇잎[나묻닙 → 나문닙]
도리깻열[도리깯녈 → 도리깬녈]	뒷윷[뒫:늋 → 뒨:늋]	

MEMO

정답 및 해설편

2022 9급 군무원 15개년 기출문제집 국어

한눈에 확인하는 15개년 정답 확인표

기출문제

2021년

1	2	3	4	5	6	7	8	9	10
②	④	②	④	③	①	④	③	②	②
11	12	13	14	15	16	17	18	19	20
②	①	④	②	④	③	③	①	④	③
21	22	23	24	25					
③	①	①	①	②					

2020년

1	2	3	4	5	6	7	8	9	10
④	③	②	①	②	④	③	①	④	③
11	12	13	14	15	16	17	18	19	20
③	②	①	③	②	③	④	④	③	④
21	22	23	24	25					
①	②	①	③	④					

2019년

1	2	3	4	5	6	7	8	9	10
③	②	③	③	④	①	②	②	①	①
11	12	13	14	15	16	17	18	19	20
④	③	③	④	④	④	①	①	①	④
21	22	23	24	25					
②	③	④	③	③					

2018년

1	2	3	4	5	6	7	8	9	10
④	④	②	④	③	①	④	①	②	①
11	12	13	14	15	16	17	18	19	20
②	④	②	③	③	③	④	④	④	④
21	22	23	24	25					
②	①	④	③	①					

2017년

1	2	3	4	5	6	7	8	9	10
②	①	①	③	④	②	①	④	①	②
11	12	13	14	15	16	17	18	19	20
②	③	④	①	③	②	①	④	④	④
21	22	23	24	25					
①	③	③	②	②					

2016년

1	2	3	4	5	6	7	8	9	10
①	②	①	④	①	②	③	④	④	②
11	12	13	14	15	16	17	18	19	20
②	①	②	②	④	④	①	④	③	③
21	22	23	24	25					
②	②	②	②	③					

2015년

1	2	3	4	5	6	7	8	9	10
③	③	②	③	④	③	③	①	③	③
11	12	13	14	15	16	17	18	19	20
③	②	③	①	②	②	④	②	②	③
21	22	23	24	25					
④	②	④	④	③					

2014년

1	2	3	4	5	6	7	8	9	10
②	④	②	③	①	③	②	①	②	①
11	12	13	14	15	16	17	18	19	20
③	②	②	③	④	①	③	④	④	②
21	22	23	24	25					
①	③	②	②	①					

2013년

1	2	3	4	5	6	7	8	9	10
①	①	④	①	④	③	②	②	③	④
11	12	13	14	15	16	17	18	19	20
④	②	③	①	②	①	②	①	④	③
21	22	23	24	25					
④	①	③	④	④					

2012년

1	2	3	4	5	6	7	8	9	10
④	③	④	③	②	①	④	①	④	②
11	12	13	14	15	16	17	18	19	20
①	③	①	②	②	③	①	③	③	②
21	22	23	24	25					
④	②	③	①	③					

모의고사

2011년

1	2	3	4	5	6	7	8	9	10
④	③	④	③	③	③	④	②	②	①
11	12	13	14	15	16	17	18	19	20
③	②	③	②	①	②	④	①	②	④
21	22	23	24	25					
③	③	③	③	①					

2010년

1	2	3	4	5	6	7	8	9	10
②	④	③	④	③	②	②	③	②	③
11	12	13	14	15	16	17	18	19	20
③	②	②	②	③	④	③	④	②	②
21	22	23	24	25					
③	③	②	③	③					

2009년

1	2	3	4	5	6	7	8	9	10
④	④	②	④	③	②	②	③	①	①
11	12	13	14	15	16	17	18	19	20
④	④	③	②	①	③	③	②	③	①
21	22	23	24	25					
③	②	③	②	③					

2008년

1	2	3	4	5	6	7	8	9	10
②	①	②	④	④	③	②	③	①	②
11	12	13	14	15	16	17	18	19	20
④	③	④	④	③	②	④	②	④	③
21	22	23	24	25					
①	④	①	③	③					

2007년

1	2	3	4	5	6	7	8	9	10
①	②	③	④	①	③	④	①	①	③
11	12	13	14	15	16	17	18	19	20
④	②	①	②	③	③	①	③	④	③
21	22	23	24	25					
①	③	②	①	②					

1회

1	2	3	4	5	6	7	8	9	10
②	④	①	③	③	②	②	②	③	③
11	12	13	14	15	16	17	18	19	20
④	②	③	①	④	②	②	②	④	④
21	22	23	24	25					
④	③	②	②	②					

2회

1	2	3	4	5	6	7	8	9	10
②	④	④	④	③	①	②	②	②	②
11	12	13	14	15	16	17	18	19	20
③	②	④	④	③	②	②	③	①	④
21	22	23	24	25					
③	④	②	③	③					

3회

1	2	3	4	5	6	7	8	9	10
④	①	③	④	②	②	③	②	②	③
11	12	13	14	15	16	17	18	19	20
④	②	④	①	②	④	①	④	③	③
21	22	23	24	25					
③	④	②	②	③					

PART

04

국어 기출문제
정답 및 해설

국방부(육·해·공군) 시행 필기시험(2021.07.24)

1	2	3	4	5	6	7	8	9	10
②	④	②	④	③	①	④	③	②	②
11	**12**	**13**	**14**	**15**	**16**	**17**	**18**	**19**	**20**
②	①	④	②	④	③	③	①	④	③
21	**22**	**23**	**24**	**25**					
③	①	①	①	②					

01

정답 | ②

해설 | '어떤 분야를 대표할 만하다'라는 의미의 단어는 '내로라하다'이다. '내노라하다'는 '내로라하다'의 잘못이다.
① 갈음하다 : 다른 것으로 바꾸어 대신하다.
③ 겉잡다 : 겉으로 보고 대강 짐작하여 헤아리다.
④ 부딪치다 : 눈길이나 시선 따위가 마주치다.

02

정답 | ④

해설 | 'ㄴ커녕'은 앞말을 지정하여 어떤 사실을 부정하는 보조사로, 보조사 'ㄴ'에 보조사 '커녕'이 결합한 말이다. 조사이므로 앞말과 붙여 써야 하며, 따라서 '그는 돕기는커녕 방해할 생각만 한다.'로 고쳐야 한다.
① '척하다'는 '앞말이 뜻하는 행동이나 상태를 거짓으로 그럴듯하게 꾸밈'을 나타내는 보조 동사로 '−은/는 척하다' 구성으로 쓰인다.
② '등'은 등급이나 석차를 나타내는 의존명사로 앞말과 띄어 쓴다.
③ '데'가 '일'이나 '것'의 뜻을 나타낼 경우 의존명사로 앞말과 띄어 쓴다. 뒤 절에서 어떤 일을 설명하거나 묻기 위해 그 대상과 상관되는 상황을 미리 말할 때 쓰는 연결 어미 '−ㄴ데'와 헷갈리지 않도록 주의한다.

03

정답 | ②

해설 | ⓒ의 '보판'은 판목을 '보존하는(保)' 것이 아니라 '보수하는(補)' 것이므로 '補板(기울 보, 널빤지 판)'으로 표기한다. '保版(지킬 보, 널빤지 판)'은 '인쇄판을 해체하지 아니하고 보관하여 둠'이라는 의미이다.
① 毁損(헐 훼, 덜 손) : 헐거나 깨뜨려 못 쓰게 만듦

③ 埋木(묻을 매, 나무 목) : 나무를 깎아서 만든 쐐기. 재목 따위의 갈라진 틈이나 구멍을 메우는 데 쓴다.
④ 象嵌(모양 상, 돌이 중첩한 모양 감) : 연판(鉛版)이나 동판(銅版) 따위에서 수정할 곳을 도려내고 옳은 활자를 끼워 판을 고치는 일

04

정답 | ④

해설 | '고르다 3'은 동사가 아닌 형용사이므로 현재진행형으로 사용할 수 없다. 현재진행형으로 사용할 수 있는 것은 동사뿐이다.
② 고르다 1, 고르다 2, 고르다 3은 모두 어간의 끝음절 '르'가 '−아/어' 앞에서 'ㄹㄹ'로 바뀌는 '르불규칙활용'이다.

05

정답 | ③

해설 | ① 고르다 2의 「1」에 해당한다.
② 고르다 3의 「2」에 해당한다.
④ 고르다 1에 해당한다.

06

정답 | ①

해설 | (가) 문단은 이전에는 문학, 즉 문(文)의 범위가 매우 컸음을 이야기하였고, (나)에서는 '문'의 개념이 밀려나면서 문학의 범위가 좁아졌음을 이야기하고 있다. 두 문장의 내용이 서로 대비되고 있으므로 제시된 문장은 (가)와 (나) 사이에 들어가는 것이 가장 자연스럽다.

07

정답 | ④

해설 | 한글 맞춤법 제3장 제5절 제11항 붙임에 따라 모음이나 'ㄴ' 받침 뒤에 이어지는 '렬'과 '률'은 각각 '열', '율'로 적는다. 따라서 '백분율'은 옳은 표기이다.
① '빼앗다'의 피동사는 '빼앗기다'이며, 따라서 '빼앗겼나 봐요.'로 고쳐야 한다.
② '하룻동안'이라는 단어는 없다. 각각 별개의 단어이므로 '하루 동안'으로 띄어 써야 한다.
③ '매 때마다'를 의미하는 부사는 '번번이'이다.

2021년

2020년

2019년

2018년

2017년

2016년

2015년

2014년

2013년

2012년

2011년

2010년

2009년

2008년

2007년

08

정답 | ③

해설 | ㉠을 기준으로 앞 문장은 '진화가 인간에게도 영향을 끼쳤다'는 골턴의 주장이 나타나 있고, 뒤 문장은 그의 그러한 주장이 가진 한계점을 이야기하고 있다. 따라서 ㉠에는 앞의 내용과 뒤의 내용이 상반될 때 쓰는 역접의 접속 부사인 '그러나'가 들어가는 것이 적절하다. ㉡의 경우 골턴의 주장이 가진 한계점으로 인해 오늘날에는 그의 주장이 설득력이 떨어진다고 이야기하고 있으므로, ㉡에는 앞에서 말한 일이 뒤에서 말할 일의 원인, 이유, 근거가 됨을 나타내는 인과의 접속 부사 '따라서'가 들어가야 한다.

09

정답 | ②

해설 | ① 리모콘(×) → 리모컨(○), 버턴(×) → 버튼(○)

③ 컨센트(×) → 콘센트(○)

④ 썬루프(×) → 선루프(○), 스폰지(×) → 스펀지(○)

10

정답 | ②

해설 | 제시된 글은 정극인의 「상춘곡」으로, 화자인 '나'는 시냇물(碧溪水)를 앞에 둔 초가집(數間 茅屋)에서 사립문(柴扉), 정자(亭子)로 이동하며 시상을 전개하고 있다.

① '홍진에 묻힌 분'은 속세에 사는 사람들을 말하는 것으로, 화자가 이들을 부른 후에 시상을 전개하고는 있으나 이들의 대답은 나타나지 않으며, 묻고 대답하는 형식으로 구성된 것은 아니다.

③ '이웃'에게는 산수 구경을 가자고 권하고 있을 뿐, 이를 통해 봄의 아름다움을 객관화하고 있지는 않다. 오히려 화자는 봄의 아름다움을 주관적으로 찬미하고 있다.

④ 제시된 글에 여음은 나타나지 않는다.

> **정극인 「상춘곡」**
> • 갈래 : 서정 가사, 양반 가사
> • 성격 : 서정적, 묘사적, 자연 친화적, 예찬적
> • 주제 : 봄 경치를 즐기는 강호가도와 안빈낙도
> • 현대어 풀이
> 　속세에 묻혀 사는 사람들아, 이 내 생활이 어떠한가?
> 　옛 사람들의 풍류에 미칠까 못 미칠까?
> 　세상천지 남자들 가운데 나만 한 사람들이 많겠지마는
> 　산림에 묻혀 사는 지극한 즐거움을 모른단 말인가?
> 　몇 칸짜리 초가집을 맑은 시냇물 앞에 지어 놓고
> 　소나무, 대나무가 울창한 풍월 주인이 되었구나.
> 　엊그제 겨울 지나 새봄이 돌아오니
> 　복사꽃, 살구꽃이 석양 속에 피어 있고
> 　푸른 버들, 예쁜 풀들은 가랑비 속에 푸르도다.

칼로 제단해 냈는가? 붓으로 그려 냈는가?

조물주의 신기한 재주가 사물마다 야단스럽구나.

수풀에서 우는 새는 봄기운을 끝내 이기지 못해 소리마다 아양을 떠는 모습이로다.

자연과 내가 한 몸이니 흥겨움이 다르겠는가?

사립문 주변을 걸어 보기도 하고, 정자에도 앉아 보니 이리저리 거닐며 나직이 시를 읊조리니 산속의 하루가 고요한데,

한가로운 가운데 참된 즐거움을 아는 이 없이 나 혼자로구나.

여보게 이웃 사람들아, 산수 구경 가자꾸나!

11

정답 | ②

해설 | (가)에서 화자는 수풀 속에서 우는 새를 보며 '봄기운을 못 이기고 교태를 부린다'고 이야기하였다. 이는 화자 자신의 감정을 자연물인 '새'에 이입하여 나타낸 것이며, 이를 통해 '산수자연 속의 모든 존재들과 합일하는 흥겨움의 마음'을 드러내고 있다.

12

정답 | ①

해설 | '기울이다'는 원형 '기울다'의 어간 '기울–'에 사동 접미사 '–이–'와 종결 어미 '–다'가 결합한 형태로, 피동사가 아닌 사동사이다. 의미상으로도 다른 외부 요인으로 인해 귀가 기울어진 것이 아니라 '그'가 직접 귀를 기울도록 만든 것이므로 피동이 아닌 사동의 형태임을 추론할 수 있다.

13

정답 | ④

해설 | 로마자 표기 시 된소리되기를 제외한 음운 변동을 반영한다. '정릉'은 [정능]으로 발음되므로 'Jeongneung'으로 표기하는 것이 옳다.

① sundai(×) → sundae(○) : 로마자 표기 시 'ㅐ'는 'ae'로 표기한다.

② Gwanghimun(×) → Gwanghuimun(○) : 로마자 표기 시 'ㅢ'는 [ㅣ]로 소리 나더라도 'ui'로 적는다.

③ Wangsibni(×) → Wangsimni(○) : '왕십리'는 자음동화로 인해 [왕심니]로 발음되므로 'Wangsimni'로 표기한다.

14

정답 | ②

해설 | 열거된 항목 중 어느 하나가 자유롭게 선택될 수 있음을 나타낼 때는 대괄호가 아니라 중괄호를 사용한다.

괄호의 사용	
소괄호 ( )	• 주석이나 보충적인 내용을 덧붙일 때 • 생략 가능한 요소임을 나타낼 때 • 우리말 표기와 원어 표기를 아울러 보일 때 • 희곡 등의 대화에서 동작이나 분위기, 상태 등을 드러낼 때 • 내용이 들어갈 자리임을 나타낼 때
중괄호 { }	• 같은 범주에 속하는 여러 요소를 세로로 묶어서 보일 때 • 열거된 항목 중 어느 하나가 자유롭게 선택될 수 있음을 보일 때
대괄호 [ ]	• 괄호 안에 또 괄호를 쓸 때 • 고유어에 대응하는 한자어를 함께 보일 때

15

정답 | ④

해설 | '유행(流行)'은 '특정한 행동 양식이나 사상 따위가 일시적으로 많은 사람의 추종을 받아서 널리 퍼짐. 또는 그런 사회적 동조 현상이나 경향'을 의미한다. 제시된 글에서는 1930년대 '패션'이나 '거리의 풍경' 등이 뉴욕과 경성에서 비슷한 형태로 나타나게 되었음을 이야기하고 있다. 이러한 글의 맥락을 고려했을 때 ㉠에 들어갈 말로 가장 적절한 것은 '유행(流行)'이다.

① 성행(盛行) : 매우 성하게 유행함

② 편승(便乘) : 세태나 남의 세력을 이용하여 자신의 이익을 거둠을 비유적으로 이르는 말

③ 기승(氣勝) : 기운이나 힘 따위가 성해서 좀처럼 누그러들지 않음. 또는 그 기운이나 힘

16

정답 | ③

해설 | (가)에서 유행의 확산으로 뉴욕과 파리, 경성의 거리가 획일적인 풍경이 되었다고 이야기하였다. 그리고 (다)에서 이러한 유행의 확산 사례로 '파자마(침의패션)'을 제시하고 있다. 따라서 (가) 뒤에는 (다)가 이어져야 한다. 그리고 (나)에서 역접 접속 부사 '그러나'를 사용하여 '파자마'를 비롯한 패션은 획일적이나 그 풍경은 획일적이지 못했다는 이야기를 하며, 당시 조선의 전근대적 상황을 언급하고 있다. (나)에서 언급한 조선의 전근대적 상황은 (마)에서 이어받아 당시 조선인이 '전근대'를 벗어나 '근대'로 이행하는 데 미디어의 역할이 컸음을 이야기하였으며, (라)에서 그 자세한 사례로 조선의 여성이 신문과 라디오를 통해 '속성 세계인'으로 변모하는 모습을 소개한다. 이를 종합하였을 때 (가) 뒤에 이어질 제시문의 순서는 (다) – (나) – (마) – (라)이다.

17

정답 | ③

해설 | (다)에서 파자마(침의패션)라는 유행이 '서구에서 시작하여 일본을 거쳐 한국으로 전달되었다'고 설명하였다.

① (나)에서 "뉴욕걸이나 할리우드 배우들이나 경성의 모던걸이 입은 패션은 동일해도"라고 이야기하였다.

② (라)에서 조선 여성이 "신문이나 라디오 같은 미디어를 통해 속성 세계인이 될 수 있었다"고 설명하였다.

④ (라)에서 미디어로 인해 조선 여성은 세계적인 불안, 즉 "자본주의적 근대의 환상과 그 이면의 불안"을 동시에 안게 되었음을 설명하였다.

18

정답 | ①

해설 | '비지'는 '두부를 만들고 남은 찌꺼기'를 의미하는 고유어이며, '땀'은 '사람의 피부나 동물의 살가죽에서 나오는 찝찔한 액체'를 의미하는 고유어이다.

② 사랑채 = 舍(집 사)廊(사랑채 랑) + 채

③ 쌍동밤 = 雙(둘 쌍)童(아이 동) + 밤

④ 장작불 = 長(길 장)斫(벨 작) + 불

19

정답 | ④

해설 | 고기잡이, 감자, 나룻배 모두 화자의 고향인 '삼포'의 옛 모습을 나타낸다. 반면 '신작로'는 산업화의 결과물로서 변해 버린 '삼포'의 모습을 나타낸다.

황석영 「삼포 가는 길」
• 갈래 : 단편 소설, 사실주의 소설 • 성격 : 사실적, 현실 비판적 • 시점 : 전지적 작가 시점 • 주제 : 산업화 과정에서 소외된 하층민들의 애환과 연대 의식

2021년

2020년

2019년

2018년

2017년

2016년

2015년

2014년

2013년

2012년

2011년

2010년

2009년

2008년

2007년

20

정답 | ③

해설 | 「삼포 가는 길」은 급격한 산업화의 흐름 속에서 정신적 위안이 되는 '고향'을 잃어버리고 그 상실감을 겪는 이들에 대한 이야기이다. 이는 제시된 글의 "마음의 정처를 방금 잃어버렸던 때문이었다."에서도 엿볼 수 있다. 이를 표현한 시구로 가장 적절한 것은 자신이 마음 주고자 했던 모든 것들이 '폐허'가 되어 버린 상실감을 이야기하고 있는 "내가 사랑했던 자리마다 모두 폐허다."이다.

21

정답 | ③

해설 | 제시된 글은 을지문덕의 「여수장우중문」이다. 「여수장우중문」은 수나라 장수인 우중문에게 보내는 시로, 겉으로는 상대를 칭찬하나 그 속내를 뜯어보면 반어법을 사용해 상대를 비꼬는 내용을 담고 있다. 표면적으로 나타난 이 시의 내용은 우중문에 대한 찬양으로, 따라서 이 시의 주된 정조는 '일이 뜻대로 이루어져 기쁜 표정이 얼굴에 가득함'이라는 의미의 '득의만면(得意滿面)'이다.
① 悠悠自適(유유자적) : 속세를 떠나 아무 속박 없이 조용하고 편안하게 삶
② 戀戀不忘(연연불망) : 그리워서 잊지 못함
④ 山紫水明(산자수명) : 산은 자줏빛이고 물은 맑다는 뜻으로, 경치가 아름다움을 이르는 말

22

정답 | ①

해설 | '혼수를 간소하게 하라는 요청'이 '부담감을 벗겨주었다'고 설명하였으므로, 이는 화자가 바라는 일이었음을 알 수 있다. 따라서 ㉠에 들어갈 말로 가장 적절한 것은 '감히 청하지는 못하나 본래 바라고 있던 말'임을 의미하는 '불감청이언정 고소원이어서'이다.
② 배보다 배꼽이 더 크다 : 기본이 되는 것보다 덧붙이는 것이 더 많거나 큰 경우를 비유적으로 이르는 말
③ 미운 자식(아이) 떡 하나 더 준다 : 미울수록 더 정답게 대해야 미워하는 미음이 가신다는 말
④ 똥 묻은 개가 겨 묻은 개 나무란다 : 자기는 더 큰 흉이 있으면서 도리어 남의 작은 흉을 보는 경우를 비꼬아 이르는 말

23

정답 | ①

해설 | 제시된 시에서는 구름과 달빛의 흐름, 물길의 이미지 등을 결합하여 정처 없이 유랑하는 나그네의 모습을 형상화하고 있다. 즉, '구름'과 '물길'은 정처 없이 유랑하는 내적 현실을 암시한다.

> **조지훈 「완화삼」**
> • 갈래 : 자유시, 서정시
> • 성격 : 민요적, 낭만적, 애상적
> • 주제 : 잃어버린 고향에 대한 회복, 다정다한(多情多恨) 나그네의 우수
> • 특징
>   – 민요적 수사를 활용
>   – 구름, 물결 등을 통해 떠나감과 흐름의 이미지를 형상화
>   – 산새의 울음, 저녁 노을 등 소멸과 상실의 이미지를 나그네의 이미지와 결합하여 유랑, 애수, 한의 감정을 드러냄

24

정답 | ①

해설 | 표준 발음법 제20항에 따르면 'ㄴ'은 'ㄹ'의 앞이나 뒤에서 [ㄹ]로 발음한다. 따라서 '마천루'는 [마철루]로 발음해야 한다.
②~④ 표준 발음법 제20항 붙임에 따르면 '공권력, 생산녁(생산량), 결단력' 등은 'ㄹ'을 [ㄴ]으로 발음하여 각각 [공꿘녁], [생산녁(생산낭)], [결딴녁]으로 발음한다.

25

정답 | ②

해설 | 제시된 글에서는 우리나라가 더 이상 예전의 '작은 나라'가 아니라 전 세계의 주목과 관심을 받고 있으며 그 예술성을 인정받는 국가가 되었음을 이야기하며, 우리 특유의 끼, 섬세한 재능과 디테일한 예술적 취향을 바탕으로 '새로운 역사'를 쓸 수 있는 전환점에 서 있다고 말하고 있다. 이를 종합하였을 때 제시된 글은 '다가오는 미래에 대한 희망찬 포부'를 이야기하고 있다고 볼 수 있다.

국방부(육·해·공군) 시행 필기시험(2020.07.18)

1	2	3	4	5	6	7	8	9	10
④	③	②	①	②	④	③	①	④	③
11	**12**	**13**	**14**	**15**	**16**	**17**	**18**	**19**	**20**
③	②	①	③	②	④	③	④	③	④
21	**22**	**23**	**24**	**25**					
①	②	①	②	④					

01

정답 | ④

해설 | ④의 문장에서 주어는 '장미꽃'이고 서술어는 '피었다'이다. 주어와 서술어가 하나씩만 있으므로 홑문장이다.
① '빨간 모자'라는 관형절을 안은 겹문장이다.
② '봄이 오다'와 '꽃이 피다'라는 두 개의 문장이 종속적으로 이어진 겹문장이다.
③ '남긴 만큼 버려지다'와 '버린 만큼 오염되다'라는 두 개의 문장이 대등하게 이어진 겹문장이다.

> **홑문장과 겹문장**
> • 홑문장 : 주어와 서술어의 관계가 한 번만 나타나는 문장
> 예 <u>바다가</u> 파랗다.
> • 겹문장 : 주어와 서술어의 관계가 두 번 이상 나타나는 문장
> 예 해가 떠오르고 <u>하늘이</u> 밝아졌다.

> **문장의 확대**
> • 이어진문장
> – 대등하게 이어진 문장 : 앞 문장과 뒤 문장의 의미 관계가 대등한 문장
> 예 사과는 빨갛다 + 바나나는 노랗다 → 사과는 빨갛고 바나나는 노랗다.
> – 종속적으로 이어진 문장 : 앞 문장과 뒤 문장의 의미가 독립적이지 못하고 종속적인 문장
> 예 사과는 빨갛다 + 바나나는 노랗다 → 사과는 빨갛지만 바나나는 노랗다.
> • 안긴문장과 안은문장
> – 안긴문장 : 다른 문장 속의 문장 성분이 된 홑문장
> – 안은문장 : 안긴문장을 포함하고 있는 겹문장

> – 명사절을 안은 문장 : 명사형 어미가 붙은 절이 문장 안에서 주어, 목적어 등의 역할을 하는 안은문장
> 예 나는 <u>날씨가 좋아지기</u>를 빌었다.
> – 관형절을 안은 문장 : 관형사형 어미가 붙은 절이 문장 안에서 관형어의 역할을 하는 안은문장
> 예 나는 <u>형이 사 준</u> 가방을 들었다.
> – 부사절을 안은 문장 : 부사형 어미가 붙은 절이 문장 안에서 부사어의 역할을 하는 안은문장
> 예 비가 <u>소리도 없이</u> 내린다.
> – 서술절을 안은 문장 : 문장 안에서 서술어의 역할을 하는 절을 안은 안은문장
> 예 지희는 <u>피부가 좋다</u>.
> – 인용절을 안은 문장 : 다른 사람의 말을 인용하는 인용절을 안은 안은문장
> 예 그는 <u>범인이 안에 있다고</u> 말했다.

02

정답 | ③

해설 | ① '도움을 받기도 한다'에서 누구의 혹은 누구에게 도움을 받는지가 생략되어 있다. 올바른 문장이 되려면 '～남을 도와주기도 하고 남에게 도움을 받기도 한다.'가 되어야 한다.
② '환담'은 '정답고 즐겁게 서로 이야기함. 또는 그런 이야기'라는 뜻이다. 상을 치르고 있는 상주인 형이 조문객과 환담을 나눈다는 것은 문맥상 적절하지 않다.
④ '여간하다'는 '이만저만하거나 어지간하다.'라는 뜻의 단어로 '아니다', '않다' 등의 부정어 앞에 쓰인다. 따라서 '～가까이 가는 것만 해도 여간한 우대가 아니었다.'와 같이 사용해야 한다.

03

정답 | ②

해설 | 스크린 도어는 차단문이 아닌 '안전문'으로 순화를 권장하고 있다.
※ 순화어의 경우 표준국어대사전에 등록되어 있지 않은 단어도 출제되는 경향이 있으므로 주의할 것

04

정답 | ①

해설 | '블루칼라(blue collar)'는 생산직에 종사하는 육체노동자들이 입었던 작업복이 주로 푸른색이었던 것에서 유래한 말로, '육체노동자'를 표현하기 위해 이들의 일부나 특징을 들어 전체를 나타내는 '대유법' 중 대상을 그와 관련 있는 다른 사물을 빌어 나타내는 방법인 '환유법'이 사용된 표현이다. 나머지 문장은 어떤 대상을 그와 비슷한 성격을 가지고 있는 다른 사물에 빗대어 표현하는 방법인 '은유법'이 사용되었다.

비유법

- **직유법** : 원관념과 보조관념을 직접 연결시키는 기법
  📖 구렁이 담 넘어가듯 넘어가는 모양
- **은유법** : 어떤 대상을 그와 비슷한 성격을 가지고 있는 다른 사물에 빗대어 표현하는 기법
  📖 당신은 나의 태양이오.
- **의인법** : 사람이 아닌 무생물이나 생물의 모습을 사람처럼 표현하는 기법
  📖 바다가 불러 주는 자장 노래
- **활유법** : 무생물을 생물로, 비정물을 유정물로 나타내는 기법
  📖 목마른 대지가 물을 빨아들이다.
- **대유법** : 사물의 어느 한 특징을 보임으로써 전체를 대신하는 기법

제유법	일부로써 전체를 대표하게 하는 기법 📖 사람은 빵만으로는 살 수 없다.
환유법	어떤 사물을 그와 관련 있는 다른 사물을 빌어 나타내는 기법 📖 백의의 천사

- **풍유법** : 말하고자 하는 본뜻을 직접적으로 드러내지 않고 속담이나 격언 등 다른 표현을 통해 간접적으로 드러내는 방법
  📖 빈 수레가 요란하나.

05

정답 | ②

해설 | 주어진 글은 크게 '운동의 강도 설정'과 '운동의 빈도 설정'이라는 두 가지 단락으로 나눌 수 있다. 우선 운동의 강도 설정과 관련해서는 일곱 번째 문장에서 '자신의 체력에 비추어 신체 기능을 충분히 자극할 수는 있지만 부담이 지나치지 않게 해야 한다.'고 이야기하였다. 그리고 운동의 빈도 설정과 관련해서는 마지막 문장에서 '가장 바람직한 것은 매일 일정량의 운동을 실천하여 운동을 하나의 생활 습관으로 정착시키는 것이다.'라고 이야기하였다. 즉, 두 단락의 주제를 요약하면 '신체 기능을 충분히 자극할 수 있지만 부담이 지나치지는 않은 강도의 운동을 매일 일정량 실천하여 하나의 생활 습관으로 정착시키는 것이 가장 중요하다.'이다. 이와 가장 유사한 것은 ②이다.

① 운동 시간이 짧더라도 빈도를 높여 규칙적으로 운동하는 것이 운동의 효과를 높인다고 하였지, 무조건적으로 빈도를 높이라고 이야기하지는 않았다.
③ 운동의 강도에 관한 내용으로는 적절하지만, 운동의 시간과 빈도에 관한 내용은 포함하고 있지 않다.
④ 운동을 생활 습관으로 정착시켜야 한다고는 하였지만, 운동의 긍정적인 측면과 부정적인 측면에 대해 이야기하고 있지는 않다.

06

정답 | ④

해설 | 'ㄱ'은 모음 앞에서는 'g'로 표기하며, 고유 명사는 첫 글자를 대문자로 표기한다. 따라서 '금강'은 'Geumgang'으로 표기해야 한다.

① 도, 시, 군, 구, 읍, 면, 리, 동 등의 행정 구역 단위와 '가' 앞에는 붙임표를 넣는다. 따라서 '종로 2가'는 'Jongno 2(i)-ga'로 표기한다.
② 신라는 [실라]로 발음되며, 고유 명사이므로 첫 글자를 대문자로 표기한다. 따라서 'Silla'로 표기해야 한다.
③ 속리산은 [송니산]으로 발음되므로 'Songnisan'으로 표기한다. 자연 지물명은 붙임표 없이 붙여 쓰며, 고유 명사이므로 첫 글자는 대문자로 표기한다.

07

정답 | ③

해설 | ①, ②, ④의 경우 사동사와 피동사의 형태가 같은 반면, '③ 밀다'의 '밀리다'는 피동사로만 쓰인다. '밀다'의 사동 표현은 '-게 하다'를 사용하여 '밀게 하다'로 표기한다.

① 보이다
  📖 어제 만든 모형을 친구에게 보였다(사동사).
  📖 산 너머로 태양이 보였다(피동사).
② 잡히다
  📖 건물을 은행에 담보로 잡혔다(사동사).
  📖 철수가 술래에게 잡혔다(피동사).
④ 안기다
  📖 상을 탄 친구에게 꽃다발을 안겼다(사동사).
  📖 그는 그녀에게 안겼다(피동사).

08

정답 | ①

해설 | '나그네'는 남편을 잃고 몸 붙일 곳도 없이 이리저리 돌아다니며 밥을 얻어먹고 다니고 있다. 따라서 ㉠의 처지와 관련된 속담으로 가장 적절한 것은 '아주 가난하여 떠돌아다니며 얻어먹을 정도임을 비유적으로 이르는 말'인 '패랭이에 숟가락 꽂고 산다.'이다.

② 태산 명동에 서일필 : 태산이 쩡쩡 울리도록 야단법석을 떨었는데 결과는 생쥐 한 마리가 튀어나왔을 뿐이라는 뜻으로, 아주 야단스러운 소문에 비하여 결과는 별것 아닌 것을 비유적으로 이르는 말

③ 터진 방앗공이에 보리알 끼듯 하였다 : 버리자니 아깝고 파내자니 품이 들어 할 수 없이 내버려 둘 수밖에 없음을 비유적으로 이르는 말. 혹은 성가신 방해물이 끼어든 경우를 비유적으로 이르는 말

④ 보리누름까지 세배한다 : 보리가 누렇게 익을 무렵, 즉 사오월까지도 세배를 한다는 뜻으로, 형식적인 인사차림이 너무 과함을 이르는 말

> 김유정, 「산골 나그네」
> • 갈래 : 간편소설
> • 성격 : 토속적, 해학적
> • 시점 : 전지적 작가 시점
> • 주제 : 가난한 삶의 애환과 애정
> • 의의 : 토속적이고 서민적인 어휘로 쓰였으며, 아이러니와 유머라는 김유정 특유의 기법을 통해 불행한 시기 서민들의 삶을 인간주의에 바탕을 두어 나타냄

09

정답 | ④

해설 | '혼자', '정녕', '제일' 모두 부사인 반면, '둘째'는 '순서가 두 번째가 되는 차례의'라는 뜻의 관형사이다.
① 혼자(부사) : 다른 사람과 어울리거나 함께 있지 아니하고 동떨어져서
② 정녕(부사) : 조금도 틀림없이 꼭. 또는 더 이를 데 없이 정말로
③ 제일(부사) : 여럿 가운데 가장

10

정답 | ③

해설 | '전염병이 발생하거나 유행하는 것을 미리 막는 일'을 뜻하는 '방역'의 한자 표기는 '防疫(막을 방, 전염병 역)'이다. '紡疫(길쌈 방, 전염병 역)'이라는 한자어는 존재하지 않는다.
① 침체(沈滯 : 잠길 침, 막힐 체) : 어떤 현상이나 사물이 진전하지 못하고 제자리에 머무름
② 위축(萎縮 : 시들 위, 줄일 축) : 어떤 힘에 눌려 졸아들고 기를 펴지 못함
④ 차치(且置 : 또 차, 둘 치) : 내버려 두고 문제 삼지 아니함

11

정답 | ③

해설 | (횟수를 나타내는 말 뒤에 쓰여) '앞말이 가리키는 횟수를 끝으로'의 뜻을 나타내는 말인 의존명사 '만'은 앞말과 띄어 쓴다.
※ '번'은 일의 차례를 나타내는 의존명사이므로 역시 앞말과 띄어 쓴다.

① 여기서 '-차'는 '목적'의 뜻을 더하는 접미사이므로 앞말과 붙여 쓴다.

> 의존명사 '차'
> • (주로 한자어 수 뒤에 쓰여) '번', '차례'의 뜻을 나타내는 말
>   예 제이 차 세계 대전
> • ('-던 차에', '-던 차이다'의 구성으로 쓰여) 어떠한 일을 하던 기회나 순간
>   예 집에 막 가려던 차에 전화가 왔다.
> • 방정식 따위의 차수를 이르는 말
> • (일정한 기간을 나타내는 명사구 뒤에 쓰여) 주기나 경과의 해당 시기를 나타내는 말
>   예 입사 5년 차입니다.

② 의존명사 '만큼'은 '(주로 어미 '-은, -는, -을' 뒤에 쓰여) 앞의 내용에 상당한 수량이나 정도임을 나타내는 말'로 앞말과 띄어 쓴다. 또한 앞말이 형용사 '있다'에 관형사형 어미 '-을'이 결합된(즉, 관형사인) '있을'이므로 '있을 만큼'으로 띄어 써야 한다.
※ 만약 '만큼'이 앞말과 비슷한 정도나 한도임을 나타내는 격 조사로 사용될 경우 앞말과 붙여 써야 하지만, 이 경우에는 '만큼' 앞에 체언이 나타나야 한다.

④ 이 문장에서 '들'은 '두 개 이상의 사물을 나열할 때, 그 열거한 사물 모두를 가리키거나, 그 밖에 같은 종류의 사물이 더 있음을 나타내는 말'로서 의존명사이므로 앞말과 띄어 쓴다.
※ '문장의 주어가 복수임을 나타내는 보조사'인 '들'은 앞말과 붙여 써야 한다.

12

정답 | ②

해설 | 일반적으로 손님을 보낼 때 사용하는 말은 '안녕히 가십시오.'이다. 그러나 손윗사람에게는 '살펴 가십시오.'라는 인삿말도 사용할 수 있다.
① '좋은 아침'은 영어권에서 사용하는 인사인 'good morning'을 직역한 말이다. 이보다는 전통적인 인사말인 '안녕하세요.' 혹은 '안녕하십니까.' 등을 사용하는 것이 언어 예절에 더 알맞다.
③ '건강하다'는 형용사이며, 형용사는 명령형 문장을 만들 수 없다. 또한 윗사람에게 축하하는 말로 명령형 문장을 사용하는 것은 적절하지 않다. 따라서 '건강하시기 바랍니다.' 등과 같이 사용하는 것이 적절하다.
※ 흔히 사용하는 '수고하세요.'도 같은 이유로 적절한 인사말이 아니다.
④ 관공서를 포함한 음식점, 백화점, 매장 등 손님을 맞이하는 곳에서는 가장 먼저 '어서오십시오.'와 같은 인사말을 하는 것이 옳다. 그 후 상황에 따라 '무엇을 도와드릴까요?'나 '무엇을 찾으시나요?' 등과 같은 말을 덧붙여야 한다.

※ 많은 부분에서 논란이 있을 수 있는 문제이며, 시험의 목적에 맞는 적절한 문제로 보기 어려운 문제이다. 기출문제이므로 참고는 하되, 이러한 유형의 문제에 너무 많은 시간을 투자하는 것은 적절하지 않을 것이다.

13

정답 | ①

해설 | (가)는 훈민정음이 어떠한 글자인지, 그 형태와 음운의 가장 기본적인 창제 원리에 대해 설명하는 글이다. ①의 앞에서 훈민정음을 소개하였고, ①의 뒤에서 훈민정음이 어떠한 사상을 담고 있는지 이야기하고 있으므로 (가)가 들어갈 곳으로 가장 적절한 곳은 ①이다.

14

정답 | ③

해설 | ㉠ 앞문장의 '간요(簡要)하다'는 '간단하고 긴요하다'라는 뜻으로 '전환이 무궁하고 간단 · 긴요하며 모든 음에 정통하다(모든 음을 표현할 수 있다)'는 것은 '어리석은 이도 열흘이면 배울 수 있다'는 내용의 근거 혹은 원인이 된다. 따라서 ㉠에는 앞의 내용이 뒤의 내용의 이유나 원인, 근거가 될 때 쓰는 접속 부사인 '그러므로'가 들어가는 것이 가장 적절하다.
　① 그리고 : 단어나 구, 절, 문장 등을 병렬적으로 연결할 때 쓰는 접속 부사
　② 그런데 : 앞의 내용과 상반되는 내용을 이끌 때 쓰는 접속 부사
　④ 왜냐하면 : '왜 그러냐 하면'의 뜻으로, 뒤의 내용이 앞의 내용의 이유나 원인, 근거가 될 때 쓰는 접속 부사

15

정답 | ②

해설 | 전체 문장은 길지만 문장의 주어는 '모습'이고, 서술어는 '보였다.'로 그 호응이 적절히 이루어지고 있다. '저녁노을이 지는 들판'은 부사구로 문장 전체를 수식하고 있으며, '농부 내외가 조용히 기도하는'은 관형사구로 '모습'을, '멀리'는 부사로서 서술어인 '보였다'를 수식하고 있다.
　① 서술어인 '시작한다'의 주어가 없다. 의미상 주어는 '그' 혹은 '그의 하루 일과'가 될 수 있으므로 '그는 하루 일과를 일어나자마자 아침 신문을 읽는 데서 시작한다.'로 바꾸거나 '그의 하루 일과는 일어나자마자 아침 신문을 읽는 데서 시작한다.'로 수정해야 한다.
　③ '하물며'는 '그도 그러한데 더욱이'의 뜻으로 앞의 사실이 그러하다면 뒤의 사실은 말할 것도 없다는 뜻의 접속 부사이다. 주로 '-랴, -느냐, 는가, -다니' 등과 호응을 이룬다. 따라서 '졸업할 형도 못 푸는 문제인데, 하물며 네가 풀겠다고 덤비느냐?'와 같이 바꾸는 것이 자연스럽다.

④ 주어인 '것'과 서술어인 '바랍니다'가 호응하지 않는다. 따라서 '제가 여러분에게 당부하고 싶은 것은 주변 환경을 탓하지 마시라는 것입니다.'와 같이 바꾸어야 한다.

16

정답 | ③

해설 | '성기다'는 '물건의 사이가 뜨다'라는 뜻으로 '사이가 촘촘하다'라는 뜻의 '빽빽하다'와는 반의어 관계이다. 하지만 '크기나 수량 등이 기준에 차고도 남음이 있다'는 뜻의 '넉넉하다'와 '모자람이 없이 풍족하다'라는 의미의 '푼푼하다'는 반의어가 아닌 유의어 관계이다.
　① 곱다 : 만져 보는 느낌이 거칠지 아니하고 보드랍다.
　　↔ 거칠다 : 나무나 살결 따위가 결이 곱지 않고 험하다.
　② 무르다 : 일 처리나 솜씨가 야무지지 못하다.
　　↔ 야무지다 : 사람의 성질이나 행동, 생김새 따위가 빈틈이 없이 꽤 단단하고 굳세다.
　④ 느슨하다 : 잡아맨 끈이나 줄 따위가 늘어져 헐겁다.
　　↔ 팽팽하다 : 줄 따위가 늘어지지 않고 힘 있게 곧게 펴져서 튀기는 힘이 있다.

17

정답 | ④

해설 | ㉠ '담그다'의 활용형은 '담궈'가 아니라 '담가'이다. 어간 '담그-'에 시간상의 선후 관계를 나타내거나 방법 따위를 나타내는 연결 어미 '-아'가 붙으면서 어간 '담그-'의 '으'가 탈락하고 '담가'가 된다.
　㉣ '양념을 한 고기나 생선, 채소 따위를 국물에 넣고 바짝 끓여서 양념이 배어들게 하다.'라는 뜻의 단어는 '조리다'이다. '졸이다'는 '찌개, 국, 한약 따위의 물을 증발시켜 분량을 적어지게 하다.'라는 뜻이다.
　㉥ 자기 나름대로 꽤 노력했음을 나타내는 연결 어미는 '-노라고'이다. 따라서 '하노라고'라고 표기하는 것이 옳다. '-느라고'는 앞 절의 사태가 뒤 절의 사태에 목적이나 원인이 됨을 나타내는 연결 어미로 '철수는 기침을 참느라고 얼굴을 찌푸렸다.'와 같이 쓸 수 있다.
　㉡ 안치다 : 밥, 떡, 찌개 따위를 만들기 위하여 그 재료를 솥이나 냄비 따위에 넣고 불 위에 올리다.
　㉢ 붙이다 : 불을 일으켜 타게 하다.
　㉤ 부치다 : 번철이나 프라이팬 따위에 기름을 바르고 빈대떡, 저냐, 전병 따위의 음식을 익혀서 만든다.

18

정답 | ④

해설 | '양상군자(梁上君子)'는 '들보 위의 군자'라는 뜻으로 도둑을 완곡하게 이르는 말이다. 주어진 글은 '선비에게 필요한 정신'에 대해 이야기하고 있는 글이므로 '양상군자'는 글의 내용과 관계있는 한자성어로 볼 수 없다.

① 見利思義(견리사의) : 눈앞의 이익을 보면 의리를 먼저 생각함 ← "선비는 개인의 이익보다 사회 정의를 생각하며 행동하고 살아간다."

② 勞謙君子(노겸군자) : 공로가 넘치는데도 자기를 낮추는 군자 ← "자신을 낮추는 자세"

③ 修己安人(수기안인) : 나를 수양하고 남을 편안케 함 ← "자신의 인격을 완성하고 그것을 통해 모든 사람에게 평안한 삶을 살게 하는 것이 그들의 궁극적 목적이다."

19

정답 | ③

해설 | '기쁨의 열매'에서 '-의'는 '앞 체언이 관형어 구실을 하게 하며, 앞 체언이 뒤 체언에 대하여 비유의 대상임을 나타내는 말'이다. 즉, '기쁨=열매'이다. '인도의 간과'에서 '인도'는 '사람으로서 마땅히 지켜야 할 도리'를 말하며, '간과'는 '방패와 창'이라는 뜻으로 전쟁에 쓰는 병기를 통틀어 이르는 말이다. 즉, '인도'가 사람이 지닌 '무기'라는 의미이며, 따라서 '인도=간과'로 '기쁨의 열매'와 '-의'의 쓰임이 같다.

① '조선의 독립국임'에서 '-의'는 '앞 체언이 관형어 구실을 하게 하며, 앞 체언이 뒤 체언이 나타내는 대상을 만들거나 이룬 형성자임을 나타내는 주격 조사'이다. 즉, '독립국'이라는 대상을 이루어 낸 주체가 '조선'임을 의미한다.

② '천의 명명'에서 '-의'는 '앞 체언이 관형어 구실을 하게 하며, 앞 체언이 뒤 체언이 나타내는 행동이나 작용의 주체임을 나타내는 주격 조사'이다. 여기서 '명명'은 '신령이나 임금의 명령'을 나타내는 것으로, '명명'이라는 행동의 주체가 '천'임을 의미한다.

④ '대의의 극명'에서 '대의'는 '사람으로서 마땅히 지키고 행하여야 할 큰 도리'를, '극명'은 '속속들이 똑똑하게 밝힘'을 의미한다. 따라서 이 문장은 '큰 도리를 똑똑하게 밝힘'이라는 의미로, 여기서 '-의'는 '앞 체언이 관형어 구실을 하게 하며, 앞 체언이 뒤 체언이 나타내는 행동의 대상임을 나타내는 목적격 조사'이다.

20

정답 | ④

해설 | '정착하다'는 '새로운 문화 현상, 학설 따위가 당연한 것으로 사회에 받아들여지다.'라는 의미이다. 주어진 글에서는 '독특한 체크무늬'가 킬트 사회에 받아들여지게 된 계기를 이야기하고 있으므로, ㉠과 바꿔 쓸 말로는 '정착되었다'가 가장 적절하다.

① 정돈하다 : 어지럽게 흩어진 것을 규모 있게 고쳐 놓거나 가지런히 바로잡아 정리하다.

② 정제하다 : 물질에 섞인 불순물을 없애 그 물질을 더 순수하게 하다.

③ 정리하다 : 체계적으로 분류하고 종합하다.

21

정답 | ①

해설 | 주어진 글에 따르면 '페르소나'는 사회적 역할에 적응하면서 얻어진 자아, 즉 현실 세계에서 얻은 자아의 한 측면이다. 반면 '그림자'는 '인간의 원시적인 본능 성향', 즉 근원적 속성을 의미한다. 따라서 ①이 글의 내용과 가장 부합한다.

② 페르소나만 추구하려 하면 그림자가 위축되어 무기력하게 된다고 이야기하였다.

③ 그림자는 주로 사회에서 부도덕하다고 생각하는 충동적인 면이 있지만, 자발성과 창의성 등 긍정적인 면이 있어 지나치게 억압해선 안 된다고 하였다.

④ 페르소나만을 추구하면 그림자가 위축된다고는 하였으나, 그림자를 억압하게 되면 페르소나를 더욱 추구하게 된다고 이야기하지는 않았다. 즉, 주어진 글로는 알 수 없는 내용이다.

22

정답 | ②

해설 | '끊기다'에서 '끊'의 겹받침 'ㄶ'은 [ㄴ]으로 발음되며, 'ㅎ'은 뒤 음절 첫소리 'ㄱ'과 합쳐져 [ㅋ]으로 발음한다(표준 발음법 제12항 : 'ㅎ(ㄶ, ㅀ)' 뒤에 'ㄱ, ㄷ, ㅈ'이 결합되는 경우에는, 뒤 음절 첫소리와 합쳐서 [ㅋ, ㅌ, ㅊ]으로 발음한다). 따라서 '끊기다'는 [끈기다]가 아니라 [끈키다]로 발음한다.

① 겹받침 'ㄺ'은 어말 또는 자음 앞에서 각각 [ㄱ]으로 발음한다. 다만 용언의 어간 말음 'ㄺ'은 'ㄱ' 앞에서 [ㄹ]로 발음한다. 따라서 '맑다'의 활용형 '맑고'에서 어간 말음 'ㄺ'은 [ㄹ]로 발음되며, 'ㄱ'은 뒤 음절 첫소리와 합쳐져 [ㄲ]으로 발음한다. 따라서 '맑고'는 [말꼬]로 발음한다.

③ '맏형'에서 '맏'의 받침 'ㄷ'은 뒤 음절 첫소리 'ㅎ'과 합쳐져 [ㅌ]으로 발음한다. 따라서 '맏형'은 [마텽]으로 발음한다.

④ 겹받침 'ㄼ'은 어말 또는 자음 앞에서 'ㄹ'로 발음한다(표준 발음법 제10항). 다만 '밟-'은 자음 앞에서 [밥]으로 발음하며, 받침 'ㅂ(ㄼ)' 뒤에 연결되는 'ㄱ'은 된소리로 발음한다(표준 발음법 제23항). 따라서 '밟고'는 [밥 : 꼬]로 발음한다.

※ '밟다'는 첫 음절을 장음으로 발음해야 하므로 [밥 : 따]로 발음한다.

23

정답 | ①

해설 | '도시락'은 하나의 실질 형태소로 구성된 단일어이다.

> **단일어와 복합어**
> - 단일어 : 하나의 실질 형태소로 된 말
>   예 하늘, 땅, 밥
> - 복합어 : 하나의 실질 형태소에 접사가 붙거나 두 개 이상의 실질 형태소가 결합된 말
>
> | 파생어 | 실질 형태소에 접사가 결합하여 하나의 단어가 된 말
예 부채질(부채+-질), 덮개(덮-+-개), 덧버선(덧-+버선) |
> |---|---|
> | 합성어 | 둘 이상의 실질 형태소가 결합하여 하나의 단어가 된 말
예 집안(집+안), 돌다리(돌+다리) |

② '선생님'은 실질 형태소인 '선생'에 '높임'의 뜻을 더하는 접미사 '-님'이 결합된 파생어이다.

③ '날고기'는 '말리거나 익히거나 가공하지 않은'의 뜻을 더하는 '날-'에 실질 형태소인 '고기'가 결합된 파생어이다.

④ '밤나무'는 실질 형태소 '밤'과 '나무'가 결합된 합성어이다.

> ※ ②와 ③은 파생어, ④는 합성어이지만 파생어와 합성어 모두 복합어에 해당하므로 단일어인 ①의 구조가 나머지와 가장 상이하다.

24

정답 | ②

해설 | '항생제의 내성 정도'에 대한 내용은 글에 나타나 있지 않다.

① "항생제는 세균에 대한 항균 효과가 있는 물질을 말한다."라고 언급하였다.

③ '우리 몸의 세포에는 없는 세균의 세포벽에 작용히여 세균을 죽이는' 방법, '단백합성에 장애를 만드는' 방법, '세균세포의 핵산합성을 저해하는' 방법, '세균세포막의 투과성에 장애를 일으키는' 방법 등 항균 작용의 기제를 설명하였다.

> ※ 기제(=메커니즘) : 기계적으로 구성되어 있는 조직이나 공식 따위의 내부 구성. 사물의 작용 원리나 구조

④ 자연적으로 존재하는 항생제를 '자연 요법제'로, 화학적으로 합성된 항생제를 '화학 요법제'로 구분한다고 설명하였다.

25

정답 | ④

해설 | ④에서 범하는 논리적 오류는 어떤 사건이나 사물의 원인이 아닌 것을 그것의 원인으로 여기는 오류인 '거짓 원인 오류' 혹은 '잘못된 인과관계의 오류'이다. 원인과 결과가 아무런 관련이 없는데 이를 인과관계로 간주하는 경우 발생할 수 있으며, 그보다 흔한 것은 단순한 시간상의 선후관계를 마치 인과관계로 여기면서 오류를 범하는 것이다. ④는 식이요법과 알코올 중독이라는, 아무런 인과관계가 없는 두 사건을 인과관계로 해석하면서 발생하는 오류이다.

> ※ 시간상의 선후관계를 인과관계로 여기는 경우의 사례는 "내가 경기 중계를 보면 내가 응원하는 팀이 항상 진다. 따라서 내가 경기 중계를 보지 않아야 우리 팀이 이길 것이다."를 들 수 있다.

①, ②, ③에서 범하고 있는 논리적 오류는 비형식적 오류에 속하는 '미끄러운 경사면의 오류', 일명 '도미노의 오류'이다. 이 오류는 A라는 특정 행위를 허용함으로써 B, C, D라는 행위가 연쇄적으로 나타나게 되므로 A를 금지해야 한다는 주장이다. 이러한 오류는 어떠한 주장이 어떤 행위나 사건을 특정한 결과로 나아갈 수밖에 없는 단계들 중 한 단계라고 가정함으로써 범하게 되는데, 원인과 결과 사이의 거리가 너무 멀어 그 사이에 수많은 분기점이 나타날 수 있게 되면 쉽게 나타나게 된다.

국방부(육 · 해 · 공군) 시행 필기시험(2019.06.22)

1	2	3	4	5	6	7	8	9	10
③	②	③	③	④	①	②	②	①	①
11	12	13	14	15	16	17	18	19	20
②	④	④	③	④	④	①	①	①	④
21	22	23	24	25					
②	③	④	③	③					

01

정답 | ③

해설 | 한글 맞춤법 제21항에 따라 명사 혹은 용언의 어간 뒤에 자음으로 시작된 접미사가 붙어서 된 말은 그 명사나 어간을 밝혀 적는 것이 원칙이다. 다만 (1) 겹받침의 끝소리가 드러나지 않는 것, (2) 어원이 분명하지 않거나 본뜻에서 멀어진 것 등은 소리대로 적는다.

ⓒ '실증'은 한글 맞춤법 제27항과 관련된 것으로, 둘 이상의 단어가 어울리거나 접두사가 붙어서 이루어진 말은 그 원형을 밝히어 적어야 한다. 따라서 '싫증'으로 표기하여야 한다.

ⓓ '얇다란'은 어간 '얇–'에 접미사 '–다랗–'이 붙은 것이다. 이때 겹받침 'ㄼ'의 끝소리 [ㅂ]이 드러나지 않으므로 소리대로 '얄따랗다'로 표기해야 한다.

ⓐ '널따랗다'는 겹받침의 끝소리가 드러나지 않는 경우이므로 소리대로 '널따랗다'로 적는 것이 옳다.

ⓑ '넓죽하다'의 경우 어간 '넓–' 뒤에 자음으로 된 접미사 '–죽'이 붙은 것이므로 어간을 밝혀 '넓죽하다'로 적는 것이 옳다.

ⓔ '굵다랗다'는 어간 '굵–' 뒤에 자음으로 시작된 접미사 '–다랗–'이 붙은 것이다. 이때 겹받침 'ㄺ'이 끝소리인 [ㄱ]으로 실현되므로 ⓐ와 달리 어간을 밝혀 적어야 한다.

02

정답 | ②

해설 | 밑줄 친 부분을 보면 자음 'ㅍ'과 'ㄷ'이 초성과 종성에 두루 사용되고 있음을 알 수 있다. 특히 이 중 'ㅍ'은 '팔종성가족용'에 따라 초성으로만 사용되고 종성으로는 사용되지 않았던 자음이다. 따라서 밑줄 친 부분에 사용된 것은 팔종성가족용을 따르지 않고 '종성부용초성', 즉 종성은 별도의 글자를 만들지 않고 초성 글자를 다시 쓰도록 한 종성의 제자 원리가 사용된 것이다.

① '초성종성통용팔자'는 초성과 종성에 모두 쓰이는 여덟 글자, 즉 'ㄱ, ㄴ, ㄷ, ㄹ, ㅁ, ㅂ, ㅅ, ㅇ'을 말한다.

③ '초성독용팔자'는 초성에만 쓰이는 여덟 글자, 즉 'ㅋ, ㅌ, ㅍ, ㅈ, ㅊ, ㅿ, ㅇ, ㅎ'을 말한다.

④ '중성독용팔자'라는 것은 없으며, 중성에만 사용되는 열한 글자, 즉 'ㅏ, ㅑ, ㅓ, ㅕ, ㅗ, ㅛ, ㅜ, ㅠ, ㅡ, ㅣ, ·'를 말하는 '종성독용십일자'가 있다.

03

정답 | ③

해설 | 한글 맞춤법 제35항에 따라 모음 'ㅗ, ㅜ'로 끝난 어간에 '–아/–어, –았–/–었–'이 어울려 'ㅘ/ㅝ, ㅘㅆ/ㅝㅆ'으로 될 적에는 준 대로 적는다. 따라서 '다투었군요'는 '다퉜군요'로 줄여 쓸 수 있다.

① 'ㅟ' 뒤에 '–었–'이 왔을 때 줄여 쓸 수 있다는 규정은 없다.

② 표준어 규정 제26항에 따른 복수 표준어인 '이에요/이어요'는 받침이 없는 체언에 붙을 때 '예요/여요'로 줄어든다. '품종'은 받침이 있는 체언이므로 '품종여요'와 같이 줄여 쓸 수 없다.

④ '줄어들었습니다'를 줄여 쓸 수 있는 근거는 존재하지 않는다.

04

정답 | ③

해설 | • '김치'의 경우 본래 제2장 제2항에 따라 모음 앞의 'ㄱ'은 'g'로 표기하여 'gimchi'로 적는 것이 원칙이다. 그러나 제품명으로 이미 쓰이고 있거나 국제 관계상 필요한 경우 'kimchi'를 허용한다. 다만 이때에도 일반명사이므로 소문자를 사용해야 한다.

• '대관령'은 [대괄령]으로 발음하며 고유 명사에 해당하므로 'Daegwallyeong'으로 적어야 한다.

• '불국사'는 모음 앞의 'ㄱ'을 'g'로 적어야 한다. 로마자 표기의 경우 된소리되기를 반영하지 않으므로 [불국싸]로 발음되지만 표기는 'Bulguksa'로 하여야 한다.

• '설날'은 [설·랄]로 발음하며 'ㄹㄹ'은 'll'로 표기하므로 'seollal로 적어야 한다.

• '왕십리'는 [왕심니]로 발음하며, 고유 명사이므로 'Wangsimni'로 적는다.

• '속리산'은 [송니산]으로 발음하며 고유 명사이므로 'Songnisan'으로 적는다.

• '벚꽃'의 발음은 [벋꼳]이다. 일반 명사이며 어말의 'ㄷ'은 't'로 표기하므로 'beotkkot'으로 적는다.

05

정답 | ④

해설 | '수연만장(垂涎萬丈)'은 침을 만 길이나 흘린다는 뜻으로, 자신의 소유로 만들고 싶어 몹시 탐냄을 이르는 말이다.

① '소탐대실(小貪大失)'은 작은 것을 탐하다 큰 손실을 입는다는 뜻이다.

② '오매불망(寤寐不忘)'은 자나 깨나 잊지 못한다는 뜻으로 보통 그리운 대상을 기다릴 때 사용된다.

③ '십시일반(十匙一飯)'은 열 사람이 한 술씩 보태면 한 사람이 먹을 분량이 된다는 뜻으로 여러 사람이 힘을 합하면 작은 힘으로도 한 사람을 도울 수 있음을 의미하는 말이다.

06

정답 | ①

해설 | 훈몽자회는 최세진이 지어 1527년 간행된 책으로 어린이들의 한자 학습을 위하여 지어진 책이다. 다만 상·중·하 3권 중 상권 첫머리에 실린 '범례'의 끝에 '언문자모'라 하여 당시 한글 체계와 용법에 대한 간단한 설명을 붙여 놓았는데, 이것이 우리 문자사에서 중요한 기록으로 평가되고 있다.

② 1880년 프랑스 한국선교회의 이름으로 출간된 최초의 한불사전으로, 일본 요코하마에서 출판되었다. 프랑스어와 관계된 최초의 한국어 서적으로 국어학상 중요한 자료이다.

③, ④ 말모이는 1910년대 조선광문회에서 주시경 선생과 그의 제자 김두봉, 권덕규, 이규영 등의 언어학자가 참여해 편찬된 최초의 현대적 우리말사전의 원고이다. 이후 조선어학회로 원고가 이관되었고 인쇄 직전 일제의 탄압으로 원고가 유실되고 학자들이 고초를 겪으며 간행에 실패하였으나, 1947년 '조선말 큰사전'이라는 이름으로 1권이 출간되었다. 이후 조선말 큰사전은 한글학회(조선어학회이 개칭된 이름)에 의해 1957년 총 6권이 완간되고 이름이 '큰사전'으로 바뀌었다.

07

정답 | ②

해설 | 〈보기〉에서는 '께서'와 '-시-'를 통해 주체 높임법을 사용하였고, '께', '드리다'를 통해 객체 높임법을 사용하였다. 또한 '드렸습니다'를 통해 상대 높임법도 사용하였다. 즉 주체, 객체, 상대 높임법을 사용하였다. ②의 경우에도 '계시다'를 이용한 주체 높임법과 '여쭙다'를 통한 객체 높임법, '-습니다'를 이용한 상대 높임법을 모두 사용하였다.

① '모시다'를 이용한 객체 높임법과 '-습니다'를 이용한 상대 높임법을 사용하였으나 주체 높임법은 사용되지 않았다.

③ '께서'와 '-시-'를 통해 주체 높임법을, '-습니다'를 통해 상대 높임법을 사용하였으나 객체 높임법은 사용되지 않았다.

④ '께서'와 '주무시다'를 통한 주체 높임법과 '-ㅂ니다'를 통한 상대 높임법을 사용하였으나 객체 높임법은 사용되지 않았다.

08

정답 | ②

해설 | 제시된 지문은 '비자반'(윗면을 비자나무 판자로 대어 만든 바둑판)의 특급품에 대해 이야기하는 글이다. 따라서 특급품이라는 화제를 제시하는 (라)가 가장 첫 문단이 되어야 한다. 그 뒤 특급품을 결정짓는 '가느다란 흉터'를 만드는 사고에 대해 설명하는 (나)가, 그 사고로 인한 균열을 스스로 치유하는 과정을 설명하는 (다)가 순서대로 이어져야 한다. 마지막으로 '유연성'을 중심으로 특급품이 가지는 '상처'의 의미를 설명하는 (가)가 이어지는 것이 가장 자연스러운 순서이다.

09

정답 | ①

해설 | 제시된 지문은 불의의 사고로 인해 균열이 발생한 비자반도 '유연성'이라는 특질을 이용해 이를 잘 극복하면 오히려 이전보다 더 값진 '특급품'이 된다는 이야기를 하고 있다. 즉, 삶에서 불의의 사고나 고난을 만나 어려운 시기를 겪고 있더라도, 유연한 사고와 행동을 통해 잘 헤쳐 나가면 한 걸음 더 성장할 수 있다는 이야기이다. 따라서 주제로 가장 적절한 것은 ①이다.

② 지문에서는 현실에 '맞서 대항하는 자세'보다는 '불의의 사고에 대처하는 유연성'을 강조하고 있으므로 적절하지 않다.

③ 지문은 대상을 신비로운 상태로 남겨 두는 것과는 아무런 관련이 없다.

④ 지문에서는 위기를 기회로 삼는 태도가 아니라, 이미 겪은 사고와 어려움을 극복하는 유연한 태도를 강조하고 있으므로 적절하지 않다.

10

정답 | ①

해설 | 본래 '간'은 사이 혹은 관계의 뜻을 의미하는 의존명사로 띄어 쓰는 것이 원칙이다. 그러나 아버지와 아들 사이를 이르는 말인 '부자간'은 '모자간', '부부간' 등과 함께 하나의 단어로 굳어진 것으로서 붙여서 써야 한다.

② '재학 중'에서의 '중'은 '어떤 상태에 있는 동안'을 의미하는 의존명사로 띄어 써야 한다.

③ '만난 지'에서 '지'는 '어떤 일이 있었던 때로부터 지금까지의 동안'을 나타내는 의존명사로 띄어 써야 한다.

④ '보는 데'의 '데'는 '일'이나 '것'을 뜻하는 의존명사로 사용되었으므로 띄어 써야 한다.

11

정답 | ②

해설 | 표준어 규정 제22항에 따라 고유어 계열의 단어가 생명력을 잃고 그에 대응되는 한자어 계열의 단어가 널리 쓰일 경우 한자어 계열의 단어를 표준어로 삼는다. 따라서 '개다리소반'이 표준어이며 '개다리밥상'이 비표준어이다.

12

정답 | ④

해설 | '신신당부하다'는 원형인 '신신당부(申申當付)'에 '-하다'가 붙어 만들어진 하나의 단어이므로 사전에서 '신신당부하다'로 찾을 수 있다.

　① 명사인 '생각'에 조사 '대로'가 붙은 것이므로 사전에서 찾을 수 없다.

　② 명사인 '그릇'에 접미사 '-째'가 붙은 것으로 사전에서 찾을 수 없다.

　③ '들려주곤'은 원형이 '들려주다'이므로 '들리다'가 아닌 '들려주다'로 찾아야 한다.

13

정답 | ④

해설 | '올곧지 않다'의 경우 어미 '-지' 뒤에 '않-'이 어울려 '-잖-'이 되면 '올곧잖다'로 줄여 쓴다.

　① '당찮다'는 본래 '당하지 아니하다'의 준말로 '-하지' 뒤에 '않-'이 어울려 '-찮-'이 된 경우이다.

　② '그렇지 않다'는 어미 '-지' 뒤에 '않-'이 어울려 '-잖-'이 되는 경우로 '그렇잖다'로 줄여 쓴다.

　③ '달갑지 않다'는 어미 '-지' 뒤에 '않-'이 어울려 '-잖-'이 되는 경우로 '달갑잖다'로 줄여 쓴다.

14

정답 | ③

해설 | 한글 맞춤법 제30항에 따른 사이시옷 규정에 따르면, 순우리말과 한자어로 된 합성어로서 앞말이 모음으로 끝난 경우 뒷말의 첫소리가 된소리로 나면 사이시옷을 받치어 적는다. ㉠은 한자어인 '근사(近似)'에 우리말인 '값'이 결합한 합성어이며, 이때 '값'은 [깝]으로 발음된다. 따라서 '근사값'이 아닌 '근삿값'으로 적는다. '전셋집'의 경우도 한자어 '전세(傳貰)'에 우리말 '집'이 결합한 합성어로서 [전세찝]으로 발음되므로 '전셋집'으로 사이시옷을 받치어 적는다.

　① '시냇물'은 순우리말로 된 합성어로서 앞말이 모음으로 끝나고 뒷말의 첫소리 'ㄴ' 앞에서 'ㄴ' 소리가 덧나는 경우에 해당한다.

　② '조갯살'은 순우리말로 된 합성어로서 앞말이 모음으로 끝나고 뒷말의 첫소리가 [조개쌀]로서 된소리로 나는 경우에 해당한다.

　④ '두렛일'은 순우리말로 된 합성어로서 앞말이 모음으로 끝나고 뒷말의 첫소리 모음 앞에서 'ㄴㄴ'소리가 덧나는 경우에 해당한다.

15

정답 | ④

해설 | 디지털화의 처리 과정을 설명하면서 소숫점 한 자리까지 처리하는 성적 시스템과 소숫점을 처리하지 못하는 성적 시스템을 비교하였을 뿐, 실제 CD의 양자화 과정에서 처리할 수 있는 해상도의 영역은 지문에서 언급하고 있지 않다. 또한, 비유를 그대로 대입한다고 가정하더라도 CD는 '매우 미세한 차이를 차원이 다른 결과로 바꿔 버리는' 시스템, 즉 소수점을 처리하지 못하는 시스템에 해당한다.

　① (가)에서 '고음역이 깨끗하게 들리는 CD는'이라고 직접 언급하였다.

　② (다)에서 "디지털의 오류는 44.1kHz, 16비트 해상도의 '작은 그릇'인 CD가 안고 있는 치명적인 단점"이라고 설명하였다.

　③ (라)에서 '저음이 중요한 비중을 차지하는 연주를 CD와 LP로 들어 보면' 사운드의 차이를 느낄 수 있다고 설명하면서 "마치 모래 위에 지어진 집처럼 위태롭고 불안한 느낌이 들곤 한다."고 묘사하였다.

16

정답 | ④

해설 | (가)에서는 CD를 '반쪽짜리 그릇'으로, (다)에서는 CD를 '작은 그릇'으로 표현하는 은유법을 사용하였고 (라)에서는 '마치 모래 위에 지어진 집처럼'이라는 직유법을 사용하였다.

　① (가)와 (나)는 결과와 원인의 순서로 나열되어 있다.

　② (나)의 경우 수학적 원리를 이용하여 설명하고 있으나 (다)는 그렇지 않다.

　③ (다)와 (라) 모두 CD의 단점에 대해 설명하고 있다. (다)의 경우 '잡음 없는 깨끗한 소리를 전달'한다는 장점을 언급하고는 있으나 문단의 전체적인 내용은 단점에 집중되어 있다.

17

정답 | ①

해설 | '갔던데요'에서 '데'는 '곳'이나 '장소'의 뜻을 나타내는 의존명사로 사용되었다. 따라서 '갔던 데요'와 같이 띄어 써야 한다. ②~④에서는 모두 종결어미 '-데'가 사용된 것이므로 붙여 쓰는 것이 옳다.

18

정답 | ①

해설 | (가)의 현대어 풀이는 '비로봉 꼭대기에 올라 본 이 그 누구인가?'라는 의미가 되어야 한다.

19

정답 | ①

해설 | 일반적인 회의 의안 심의의 과정은 '제출'된 안건을 회의 석상에 내어 놓는 '상정', 안건의 제출 배경 및 주요 내용에 대해 설명하는 '제안 설명', 해당 안건에 대한 '질의응답', 질의응답 후 안건에 대한 의견을 나누는 '찬반토론' 순으로 진행되고 이후 해당 안건을 '표결'에 부쳐 처리한다.

20

정답 | ④

해설 | 자동사인 '새다'는 '날이 밝아 오다'라는 의미이며 타동사인 '새우다'는 '한숨도 자지 아니하고 밤을 지내다'라는 의미이다. ①~④ 모두 타동사 '새우다'를 사용하는 것이 의미상 적절하며, 따라서 ④만 옳게 표기된 문장이다. 이는 문맥상의 의미를 통해 판별하거나 목적어의 유무로 판별할 수 있다.

    ① ~ ③ 목적어 '밤'이 있으므로 타동사인 '새우다'가 사용되어야 한다. 따라서 ①은 '밤을 새워서라도'로, ②는 '자꾸 밤새우지 마라'로, ③은 '밤새운 보람이 있다'로 표기해야 한다.

21

정답 | ②

해설 | 한글 맞춤법 제10항에서 규정하는 두음 법칙은 한자음 '녀, 뇨, 뉴, 니'가 단어 첫머리에 올 때 각각 '여, 요, 유, 이'로 적는 것이다. 이때, 같은 항 붙임 2에 따르면 접두사처럼 쓰이는 한자가 붙어서 된 말이나 합성어에서, 뒷말의 첫소리가 'ㄴ'소리로 나더라도 두음 법칙에 따라 적어야 한다. 즉, '공염불'은 '공+염불'의 구성이므로 [공념불]로 발음되더라도 '공염불'로 적어야 한다. 그러나 '신년도'는 '신+년도'가 아니라 '신년+도'로 분석되는 구조이므로 두음법칙 규정이 적용되지 않는다.

    ③ 한글 맞춤법 제11항의 두음 법칙 규정에 따라 한자음 '랴, 려, 례, 료, 류, 리'가 단어의 첫머리에 올 때는 각각 '야, 여, 예, 요, 유, 이'로 적어야 한다. 그러나 '강수량'의 경우 한자어인 '강수(降水)'와 '량(量)'이 결합한 것이므로 '강수량'으로 적는다.

    ④ '비구니'는 승려를 뜻하는 '비구'에 여승을 뜻하는 '니'가 결합한 것으로 단어의 첫머리에 해당하지 않으므로 본음대로 '비구니'라 적는다.

22

정답 | ③

해설 | 제시된 시에서 '찬밥'은 엄마의 고생을 가리키는 것이 아니라 방에 홀로 남은 '나'의 처지를 나타내는 시어이다.

    ① 어머니가 시장에 내다 팔기 위해 가져간 것으로 생계를 유지하기 위한 엄마의 고생을 가리키는 시어이다.

    ② 해가 진 지 오래인 늦은 시간까지 엄마가 돌아오지 못하는 상황을 나타내고 있으므로 엄마의 고생을 나타내는 시어라고 할 수 있다.

    ④ 배춧잎 같은 발소리는 일을 끝내고 집으로 돌아오는 엄마의 지친 발소리를 의미하는 것이므로 엄마의 고생을 나타내는 시어이다.

23

정답 | ④

해설 | '배춧잎 같은 발소리'는 비유 중 '원관념을 보조관념에 직접적으로 연결하는 비유법'인 '직유법'을 사용한 표현이다. 일반적으로 '같이', '처럼', '듯', '~인 양' 등을 사용한다. 이와 동일한 수사법이 사용된 것은 원관념인 '나'를 보조관념인 '찬밥'과 직접적으로 연결한 ④ '찬밥처럼 방에 담겨'이다.

    ② '내 유년의 윗목'은 원관념인 '유년시절'을 차가운 '윗목'에 빗대어 간접적으로 표현한 것으로 은유법에 해당한다.

    ③ '해는 시든 지 오래'는 무생물인 '해'를 마치 꽃과 같이 시들 수 있는 생물처럼 표현하는 활유법이 사용된 시구이다.

24

정답 | ③

해설 | 기준 단위당 수량을 표시할 때 사용하는 것은 가운뎃점이 아니라 빗금(/)이다. '1,130원/달러'와 같이 사용할 수 있다. 가운뎃점은 대등하거나 밀접한 관계의 어구들을 묶어서 나타낼 때 사용한다.

    ① 마침표는 제목이나 표제어 등에는 사용하지 않는다. 📌 한강은 흐른다 / 꺼진 불도 다시 보자

    ② 열거할 어구들을 생략할 때 줄임표 앞에는 쉼표를 쓰지 않는다. 📌 서해안에 자리한 섬은 백령도, 강화도, 무의도, 덕적도, 대이작도……

    ④ 책의 제목이나 신문의 이름 등을 나타낼 때는 겹낫표(『』)를 쓴다. 큰따옴표로 대체할 수도 있다.

25

정답 | ③

해설 | 외래어 표기법 제3항에 따르면 받침에는 'ㄱ, ㄴ, ㄹ, ㅁ, ㅂ, ㅅ, ㅇ'만을 쓴다. 'ㄷ'은 사용하지 않으며 대신 'ㅅ'을 사용한다.

① 제1항 : 외래어는 국어의 현용 24자모만으로 적는다.

② 제2항 : 외래어의 1 음운은 원칙적으로 1 기호로 적는다.

④ 제4항 : 파열음 표기에는 된소리를 쓰지 않는 것을 원칙으로 한다.

국방부(육·해·공군) 시행 필기시험(2018.08.11)

1	2	3	4	5	6	7	8	9	10
④	④	③	③	③	①	②	①	②	①
11	**12**	**13**	**14**	**15**	**16**	**17**	**18**	**19**	**20**
②	④	②	③	②	③	④	④	④	④
21	**22**	**23**	**24**	**25**					
②	①	④	③	①					

01

정답 | ④

해설 | ① '어떤 모양이나 상태와 같이'를 의미하는 의존명사는 '대로'이다. '데'는 곳이나 장소, 혹은 일이나 것 등을 나타내는 의존명사이다.

② '어떤 일이 그것만으로 그치지 않고 나아가 다른 일이 더 있음'을 나타내는 연결어미 '-ㄹ뿐더러'는 하나의 단어이므로 붙여서 표기한다.

③ 일체(一切)의 경우 부정어 앞에서는 '일절'로 읽어야 한다.

02

정답 | ④

해설 | '하릴없다, 하잘것없다, 보잘것없다, 물샐틈없다'는 모두 하나의 단어로서 붙여 표기해야 한다.

03

정답 | ③

해설 | 청춘은 감탄사가 아닌 명사로서 문장의 첫머리에서 제시어로 사용되고 있다. '어!'는 놀라거나, 당황하거나, 기쁘거나, 말을 하기에 앞서 상대의 주의를 끌기 위하여 내는 감탄사이고, '어머나'는 예상치 못한 일로 깜짝 놀랐을 때 쓰는 '어머'를 강조하는 감탄사이다. '얘'는 매우 놀라거나 반가울 때 내는 소리 혹은 어른이 아이를 부르거나 같은 또래끼리 서로 부르는 말로 쓰이는 감탄사이다.

04

정답 | ③

해설 | 본문은 박인로의 「누항사」 일부이다. ㉠이 포함된 행은 '소를 한번 빌려주겠다'고 지나가듯이 한 말을 기억하고는 소를 빌리기 위해 달도 없는 저녁에 그 집을 찾아가는 장면이다. 따라서 '손발 따위를 이러질 내두르는 모양', 즉 '허우적거리는' 모습을 의미하는 '허위허위'나 '어찌할 줄을 몰라 갈팡질팡하며 자꾸 다급하게 서두르는 모양'을 의미하는 '허둥허둥'이 의미상 적절하다. ㉡이 포함된 행 앞에서는 소를 빌려주지 못하겠다는 뜻을 돌려서 표현하는 상대의 말을 듣고 좌절과 실망을 느끼며 집에서 나오는 모습을 그리고 있다. 따라서 '조금 느릿느릿 힘없는 걸음으로 걸어가는 모양'을 의미하는 '타박타박'이 들어가야 가장 적절하다.

① '허덕허덕'은 '힘에 부쳐 계속 쩔쩔매거나 괴로워하며 애쓰는 모양'을, '타울타울'은 '어떤 일을 이루려고 애를 바득바득 쓰는 모양'을 의미한다.

② '굼실굼실'은 '구불구불 물결을 이루며 잇따라 넘실거리는 모양'을, '슴벅슴벅'은 '눈꺼풀을 움직이며 눈을 자꾸 감았다 떴다 하는 모양'을 나타낸다.

④ '설핏설핏'은 '잠깐잠깐 풋잠이나 얕은 잠에 빠져드는 모양'을 뜻한다.

※ 본래 「누항사」 원문에 들어가 있는 단어는 '허위허위'와 '설피설피'이다. 본 문제의 경우 '설피설피'를 비슷한 의미의 다른 단어로 대체하여 출제되었다.

05

정답 | ③

해설 | 훈몽자회는 어린이가 한자를 쉽게 배울 수 있도록 1527년 최세진이 편찬한 아동용 한자 학습서이다. 훈몽자회 서문에서는 한글의 사용법에 대해 정의하고 있는데, 여기서 초성과 종성에만 쓰일 수 있는 것은 ㄱ, ㄴ, ㄷ, ㄹ, ㅁ, ㅂ, ㅅ, ㆁ 8개, 중성에만 쓰일 수 있는 것은 ㅏ, ㅑ, ㅓ, ㅕ, ㅗ, ㅛ, ㅜ, ㅠ, ㅡ, ㅣ, · 11개로 규정하였다. 종성에는 사용할 수 없고 초성에만 쓰일 수 있는 것은 ㅇ, ㅈ, ㅊ, ㅋ, ㅍ, ㅌ, ㅎ, ㅿ 8개로 규정하였다.

06

정답 | ①

해설 | '동병상련(同病相憐)'은 '같은 병자끼리 가엾게 여긴다'는 뜻으로, 어려운 처지에 있는 사람끼리 서로 불쌍히 여김을 이르는 말이다. 이와 유사한 의미의 속담으로는 '과부 설움은 홀아비가 안다' 등을 들 수 있다. '거지가 하늘을 불쌍히 여긴다'는 '주제넘게 동정하거나 엉뚱한 일을 걱정하는 경우'를 비유적으로 이르는 말로 동병상련과는 반대의 의미이다.

② '견문발검(見蚊拔劍)'은 '모기를 보고 칼을 뺀다'는 뜻이다.

③ '작학관보(雀學鸛步)'는 '참새가 황새의 걸음을 배운다'는 뜻이다.

④ '내빈외부(內貧外富)'는 '겉으로는 부유하여 보이나 실상은 구차하고 가난함'을 나타낸다. '난 부자 든 거지'는 '겉으로는 부자로 보이나 실제로는 집안 살림이 거지와 다름없이 가난함'을 뜻하는 속담이다.

07

정답 | ②

해설 | '알려지다'는 '어떤 사실을 다른 사람들이 전해 듣고 알게 되다'라는 의미의 단어로, 이중사동이나 이중피동이 사용된 문장이 아니다. '그것'이라는 주어가 의지를 가진 생물처럼 사용되지도 않았으며, 과도한 명사화가 이루어지지도 않았다.

① '잊다'의 피동형은 '잊히다'이므로 '잊혀지다'는 이중피동이 사용된 형태이다.

③ '연구함으로써', '이바지를 하다' 등은 과도한 명사화로 볼 수 있다. '과학자들은 연구를 통해 과학 발전에 이바지하고 있다'와 같이 수정하는 것이 과도한 명사화를 피하는 방법이다.

④ '대학 축제'는 생물이 아니므로 '사람들을 즐겁게 하는' 행위를 하는 주체가 될 수 없다. 즉, 무생물인 대상을 생물인 주어처럼 사용하고 있다. 이러한 경우 '사람들은 대학 축제를 즐기고 있다'와 같은 형태로 바꾸는 편이 적절하다.

08

정답 | ①

해설 | '질정(質正)하다'는 '묻거나 꾸짖어 바로잡음'이라는 의미이다. '갈피를 잡아서 분명하게 정함'이라는 의미의 단어는 '질정(質定)하다'로 사용된 한자가 다르다. 참고로 토지에서 사용된 단어는 '질정(質定)하다'이다.

09

정답 | ②

해설 | 우선 〈보기〉는 '이 말을 다시 하자면'이라는 문장으로 시작되고 있으므로, 본 문단에 앞서 비슷한 내용의 문단 혹은 문장이 배치되어야 함을 알 수 있다. 그리고 이와 대치되는 내용, 즉 '연습을 통해 긍정적인 자질을 이끌어낼 수 있다'는 내용으로 〈보기〉가 마무리되고 있으므로 〈보기〉 뒤에 이러한 내용이 이어지거나, 혹은 〈보기〉를 통해 해당 내용이 마무리되는 것이 자연스러운 흐름이다. 제시된 글을 보면 (나)의 앞에서 이야기하고 있는 '부정적인 습관'이 〈보기〉에서 언급한 '실패하고 좌절하는 연습'과 동일한 것임을 알 수 있다. 또한 (나)의 뒤에서 이어지는 문단은 '습관을 의식하는 것'이 삶에 어떠한 도움이 되는지를 이야기하는 새로운 내용이다. 따라서 〈보기〉는 (나)에 배치되는 것이 내용 흐름상 가장 자연스러움을 알 수 있다.

10

정답 | ①

해설 | 해당 문장의 로마자 표기는 'unneun sungan eosaekami sarajinda'이다. 이때, '어색함'은 체언이 아닌 형용사의 명사형이므로 h를 따로 밝혀 적지 않음에 주의해야 한다.

11

정답 | ②

해설 | 본 문제는 격식체(상대 높임법의 하나로 해라체, 하게체, 하오체, 합쇼체 등)와 비격식체(표현이 부드럽고 주관적인 느낌을 주는 상대 높임법으로 해체, 해요체 등)를 구분하는 문제이다. ②는 해요체로 비격식체이다.

① 어미 'ㅂ니다'는 합쇼할 자리에 쓰여 현재 계속되는 동작이나 상태를 그대로 나타내는 종결 어미이다. 즉, ①은 합쇼체로 격식체가 사용된 문장이다.

③ 하오체로 격식체에 해당한다.

④ '-게나'는 하게할 자리에 쓰이는 '-게'의 뜻을 좀 더 친근하게 나타내는 종결 어미이다. 하게체이므로 격식체에 해당한다.

12

정답 | ④

해설 | 설화는 크게 신화와 민담, 전설로 분류되는데, 전설을 다른 둘과 구분하는 가장 중요한 특징은 사건을 증명하는 증거물이 남아 있다는 것이다. 제시된 글은 '원소'라는 못의 생성에 얽힌 이야기로, 이를 뒷받침하는 기념물·증거물로서 실제 못이 존재한다는 문장이 해당 이야기가 '전설'임을 나타내고 있다.

13

정답 | ②

해설 | 글에 따르면 장자 첨지의 인색함과 악행으로 인해 가족을 잃게 된 마을 사람들이 흘린 원망과 슬픔의 눈물이 고여 만들어진 것이 바로 원소이며, 이 연못이 만들어지는 과정에서 장자 첨지의 집은 못 아래로 잠겨 버렸다. 이러한 내용을 고려했을 때, 연못의 이름이 슬픔 혹은 원망 등과 연관이 있음을 짐작할 수 있으며, 이러한 뜻을 담은 표기는 '원망할 원' 자를 쓴 '怨沼'이다. '동산'을 의미하는 '苑'이나 '근원'을 의미하는 '原', '으뜸'을 의미하는 '元' 모두 글에서 이야기하는 전설과는 관련이 없는 뜻이므로 적절하지 않다.

14

정답 | ③

해설 | 용비어천가 자체에 대한 지식보다는 자료의 독해와 한자 독해 능력이 필요한 문제이다. 우선 ㉠ 앞의 체언은 '봉천 토죄'로, 끝소리가 반모음 'ㅣ'로 끝난다(이중모음이므로). 따라서 ㉠에는 주격조사가 생략되어야 한다. ㉡의 경우 앞의 체언이 '사방제후'이므로 〈자료〉 주격조사의 쓰임 3에 해당한다. 즉, 체언의 끝소리가 '이'나 반모음 'ㅣ'가 아닌 모음으로 끝났으므로 'ㅣ'로 표기하여야 한다.

15

정답 | ③

해설 | 제시된 글은 '한국 드라마'와 '미국 드라마'를 비교함으로써, 한국 드라마에서는 찾아볼 수 없는 미국 드라마의 인기 요인을 분석하고 있다. 그러나 (다)의 내용은 한국 드라마와 대비되는 미국 드라마의 인기 요인이 아니라, 단순히 미국 드라마가 갖는 특징에 가깝다. 글의 서두에서 '한국 드라마와 달리 미국 드라마가 인기를 끄는 이유'를 찾고자 한다고 하였으므로, (다)는 글의 목적에 맞지 않는 문단이라고 할 수 있다.

16

정답 | ③

해설 | (다)의 경우 청소년을 상대로 한 부당노동행위를 해결·방지하기 위해 정부에서 시행했던 법적·제도적 차원의 대응을 제시하였다. 그러나 이는 '문제를 해결하기 위한 해결책'으로서 제시된 것이 아니라, 해당 대응이 본래의 목적대로 실시되지 못하여 문제 해결이 이루어지지 않았음을 이야기하기 위해서 제시된 것이다. 실제 (가)에서 제시하고 있는 청소년 문제의 근거 자료가 2014년 12월의 보고서를 기반으로 하고 있는데, 근로감독관 집무규정의 개정은 2014년 8월에 이루어졌으므로 이것이 '문제를 해결하기 위한 해결책'은 아님을 알 수 있다.

17

정답 | ④

해설 | 본 시의 소재가 된 「온달전」은 삼국사기 권 45 열전(列傳)에 수록되어 있다. 고구려 평강왕 때의 온달이 신라에 빼앗긴 땅을 회복하고자 출전했다가 아차산성에서 전사하였는데, 이후 장례를 치르기 위해 관을 옮기려 하자 그 관이 움직이지 않았다. 그때 평강공주가 다가가 관을 어루만지며 "이미 생사가 정해졌으니 돌아가라"고 이야기하였고, 그제야 관이 움직였다고 한다. 본 시는 이 전기를 재해석한 것이며, 시에서는 온달이 자신의 죽음을 평강(그대)에게 고백하고 있다.

※ 언어 문제보다는 한국사 문제에 더 가까운 것으로 한국사 지식이 없으면 풀 수 없어 수험생 사이에 논란이 많았던 문제이다. ①~③이 옳은 선지임을 파악하고 소거하여 답을 추론해야 한다.

18

정답 | ④

해설 | 우선 제시된 글의 첫 문단에서 '문제 발생 상황'과 그러한 문제를 해결하는 것이 어려운 이유에 대해서 설명한다. 그 뒤 두 번째 문단에서는 문제를 해결하기 위한 전략으로 '묘사적인 표현'을 소개하고 있으며, 말미에 이러한 표현 방법이 문제를 해결하기 위한 '통합적 해결책'을 찾는 출발점이 된다고 이야기하고 있다. 즉, 제시된 글은 '갈등의 발생'과 그 갈등에 '대응'하여 해결하는 방법, 즉 '전략'에 대해서 이야기하고 있다. 따라서 글의 제목으로는 '갈등 대응 전략'이 가장 적절하다.

② '객관적 표현' 역시 본 글에서 중요하게 다루어지는 주제이기는 하나, 제시된 글은 이러한 표현 자체를 설명하는 것이 아니라 이것이 '갈등의 해결'에 효과적인 방법 중 하나임을 이야기하고 있다. 따라서 글 전체를 아우르는 제목으로 보기는 상대적으로 부족한 선지이다.

19

정답 | ④

해설 | 제시된 글의 중심 내용은 문제가 발생했을 때 통합적인 해결책을 찾기 위한 출발점으로 '객관적인 표현'이 필요하며, '객관적인 표현'을 해내기 위해서는 '묘사적인 언어'를 사용해야 한다는 것이다. 즉, '갈등의 해결을 위해서는 묘사적인 표현을 사용해야 한다'는 것이 글의 주제라고 할 수 있다. 대화법의 중요성이나 객관적이고 신중한 상황 판단 또한 글에서 중요하게 다루어지고 있지만, 글 전체를 통해 전달하고자 하는 사항으로 보기에는 다소 지엽적 혹은 간접적인 내용이므로 글의 주제로 보기는 어렵다.

20

정답 | ④

해설 | ⊙ '만'이 '앞말이 나타내는 대상이나 내용 정도에 달함'을
나타내는 보조사로 쓰이는 경우 앞말과 붙여 써야 한
다. 참고로 '쥐꼬리만하다'가 하나의 단어로 등재된 사
전도 있으나, 표준국어대사전(국립국어원) 기준으로는
하나의 단어로 인정되지 않고 있으므로 별도의 단어로
구분하여 표기하는 것이 적절하다.

⊙ '주다'가 보조동사로 사용될 경우 앞말과 띄어 쓰는 것
이 원칙이나, 붙여 쓰는 것도 허용된다.

⊙ 제시된 글의 '–던'은 '–던지'가 줄어든 형태로 이는 '막
연한 의문이 있는 채로 그것을 뒤 절의 사실과 관련시
킬 때' 사용하는 어미이다. 그러나 해당 문장에서는 의
미상 '나열된 동작이나 상태, 대상들 중에서 어느 것이
든 선택될 수 있음'을 나타내는 어미가 사용되어야 하
며, 이는 '–던지'가 아니라 '–든지'이다. 즉, '회사가 망
하든 말든'으로 표기하여야 한다.

⊙ '제'는 '저'에 관형격 조사 '의'가 결합하여 줄어든 형태
이다. 즉 '제 이익'으로 띄어 써야 하며, '제이익'이라는
단어는 존재하지 않는다.

21

정답 | ②

해설 | • 절약 : 받침 뒤에 모음이 이어질 경우, 받침을 연음하여
발음한다. 따라서 [저략]으로 발음한다.

• 몰상식한 : 제26항에 따라 한자어에서 'ㄹ' 받침 뒤에
연결되는 'ㅅ'은 된소리로 발음한다. 또한 제12항 붙임
1에 따라 받침 'ㄱ'이 뒤 음절 첫소리 'ㅎ'과 결합되는
경우 두 음을 합쳐 [ㅋ]으로 발음한다. 따라서 [몰쌍시
칸]으로 발음한다.

• 낯설어 : 'ㅊ'은 받침으로 사용될 경우 대표음인 [ㄷ]으
로 발음한다. 또한 제23항에 따라 받침 'ㄷ' 뒤에 연결
되는 'ㅅ'은 된소리로 발음해야 한다. 따라서 [낟써러]로
발음한다.

• 읊조렸어 : 제10항에 따라 겹받침 'ㄿ'은 어말 또는 자
음 앞에서 [ㅂ]으로 발음한다. 그리고 제23항에 따라 받
침 'ㅂ' 뒤에 연결되는 'ㅈ'은 된소리로 발음한다. 따라
서 [읍쪼려써]로 발음한다.

22

정답 | ①

해설 | 앙카라, 간디 등은 해당 언어권의 원지음을 따라 적은 사
례이다.

② 공자의 경우 과거인이므로 종전의 한자음대로 표기하
여야 하지만, 등소평의 경우 '덩샤오핑'으로 표기하여
야 한다.

※ 덩샤오핑은 1904년에 출생하여 1997년 사망하였
다. 일반적으로 현대 중국의 시작을 아편전쟁이 발
발한 1840년경으로 보므로 현대의 인물로 보는 것
이 적절하다.

③ 각각 '이토 히로부미'와 '도요토미 히데요시'로 적어야
한다.

④ 히말라야의 경우 '눈'을 뜻하는 히마(hima)와 '거처'를
뜻하는 알라야(alaya)가 결합되어 생긴 이름이다. 지명
에 '산'의 뜻이 있지 않으므로 겹쳐 적지 않는다.

23

정답 | ④

해설 | 풍유법은 본뜻은 숨기고 비유하는 말만으로 숨겨진 뜻을
암시하는 수사법으로, 속담이나 격언 등이 이에 해당한
다. 제시된 시에서는 이러한 수사법을 사용한 문장을 찾
아볼 수 없다.

① 의인법은 사람이 아닌 것을 사람에 빗대어 표현하는
수사법이다. 제시된 시에서는 새, 산 그림자, 종소리 등
을 마치 사람처럼 외로움을 탄다고 표현하고 있다.

② 대구법은 비슷한 어조나 어세를 가진 어구를 짝 지어
표현하는 수사법이다. 시에서 가장 기본적으로, 많이
사용되는 수사법이며, 이것이 가장 잘 나타나는 부분은
'눈이 오면 눈길을 걸어가고 비가 오면 빗길을 걸어가
라'이다.

③ 반복법은 같거나 비슷한 어구를 되풀이하는 수사법이
다. '~외로움 때문이고', '~외로움 때문이다'와 같이
반복되는 부분을 통해 이를 확인할 수 있다.

24

정답 | ③

해설 | 시의 제목에 이미 답이 나타나 있다. 시에서 화자는 수선
화를 향해 '울지 말라'고 이야기하고 있다. 즉, 여기서 '너'
는 수선화를 의미한다.

25

정답 | ①

해설 | 두 번째 행 '외로우니까 사람이다'를 통해 '사람이 외로움
을 느끼는 것은 당연한 것'임을 나타내었고, 이어지는 시
구를 통해 '살아간다는 것'이 '외로움을 견디는 것'과 동일
한 것이며 이것은 '하느님도 외로워서 눈물을 흘릴 만큼'
누구에게나 자연스러운 것임을 이야기하고 있다. 사람이
삶을 살아간다는 것, 즉 인생이란 외로움과 함께하는 것
임을 시 전체를 통해 전달하고 있는 것이다. 따라서 주어
진 시는 외로움이라는 '인생의 본질'을 이야기하고 있다
고 할 수 있다.

② '의의'는 어떤 사실이나 행위가 갖는 중요성이나 가치
를 의미한다. 제시된 시에서 '존재'가 갖는 중요성이나
가치가 나타나고 있지는 않다.

③ 외로움과 고독이 의미상 동일하다고 하더라도 본 시가
고독의 속성에 대해서 이야기한다고 보기는 어렵다.
고독의 특징이나 성질에 대해 이야기하고 있는 것이
아니기 때문이다.

국방부(육 · 해 · 공군) 시행 필기시험(2017.07.01)

1	2	3	4	5	6	7	8	9	10
②	①	①	③	④	②	①	④	①	②
11	**12**	**13**	**14**	**15**	**16**	**17**	**18**	**19**	**20**
④	②	③	③	①	③	②	①	④	④
21	**22**	**23**	**24**	**25**					
①	③	③	②	②					

01

정답 | ②

해설 | '바른'은 '오른(오른쪽)'을 의미하는 관형사이고, '아쉽다', '가볍다', '곧다'는 모두 형용사이다.

02

정답 | ①

해설 | ①은 본래 잘못된 표기였던 '어리숙하다'를 본말의 뜻과 다른 별도의 뜻을 가진 단어로서 표준어로 인정한 경우이다. '어수룩하다'는 본래의 뜻인 '순진하고 어설픈 데가 있다'는 의미이고 '어리숙하다'는 '순진하고 어리석은 데가 있다'는 의미로 '어리석다'는 의미가 추가되었다.
②, ③, ④는 모두 동일한 의미의 표기를 복수 표준어로 인정한 사례이다.

03

정답 | ①

해설 | ② 들여놓는데만 → 들여놓는 데만
③ 한 달만에 → 한 달 만에
④ 이것 뿐이다 → 이것뿐이다

04

정답 | ③

해설 | 처음 백화는 영달의 등에 업히기를 거부하였으나 실제로 영달의 등에 업힌 이후에는 영달에게 미안함과 고마움을 표시하고 있다. 영달에게 업힌 상황을 계속해서 달가워하지 않고 있다고 볼 근거는 글에 나타나 있지 않다.

> **황석영「삼포 가는 길」**
> • 갈래 : 단편 소설, 사실주의 소설
> • 성격 : 사실적, 현실 비판적
> • 시점 : 전지적 작가 시점
> • 주제 : 산업화 과정에서 소외된 하층민들의 애환과 연대 의식
> • 삼포의 의미 : 고단한 삶을 끝내고 안주할 수 있는 곳, 정신적 안주처

05

정답 | ④

해설 | 「구지가」는 박혁거세가 아니라 가락국(금관가야)의 시조인 수로왕의 탄생 신화와 관련이 있다.

> **「구지가」**
> • 갈래 : 주술요, 노동요
> • 성격 : 주술적, 집단적, 제의적
> • 주제 : 임금 수로왕의 강림 기원
> • 의미
>   – 거북 : 신령스러운 존재, 장수하는 동물
>   – 머리 : 군주, 우두머리
> • 구조
>   – 1구 : 대상에 대한 호명
>   – 2구 : 대상의 행위 요구
>   – 3구 : 가정적 상황 설정
>   – 4구 : 위협적 행위 표현
> • 특징 : 현전하는 최고의 의식요이자 노동요

06

정답 | ②

해설 | 肝膽相照(간담상조)는 '서로 속마음을 털어놓고 친하게 사귐'이라는 의미로 '막역지우'와 같이 친밀한 벗과의 관계를 나타내는 말이다. 서로 어려울 때 돕는다는 의미의 한자성어는 相扶相助(상부상조)이다.

① 男負女戴(남부여대)는 '남자는 지고 여자는 인다'는 뜻으로 가난한 사람들이 살 곳을 찾아 이리저리 떠돌아다니는 것을 비유적으로 이르는 말이다.

③ 口蜜腹劍(구밀복검)은 '입에는 꿀이 있고 배 속에는 칼이 있다'는 뜻으로 말로는 친한 척을 하나 속으로는 상대를 해할 생각이 있음을 의미한다.

④ 孤掌難鳴(고장난명)은 '외손뼉만으로는 소리가 울리지 않는다'는 뜻으로 맞서는 이가 없으면 싸움이 일어나지 않음을 뜻하는 말이다.

07

정답 | ①

해설 | 제시된 글에서는 '물기나 때 따위가 묻은 것을 닦아 말끔하게 하다'라는 의미로 '훔치다'를 사용하였다. 그러나 ①에서는 '보이지 않는 곳에 있는 것을 찾으려고 손으로 더듬어 만지다'라는 의미로 '훔치다'를 사용하고 있다.

08

정답 | ④

해설 | 로마자 표기법 제2장 '표기일람'의 제1항 붙임 2에 '장모음의 표기는 따로 하지 않는다'는 규정이 존재한다. 그러나 〈보기〉의 단어들은 장모음이 존재하지 않는 단어이므로 〈보기〉를 통해 이 규정을 설명할 수는 없다.

① 〈보기〉의 단어들은 모두 고유명사로, 로마자 표기 시 첫 글자를 대문자로 적고 있다.

② '낙동강[낙똥강]', '팔당[팔땅]' 등은 음운 변화 중 '된소리되기'가 일어나는 단어이나 로마자 표기 시에는 이를 반영하지 않는다.

③ '집현전', '묵호' 등은 ㄱ, ㄷ, ㅂ 등의 뒤에 ㅎ이 따르는 단어로 로마자 표기 시 ㅎ을 밝혀(h) 적고 있다.

09

정답 | ①

해설 | '뒷마루', '제삿날', '양칫물'은 뒷말의 첫소리 'ㄴ, ㅁ' 앞에서 'ㄴ' 소리가 덧나는 경우 표기하는 사이시옷이다. 이와 달리 '가욋일'의 경우 뒷말의 첫소리 모음 앞에서 'ㄴㄴ' 소리가 덧나는 경우 표기하는 사이시옷이다. 같은 경우로 '사삿일', '예삿일', '훗일' 등이 있다.

10

정답 | ②

해설 | 어떤 일이 있었던 때로부터 지금까지의 동안을 나타내는 '지'는 의존명사로 앞말과 띄어 쓴다. 따라서 '떠난 지'로 표기해야 한다.

① 성씨 자체를 의미하거나 성씨의 가문이나 문중의 뜻을 더하는 '-씨'는 접미사로 앞말과 붙여 쓴다.

③ 지나간 어떤 때를 의미하는 '적'은 의존명사이므로 앞말과 띄어 쓴다.

④ '숙질간'은 아저씨와 조카 사이를 의미하는 하나의 단어이므로 붙여 쓴다. 다만, 이처럼 하나의 단어가 아니라 '간'이 관계의 뜻을 나타내는 의존명사로 사용되는 경우 앞말과 띄어 쓴다. 예 서로 간

11

정답 | ④

해설 | 형제나 자매의 배우자의 부모를 높여 이르거나 부르는 경우 사용하는 호칭은 사돈어른이 아닌 '사장어른'이다. 이때 형제자매의 항렬은 상관이 없다.

12

정답 | ②

해설 | 글 전체의 주요 제재가 '말과 생각 간의 관계'이므로 이에 대한 의문을 제기하고 있는 (나)가 문장의 가장 앞에 오는 것이 자연스럽다. 그 뒤에 이러한 관계에 대한 두 가지 관점을 제시하고 있는 (라)가 이어지고, 두 관점 중 하나(말과 생각이 서로 안팎을 이루는 쌍둥이라는 관점)를 비판하는 내용인 (다)가 이어지면 자연스럽다. 이때 '이 두 가지 생각 가운데서'라는 말로 문단이 시작됨을 참고하면 (라) 뒤에 (다)가 이어져야 한다는 것을 더욱 쉽게 짐작할 수 있다. 마지막으로 말과 생각 간의 관계에 대한 필자의 견해를 정리한 (가)가 이어져야 한다. 주어진 글이 '말과 생각 간의 관계'에 대해서 이야기하고 있으며, 서로 다른 두 견해 중 하나를 비판하는 내용이 존재함을 고려하면, (가)가 글의 맨 앞에 오는 것이 아니라 마지막에 오는 것이 더 자연스럽다는 것을 알 수 있다.

13

정답 | ③

해설 | '논 팔아 굿 하니 맏며느리 춤춘다'는 속담은 없는 형편에 논까지 팔아 굿을 하니 맏며느리가 분수없이 굿판에 뛰어들어 춤을 춘다는 뜻으로, 어렵게 된 일을 잘하려고 노력하여야 할 사람이 도리어 엉뚱한 행동을 한다는 말이다.

① 제 일만 알고 남의 일은 핑계만 대고 도와주지 않는 사람을 비유적으로 이르는 말이다.

② 이해타산이 어수룩함을 비유적으로 이르는 말이다.

④ 전혀 가능성이 없는 일을 하라고 강요하는 경우를 비유적으로 이르는 말이다.

14

정답 | ③

해설 | 제시문에서는 같은 취기재, 즉, 같은 냄새의 농도가 평균 11% 정도 차이 날 때 냄새의 세기 차이를 구별할 수 있다고 하였다. 서로 다른 냄새를 구별하기 위한 농도 차는 본문에 나타나 있지 않다.

① 개는 인간에 비해 약 100배가량 많은 후각 수용기를 가지고 있어 인간보다 냄새에 민감하다고 하였으므로 옳은 반응이다.

② 메탄올의 탐지역치가 박하향에 비해 약 3,500배가량 높기 때문에 메탄올보다 박하 냄새를 더 쉽게 알아챈다고 하였다. 즉, 탐지역치가 낮을수록 냄새를 알아채기 쉽다.

④ 취기재의 농도가 탐지역치 정도인 경우 냄새의 존재 유무는 탐지할 수 있으나 취기재의 정체는 인식하지 못한다고 하였으므로 옳은 진술이다.

15

정답 | ①

해설 | '틀리게'는 '셈이나 사실 따위가 그르게 되거나 어긋나다'라는 뜻의 동사 '틀리다'에 부사형 어미 '-게'가 붙어 서술어인 '적다'를 수식하고 있는 형태이다. 즉, 품사는 동사이며 문장성분은 부사어이다.

16

정답 | ③

해설 | '싫은 생각이나 느낌', 즉 '싫증'과 같은 의미의 염증은 '厭症'으로 표기한다. 炎症은 생체 조직이 손상을 입었을 때 체내에서 일어나는 방어적 반응을 의미하는 의학 용어인 염증의 표기이다.

17

정답 | ②

해설 | ㄱ. '잠을 자다'라는 의미의 관용구 '눈을 붙이다'에서는 '부치다'가 아닌 '붙이다'를 사용한다. 따라서 '눈을 붙였다'로 표기해야 한다.

ㄹ. 동사 '짐작하다'에 연결 어미 '-건대'가 붙은 형태이며, 이때 '-하' 앞에 ㄱ, ㄷ, ㅂ이 붙어 '하' 전체가 탈락하는 경우에는 준 대로, 즉 거센소리 없이 표기한다. 따라서 '짐작건대'로 표기하여야 한다. 다른 예로는 '생각건대(생각하건대)', '깨끗지(깨끗하지)', '섭섭지(섭섭하지)' 등이 있다.

18

정답 | ①

해설 | 囊中之錐(낭중지추)는 '주머니 속의 송곳'이라는 뜻으로, 재능이 뛰어난 사람은 숨어 있어도 저절로 사람들에게 알려짐을 이르는 말이다.

② 淸風明月(청풍명월)은 '맑은 바람과 밝은 달'이라는 뜻으로, 결백하고 온건한 성격을 평하여 이르는 말이다.

③ 水滴石穿(수적석천)은 '물방울이 돌을 뚫는다'는 뜻이며, 미미한 힘이라도 꾸준히 노력하면 큰일을 이룰 수 있음을 의미한다.

④ 吳越同舟(오월동주)는 '오나라 사람과 월나라 사람이 한 배에 타고 있다'는 뜻으로, 어려운 상황에서는 원수라도 협력하게 됨을 의미하는 말이다.

19

정답 | ④

해설 | 며느리는 시어머니의 이야기에 맞장구도 치고, 당시 상황이나 감정에 대해 질문을 하기도 하면서 자연스럽게 시어머니가 아들, 즉 자신의 남편과 관련된 이야기를 계속해서 이어 가도록 유도하고 있다.

③ 며느리가 시어머니로 하여금 어떤 일을 털어놓도록 질문하거나 논리적인 허점을 지적하는 등의 행동을 하고 있지는 않으므로 신문을 하고 있다고 보기는 어렵다. 시어머니 역시 진실을 의도적으로 숨긴 채 이야기하기를 꺼려하고 있다고 볼 근거는 글에 나타나 있지 않다.

> **이청준 「눈길」**
> - 갈래 : 단편 소설, 순수 소설, 귀향 소설
> - 성격 : 회고적, 상징적, 서정적
> - 시점 : 1인칭 주인공 시점
> - 주제 : 눈길에서의 추억을 통한 어머니의 무한한 사랑에 대한 깨달음과 인간적 화해
> - 구성 : 역순행적

20

정답 | ④

해설 | '안절부절못하다'는 '마음이 초조하고 불안해 어찌할 바를 모른다'라는 의미의 단어로 붙여 쓴다. 참고로 '안절부절하다'라는 단어는 없으므로(안절부절못하다의 잘못) 주의하도록 한다.

① '와중'은 '일이나 사건 따위가 시끄럽고 복잡하게 벌어지는 가운데'를 의미한다. '한가한 휴일'과는 의미상 어울리지 않는다.

② '반증'은 '어떤 사실이나 주장이 옳지 않음을 증명할 수 있는, 그에 반대되는 증거'를 의미한다. 앞서 '직접적인 증거가 아니었다'고 언급하였으므로 의미상 적절하지 않다. 여기서는 '사실을 직접 증명할 수는 없으나 주변 상황을 밝힘으로써 간접적으로 증명에 도움을 주는 증거'를 의미하는 '방증'이 사용되어야 한다.

③ '난이도'는 '어려움과 쉬움의 정도'를 의미하므로 '높이다'와 함께 사용할 수 없다. 여기서는 난이도가 아니라 '어려움의 정도'를 의미하는 '난도'를 사용하는 것이 더 적절하다.

21

정답 | ①

해설 | 네 시 모두 백석의 시로, 백석은 실제 물질적 가난을 겪고 있는 사람들의 모습을 그려내면서도 이를 소박하고 자유로운 심상으로 풀어낸다. 친구나 어머니, 아버지와 같은 가까운 이들에게 '가난한'이라는 수식어를 붙이면서도 이것을 비극으로 그려내는 것이 아니라 어떤 친밀함, 그리움과 같은 감정을 일으키는 개념으로 사용하고 있다. 따라서 이 시에서 '가난한'이 당시 가난한 이들의 생활상을 묘사하는 데 중점을 두고 있다고 보기는 어렵다.

22

정답 | ③

해설 | '물에 젖어서 부피가 커지다' 혹은 '분량이나 수효가 많아지다'를 의미하는 단어는 '붇다'이다. '붇다'는 모음 어미 앞에 붙을 경우 형태가 '불–'로 바뀌는 'ㄷ 불규칙 동사'이다.

23

정답 | ③

해설 | 외래어 Shadow boxing의 올바른 표기는 '섀도복싱'이다. 그림자를 의미하는 단어 shadow는 '쉐도우'나 '섀도우' 등이 아니라 '섀도'로 표기한다.

24

정답 | ②

해설 | ① '노고'는 '힘들여 수고하고 애씀'이라는 의미이므로 '기원하다'와 함께 어울려 쓰기에는 어색하다. '귀사의 노고에 감사를 드리며 번영을 진심으로 기원합니다'와 같이 써야 한다.
③ '즉'은 '다시 말하여'라는 의미의 부사이므로 '즉' 뒤에는 '직분'의 뜻을 풀어 설명하는 내용이 뒤따라야 하나, 직분과는 상관이 없는 내용이 이어지고 있다. '직분, 즉 직무상의 본분을 생각하고 일을 해야 한다'와 같이 써야 한다.
④ 현재의 형태라면 '시공'과 '공사 기간'을 모두 단축한다는 의미가 되므로 비문이 된다. 문장 성분 간의 호응이 제대로 이뤄지려면 '정성을 다해 시공하고 공사 기간을 최대한 단축하여 공사를 마무리하겠습니다'와 같이 써야 한다.

25

정답 | ②

해설 | 서술자가 바라보는 '금광 브로커'는 황금으로 대표되는 자본주의적·물질적 가치, 즉 돈만을 좇아 움직이는 사람들로, 예찬 대상이 아닌 비판의 대상이다.

> **박태원 「소설가 구보 씨의 일일」**
> • 갈래 : 중편 소설, 모더니즘 소설, 세태 소설
> • 성격 : 관찰적, 심리적, 묘사적
> • 시점 : 전지적 작가 시점
> • 주제 : 1930년대 무기력한 소설가의 눈에 비친 도시의 일상과 세태
> • 특징
>   – 1일 동안의 여로 형식(원점 회귀의 여로 구조)
>   – 회상의 구조 강화
>   – 심리 묘사와 관찰의 조화

CHAPTER 06 2016년 국어 기출문제 정답 및 해설

Civilian Worker In The Military **PART 04**

국방부(육 · 해 · 공군) 시행 필기시험(2016.07.02)

1	2	3	4	5	6	7	8	9	10
①	②	①	④	①	②	③	④	④	②

11	12	13	14	15	16	17	18	19	20
②	①	②	④	②	④	④	①	④	③

21	22	23	24	25
②	②	②	②	③

01

정답 | ①

해설 | 한글 맞춤법 제4장 제5절 '준말'의 제32항에 따라 단어의 끝모음이 줄어지고 자음만 남은 것은 그 앞의 음절에 받침으로 적는다. 즉, 본말인 '기러기야'는 준말 '기럭아'로 적을 수 있다.
② 격조사 '아(야)'를 붙일 수 없는 대상이므로 '쓰렉아'와 같은 준말이 성립되지 않는다.
③ 줄어드는 음절의 첫소리 자음이 아닌 받침소리가 올라붙는 예외 형태이다. '박장기'로 표기한다.
④ 본말 '어제그저께'의 준말은 '엊그저께'이다.

02

정답 | ②

해설 | ① 울릉도에서 '도'는 시, 군, 구 등과 같은 행정 구역 단위가 아닌 '섬'을 의미하는 '도'이다. 붙임표를 넣어 표기하는 것은 행정 구역 단위의 경우이다. 따라서 울릉도는 Ulleungdo로 표기하여야 한다.
③ 자음 앞이나 어말의 'ㄱ'은 'k'로 적는다. 또한 음운 변화 중 된소리되기는 표기에 반영하지 않는다. 따라서 석굴암의 로마자 표기는 Seokguram이다.
④ 'ㄹ'은 자음 앞이나 어말에서는 'l'로 적으며, 'ㄹㄹ'은 'll'로 적는다. 따라서 대관령의 로마자 표기는 Daegwallyeong이다.

03

정답 | ①

해설 | ② 염치없이 비위 좋은 짓을 함을 비유적으로 이르는 말이다.
③ 가을걷이 때에는 일이 많아 누구나 바빠 나서서 거들게 됨을 비유적으로 이르는 말이다.
④ 여럿이 모인 자리에 누군가 불쑥 끼어들어 옴을 비유적으로 이르는 말이다.

04

정답 | ④

해설 | '목매다'는 '어떤 일이나 사람에게 전적으로 의지함'을 속되게 이르는 말이다. 하나의 단어이므로 붙여 쓴다.
① '무슨 일을 겪어 내다', '주어야 할 돈을 내주다' 등을 의미하는 단어는 '치르다'이다.
② '사람이나 동물이 몹시 괴롭거나 흥분했을 때 입에서 나오는 거품 같은 침'을 의미하는 단어는 '게거품'이다.
③ 구렛나루는 '귀밑에서 턱까지 잇따라 난 수염'을 의미하는 '구레나룻'의 잘못이다.

05

정답 | ①

해설 | '새끼를 배지 않거나 열매를 맺지 않는'의 뜻을 더하는 접두사는 '수-'로 통일한다. 단, '양', '염소', '쥐' 등과 결합되는 경우에 한해 '숫-'을 사용한다. 따라서 '소'의 경우 '수소'로 표기해야 한다.

06

정답 | ②

해설 | '사람들의 의견을 조사하기 위하여 여러 사람에게 물어 회답을 구하는 조사 방법'을 의미하는 외래어는 '앙케트'이다. '앙케에트'나 '앙케이트'는 잘못된 표기이다.

07

정답 | ③

해설 | 제시된 글에서는 조국이 어려운 상황에 처했을 때, 시인은 단순히 문학가가 아니라 민족을 하나로 엮고 때에 따라 조국을 대표하기도 하는 사람으로서 존경받고 사람들이 높이 받들어 우러러보는 대상이 됨을 설명하고 있다. 즉, 빈칸에는 '높이 받들어 우러러봄' 혹은 '공경하여 우러러봄'과 같은 뜻을 지닌 단어가 들어가야 하며, 이러한 단어는 추앙, 숭앙, 추존 등이 있다. '승상'은 우리나라의 정승에 해당하는 옛 중국의 벼슬을 말한다.

08

정답 | ④

해설 | 제시된 글은 당장의 양극화 문제를 해결하기 위해 향후 더 큰 부작용을 일으킬 수도 있는, 단편적인 정책이 시행되고 있는 상황을 이야기하고 있다. 이를 나타내는 속담으로는 '일이 몹시 급해 임시변통으로 이리저리 둘러맞추어 일함'을 비유적으로 이르는 말인 '아랫돌 빼서 윗돌 괴듯'이 가장 적절하다.
  ① '말 못하는 벙어리를 대상으로 재판을 한다'는 뜻으로, 옳고 그름을 판단하기 매우 어렵거나 곤란한 경우를 비유적으로 이르는 속담이다.
  ② '둔하여 남의 말을 잘 이해하지 못한다'는 의미의 관용구이다.
  ③ '비위에 거슬려 아니꼽다'는 의미의 관용구이다.

09

정답 | ④

해설 | ① '같이'가 '앞말이 보이는 전형적인 어떤 특징처럼'의 의미를 나타내는 경우 격조사이므로 앞말과 붙여 써야 한다.
  ② 'ㄴ커녕'은 앞말을 지정하여 어떤 사실을 부정하는 보조사이므로 붙여 쓴다.
  ③ '보다'가 비교의 대상이 되는 말에 붙어 '~에 비해서'의 뜻을 나타내는 경우 격조사이므로 앞말과 붙여 써야 한다.

10

정답 | ②

해설 | '무우'는 '무'의 잘못으로 현재 표준어로서 인정되지 않는 단어이다.
  ① '남에게 놀림과 비웃음을 받을 듯하다'라는 의미의 '남우세스럽다'와 같은 말로, 2011년 표준어로 인정되었다.
  ③ 본래 '예쁘다'의 잘못이었으나 2015년에 표준어로 인정되었다.
  ④ 본래 '괴발개발'의 잘못이었으나 2011년에 표준어로 인정되었다.

11

정답 | ②

해설 | 연설문의 작성 순서를 묻고 있으나, 사실은 문장 혹은 문단을 논리적 순서에 맞게 배열하는 문제이다. 각 보기에 나타난 단어들을 토대로 순서를 유추하면 실제 연설문의 작성 순서를 몰라도 문제가 되지 않는다. ⓒ에서 '초안'을 만들어 대통령에게 보고한다고 하였고 ㉠에서 연설문을 검토하여 '초안에 대한 지침'을 내린다고 하였으므로 ⓒ – ㉠ 순으로 배열되어야 함을 알 수 있다. 그리고 ⓔ에서 '지침을 토대로' 연설문이 '다시' 작성된다고 하였다. 따라서 ⓔ은 ㉠ 뒤에 이어져야 한다. ⓒ에서 '다시 작성된' 연설문을 '마지막으로' 수정·보완한다고 하였으므로 ⓒ은 가장 마지막이 된다.

12

정답 | ①

해설 | '안갚음'은 자식이 커서 부모를 봉양하는 일을 말한다. '앙갚음'과 표기 및 발음이 비슷하여 헷갈릴 수 있으니 주의한다.

13

정답 | ②

해설 | '고유어'란 해당 언어에 본디부터 있던 말 및 그것에 기초하여 새로 만들어진 말, 즉 외래어 혹은 한자어가 아닌 말을 의미한다. 주어진 선지 중에서는 '억울한 일이나 잘못된 일, 딱한 사정 따위를 말함'이라는 의미의 '하소연'만이 고유어이다. 이간질(離間–), 빈티지(vintage), 파렴치(破廉恥) 등은 고유어가 아니다.

14

정답 | ④

해설 | '매도'의 한자 표기는 '賣渡'이다. '買收'는 '매수'의 한자 표기이다.

15

정답 | ②

해설 | '지국총 지국총 어사와'는 배 저을 때 나는 소리를 한자의 뜻이 아닌 '음'을 빌려 적은 것이다.

① 제시된 부분은 어부사시사의 하사(夏詞) 2에 해당하는 것으로 여름철 어부의 삶을 그리고 있다.

③ '백구'는 갈매기를 말하는 것으로, 갈매기와 내가 서로 좇으며 즐기는 모습을 통해 물아일체의 경지를 나타내고 있다.

④ 어부사시사는 윤선도가 지은 연시조로 3장 6구의 시조 형식에 후렴구를 첨가한 것이다.

윤선도 「어부사시사」 하사(夏詞) 2

• 주제 : 안분지족과 물아일체의 즐거움

• 현대어 풀이
  연잎에 밥을 싸고 반찬일랑 장만 마라
  닻 들어라 닻 들어라
  삿갓은 썼다마는 도롱이는 갖고 오냐
  찌거덩 찌거덩 어여차
  무심한 갈매기는 나를 쫓는가 저를 쫓는가

• 특징
  – 여름의 계절감 소재 등장(년닙, 청약립, 녹사의)
  – 녹사의(綠蓑依) 의미 : 우비의 일종
  – '무심(無心)호 빅구(白鷗)난 내 좇는가 제 좇는가'
    : 물아일체, 자연친화적 삶
  – 여음구('닫 드러라 = 닻 올려라')
  – 후렴구('지국총 지국총 어사와')의 역할 : 노 저을 때 나는 '삐그덕 삐그덕' 소리와 어부의 외침 소리를 흉내 낸 의성어로, 경쾌한 느낌을 줌

16

정답 | ④

해설 | '여부'는 '그러함과 그러하지 아니함'을 의미하는 단어로, 서로 뜻이 상반된 표현 뒤에 '여부'를 붙일 경우 의미가 중복되므로 같이 쓰지 않는다. '생존'은 '살아 있음 또는 살아남음'을 의미하는 단어이므로 '여부'와 함께 사용할 수 있다.

※ '여부'와 사용할 수 없는 단어 : 남녀(男女), 당락(當落), 성패(成敗), 존폐(存廢), 진위(眞僞), 진퇴(進退), 찬반(贊反) 등

17

정답 | ④

해설 | 정지용의 '유리창'(다)은 1930년, 김춘수의 '꽃'(나)은 1952년, 신동엽의 '껍데기는 가라'(가)는 1967년, 정현종의 '세상의 나무들'(라)은 1995년 발표되었다.

(가)~(다) 작품 특징

신동엽 「껍데기는 가라」

• 출전 : 1967년

• 주제 : 순수한 민족의 삶의 보장에 대한 열망

• 특징 : 부정적 인식을 직설적 표현으로 보여줌, 반복적 표현과 대조적 시어의 사용을 통한 주제 강조

김춘수 「꽃」

• 출전 : 1952년

• 주제 : 존재의 본질 구현에 대한 소망

• 특징 : 소망 표현의 간절한 어조, 존재의 의미 심화 및 확대

정지용 「유리창」

• 출전 : 1930년

• 주제 : 죽은 아이에 대한 슬픔과 그리움

• 특징 : 감각적이고 선명한 이미지 사용, 감정 절제의 표현, 모순법 사용

18

정답 | ①

해설 | 김춘수는 후기(1960년대 이후)에 들어서면서 의미와 대상을 지시하는 언어의 본질적 기능을 배제하고 오직 이미지만이 두드러지게 나타나는 '무의미시'를 쓰기 시작하였다. 동시에 그의 무의미시에 관한 무의미시론을 전개하였다.

19

정답 | ④

해설 | 제시된 글에서 화자는 문제의 핵심을 벗어나 지엽적인 상황을 확대하여 문제로 삼는 태도나 사고방식을 경계하고 있다. 이러한 태도를 가장 잘 나타내는 것은 '일의 근본 줄기는 잊고 사소한 부분에만 사로잡힘'을 의미하는 '본말전도'이다.

20

정답 | ③

해설 | (ⓒ)의 앞뒤 문장에서 '일터는 거래시장에 불과하지만 출판계는 차마 눈을 뜨고 보기 어려울 정도로(목불인견) 상업주의에 물들어 있다'고 이야기하고 있다. (ⓒ)을 기준으로 앞뒤 문장이 서로 반대되는 상황을 이야기하고 있는 역접 관계를 이루고 있으므로 (ⓒ)에는 '그러나'와 같은 역접 관계의 접속어가 들어가는 것이 자연스럽다.

21

정답 | ②

해설 | '몰두'는 '어떤 일에 온 정신을 다 기울여 열중함'이라는 의미이다. 그런데 제시된 글에서 화자는 몰두라는 단어를 그 한자의 풀이(빠질 몰, 머리 두) 그대로 '머리를 몸속으로 들이미는 것'으로 받아들임으로써 독자에게 웃음을 유발하고 있다.

22

정답 | ②

해설 | 주어진 글에서 '이슬'은 해가 뜨는 순간 사라지는, 아주 짧은 순간만 존재할 수 있는 것으로서 삶의 덧없음을 의미하는 자연물이다. 선지 중 이와 같은 의미를 가진 것은 인생을 덧없는 것으로 표현하고 있는 '꿈'이다.

> **천상병 「귀천(歸天)」**
> • 갈래 : 자유시, 서정시
> • 성격 : 독백적, 낙천적
> • 주제 : 삶에 대한 달관과 죽음에 대한 정신적 승화
> • 특징
>   – 독백적 어조를 통한 주제 부각
>   – 반복적이고 비유적인 심상 사용

23

정답 | ②

해설 | '코끝 양쪽으로 둥글게 방울처럼 내민 부분'을 의미하는 단어는 '콧방울'이다. 콧망울이라는 단어는 표준어로 등재되어 있지 않다.

24

정답 | ②

해설 | '김정호의 옥사설'을 중심으로 각 문장의 전후 관계를 파악한다. 우선 ㉠의 '그러나' 이후 옥사설이 사실이 아니었음을 이야기하고 있으므로 ㉠ 앞에는 옥사설이 사실로 받아들여지고 있었다는 이야기가 나와야 한다. 이때, ㉢과 ㉣에서 각각 '이는'과 '이것'으로 지칭하고 있는 것이 '김정호의 옥사설'임을 고려하면 ㉡ – ㉢ – ㉣ 순으로 문장이 배치되어야 함을 알 수 있다. 그리고 ㉤에서 ㉠을 부연하고 있으므로 ㉠ – ㉤ 순으로 글이 이어져야 한다. 따라서 알맞은 순서는 ㉡ – ㉢ – ㉣ – ㉠ – ㉤이다.

25

정답 | ③

해설 | 대화 (1)은 양의 격률을, 대화 (2)는 관련성의 격률을, 대화 (3)은 태도의 격률을, 대화 (4)는 질의 격률을 각각 위배하였다.

국방부(육·해·공군) 시행 필기시험(2015.07.04)

1	2	3	4	5	6	7	8	9	10
③	③	②	②	③	③	③	①	③	③

11	12	13	14	15	16	17	18	19	20
③	②	③	④	①	②	②	④	②	③

21	22	23	24	25					
④	②	④	④	③					

01

정답 | ③

해설 | 제시된 단어는 모두 2011년에 추가된 표준어로, '냄새–내음'은 현재 표준어와 별도로 추가 인정한 표준어이다.
- 냄새 : 코로 맡을 수 있는 온갖 기운
- 내음 : 코로 맡을 수 있는 향기로운 기운의 의미로, 문학적 표현에 주로 쓰임

추가 표준어(2011년)
- 현재 표준어와 같은 뜻으로서 추가로 인정한 표준어 : ①, ②, ④

추가된 표준어	현재 표준어
간지럽히다	간질이다
세간살이	세간
남사스럽다	남우세스럽다
쌉싸름하다	쌉싸래하다
등물	목물
토란대	고운대
맨날	만날
허접쓰레기	허섭스레기
못자리	묏자리
흙담	토담
복숭아뼈	복사뼈

- 현재 표준어와 별도의 표준어로서, 추가로 인정한 표준어 : ③

추가된 표준어	현재 표준어
~길래	~기에
연신	연방
개발새발	괴발개발
휭하니	힁허케
나래	날개
걸리적거리다	거치적거리다
내음	냄새
꼬적거리다	끼적거리다
눈꼬리	눈초리
두리뭉실하다	두루뭉술하다
떨구다	떨어뜨리다
맨숭맨숭/맹숭맹숭	맨송맨송
뜨락	뜰
바둥바둥	바동바동
먹거리	먹을거리
새초롬하다	새치름하다
메꾸다	메우다
아웅다웅	아옹다옹
손주	손자(孫子)
야멸차다	야멸치다
어리숙하다	어수룩하다
오손도손	오순도순
찌뿌둥하다	찌뿌듯하다
추근거리다	치근거리다

02

정답 | ③

해설 | 식용유는 [시공류]가 아닌 [시공뉴]로 발음해야 한다.

03

정답 | ②

해설 | '순우리말+한자어'인 합성어로, 앞말이 모음으로 끝난 경우에 해당하며, 뒷말의 첫소리가 된소리로 나기 때문에 '낚시대'가 아닌 '낚싯대'라 해야 옳다.

> **사이시옷을 받치어 적는 경우**
> • '순우리말 + 순우리말'로 된 합성어로서 앞말이 모음으로 끝난 예
>   – 뒷말의 첫소리가 된소리로 나는 것 ⑩ 귓밥, 낚싯대, 맷돌, 냇가 등
>   – 뒷말의 첫소리 'ㄴ, ㅁ' 앞에서 'ㄴ'소리가 덧나는 것 ⑩ 아랫니, 잇몸 등
>   – 뒷말의 첫소리 모음 앞에서 'ㄴ', 'ㄴ' 소리가 덧나는 것 ⑩ 두렛일, 베갯잇, 나뭇잎 등
> • 순우리말과 한자어로 된 합성어로서 앞말이 모음으로 끝난 예
>   – 뒷말의 첫소리가 된소리로 나는 것 ⑩ 귓병, 전셋집, 탯줄 등
>   – 뒷말의 첫소리 'ㄴ, ㅁ' 앞에서 'ㄴ' 소리가 덧나는 것 ⑩ 제삿날, 양칫물 등
>   – 뒷말의 첫소리 모음 앞에서 'ㄴㄴ' 소리가 덧나는 것 ⑩ 예삿일, 훗일 등
> • 두 음절로 된 한자어 ⑩ 곳간, 횟수 등

04

정답 | ②

해설 | ㉠ 뮈다 : '움직이다'의 옛말로, 해당 한자는 '動(움직일 동)'이다.
ㄴ 여름 : '열매'의 옛말로, 해당 한자는 '實(열매 실)'이다.
• 勤(부지런할 근, 근심할 근), 夏(여름 하)
• 해석 : 뿌리가 깊은 나무는 바람에 흔들리지 않으므로, 그 꽃이 좋게 피고 열매가 성하다.

05

정답 | ③

해설 | 땀받이[땀바지]는 구개음화 현상으로, 받침 'ㄷ, ㅌ(ㄾ)'와 조사 또는 접미사의 모음인 'ㅣ'가 결합하면 [ㅈ, ㅊ]으로 바뀌어서 뒤 음절 첫소리로 옮겨 발음된다.
① 임진란[임 : 질란] → 임진란[임 : 진난]
    자음동화 현상으로, 'ㄴ'은 'ㄹ'의 앞 또는 뒤에서 [ㄹ]로 발음되지만(유음화), 본 단어는 예외사항으로서 'ㄹ'을 [ㄴ]으로 발음한다.
② 젖먹이[점머기] → 젖먹이[전머기]
    [젇]의 마지막 소리인 자음 'ㄷ'과 [먹]의 처음 소리인 자음 'ㅁ'이 만나 비음화되어 [전머기]가 된다.
④ 송별연[송 : 별련] → 송별연[송 : 벼련]
    연음으로 처리한다.

06

정답 | ③

해설 | 고루(固陋, 굳을 고, 더러울 루)는 '낡은 관념 또는 습관에 젖어 고집이 세고 새로운 것을 잘 받아들이지 아니한다'는 뜻으로 '고루하다'의 어근이다.

07

정답 | ③

해설 | 'ㅿ'은 'ㅅ'의 이체자이다.

> **훈민정음 제자원리**
>
> | 구분 | 상형 | 기본자 | 가획자 | 이체자 |
> |---|---|---|---|---|
> | 아음
(어금닛소리) | 혀뿌리가 목구멍을 막는 모양 | ㄱ | ㅋ | ㆁ |
> | 설음
(혓소리) | 혀끝이 윗잇몸에 닿는 모양 | ㄴ | ㄷ, ㅌ | ㄹ |
> | 순음
(입술소리) | 입의 모양 | ㅁ | ㅂ, ㅍ | |
> | 치음
(잇소리) | 이의 모양 | ㅅ | ㅈ, ㅊ | ㅿ |
> | 후음
(목청소리) | 목구멍의 모양 | ㅇ | ㆆ, ㅎ | |

08

정답 | ①

해설 | 제시된 시는 이용악의 시 「그리움」으로, 보통 '눈'은 시련 또는 역경의 이미지로 사용되나, 이 시에서는 고향을 그리워하는 매개체이자 포근함의 이미지로 사용되었다.

> **이용악 「그리움」**
> • 주제 : 고향에 대한 그리움
> • 갈래 : 자유시, 서정시
> • 구성 : 수미상관
> • 특징
>   – 의문형 종결어미를 통해 그리움 고조
>   – 수미상관의 구조를 통한 안정감, 주제 강조

09

정답 | ③

해설 | 제시문은 야생동물이 스스로 치료하는 방법을 선천적으로 알고 있음을 거북, 곰, 침팬지, 코끼리, 붉은 원숭이 등의 예시를 들어 설명하고 있다.

10

정답 | ③

해설 | 성삼이의 착잡한 심리를 '담배'라는 매개체로 나타내고 있다.

11

정답 | ③

해설 | 제시된 글은 황순원의 단편 소설인 「학」의 일부로, 성삼이의 내면 심리를 작가가 읽어내어 이야기를 이끌어 나가고 있다.
① 1인칭 관찰자 시점 : 주인공의 주변 인물인 '나'가 주인공에 대한 일을 서술함
②, ④ 1인칭 주인공 시점 : 주인공인 '나'가 자신이 겪은 일을 서술함

> **황순원 「학」**
> • 갈래 : 단편 소설
> • 성격 : 휴머니즘
> • 시점 : 작가 관찰자 시점(부분적으로 전지적 작가 시점)
> • 주제 : 사상과 이념을 초월한 인간애의 실현
> • 구성 : 역순행적(현재의 상황 → 회상 → 현재 이후의 사건)
> • 표현 특징 : 필요하지 않은 대화나 작자의 직접적인 개입을 억제하고, 생략과 암시를 통한 심리의 변화 보임 → 서정적 분위기 확보
> • 의미
>   학 : 전쟁의 피괴력 앞에서 잃어버리기 쉬운 인간성 회복
>   – 포승을 풀어줌 : 이념에 자유롭지 못한 경직된 상황 속 인간애를 회복해 감

12

정답 | ②

해설 | 제시된 글은 나도향의 수필인 「그믐달」이다. 기승전결의 4단 구성이며, 한 많은 그믐달에 대한 사랑을 주제로 하고 있다. 허구의 인물이 등장하는 것은 소설의 대표적인 특징이다.

> **수필의 특징**
> • 비전문적이다.
> • 고백적이다.
> • 소재가 다양하다.
> • 특별한 형식적, 내용적 제한이 없고, 일정한 형식을 따르지 않는다.
> • 글쓴이의 개성 또는 인간성이 두드러지게 나타난다.
> • 일상생활에서의 느낌 또는 체험을 자유롭게 표현한 산문형식의 글이다.

13

정답 | ③

해설 | 감실감실 : 사람이나 물체, 빛 따위가 먼 곳에서 자꾸 아렴풋이 움직이는 모양
① 출렁출렁
② 우줄우줄
④ 꾼들꾼들

14

정답 | ③

해설 | ① 수사 앞에 붙어 '그 숫자에 해당하는 차례'를 의미하는 '제(第)'는 접두사로 붙여 써야 한다.
② 의심하리 만큼 → 의심하리만큼
'–리만큼'은 '–리 정도로'의 뜻을 나타내는 연결 어미로 붙여서 써야 한다.
④ 'ㄴ커녕'은 보조사 ㄴ에 '커녕'이 결합한 것으로 '밥은커녕'과 같이 붙여 써야 옳다.

15

정답 | ①

해설 | 로마자 표기법에 따르면, '도, 시, 군, 구, 읍, 면, 리, 동'의 행정 구역 단위와 '가'는 각각 'do, si, gun, gu, eup, myeon, ri, dong, ga'로 적고, 그 앞에는 붙임표(–)를 넣는다. 붙임표 앞뒤에서 일어나는 음운 변화는 표기에 반영하지 않는다. 따라서 남원시는 'Namwon-si'라 표기된다.

16

정답 | ②

해설 | '네가 더 낫다'에서 '낫다'는 형용사로 쓰여, 보다 더 좋거나 앞서 있다는 의미이다. 동사인 경우 '병 또는 상처 따위가 고쳐져 본래대로 된다'라는 의미로 쓰인다.
①, ③, ④ 는 모두 동사이다.

17

정답 | ②

해설 | ①, ③, ④ 모두 가난하다는 의미와 관련 있다. 반면, '부자 하나면 세 동네가 망한다'는 무슨 큰일을 하나 이루려면 많은 희생이 있어야 한다는 의미이다.

① 삼순구식(三旬九食) : 집안이 가난하여 먹을 것이 없어 굶주린다는 의미

③ 적수공권(赤手空拳) : 아무것도 가진 것이 없음을 의미

④ 불고 쓴 듯하다. : 매우 가난하여 집이 휑하니 비었다는 의미

18

정답 | ④

해설 | 동사는 '명령형'과 '청유형'이 가능하나, 형용사는 활용할 수 없다.

① '용언'이란 문장 속 서술어의 기능을 하는 동사, 형용사를 통틀어 이르는 말이다.

② 동사와 달리 형용사는 현재시제 선어말어미와 결합될 수 없다.

③ 형용사는 관형사형 진성어미 '-는'과 결합될 수 없으나, '-(으)ㄴ, -(으)ㄹ'은 결합할 수 있다. 동사에는 '-는'이 결합할 수 있다.

19

정답 | ②

해설 | 까마귀는 화자의 비관적인 생의 인식을 반영하는 객관적 상관물로, 이별의 상황에 떠나지 못하고 망설이는 화자를 재촉하는 역할을 한다.

① 1~2연에서는 이별을 받아들이기 어려운 화자의 복잡한 감정을 묘사하며, 그리움과 아쉬움을 나타내고 있다.

③ '강물, 흐르는 물, 흐릅디다려 …' 등의 표현에서 흘러가는 물에 대한 음향감을 느낄 수 있다.

④ '강물'은 화자에게 서둘러 떠났으면 하는 구체적 자연물로, 이별에 대한 화자의 아쉬움과 안타까움을 부각시킨다.

> **김소월 「가는 길」**
> • 주제 : 이별의 경험으로부터 정처 없이 떠도는 시인의 쓸쓸한 마음과 고독한 내면의 형상화
> • 운율 : 7.5조 3음보의 민요조 율격
> • 시상 전개 : 선정후경 · 기승전결의 4단 구성
> • 특징
> - 순우리말 사용
> - 유음 · 비음 · 모음으로 된 시어의 표현으로 음악적 효과 지님
> - 동일한 글자 수 · 길이의 소리 묶음 반복, 동일한 음운의 동일한 위치를 통한 운율 형성
> - 이별의 아쉬움과 망설임을 자연물에 의탁하여 드러냄

20

정답 | ③

해설 | '상대 높임법'이란 화자가 청자를 높이거나 낮추어 말하는 법이다. ③의 '갑니다'란 표현은 상대 높임법 종결형이 쓰인 문장이다.

① '어머니'라는 목적어에 대해 '모시다'란 서술어를 사용하여 객체 높임법을 쓴 문장이다. 객체 높임법은 서술의 객체(목적어 또는 부사어가 지시하는 대상)를 높이는 표현이다.

② 주체 높임법을 쓴 문장이며, 주체 높임법은 서술의 주체가 화자보다 나이가 많거나 사회적 지위가 높을 경우 서술의 주체를 높이는 표현이다.

④ 객체 높임법을 쓴 문장이다.

> **상대 높임법**
> • 격식체 : 화자와 청자의 심리적 거리가 먼 경우
> - 합쇼체(아주 높임)
> - 하오체(보통 높임)
> - 하게체(보통 낮춤)
> - 해라체(아주 낮춤)
> • 비격식체 : 화자와 청자가 가까운 경우
> - 해요체(두루 높임)
> - 해 체(두루 낮춤)

21

정답 | ④

해설 |

공손성의 원리	
종류	**내용**
요령의 격률	상대방이 부담을 느낄 수 있는 표현의 최소화, 상대방에게 이익이 되는 표현의 극대화 예 죄송한데, 몇 가지 질문을 드려도 괜찮을까요?
관용의 격률	화자 자신에게 혜택을 주는 표현의 최소화, 자신에게 부담을 주는 표현의 최대화 예 상대방 : 네가 다음 주 발표 맡아 줄래? 자신 : 알겠어. 일단 구상안을 작성해서 주면 내가 할게.
칭찬의 격률	다른 사람에 대해 안 좋게 얘기하는 것의 최소화, 칭찬 극대화 예 넌 어쩜 그렇게 축구를 잘하니? 선수 해도 되겠어.
겸양의 격률	자신에 대한 칭찬 최소화, 비방 극대화 예 상대방 : 어쩜 그렇게 예쁘게 생겼니? 자신 : 아니에요. 좋게 봐 주셔서 그렇게 보이는 거지요. 제 얼굴은 평범한 걸요.
동의의 격률	자신과 다른 사람의 의견에서 다른 점은 최소화, 일치점은 극대화 예 상대방 : 오늘 점심은 푸짐하게 먹자! 자신 : 배고픈데 좋지. 그런데 너무 많이 먹으면 위에 부담이 될 수도 있으니까 소식하는 게 어때? 상대방 : 그렇지. 안 그러면 체할 수도 있겠어. 조절해서 먹자.

22

정답 | ②

해설 | ① 연가풍의 여성적 어조(진솔한 사랑에 대한 진지한 고백 함축)가 사용되었다.

③ '타고 남은 재가 다시 기름이 됩니다.'란 표현에서 '타고 남은 재'라는 소멸의 의미가 '기름'이라는 긍정의 의미로 재탄생하며 '소멸 → 생성'의 이미지로 연결되는 역설법이 쓰였다.

④ 자연물 '오동잎, 푸른 하늘, 저녁놀' 등 다양한 사물에서 시각적 이미지가 쓰였다.

> **한용운 「알 수 없어요」**
> • 사상 : 불교적 초월 사상
> • 어조 : 연가풍의 여성적 어조
> • 심상 : 시각적, 후각적, 청각적, 촉각적
> • 주제 : 님에 대한 동경과 구도(求道) 정신
> • 특징
>   – 경어체 사용
>   – 역설적 표현
>   – 자연 현상을 통한 깨달음 형상화
>   – 의문형 어구 반복
>   – 다양한 감각적 이미지 사용

23

정답 | ④

해설 | 6행의 '약한 등불'은 자신을 불태워 남을 밝히는 존재, 즉 자신을 없애서 남을 존재하게 하는 거룩한 존재로, '님'을 향해 기름이 되는 생성의 믿음과 재가 되는 소멸의 아픔을 기쁨으로 감수하는 것을 의미한다. 1~5행까지 각 행에서의 중심 소재인 '오동잎, 푸른 하늘, 알 수 없는 향기, 작은 시내, 저녁놀'은 모두 '님'을 의미한다.

> **각 행의 중심 소재**
> • 오동잎(님의 발자취)
> • 푸른 하늘(님의 얼굴)
> • 알 수 없는 향기(님의 입김)
> • 작은 시내(님의 노래)
> • 저녁놀(님의 시)

24

정답 | ④

해설 | 이생규장전은 삶과 죽음을 초월한 사랑의 성취를 그린 명혼 소설로, 현실 세계의 이야기를 다루었다. 결말의 비극성이 뚜렷한 작품이며, 현실적 세계관에 따른 현실주의적 · 사실주의적 경향을 띤다.

> **김시습 「이생규장전」**
> • 시대 : 조선 전기(세조 때)
> • 갈래 : 단편 소설, 전기 소설, 한문 소설, 명혼 소설 (귀신 등장)
> • 성격 : 전기적, 낭만적, 비극적
> • 시점 : 전지적 작가 시점
> • 주제 : 죽음을 초월한 남녀 간의 애절한 사랑
> • 의의 : 우리나라 최초의 한문 소설
> • 구성
> 　－ 발단 : 이생과 최랑의 사랑 나눔
> 　－ 전개 : 부모의 반대 극복, 결혼 이룸
> 　－ 위기 : 홍건적의 난으로 아내 잃음
> 　－ 절정 : 부인의 환신이 나타나 다시 행복을 찾음
> 　－ 결말 : 부인의 장사를 지낸 후 뒤를 따라 이생도 죽음
> • 특징
> 　－ 시를 삽입하여 등장인물의 심리를 효과적으로 전달
> 　－ 만남과 이별의 반복을 통한 비극 강화
> 　－ 개인과 세계 사이의 갈등 표현
> 　－ 인간 욕망의 성취라는 인간적 · 현실적 소망을 잘 반영함

25

정답 | ③

해설 | 「사씨남정기」는 조선 숙종 때 서포 김만중이 쓴 한글소설이다. 제시된 작품 「이생규장전」은 조선시대 김시습이 쓴 한문소설로, 김시습이 지은 한문소설집 「금오신화」에 실린 5편 중 하나이다. 그 외 「남염부주지」, 「용궁부연록」, 「만복사저포기」, 「취유부벽정기」 등이 수록되어 있다.

CHAPTER **08** | 2014년 국어 기출문제 정답 및 해설

Civilian Worker In The Military **PART 04**

2021년
2020년
2019년
2018년
2017년
2016년
2015년
2014년
2013년
2012년
2011년
2010년
2009년
2008년
2007년

국방부(육·해·공군) 시행 필기시험(2014.07.05)

1	2	3	4	5	6	7	8	9	10
②	④	②	③	①	③	②	①	②	①

11	12	13	14	15	16	17	18	19	20
③	②	②	③	④	①	③	④	④	②

21	22	23	24	25					
①	④	②	②	①					

01

정답 | ②

해설 | '버슷하다'는 '두 사람의 사이가 서로 잘 어울리지 않다'라는 의미이므로 의미상 적절하지 않다.

① 가붓하다 : 조금 가벼운 듯하다.

③ 다붓하다 : 조용하고 호젓하다.

④ 기웃하다 : 한쪽으로 조금 기울어져 있다.

02

정답 | ④

해설 | 겹받침이 모음으로 시작되는 조사, 어미, 접미사 등과 결합되는 경우 뒤엣것만을 뒤 음절 첫소리로 옮겨 발음하되, 이때 'ㅅ'은 된소리로 발음한다고 규정하고 있다. 제시된 부분은 '외곬'이 조사 '으로'와 결합한 형태이므로 [외골쓰로]로 발음하는 것이 옳다.

① 겹받침 'ㄼ'은 어말 또는 자음 앞에서 [ㅂ]으로 발음한다. 그리고 받침 'ㅂ' 뒤에 연결되는 'ㄱ'은 된소리로 발음한다. 따라서 [읍끼도]로 발음해야 한다.

② 겹받침 'ㅀ' 뒤에 'ㅈ'이 결합되는 경우 'ㅎ'을 뒤 음절 첫소리와 합쳐서 [ㅊ]으로 발음한다. 따라서 [달치]로 발음해야 한다.

③ 용언의 어간 말음인 'ㄺ'은 'ㄱ' 앞에서 'ㄹ'로 발음되면서 뒤의 'ㄱ'을 된소리로 만든다. 따라서 [얼꼬]로 발음해야 한다.

03

정답 | ②

해설 | 파탄의 한자 표기는 깨뜨릴 파(破), 터질 탄(綻)으로 쓴다.

① 모독(冒瀆) : 무릅쓸 모, 더럽힐 독

③ 규제(規制) : 법 규, 절제할 제

④ 유도(誘導) : 꾈 유, 인도할 도

04

정답 | ③

해설 | (다) : 벅구기(뻐꾸기), 버들숩(버들숲)

(가) : 녀름바람(여름바람)

(나) : ᄀᆞᄋᆞᆯ(가을)

(라) : ᄀᆞᄂᆞ눈(가는 눈) 셜월(설월)

> **윤선도 「어부사시사」**
> • 갈래 : 평시조, 연시조
> • 성격 : 풍류적, 자연 친화적
> • 구성에 따른 주제와 계절을 드러내는 시어
> – 춘사 4 : 어촌에서의 유유자적한 삶(동풍, 버들숲, 뻐꾸기 울음소리, 냇속)
> – 하사 2 : 소박한 어부의 삶(녀닙, 청약립, 녹사의)
> – 추사 1 : 속세를 떠나 자연과 함께하는 삶(추강)
> – 동사 4 : 눈 덮인 강촌의 아름다움(눈, 만경유리, 천첩옥산)

05

정답 | ①

해설 | 제시문은 '기계문명이 인간에게 준 공로' → '기계문명이 인간에게 준 피해' → '기계문명으로 인한 인간성 상실' → '인간성 회복을 위한 고민 필요'의 순으로 논지를 전개하고 있다. 즉, 서로 대비되는 견해(기계문명의 이점과 폐해)를 제시한 후에 문제를 제기하고, 문제를 해결하기 위한 과제를 제시하고 있다.

06

정답 | ③

해설 | ㄱ. 접 : 채소나 과일 따위를 묶어 세는 단위. 한 접은 채소나 과일 백 개를 말한다.

ㄴ. 손 : 한 손에 잡을 만한 분량을 세는 단위. 조기, 고등어, 배추 따위 한 손은 큰 것 하나와 작은 것 하나를 합한 것을 이르고, 미나리나 파 따위 한 손은 한 줌 분량을 말한다.

ㄷ. 쌈 : 바늘을 묶어 세는 단위. 한 쌈은 바늘 스물네 개를 말한다.

ㄹ. 축 : 오징어를 묶어 세는 단위. 한 축은 오징어 스무 마리를 말한다.

07

정답 | ②

해설 | 훈민정음에서 지칭하는 28자는 다음과 같다.
- 자음(17자) : ㄱ, ㄴ, ㄷ, ㄹ, ㅁ, ㅂ, ㅅ, ㅇ, ㅈ, ㅊ, ㅋ, ㅌ, ㅍ, ㅎ, ㅿ, ㆁ, ㆆ
- 모음(11자) : ·, ㅡ, ㅣ, ㅏ, ㅑ, ㅓ, ㅕ, ㅗ, ㅛ, ㅜ, ㅠ

08

정답 | ①

해설 | '알음'은 '사람끼리 서로 아는 일'을 의미한다.
② '바토'는 '시간이나 길이가 아주 짧게'를 의미하는 '바투'의 잘못이다.
③ '돋구다'는 '위로 끌어 올려 도드라지거나 높아지게 하다'를 의미하는 '돋우다'의 잘못이다.
④ '설레이다'는 '마음이 가라앉지 아니하고 들떠서 두근거리다'를 의미하는 '설레다'의 잘못이다.

09

정답 | ②

해설 | (나) milk shake → 밀크셰이크
(다) concept → 콘셉트
(라) rendez-vous → 랑데부
(사) propose → 프러포즈

10

정답 | ①

해설 | 해당 문장은 글의 통일성을 해치지 않으며, 오히려 '감정노동자'라는 개념을 '육체적 노동'과 대비시켜 등장시키는 중요한 부분이므로 삭제해서는 안 된다.
④ '과반수'는 '절반이 넘는 수'라는 의미이다. 따라서 '과반수 이상'이라는 말은 의미의 중복이 일어나는 비문이며, 이는 '과반수의'로 수정해야 한다.

11

정답 | ③

해설 | 제시된 글은 영어(외래 문명)를 받아들이고 사용하는 것은 막을 수 없으며 필수적인 일이기도 하나, 그에 앞서 우리말(우리 문명)을 잘 보살피고 바로 세워야 한다고 주장하며 우리말의 중요성을 설명하고 있다. 〈보기〉의 글 또한 새로운 민족문화를 창조함에 있어 단순히 외래문화를 모방하는 것이 아니라 주체적으로 계승함으로써 민족문화의 전통을 더욱 빛내야 한다고 주장한다. 즉, 두 글 모두 외래문화에 대한 주체적인 수용 태도가 필요함을 강조하고 있다.

12

정답 | ②

해설 | 밑줄 친 부분에서는 '같은 종류의 것 또는 비슷한 것에 기초하여 다른 사물을 미루어 추측하는' 방법인 '유추'를 이용하여 내용을 전개하고 있다. ①, ③, ④는 이와 마찬가지로 유추를 이용하여 내용을 전개하는 반면, ②는 서양의 희곡과 우리의 탈놀이를 '비교·대조'하는 방식으로 내용을 전개하고 있다.

13

정답 | ②

해설 | 노동자들이 일표를 얻지 못해 실망하였다고 하였으므로 '몹시 실망하거나 낙담하다'라는 의미의 관용구 '머리를 빠뜨리다'가 들어가는 것이 가장 적절하다.
① 머리를 싸다 : 있는 힘과 마음을 다하다
③ 머리가 빠지다 : 일이 복잡하거나 어려워 신경이 쓰이다.
④ 머리가 젖다 : 어떤 사상이나 인습 따위에 물들다.

> **강경애 「인간문제」**
> - 갈래 : 장편 소설
> - 성격 : 사실적, 비판적, 고발적
> - 시점 : 전지적 작가 시점
> - 주제 : 일제 강점기 농민과 노동자의 비참한 삶

14

정답 | ③

해설 | 애국가 2절 가사로 '철갑을 두른 듯이 바람과 서리에도 변함이 없는 저 소나무의 모습'이 우리의 '변함없는 기상'과 같음을 예찬하는 내용이다.

15

정답 | ④

해설 | '붇다'는 '분량이나 수효가 많아지다'라는 의미이다.
① '잗다랗다'는 '꽤 잘다'라는 의미의 '잗다랗다'의 잘못이다.
② 형용사의 '하얗다'의 어근 '하얗-'에 이유나 근거를 나타내는 어미 '-아서'가 붙을 경우 어간의 'ㅎ'이 없어지고 어미 '-아'가 '-이'로 바뀐다. 이렇게 바뀐 '하야이서'의 준말은 '하얘서'이다.
③ '달마다'를 의미하는 부사는 '다달이'이다.

16

정답 | ①

해설 | 같은 가락을 두 사람 이상이 동시에 노래하는 것을 의미하는 단어는 제창(齊唱)이다. 또, 주의나 사상 등을 앞장서서 주장함을 의미하는 단어는 주창(主唱)이다.
② 의미상 '악보를 보며 노래를 부름'을 의미하는 시창(視唱)도 첫 번째 괄호에 들어갈 수 있으나, 두 번째 괄호에 '다시 노래를 부름'을 의미하는 '재창(再唱)'이 들어가는 것은 적절하지 않다.

17

정답 | ③

해설 | '민주주의'의 '의'는 단어의 첫음절 이외의 '의'로서 [ㅣ]로 발음하는 것이 허용되며, '우리의'의 조사 '의' 또한 [ㅔ]로 발음하는 것이 허용된다.
① '계시다'의 '계'는 이중모음이나 [ㅔ]로도 발음할 수 있다. 다만 이때는 단모음이 아닌 장모음으로 발음한다.
② '다쳐'의 '쳐'는 용언의 활용형에 나타나는 '쳐'로서 [처]로 발음해야 하며 [쳐]로는 발음하지 않는다.
④ '희망'의 '희'는 자음을 첫소리로 가지고 있는 음절로 여기서 'ㅢ'는 [ㅣ]로 발음해야 하며 [ㅢ]로 발음하지 않는다. 따라서 [히망]으로 발음해야 한다.

18

정답 | ④

해설 | 우선 우리나라의 에너지 소비 규모를 간략하게 설명하고, 탄소 배출과 관련된 규제가 이어질 것임을 이야기하는 (라)가 가장 먼저 배치된다. 그 뒤 (가)를 통해 이에 대한 정부의 대책이 무엇인지 설명한다. 이때 '이런 세계적 트렌드의 변화'가 '탄소 배출 규제'를 의미한다는 것을 참고하면 도움이 된다. (나)에서는 '정부 스스로 60년 앞을 내다보는 계획을 제출했다고 천명했다'고 하였는데, 이는 (가)에서 '저탄소 녹색성장을 향후 60년의 새로운 국가 비전으로 제시한 것'에 대한 이야기이다. 따라서 (가) 뒤에는 (나)가 이어져야 한다. 마지막으로 정부에서 내놓은 1차 국가에너지기본계획에 대해 상세한 설명을 시작하는 (다)가 이어지는 것이 가장 자연스럽다.

19

정답 | ④

해설 | 목불식정(目不識丁)은 '아주 간단한 글자인 丁 자를 보고도 그것이 고무래인 줄을 알지 못한다'는 뜻으로 아주 까막눈임을 이르는 말이다. 이와 가장 비슷한 의미의 한자성어는 '콩인지 보리인지를 구별하지 못한다'는 뜻으로 사리 분별을 못하고 세상 물정을 잘 모름을 의미하는 숙맥불변(菽麥不辨)이다.
② '뿔이 있는 짐승은 이가 없다'는 뜻으로 한 사람이 여러 가지 재주나 복을 다 가질 수 없다는 말이다.
③ '동풍이 말의 귀를 스쳐 간다'는 뜻으로 남의 말을 귀담아듣지 아니하고 지나쳐 흘려버림을 이르는 말이다.

20

정답 | ②

해설 | 포럼(forum, 공개토론)은 발표자가 약 10~20분 길이로 간단히 주제를 발표하면 참가자들은 이에 관련되는 질문과 의견, 평가, 건의 등을 제시하는 토의 방식이다. 특정 문제에 대해 깊은 의견을 나눌 수 있다는 장점이 있다.
① 패널 : 어떤 문제에 대하여 풍부한 지식·경험·흥미를 가진 4~6명의 대표자가 청중 앞에서 자유롭게 토론한 후에 청중들이 참여하여 질문을 하거나 의견을 말하는 토의 방식이다.
③ 심포지엄 : 특정한 문제에 대하여 두 사람 이상의 전문가가 서로 다른 각도에서 의견을 발표하고 참석자의 질문에 답하는 형식의 토의 방식이다.
④ 원탁토의 : 10명 내외의 소규모 집단이 참가자의 연령, 직위, 직책 등의 구별 없이 평등한 입장에서 자유롭게 의견을 나누는 토의 방식이다.

21

정답 | ①

해설 | 제시된 글에서는 자신의 의견 없이 남이 시키는 대로 움직이는 사람에 대해 이야기하고 있다. 따라서 빈칸에는 '남이 부추기는 대로 따라 움직이는 사람을 비유적으로 이르는 말'인 '망석중이'가 들어가는 것이 가장 적절하다.
② 천둥벌거숭이 : 철없이 두려운 줄 모르고 함부로 덤벙거리거나 날뛰는 사람을 비유적으로 이르는 말
③ 가린주머니 : 재물에 인색한 사람을 놀림조로 이르는 말
④ 책상물림 : 책상 앞에 앉아 글공부만 하여 세상일을 잘 모르는 사람을 낮잡아 이르는 말

22

정답 | ④

해설 | 군기침, 군말, 군살 등은 모두 '군-'을 '쓸데없는'의 뜻을 더하는 접두사로 사용한 단어이다. 반면 '군식구'는 '원래 식구 외에 덧붙어서 얻어먹고 있는 식구'라는 의미로, 여기서 '군-'은 '가외로 더한'의 뜻을 더하고 있다.

23

정답 | ②

해설 | 노자는 다양한 개체들이 상호 조화로운 관계를 맺기 위해서는 도(道)를 먼저 회복해야 한다고 하였다. 그런데 앞서 노자는 나와 타자, 즉 개체와 개체가 구별되는 원리를 유(有), 즉 유명(有名) 혹은 명(名)으로 규정하였고, 타자와 관계를 맺게 될 원리를 무명(無名) 혹은 도(道)로 규정하였으므로 나와 타자의 구별이 선행되어야 관계가 가능해진다는 진술은 옳지 않다.

③ 노자는 만물의 근원적인 관계 원리로서의 도(道)를 모든 개체들에 선행하여 존재하는 절대적 원리라고 이해하였다.

④ 노자는 눈에 보이지 않는 측면인 관계의 원리(도)가 눈에 보이는 개체의 원리(명)보다 존재론적으로 우월한 것으로 간주하였다.

24

정답 | ②

해설 | '일, 현상, 물건 따위가 좋게 이루어지지 않다'라는 의미의 동사 '안되다'는 하나의 단어이므로 붙여 쓴다. 따라서 '안 될 땐'으로 써야 한다. '안'은 '공부를 게을리 해서는 안 된다'와 같이 부사로 사용할 경우에 띄어 쓴다.

25

정답 | ①

해설 | 은유는 비유적 용법의 일종으로 원관념과 유사한 특성을 가진 다른 사물 혹은 관념을 이용하여 의미를 표현하는 방법이다. 제시된 선지 모두 대구(어조가 비슷한 문장을 나란히 두는 방법)를 이용하였고, ③을 제외한 나머지는 흡연으로 인한 건강의 위험성을 강조하고 있다. 그러나 담배 연기를 '향불'로 표현하는 은유는 ①의 문구에서만 사용되었다.

국방부(육 · 해 · 공군) 시행 필기시험(2013.06.29)

1	2	3	4	5	6	7	8	9	10
①	①	④	①	④	③	②	②	③	④
11	**12**	**13**	**14**	**15**	**16**	**17**	**18**	**19**	**20**
④	②	③	①	②	①	②	②	④	③
21	**22**	**23**	**24**	**25**					
④	①	③	④	④					

01

정답 | ①

해설 | '짓무르다'를 제외한 나머지는 모두 복수 표준어로 인정된 단어들이다.

02

정답 | ①

해설 | 빈칸의 앞에서 신문이 발 장수를 쳐 죽인 순사에 대한 비난을 강력하게 하였고, 온 사회도 그에 대한 분노로 가득하였음을 이야기하고 있다. 따라서 의미상 '몹시 분하여 이를 갈며 속을 썩임'이라는 의미의 절치부심(切齒腐心)이 들어가는 것이 가장 적절하다.

② 수구초심 : '여우가 죽을 때 머리를 자기가 살던 굴 쪽으로 둔다'는 뜻으로, 고향을 그리워하는 마음을 이르는 말이다.

③ 분골쇄신 : '뼈를 가루로 만들고 몸을 부순다'는 뜻으로, 정성으로 노력함을 이르는 말이다.

④ 견마지로 : '개나 말 정도의 하찮은 힘'이라는 뜻으로, 윗사람에게 충성을 다하는 자신의 노력을 낮추어 이르는 말이다.

03

정답 | ④

해설 | 받침 'ㄷ'이 조사나 접미사의 모음 'ㅣ'와 결합되는 경우 구개음인 'ㅈ'으로 바꾸어서 뒤 음절 첫소리로 옮겨 발음한다. 이를 구개음화라 하며 '미닫이[미다지]'는 구개음화의 대표적인 예이다. 이 외에도 굳이[구지], 밭이[바치] 등이 있다.

04

정답 | ①

해설 | 로마자 표기는 음운 변동을 반영하여 소리 나는 대로 표기하는 것이 원칙이나 된소리되기는 표기에 반영하지 않는다. 압구정의 경우 [압꾸정]으로 발음되지만, 로마자는 [Apgujeong]으로 표기해야 한다.

05

정답 | ④

해설 | '계시다'는 직접 높임으로 높임의 대상이 주체가 아닌 주체의 소유물(가족을 포함), 생각, 신체의 일부 등일 때는 직접 높임이 아닌 간접 높임을 사용해야 한다. 따라서 이 경우 '따님이 있으시다'와 같이 써야 한다.

① '말씀'은 남의 말을 높여 이르는 말이면서 동시에 자신의 말을 낮추어 이르는 말이기도 하다. 따라서 이와 같이 사용할 수 있다.

06

정답 | ③

해설 | '–씨'가 '성씨 그 자체' 혹은 '그 성씨의 가문이나 문중'의 뜻을 더하는 접미사로 사용될 때는 앞말과 붙여 쓴다. 반면 상대를 높여 부르는 호칭인 '씨'는 의존명사이므로 띄어 쓴다. 즉, '김 씨'의 경우 개인을 지칭하는 것이며 '김씨'는 김씨 성 자체 혹은 그 가문을 지칭하는 것이다.

① 어떤 일을 시험 삼아 시도함을 나타내는 부사 '한번'은 하나의 단어이므로 붙여 써야 한다.

② '어떤 일이 있었던 때로부터 지금까지의 동안'을 나타내는 의존명사 '지'는 띄어 쓴다.

④ '일'이나 '것'을 나타내는 '데'는 의존명사이므로 띄어 쓴다.

07

정답 | ②

해설 | 귀띔은 '상대편이 눈치로 알아차릴 수 있도록 미리 슬그머니 일깨워 줌'이라는 의미이다. 흔히 '귀뜸'으로 잘못 사용한다.

　① 귀절은 '구절(句節)'의 잘못이다. 한자 '句'가 붙어 이루어진 단어는 '귀'아 아닌 '구'로만 읽도록 하고 규정하고 있다. 단, 글귀, 귀글 등에서만 예외로 한다.

　③ '나누지 아니한 덩어리 전부'를 의미하는 단어는 '통째'이다.

　④ 합성어에서 뒤 단어의 첫소리가 된소리나 거센소리인 경우 사이시옷을 붙이지 않는다. 따라서 '위쪽'으로 써야 한다.

08

정답 | ②

해설 | ⓒ의 경우 '불필요한 것을 과다하게 사 모으고 흥청망청 쓰는 것'으로 정의하고 있다. 보기 중 이러한 의미와 유사하게 사용할 수 있는 단어는 '사치' 혹은 '충동'이다. ⓒ은 문맥상 일반적으로는 '무조건 아끼는 것'으로 통용되고 있는 단어를 의미함을 알 수 있다. 이러한 의미로 사용할 수 있는 것은 '검소'와 '억제'이다. 이를 바탕으로 ⊙을 추론하면 ⊙에 들어갈 수 있는 단어는 '지위'나 '분수', '위치' 등임을 알 수 있다. 따라서 정답은 ②이다.

09

정답 | ③

해설 | 김동인의 「붉은 산」은 1인칭 관찰자 시점의 작품이다. 화자는 작중 여(余)로 등장하여 사건의 주인공인 '익호'의 성격과 주요 사건에 대해 묘사하고 있다.

　① 3인칭 관찰자 시점에 대한 설명이다.

　② 전지적 작가 시점에 대한 설명이다.

　④ 1인칭 주인공 시점에 대한 설명이다.

> **김동인 「붉은 산」**
> • 갈래 : 단편 소설
> • 성격 : 사실적, 자연주의적, 민족주의적
> • 시점 : 1인칭 관찰자 시점
> • 주제 : 일제 강점기 만주로 이주해 살아가야 했던 민족의 고통과 비극, 조국에 대한 그리움
> • 구성 : 수기 형식

10

정답 | ④

해설 | ⓒ '문 따위를 갑자기 세게 열어젖히는 소리 또는 그 모양'을 의미하는 단어는 '후닥닥'이다.

　ⓒ 준말을 표기할 때, 어간의 끝음절 '하'가 아주 줄 경우 준 대로 적는다. 따라서 '근접지'로 표기해야 옳다.

11

정답 | ④

해설 | '–므로'는 까닭이나 근거를 나타내는 어미인 반면, '–ㅁ으로(써)'는 명사형 어미 '–ㅁ'에 수단 혹은 방법 등을 나타내는 조사 '으로(써)'가 결합한 것이다. '달리기'라는 행위는 걱정거리를 잊기 위한 방법이지 걱정거리를 잊는 까닭 혹은 근거가 아니므로 '달림으로(써)'라고 쓰는 것이 옳다.

12

정답 | ②

해설 | 법썩은 '소란스럽게 떠드는 모양'을 의미하는 '법석'의 잘못이다.

13

정답 | ③

해설 | 문장에서 중요한 부분을 두드러지게 하기 위해서 사용하는 것은 작은따옴표 ' '이다. 큰따옴표 " "는 글 가운데서 직접 대화를 표시할 때, 혹은 남의 말을 인용할 경우에 사용한다.

14

정답 | ①

해설 | 돌아가신 분이 복을 누리고 장수하였다는 의미에서 '호상입니다'라는 말을 건네는 경우가 있으나, 이는 장례 예절에 맞지 않는 결례이므로 사용하지 않도록 한다.

15

정답 | ②

해설 | 국어에서 중의적 표현은 단어의 중의성, 문장의 구조, 부정 표현, 상황 등의 요인에 의해 이루어질 수 있다. 일반적으로 '학생들이 다 오지 않았다'와 같이 부정 표현으로 인해 중의성이 생기는 경우가 있으나, ②의 경우 '학생들 중 일부가 오지 않았다'는 의미를 명확히 하고 있어 이와 같은 중의성이 나타나지는 않고 있다.

　① 손을 흔든 '그'가 웃고 있는 것인지, 다가오는 '그녀'가 웃고 있는 것인지 불분명하다.

　③ 그가 모자를 쓰는 동작을 하고 있는 중인지, 모자를 쓴 상태로 있었다는 것인지 불분명하다.

　④ 옷을 잘 입는 것이 친구인지 친구의 동생인지 불분명하다.

16

정답 | ①

해설 | 언어의 분절성은 언어가 여러 단위로 나누어지고 결합할 수 있는 특성, 그리고 연속적인 세계를 불연속적인 것으로 나누어 표현하는 특성을 말한다.

> **언어의 기호적 특성**
> - 분절성 : (1) 언어가 여러 단위로 나누어지고 결합할 수 있는 특성. (2) 연속적인 세계를 불연속적인 것으로 나누어 표현하는 특성
> - 기호성 : 모든 기호에는 전달하고자 하는 '내용'과 그것을 실어 나르는 '형식'이 존재한다는 특성(언어의 경우 내용은 '의미', 형식은 '말소리')
> - 자의성 : 언어의 음성과 의미 사이의 관계는 임의적인 것으로 어떤 필연성이나 일정한 원칙·법칙이 존재하지 않는다는 특성
> - 사회성 : 언어는 사회적 약속으로서 각 개인이 마음대로 바꿀 수 없다는 특성
> - 역사성 : 생물과 같이 언어도 시간에 따라 탄생 – 성장 – 사멸의 과정을 겪으며 변화한다는 특성
> - 추상성 : 동일한 부류의 사물들에서 공통적인 속성을 골라냄으로써 더 큰 의미를 형성할 수 있다는 특성

17

정답 | ②

해설 | '영희에게'는 용언인 '주었다'를 수식하는 부사어로 주성분이 아닌 부속성분이다.

> **문장 성분**
> - 주성분 : 문장의 골격을 이루는 성분 – 주어, 서술어, 목적어, 보어
> - 부속성분 : 주성분의 내용을 수식하는 성분 – 관형어, 부사어
> - 독립성분 : 주성분이나 부속성분과 직접적인 관계가 없이 독립해 있는 성분 – 독립어

18

정답 | ②

해설 | '아미(蛾眉)'는 '누에나방의 눈썹'이라는 뜻으로, 가늘고 길게 굽어진 아름다운 눈썹을 이르는 말이다.
① '모나지 않고 부드럽게 굽은 선'이라는 의미의 '곡선'의 한자 표기는 '曲線'이다.
③ 옛날의 서적이나 작품을 의미하는 '고전'의 한자 표기는 '古典'이다.
④ '한 달의 반'을 의미하는 '반월'의 한자 표기는 '半月'이다.

19

정답 | ④

해설 | '새옹'은 '놋쇠로 만든 작은 솥'으로 흔히 밥을 지어 그대로 상에 올리는 솥이다. ①은 '헤살', ②는 희나리, ③은 '옹달샘'의 뜻이다.

20

정답 | ③

해설 | ㄷ에서 '도구를 만들 줄 알게 되었다'고 하였고, ㄱ에서 '도구의 발달은 기술의 발전으로 이어졌다'고 하였으므로 순서상 ㄷ이 ㄱ의 앞에 위치해야 함을 알 수 있다. 그리고 ㄹ에서 '필리핀의 고산 지대'를 ㄱ의 '자연환경의 제약으로부터 벗어날 수 있게 되었다'의 예로서 들고 있으므로 ㄹ이 ㄱ의 뒤에 위치해야 하며, 따라서 ㄴ이 가장 마지막에 위치해야 한다. ㄴ의 경우 '인간이 선택적으로 자연을 이용하고 극복하게 되었다'고 이야기하였는데, ㄹ은 자연을 이용하는 사례보다는 자연환경의 제약을 극복하는 사례에 더 가깝기 때문에 ㄴ의 예로 보기는 어려우며, 따라서 ㄹ이 ㄴ 뒤에 위치하는 것은 적절하지 않다.

21

정답 | ④

해설 | 올케는 '오빠의 아내'나 '남동생의 아내'를 이르거나 부르는 말이다.
① 아가씨 : 손아래 시누이를 이르거나 부르는 말
② 동서 : 시아주버니의 아내, 시동생의 아내, 처형이나 처제의 남편을 이르는 말
③ 계수(= 제수) : 남자 형제 사이에서 동생의 아내를 이르는 말

22

정답 | ①

해설 | 제시된 문장에서 '치다'는 '벽 따위를 둘러서 세우거나 쌓다'라는 의미로 사용되었다. 이와 동일한 의미로 쓰인 것은 ①이다.
② '바람이 세차게 불거나 비, 눈 따위가 세차게 뿌리다'라는 의미로 사용되었다.
③ '어떤 것을 기준으로 삼다'라는 의미로 사용되었다.
④ '망치 따위로 못을 박다'라는 의미로 사용되었다.

23

정답 | ③

해설 | 보조사는 그 말과 다른 말과의 관계를 표시해 주거나 나름대로의 어떤 뜻을 더해 주는 기능을 하는 조사로, 문법적 관계를 주로 표시하는 격조사와 구분된다. 은/는, 만/뿐, 도, 부터, 까지, 조차, 마다, 이나/나, 밖에 등을 예로 들 수 있다. ③에서 '는'은 어떤 대상이 다른 것과 대조됨을 나타내는 보조사이다.

① '를'은 목적물이나 대상임을 나타내는 목적격 조사이다.

② '로써'는 어떤 일의 수단이나 도구를 나타내는 부사격 조사이다.

④ '의'는 앞 체언이 관형어 구실을 하게 하는 관형격 조사이다.

24

정답 | ④

해설 | 국어사전의 단어 등재 순서는 다음과 같다.

• 자음 : ㄱ, ㄲ, ㄴ, ㄷ, ㄸ, ㄹ, ㅁ, ㅂ, ㅃ, ㅅ, ㅆ, ㅈ, ㅉ, ㅊ, ㅋ, ㅌ, ㅍ, ㅎ

• 모음 : ㅏ, ㅐ, ㅑ, ㅒ, ㅓ, ㅔ, ㅕ, ㅖ, ㅗ, ㅘ, ㅙ, ㅚ, ㅛ, ㅜ, ㅝ, ㅞ, ㅟ, ㅠ, ㅡ, ㅢ, ㅣ

따라서 '왕좌 → 왜각 → 왜깍 → 외곬 → 요대' 순으로 등재된다.

25

정답 | ④

해설 | ① '민족의 뿌리 찾기'를 목적으로 대한고등학교에서 연수를 떠나고 있다.

② 가슴이 마구 뛰고 한여름의 무더위도 잊을 정도로 기대하고 있다.

③ 8월 15일 오후 3시 15분에 출발하였으며, 한여름답게 무덥고 맑은 날씨임이 나타나 있다.

2021년
2020년
2019년
2018년
2017년
2016년
2015년
2014년
2013년
2012년
2011년
2010년
2009년
2008년
2007년

국방부(육·해·공군) 시행 필기시험(2012.06.30)

1	2	3	4	5	6	7	8	9	10
④	③	④	①	②	①	④	①	④	②
11	**12**	**13**	**14**	**15**	**16**	**17**	**18**	**19**	**20**
①	③	①	②	②	③	①	③	③	②
21	**22**	**23**	**24**	**25**					
④	②	③	①	③					

01

정답 | ④

해설 | '밟-'은 자음 앞에서 [밥]으로 발음한다. 또한 불파음인 받침 'ㅂ' 뒤에 연결되는 'ㄱ'은 된소리로 발음하므로 '밟고'는 [밥꼬]로 발음한다.

① , ② 겹받침인 'ㄼ'은 어말 또는 자음 앞에서 [ㄹ]로 발음한다. 또한 어간 받침 'ㄼ' 뒤에 결합되는 어미의 첫소리 'ㄱ, ㄷ, ㅅ, ㅈ'은 된소리로 발음하므로 각각 [얄 : 따]와 [짤께]로 발음한다.

③ 겹받침 'ㄺ'은 어말 또는 자음 앞에서 [ㄱ]으로 발음한다. 또한 받침 'ㄺ' 뒤에 연결되는 'ㄷ'은 된소리로 발음하므로 [막떠라]로 발음한다.

02

정답 | ③

해설 | '땅기다'는 '몹시 단단하고 팽팽하게 되다'라는 의미의 단어이다. 흔히 '얼굴이 당긴다'와 같이 '당기다'를 사용하는 경우가 있으나 이 경우 '땅기다'를 사용하는 것이 옳다.

① '삼가하다'는 '삼가다'의 잘못이다. '삼가야 한다'와 같이 써야 한다.

② '삐지다'는 '칼 따위로 물건을 얇고 비스듬하게 잘라 내다'라는 의미이다. '삐치다'를 사용하는 것이 옳다.

※ 2014년 '삐지다'가 '삐치다'와 같은 의미를 가진 복수 표준어로서 인정되었다. 따라서 현재는 '삐치다' 대신 '삐지다'를 사용해도 무방하다.

④ '설레이다'는 '설레다'의 잘못으로, '마음이 설렌다'와 같이 써야 한다.

03

정답 | ④

해설 | '홰'는 '화톳불을 놓는 데 쓰는 물건' 혹은 ' 새장이나 닭장 속에 새나 닭이 올라앉게 가로질러 놓은 나무 막대' 등을 의미한다.

① '건성건성'의 잘못

② 살아 있는 나무에 붙어 있는, 말라 죽은 거지

③ 봄철 버드나무 가지의 껍질을 고루 비틀어 뽑은 껍질이나 짤막한 밀짚 토막 따위로 만든 피리

04

정답 | ①

해설 | ② radiator → 라디에이터

③ massage → 마사지, harmonica → 하모니카

④ cake → 케이크

05

정답 | ②

해설 | '부리다'는 '사람의 등에 지거나 자동차 혹은 배 등에 실었던 것을 내려놓다'라는 의미이다. 반의어로 볼 수 없으며 유의어에 더 가깝다.

06

정답 | ①

해설 | '칠칠하다'는 '성질이나 일 처리가 반듯하고 야무지다'라는 의미이다. 일반적으로 '칠칠찮다' 혹은 '칠칠치 못하다'와 같이 부정의 의미로 사용하므로 헷갈리지 않도록 주의한다.

07

정답 | ④

해설 | 제시된 글은 판소리 「춘향가」 중 「쑥대머리」이다. 「쑥대머리」는 춘향이 사또의 수청을 거부하고 옥에 갇혀 자신의 신세를 슬피 한탄하는 내용으로 중모리장단에 맞추어 노래한다. 판소리에서는 서술적인 대목이나 서정적인 대목에 중모리장단을 쓰는데, 느린 중모리장단은 가사를 또박또박 말하기에 적절하여 인물의 심경을 담은 가사를 잘 들리도록 하는 데 효과적이다.

① 휘모리 : 판소리 장단 중 가장 빠른 장단으로 매우 바쁜 상황이 전개될 때 주로 사용한다. 「춘향가」 중에서는 「춘향이 끌어내리는데」가 휘모리에 맞추어 노래하는 대목이다.

② 진양조 : 판소리에서 가장 느린 장단으로 판소리뿐만 아니라 산조, 씻김굿, 남도민요, 시나위음악 등 다양한 음악에서 쓰이는 장단이다. 「춘향가」 중에서는 「석정가」, 「사랑가」, 「오리정이별」 등이 진양조에 맞추어 노래하는 대목이다.

③ 자진모리 : '잦게 몰아 간다'는 뜻에서 붙여진 이름답게 빠른 장단에 해당하며, 빠르기에 따라 '느린 자진모리'와 '자진 자진모리'로 구분된다. 「춘향가」 중 「방자가 춘향을 얼러대는 대목」, 「신연맞이」, 「어사출또」 등이 자진모리에 맞추어 노래하는 대목이다.

08

정답 | ①

해설 | '대로'가 앞에 오는 말에 근거하거나 따로따로 구별됨을 나타내는 경우(②) 보조사이므로 앞말과 붙여 쓴다. 그러나 '어떤 모양이나 상태와 같이(①)' 혹은 '어떤 상태나 행동이 나타나는 그 즉시 혹은 족족(③, ④)'과 같은 의미로 사용되는 경우 의존명사이므로 앞말과 띄어 써야 한다. 따라서 ①의 경우 '느낀 대로'와 같이 표기하여야 한다.

09

정답 | ④

해설 | 추탕과 추어탕 모두 미꾸라지를 재료로 한다. 추탕은 미꾸라지를 갈지 않고 통째로 넣는 반면, 추어탕은 미꾸라지를 갈아 넣는다는 것이 가장 큰 차이점이다.

① 서울의 거지들이 팔던 음식으로 유명하기는 하였으나, 이것이 추어탕의 유래라고 볼 근거는 없다. 또한 일제강점기에 이미 서울의 명물 음식으로 알려져 있었다고 하였으므로 추어탕은 한국전쟁 시기 이전부터 있었던 음식이라고 보아야 한다.

② 추어탕은 서울에서 다른 지역으로 퍼져 나간 음식이다. 전라도식 추어탕이 표준으로 자리 잡은 것은 전라도식 추어탕을 사람들이 많이 먹었기 때문이라고 보아야 한다.

③ 경북 지역의 추어탕은 미꾸라지뿐만 아니라 여러 민물 생선을 두루 쓴다고 하였다.

10

정답 | ②

해설 | '-째'는 일부 명사 뒤에 붙어 '그대로' 또는 '전부'의 뜻을 더하는 접미사이다. '이미 있는 상태 그대로 있다'는 뜻을 나타내는 의존명사 '채'와 헷갈리기 쉬우므로 유의한다.

① '계시다'는 행위의 주체를 높이는 단어이므로 '말씀'을 높일 수 없다. 따라서 '대표님의 말씀이 있겠습니다'로 수정해야 한다.

③ 조사 '에게'는 사람이나 동물 등을 나타내는 체언 뒤에 붙는다. 무정물에는 조사 '에'가 붙어야 한다. 따라서 '미국에'로 수정해야 한다.

④ '보여진다'는 과도한 피동 표현이다. '보인다'로 수정하는 것이 옳다.

11

정답 | ①

해설 | '최근'의 한자어 표기에서 '근'은 '뿌리 근(根)'이 아닌 '가까울 근(近)'을 써 표기하여야 한다.

12

정답 | ③

해설 | 'ㄹ'의 경우 자음 앞이나 어말에서는 'l'로 적으며, 'ㄹㄹ'은 'll'로 적는다.

① 된소리되기를 제외한 음운 변화는 로마자 표기에 반영한다. 따라서 소리 나는 대로 [Dongnimmun]으로 표기하여야 한다.

② 음운 변화 중 된소리되기는 로마자 표기에 반영하지 않는다. 따라서 [Nakdonggang]으로 표기한다.

④ 'ㄱ'은 자음 앞이나 어말에서 'k'로 적으며, 모음 앞에서는 'g'로 적는다. 또한 된소리되기는 표기에 반영하지 않는다. 따라서 [Apgujeong]으로 표기한다.

13

정답 | ①

해설 | ② '무리 가운데 섞이다'라는 의미의 단어는 '끼이다'이며 이를 피동형으로 쓸 경우 '끼여'로 표기하여야 한다.

③ '놀래다'는 '놀라다'의 사동사로 이 경우 주부들이 다른 누군가를 놀라게 하였다는 의미가 된다. 따라서 '놀랐다'로 써야 의미상 어색하지 않다.

④ 허리와 같이 '길쭉한 또는 긴 물체'의 모양을 기술할 때는 '굵다/가늘다'를 쓴다. 따라서 '굵어진 걸 보니'와 같이 표기해야 한다.

14

정답 | ②

해설 | 같은 계열의 단어 사이에 쓰는 것은 가운뎃점(·)이다.

15

정답 | ②

해설 | 어미 '-지/-하지' 뒤에 '않-'이 어울려 '-잖-/-찮-'이 될 경우 준 대로 적는다. 따라서 '성실하지 않다'는 '성실찮다'로 표기하여야 한다.

④ '하' 앞의 음절이 무성음(ㄱ, ㄷ, ㅂ, ㅅ 등)이어서 '하'가 아주 줄 경우에는 준 대로 적는다. 따라서 '넉넉챦다'가 아니라 '넉넉잖다'로 적어야 한다.

16

정답 | ③

해설 | 패널토의는 어떤 문제에 대하여 풍부한 지식·경험·흥미를 가진 4~6명의 대표자가 청중 앞에서 자유롭게 토론한 후에 청중들이 참여하여 질문을 하거나 의견을 말하는 토의 방식이다.

① 포럼(공개토론, forum) : 발표자가 약 10~20분 길이로 간단히 주제를 발표하면 참가자들은 이에 관련되는 질문과 의견, 평가, 건의 등을 제시하는 토의 방식이다. 특정 문제에 대해 깊은 의견을 나눌 수 있다는 장점이 있다.

② 심포지엄 : 특정한 문제에 대하여 두 사람 이상의 전문가가 서로 다른 각도에서 의견을 발표하고 참석자의 질문에 답하는 형식의 토의 방식이다.

④ 원탁토의 : 10명 내외의 소규모 집단이 참가자의 연령, 직위, 직책 등의 구별 없이 평등한 입장에서 자유롭게 의견을 나누는 토의 방식이다.

17

정답 | ①

해설 | '두말할 것 없이 당연히'를 의미하는 부사는 '으레'이다. '으례'는 잘못된 표기이므로 사용하지 않는다.

② 부사에 '-이'가 붙어 부사가 되는 경우 어근이나 부사의 원형을 밝혀 적는다. 따라서 '일찌기'가 아닌 '일찍이'로 적는다.

③ 지위나 신분 또는 자격을 나타내는 조사는 '로서'이다. 어떤 일의 수단이나 도구를 나타내는 조사 '로써'와 헷갈리지 않도록 한다.

④ 어떤 사물이나 사실 등을 열거할 때는 어미 '-요'를 사용한다. 설명이나 의문, 명령의 뜻을 나타내는 종결 어미 '-오'와 혼동하지 않는다.

18

정답 | ③

해설 | '처삼촌 뫼에 벌초하듯'은 어떤 일에 정성을 들이지 않고 마지못하여 건성으로 하는 것을 비유적으로 이르는 말이다. 제시된 한자성어 중 이와 가장 유사한 의미를 가진 것은 '말을 타고 달리며 산천을 구경한다'는 의미로 자세히 살피지 않고 대충대충 보고 지나감을 이르는 말인 '주마간산(走馬看山)'이다.

① 수구초심(首丘初心) : '여우가 죽을 때 머리를 자기가 살던 굴 쪽으로 둔다'는 뜻으로, 고향을 그리워하는 마음을 이르는 말이다.

② 동문서답(東問西答) : '물음과는 전혀 상관없는 엉뚱한 대답'을 의미한다.

④ 타산지석(他山之石) : '다른 산의 나쁜 돌이라도 자신의 산의 옥돌을 가는 데 쓸 수 있다'는 뜻으로, 본이 되지 않은 남의 말이나 행동도 자신의 지식과 인격을 수양하는 데 도움이 될 수 있음을 비유적으로 이르는 말이다.

19

정답 | ③

해설 | 국어에 '꺽다'라는 말은 없다. '물체를 구부리거나 굽히다' 혹은 '경기나 싸움 따위에서 상대를 이기다' 등의 의미를 가진 단어는 '꺾다'이다. 따라서 '꺾으면'으로 표기한다.

20

정답 | ②

해설 | '적자생존'은 영국의 철학자 스펜서가 제창한 법칙으로 '환경에 적응하는 생물만이 살아남고, 그렇지 못한 것은 도태되어 멸망하는 현상'을 말한다. '척박한 환경에 적합한 특정 종만이 득세하는 현상'을 가장 잘 나타내는 단어이다.

① '자기의 줄로 자기 몸을 옭아 묶는다'는 뜻으로, 자신의 말과 행동에 자신이 옭혀 곤란하게 됨을 비유적으로 이르는 말이다.

③ '약한 자가 강한 자에게 먹힌다'는 뜻으로, 강한 자가 약한 자를 희생시켜 번영하거나 약한 자가 강한 자에게 멸망하게 됨을 의미한다. ㉠과 어느 정도 일치하는 바가 있으나, ㉠에서는 특정 종이 자신보다 약한 종을 이용하거나 멸망시킴으로써 자신들이 번영한다는 내용까지는 나타나 있지 않으므로 가장 적절한 단어로 볼 수는 없다.

④ '자신이 그린 그림을 스스로 칭찬한다'는 뜻으로, 자신이 한 일을 스스로 자랑함을 이르는 말이다.

21

정답 | ④

해설 | '유추'는 '같은 종류의 것 또는 비슷한 것에 기초하여 다른 사물을 미루어 추측하는 방법'이다. 제시된 글은 자연생태계의 모습에 빗대어 인간 사회의 모습을 이야기하는 방식으로 다양성 확보의 중요성에 대해 설명하고 있다.

22

정답 | ②

해설 | '예시적 방식'은 세부적인 사례를 들어 자신이 주장하고자 하는 바를 설명하고 독자의 이해를 돕는 방식이다. 제시된 글에서는 '관용구'의 특징에 대해 설명하면서 '내 코가 석 자', '배가 남산만 하다'와 같은 실제 관용구를 예로 들고 있다.

① 점층적 방식 : 말하고자 하는 내용의 비중 혹은 중요도 등이 점점 커지는 방향으로 글을 배치하는 표현 방식이다. 좁고 약한 것에서 넓고 강한 것으로 표현을 확대해 간다.

③ 인과적 방식 : 어떤 결과를 가져오게 한 원인을 분석하거나, 혹은 어떤 원인에 의해 초래된 결과를 분석하는 서술 방식이다.

④ 연쇄적 방식 : 앞 구절의 말을 다음 구절에서 받고, 다음 구절의 말을 다시 그 다음 구절에서 받는 식으로 글을 배열하는 서술 방식이다.

23

정답 | ③

해설 | 근로기준법 제67조(근로계약) 제1항에 따르면 친권자나 후견인은 미성년자의 근로계약을 대리할 수 없다. 따라서 아버지가 A의 고용계약을 체결할 수는 없다.

※ 2018년 3월 20일 근로기준법 개정으로 연소자의 1주간 근로시간 한도가 40시간에서 35시간으로 축소되었으며, 연장 가능 시간도 1주간 6시간에서 5시간으로 축소되었다.

24

정답 | ①

해설 | '금빛 게으른 울음'은 청각인 '울음'을 시각인 '금빛'으로 바꾼 표현이다. 이를 '공감각적 심상'이라 한다. '바알간 숯불'은 시각적 심상인 '숯불'을 '바알간'을 통해 도드라지게 표현하는 것으로 '시각적 심상'에 해당한다.

② 청각인 '종소리'를 후각인 '향기'로 표현한 청각의 후각화 심상이다.

③ 청각인 '종소리'를 시각인 '푸른'으로 표현한 청각의 시각화 심상이다.

④ 청각인 '웃음'을 시각인 '꽃'으로 표현한 청각의 시각화 심상이다.

25

정답 | ③

해설 | 김영랑의 시 「모란이 피기까지는」은 아름다움에 대한 환희와 그 소멸로 인한 슬픔을 나타내는 시이다. 모란이 지상의 무엇을 대표하는지 알지 못한다 하더라도 이어지는 빈칸에 들어갈 단어들을 추론하여 답을 골라낼 수 있다. 우선 두 번째 빈칸은 의미상 '보존'과 반대의 의미인 '소멸'이 들어가야 한다. 마찬가지로 세 번째 빈칸은 '소멸'과 반대의 의미이며 '죽지 않는다'는 표현과 의미상 유사한 '영원'이 들어가는 것이 옳다. 마지막 빈칸의 경우 '태어남과 피어남'이 '죽음과 떨어짐'과 대비되는 것이므로 '슬픔'과 반대의 의미인 '기쁨'이 들어가야 한다.

김영랑 「모란이 피기까지는」
- 갈래 : 자유시, 서정시, 순수시
- 성격 : 유미적, 낭만적, 여성적, 상징적
- 어조 : 간결하면서도 애상적인 어조
- 표현 : 역설적 표현
- 주제 : 봄을 기다리는 마음, 아름다움에 대한 추구
- 구성 : 수미상관 구성

국방부(육·해·공군) 시행 필기시험(2011.06.25)

1	2	3	4	5	6	7	8	9	10
④	③	④	③	③	③	④	②	②	①
11	12	13	14	15	16	17	18	19	20
③	②	③	④	①	②	④	①	②	④
21	22	23	24	25					
③	③	③	③	①					

01

정답 | ④

해설 | '하룻강아지'와 '범'은 의미관계 중 반의관계(서로 반대되는 의미 관계를 맺음)에 있다. 마찬가지로 '자라'와 '토끼'는 반의관계라 할 수 있다.

③ '아내가 귀여우면 처갓집 말뚝 보고도 절한다'와 같은 속담이며, 한 가지가 좋아 보이면 모든 것이 다 좋아 보임을 비유적으로 나타낸 말이다.

02

정답 | ③

해설 | (가)와 (나)는 윤선도의 「어부사시사」 '춘사(春詞) 4'와 '동사(冬詞) 4'의 내용이다. (가)의 '이어라 이어라'는 '노를 저어라 노를 저어라'라는 의미의 여음구이다.

① 중장과 종장 사이의 후렴구인 '지국총 지국총 어사와'는 노 젓는 소리를 의성어로 나타낸 것이며, 그 음을 빌려 표기하고 있다.

② '우는 거시 벅구기가 프른 거시 버들숩가'에서 시각적 심상과 청각적 심상이 짝을 이루어 어촌 마을의 봄 경치를 잘 나타내었다.

> **윤선도 「어부사시사」**
> • 갈래 : 평시조, 연시조
> • 어조 : 속세를 잊은 여유 있는 목소리
> • 심상 : 시각적, 청각적
> • 표현 : 반복법, 대구법, 의성법
> • 특징
>   – 작품마다 초장과 중장, 중장과 종장 사이의 여음 존재
>   – 각 계절에 맞춘 시상 전개
>   – 대구·반복·의성법의 다양한 표현 기교 구사
>   – 어미와 어휘 사용으로 우리말의 아름다움 표현

03

정답 | ④

해설 | ⓒ에서 만경유리(萬頃琉璃)와 천첩옥산(天疊玉山) 모두 겨울의 계절감 소재로 쓰였다. '천첩옥산'은 눈 덮인 산을 의미한다.

04

정답 | ③

해설 | 제시된 시는 유치환의 「깃발」이라는 작품으로, 밑줄 친 '소리 없는 아우성'은 역설적 표현이다. 역설법은 이치에 맞지 않는 것 같지만 그 속에 심오한 뜻을 담는 수사법이다. 반면 ③은 반어법이 쓰였으므로 같은 표현법이 아니다.

> **유치환 「깃발」**
> • 갈래 : 자유시, 서정시
> • 성격 : 역설적, 상징적, 의지적
> • 주제 : 이상향에 대한 동경과 좌절
> • 특징
>   – '깃발' : 상징적 이미지, 역설을 통해 제시
>   – 이원적 대립 구조(동경 – 좌절)

05

정답 | ③

해설 | • '깃발'의 비유적 표현 : 소리 없는 아우성, 노스탤지어의 손수건, 순정, 애수, 마음
• 이상세계에 도달할 수 없는 한계 의미 : 이념의 푯대

06

정답 | ③

해설 | 법학사 : Beophaksa

[로마자 표기법 제3장 제1항] 'ㄱ, ㄷ, ㅂ, ㅈ'이 'ㅎ'과 합하여 거센소리로 소리 나는 경우

예 좋고 – joko, 놓다 – nota

단, 체언에서 'ㄱ, ㄷ, ㅂ' 뒤에 'ㅎ'이 따를 때에는 'ㅎ'을 밝혀 적는다.

예 집현전 – Jiphyeonjeon

① [로마자 표기법 제4항] 이름과 성은 띄어 쓰고, 이름에는 붙임표를 써도, 안 써도 무방하다. 또한 이름의 경우 음운 변화를 표기에 반영하지 않는다.

② [로마자 표기법 제2장 제2항] 'ㄹ'은 모음 앞에서는 'r'로, 자음 앞 또는 어말에서는 'l'로 적는다. 단, 'ㄹㄹ'은 'll'로 적는다. 또한, 고유명사는 첫 글자를 대문자로 쓰고, 일반명사는 소문자로 쓴다. 알약(알략)은 일반명사이므로 allyak으로 표기한다.

07

정답 | ④

해설 | 해당 법률의 내용 속 '첫날'은 '접수한 날'을 의미한다.

08

정답 | ②

해설 | 등장인물인 '담징'은 고구려의 화가이자 승려로, 금당벽화를 그리면서 느끼는 갈등을 묘사한 작품이다. 따라서 조국은 고구려이다.

> **정한숙 「금당벽화」**
> • 갈래 : 단편소설, 역사소설
> • 배경 : 시간 – 서기 612년, 공간 – 일본 나라현 법륭사
> • 시점 : 3인칭 전지적 작가 시점
> • 주제 : 조국애와 불심의 예술적 승화
> • 특징 : 서사적 묘사와 연상 수법을 주로 사용

09

정답 | ②

해설 | 신청자에게 → 신청자에 : 어떤 움직임 또는 작용이 미치는 대상을 나타낼 경우 유정명사 뒤 '–에게', 무정명사 뒤 '–에'로 구분해서 쓴다. 그러나 해당 선지는 어떤 움직임 또는 작용이 미치는 대상을 나타내는 것이 아니므로 구분해서 쓸 필요가 없다. 또한, '어떤 조건 또는 범위에 제한되거나 국한된다'의 뜻을 나타내는 동사 '한하다'는 '–에 한하다'로 쓰인다.

• 유정명사 : 감정을 나타내는 명사
• 무정명사 : 감정을 나타내지 못하는 명사

① '–에서'는 일의 출처를 나타낸다.

③ '–에'는 장소를 나타낸다.

④ 부사격 조사 '에'에 보조사 '도'가 결합한 것으로, '에도'도 조사이며, '불구하고'와 관용 표현을 구성하므로, 옳다.

10

정답 | ①

해설 | 행상 나간 남편의 안전을 기원하는 노래이다.

> **「정읍사」**
> • 갈래 : 고대가요, 서정시
> • 형식 : 내용상 3장 6구(각 장에 후렴구 있음)
> • 성격 : 서정적, 망부가
> • 주제 : 행상 나간 남편의 안전 기원
> • 특징
>   – 현재 가사가 전해지는 유일한 백제가요
>   – 국문으로 표기된 가장 오래된 노래

11

정답 | ③

해설 | '일본에게'→'일본에'로 고쳐야 한다.

※ '–에' : 감정이 없는 대상 뒤에 쓰이며, 무정물에만 쓴다.

'–에게' : 유정물이 앞에 오는 경우 쓴다.

12

정답 | ②

해설 | 골육상쟁(骨肉相爭)은 '뼈와 살은 한 몸으로 이루어졌다'의 의미로, '주어 + 서술어'의 주술관계이다.

① 역지사지(易地思之) : 다른 사람의 처지에서 생각하라는 의미, '서술어 + 목적어'의 술목관계

③ 새옹지마(塞翁之馬) : 세상일의 좋고 나쁨을 미리 예측할 수 없음을 의미, '관형어 + 체언'의 수식관계

④ 삼고초려(三顧草廬) : 사람을 진심으로 예를 갖추어 맞이한다는 것을 의미, '서술어 + 목적어'의 술목관계

13

정답 | ③

해설 | ① 할머니의 키가 큰 것인지, 할머니의 손녀의 키가 큰 것
인지 의미가 정확하지 않다.

② 선생님을 보고 싶어 하는 학생이 많은 건지, 선생님께
서 보고 싶어 하는 학생이 많은 것인지 의미가 정확하
지 않다.

④ 도시의 사람들이 많은 건지, 다니는 도시 수가 많은 것
인지 의미가 정확하지 않다.

14

정답 | ②

해설 | • 구우일모(九牛一毛) : 대단히 많은 것 중의 아주 적은
것의 비유

• 양두구육(羊頭狗肉) : 겉과 속이 서로 다름

① 각주구검(刻舟求劍) : 융통성 없이 현실에 맞지 않는
낡은 생각을 고집하는 어리석음을 이르는 말

수주대토(守株待兔) : 우연한 행운 또는 불로소득을
기대하는 어리석음을 이르는 말

③ 간담상조(肝膽相照) : 서로 마음을 터놓고 친밀히
사귐

관포지교(管鮑之交) : 영원히 변치 않는 참된 우정

④ 초미지급(焦眉之急) : 그대로 방치할 수 없는 매우 다
급한 일을 비유한 말

풍전등화(風前燈火) : 사물이 오래 견디지 못하고 매
우 위급한 자리에 놓여 있음을 가리키는 말

15

정답 | ①

해설 | ① 쓰느라고 → 쓰노라고

※ '-노라고' : 말하는 이의 말로서 '자기 나름으로 한다
고'란 뜻을 표시할 때

'-느라고' : '그렇게 하는 일 때문에'란 뜻을 표시할 때

16

정답 | ②

해설 | 제시된 글의 전개 방식은 묘사로, 어떤 대상의 모양, 소리,
움직임, 색채 등을 감각적으로 표현하는 방식이다.

① 논증 : 타당한 근거를 제시하여 어떤 주장이 진실인지
를 논리적으로 증명하는 진술 방식

③ 서사 : 어떤 사건이나 상황을 시간의 흐름에 따라 서술
해 나가는 방식

④ 설명 : 어떤 대상이나 문제를 쉽게 풀이하거나 사실을
밝히는 것. 정보를 알기 쉽게 풀어 이해의 목적으로 진
술하는 방식

17

정답 | ④

해설 | 의존 형태소란 혼자 설 수 없는 형태소로, 어간, 어미, 접
사, 조사 따위가 있다. **예** -은, -이다

> **자립 형태소와 의존 형태소 비교**
> 형태소가 자립할 수 있는지 그 여부에 따라 자립 형태
> 소와 의존형태소로 나뉜다.
> • 자립 형태소 : 혼자서도 자립적으로 무슨 뜻을 가
>   지고 있는지를 알 수 있다.
> • 의존 형태소 : 다른 말에 의존하여 합해졌을 때 가
>   진 뜻을 나타낼 수 있다.

18

정답 | ①

해설 | 국어는 접속사가 아닌 접속어가 발달한 언어이다.

• 국어의 문법적 특징 : 조사/어미 발달, 서술어가 문장
맨 뒤에 놓임, 주어/조사 생략 잦음

• 국어의 어휘상 특징 : 한자어 多, 높임법, 감각어의 발
달, 성 구별 ×

• 국어의 음운상 특징 : 파열음의 삼중체계, 끝소리 규칙,
모음조화, 모음/자음동화, 두음법칙, 음상의 발달

19

정답 | ②

해설 | '-지'는 막연한 의문의 의미로 쓰인 경우 어미의 일부로서
붙여 써야 한다. 그러나 경과한 시간을 나타내는 경우 의
존명사로 앞말과 띄어 써야 한다.

① 목적의 뜻을 더하는 '-차'는 접미사로 붙여 써야 한다.

③ '것을'을 줄여 '걸'로 썼다면 '것'이 의존명사이기 때문
에 앞말과 띄어 써야 한다.

④ 뒤 절에서 어떤 사실을 말하고자 그 사실과 관련된 상
황을 제시하는 데 쓰는 연결 어미는 '-ㄴ 바'이다. 어미
이므로 '바'만 띄어 쓰면 안 된다.

20

정답 | ④

해설 | 가검물(可檢物) → 검사대상물

2021년
2020년
2019년
2018년
2017년
2016년
2015년
2014년
2013년
2012년
2011년
2010년
2009년
2008년
2007년

21

정답 | ③

해설 | 보기의 주어진 문장에서 '고치다'는 '고장 나거나 쓰지 못하게 된 물건을 손질하여 제대로 되게 하다'의 의미로 쓰였다. 따라서 ③과 문맥적 의미가 같다.
① '모양이나 내용 따위를 바꾸다'의 의미로 쓰였다.
②, ④ '이름, 제도 따위를 바꾸다'의 의미로 쓰였다.

22

정답 | ③

해설 |

> 「대한민국국기법」 제5조제2항 & 제8조제5항
> • 제5조제2항 : 국가 및 지방자치단체는 국기의 제작 · 게양 및 관리 등에 있어서 국기의 (존엄성)이 유지될 수 있도록 필요한 조치를 강구하여야 한다.
> • 제8조제5항 : 국기가 심한 눈 · 비와 바람 등으로 그 훼손이 우려되는 경우에는 이를 게양하지 아니한다.

23

정답 | ③

해설 | 속담 '가난할수록 기와집 짓는다'의 뜻은 다음과 같다.
• 모자라는 사람이 남에게 잘 보이려고 허세를 부린다는 말
• 가난해서 주저앉고 마는 것이 아니라 어떻게든 잘살려고 용단을 내어 큰일을 벌인다는 말

24

정답 | ③

해설 | ① 낳았다. → 나았다.
② 넉넉지 → 넉넉지
④ 이여서 → 이어서 : '잇다'의 활용형으로 썼다면 'ㅅ불규칙용언'으로 '이어서'라 써야 한다.

25

정답 | ①

해설 | '끝'의 받침인 'ㄷ'과 '반'의 초성인 'ㅂ'이 만나서, '반'이 [-'빤']으로 경음화된 것이다.
※ 경음화 현상 : 연음이 된소리가 되는 현상으로, 자음 'ㄱ, ㄷ, ㅂ, ㅅ, ㅈ'와 'ㄱ, ㄷ, ㅂ, ㅅ, ㅈ'이 결합할 때 된소리로 발음된다('ㄱ, ㄷ, ㅂ, ㅅ, ㅈ → [ㄲ, ㄸ, ㅃ, ㅆ, ㅉ]).
[참고] 표준발음법 제23항 : 받침 'ㄱ(ㄲ, ㅋ, ㄳ, ㄺ), ㄷ(ㅅ, ㅆ, ㅈ, ㅊ, ㅌ), ㅂ(ㅍ, ㄼ, ㄿ, ㅄ)' 뒤에 연결되는 'ㄱ, ㄷ, ㅂ, ㅅ, ㅈ'은 된소리로 발음한다.
②, ③, ④는 모두 자음동화 현상(비음화)이 나타나는 단어이다. 끝물의 'ㅌ'은 [ㄴ]으로 발음되며, 앞문의 'ㅍ'은 [ㅁ]으로, 먹는의 'ㄱ'은 [ㅇ]으로 발음된다.

Civilian Worker In The Military **PART 04**

국방부(육·해·공군) 시행 필기시험(2010.06.26)

1	2	3	4	5	6	7	8	9	10
②	④	③	④	③	②	②	③	②	③

11	12	13	14	15	16	17	18	19	20
③	②	②	③	③	④	④	④	②	②

21	22	23	24	25					
③	③	②	③	③					

01

정답 | ②

해설 | 사이비 민주주의의 예로 '파시스트'와 '독재'를 들어 설명한다.
① 논증 : 주장 또는 의견에 타당한 근거를 들어 설득하는 방식
③ 분석 : 화제를 구성 요소별로 나누어 설명하는 방식
④ 분류 : 하위 개념들을 상위 개념으로 묶어 설명하는 방식

02

정답 | ④

해설 | ① 맑게[말께]
② 신발로[신발로]
③ 무릎이[무르피]

03

정답 | ③

해설 | 지난 일을 나타내는 어미는 '-더라, -던'으로 쓰지만, 무엇이나 가리지 않는 뜻을 나타내는 어미는 '-든지'로 쓴다. '연예인을 본 게 그리 좋더냐?'라고 묻는 뜻이므로, 지난 일을 떠올리며 묻는 표현에 '그렇게 좋던?'은 옳게 쓴 문장이다.
① 간데요 → 간대요 : '-대'는 직접 경험한 것이 아닌 남이 말한 내용을 간접적으로 전달할 때 쓰지만, '-데'는 과거 직접 경험한 사실을 회상하여 말할 때 쓴다. 의미상 '내일 야유회 간(다고 해)요?'는 타인에게 들은 경험의 의미로 '-대'를 사용해야 한다.
②, ④ 잘하대 → 잘하데, 크대요 → 크데요 : 과거 경험을 통해 안 사실을 현재에 그대로 옮겨 와서 말하는 종결어미는 '-더라'의 의미를 담은 '-데'로 표기해야 한다. 즉, '그이가 말을 아주 잘하데'로 써야 옳다.

04

정답 | ④

해설 | '축'은 오징어를 세는 단위로, 한 축은 오징어 20마리를 의미한다.

05

정답 | ③

해설 | ① 음성 : Eumseong
② 옥천 : Okcheon
④ 충청북도 : Chungcheongbuk-do

06

정답 | ②

해설 | '혼정신성(昏定晨省)'은 자식이 아침저녁으로 부모의 안부를 물어서 살핌을 이르는 말이다. '온갖 정성을 다하여 학문이나 덕행을 연마함'을 의미하는 한자성어는 '절차탁마(切磋琢磨)'이다.

07

정답 | ②

해설 | ②는 동의관계이고, 나머지 ①, ③, ④ 모두 반의관계이다.
• 노루잠 : 자꾸만 깨어서 깊이 들지 못하는 잠
• 새우잠 : 몸을 구부리고 불편하게 자는 잠
① 무서리 : 늦가을에 처음 내리는 묽은 서리 ↔ 된서리 : 늦가을에 아주 되게 내리는 서리
③ 안짱다리 : 두 발끝을 안쪽으로 우긋하게 하고 걷는 사람 ↔ 밭장다리 : 두 발끝이 밖으로 벌어지게 걷는 사람
④ 옥니 : 다른 사람이 봤을 때 이가 안쪽으로 굽은 이 ↔ 벋니 : '버드렁니(바깥쪽으로 버드러진 이)'의 준말

08

정답 | ③

해설 | • 자가당착(自家撞着) : 자기의 언행이 전후 모순되어 일치하지 않음을 의미
• 적삼 벗고 은가락지 낀다 : 격에 맞지 아니한 짓을 하는 경우를 비유적으로 이르는 말

09

정답 | ②

해설 | (가)는 임을 여읜 슬픔, (다)는 누이를 잃은 슬픔, (라)는 이별의 슬픔을 나타낸 시로, 모두 이별을 주제로 한 시이다. 반면 (나) 신동엽의 「껍데기는 가라」는 왜곡된 역사에 대한 극복 의지와 함께 순수한 민족의 삶을 추구한 시이다.

> **(가)~(라) 작품 특징**
>
> **(가) 「공무도하가」**
> • 해석
>
> | 원문 | 현대역 |
> | --- | --- |
> | 공무도하(公無渡河)
공경도하(公竟渡河)
타하이사(墮河而死)
당내공하(當奈公何) | 그대여, 물을 건너지 마오.
그대 결국 물을 건너셨도다.
물에 빠져 돌아가시니,
가신 임을 어이할꼬. |
>
> • 연대 : 고조선 시대로 추정
> • 주제 : 임을 여읜 슬픔
> • 의의 : 최고(古)의 서정가요
>
> **(다) 월명사 「제망매가」**
> • 갈래 : 10구체 향가
> • 성격 : 추모적, 애상적, 종교적
> • 주제 : 죽은 누이에 대한 슬픔과 재회 다짐
> • 특징 : 상징과 비유, 불교적 윤회사상, 낙구가 나타남
> • 구성 : 3단 구성(4구 – 4구 – 2구)
>
> **(라) 정지상 「송인」**
> • 갈래 : 서정시, 순수시, 7언 절구의 한시, 송별시
> • 구성 : 4단 구성(기 – 승 – 전 – 결)
> • 주제 : 이별의 슬픔
> • 특징 : 시적 의미를 대조 · 도치 · 과장 · 설의법 등의 다양한 수사법으로 표현, 1 · 3구(자연묘사), 2 · 4구(화자의 정서 표현)
> • '대동강'의 의미 : 이별의 장소
> • 발상 : 이별의 눈물을 보태니 대동강 물이 마를 수 있겠느냐 → 슬픔의 크기 표현

10

정답 | ③

해설 | 알레고리란 어느 사물을 직접적으로 표현하는 것이 아닌 다른 사물에 의해서 암시적으로 표현하는 방법이다. 신동엽의 시 「껍데기는 가라」에서 중심 소재인 '껍데기'는 일상적 의미로 해석되지 않고 다른 것을 말하는 알레고리로서, 독재 정권을 의미한다.

11

정답 | ③

해설 | (다)시는 월명사의 시, 「제망매가」이며 '한 가지에 나고'는 '같은 부모에게 태어나고'라는 뜻이다. 따라서 같은 부모에서 난 형제 또는 자매를 가리킨다.

12

정답 | ②

해설 | '비판'의 한자 표기는 '견줄 비(比)'가 아닌 '비평할 비(批)'와 '판단할 판(判)'을 쓴다.

13

정답 | ②

해설 | 제시된 시는 윤동주의 「서시」로 '별'은 희망, 이상세계, 순수한 자아의 세계를 의미한다. '하늘'은 화자에게 있어 윤리적 판단의 주재자, '바람'은 식민지 상황과 같은 외부에서 오는 시련, '잎새'는 삶의 고통 속 연약한 존재를 의미한다. 따라서 같은 의미라고 할 수 없다.

> **윤동주 「서시」**
> • 갈래 : 자유시, 서정시
> • 성격 : 성찰적, 고백적, 의지적, 상징적
> • 주제 : 부끄러움이 없는 삶에 대한 간절한 소망과 의지
> • 구조 : 2연 9행
> • 특징
>   – 시간의 변화(과거 – 미래 – 현재)에 따른 시상 전개
>   – 이미지의 대립을 통한 시적 상황 제시
> • 시어
>   – 하늘 : 화자에게 있어 윤리적 판단의 절대적 기준
>   – 길 : 화자가 걸어가야 할 숙명 · 운명
>   – 별 : 화자에게 있어 희망적인 세계
>   – 밤 : 화자가 처한 어두운 현실, 일제 강점하의 시대 상황

14

정답 | ②

해설 | 제시된 글은 이문구의 연작소설, 「관촌수필」 중 '공산토월'의 일부 내용이다. 왕조 체제의 억압적인 구조 속에서 신음하면서도 상부상조하던 백성의 전형을 석공을 통해 보여 주어 감동적인 인간상을 그려내었다.
  • 허울 : 실속이 없는 겉모양
  • 골동 : 오래되었거나 희귀한 옛날의 기구나 예술품
  • 명분 : 각각의 이름 또는 신분에 따라 마땅히 지켜야 할 도리
  • 용모 : 사람의 얼굴 모양

15

정답 | ③

해설 | 글의 전개방식 중 '묘사'로 내용을 전개했다. 묘사란 어떤 대상의 모양, 소리, 움직임, 색채 등을 감각적으로 표현하는 방식이다.

①, ②, ④ 모두 '유추'의 방식으로 내용을 전개했다. 유추란 두 대상을 비교하여 결론을 이끌어내는, 가장 폭넓게 사용되는 추론 방식이다. 글에서 유사한 상황을 근거로 새로운 사실 또는 주장을 내세울 때 해당된다.

16

정답 | ④

해설 | 제시문의 '찾고 있다'와 ④의 '찾으면'은 모두 '현재 주변에 없는 것을 얻거나 사람을 만나려고 여기저기를 뒤지거나 살피다'의 의미이다.

① '어떤 사람 또는 기관 따위에 도움을 요청하다'의 의미로 쓰였다.

② '어떤 사람을 만나거나 어떤 곳을 보러 그와 관련된 장소로 옮겨 가다'의 의미로 쓰였다.

③ '잃거나 빼앗기거나 맡기거나 빌려주었던 것을 돌려받아 가지게 되다'의 의미로 쓰였다.

17

정답 | ③

해설 | 있었데요 → 있었대요 : '-대요', '-데요' 모두 해요할 자리에 쓰여, 어미 '-어요'의 뜻에 더한다. 차이는 '-대요'는 알고 있는 것을 일러바침을 나타내는 종결 어미로, 다른 사람의 말 또는 행동을 간접적으로 전달할 때 사용하는 표현이며, '-데요'는 말하는 이가 자신이 경험한 사실을 현재의 장면에 옮겨 와 말함을 나타내는 종결 어미로, 본인이 주체이다.

18

정답 | ④

해설 | 취업률에 대한 내용은 나타나 있지 않다.

19

정답 | ②

해설 | ⓒ 間涉 → 干涉(방패 간, 건널 섭) : (남의 일 또는 어떤 사람에게) 이래라저래라 하면서 영향을 주려고 하는 것

20

정답 | ②

해설 | 제시된 글은 안락사와 존엄사의 차이점을 설명하고 안락사와 자연사에 대해 이야기하지만, 죽음에 대한 슬픔을 절제하고 있다고 볼 단서는 없다.

21

정답 | ③

해설 | 제시문은 3·1 운동 관련 내용이다. 〈보기〉에서는 학자들이 3·1 운동 연구를 통해 각 분야에 걸친 수많은 저작을 내놓았다고 말하고 있으며, (라)에서 언론 분야를 예로 들어 많은 연구가 이뤄졌음을 말하고 있다. 따라서 (다)의 뒤에 들어가는 것이 적절하다.

22

정답 | ③

해설 | ③의 밑줄 친 부분은 문장에서 목적어 역할을 하고 있다. 반면 ①, ②, ④의 밑줄 친 부분은 모두 문장에서 주어 역할을 하고 있다.

23

정답 | ②

해설 | 서양의 제국주의와 국수주의를 비판하며, 서양의 합리주의 사고방식에 젖어 동양철학을 배척하는 것은 옳지 않다는 점과 이를 잘 계승하고 이끌어 가야 함을 강조하고 있다.

24

정답 | ③

해설 | 밑줄 바로 다음 문단인 (나)의 첫 문장, '이와 같은 제국주의는~'을 통해 제국주의를 가리킨 것을 알 수 있다.

25

정답 | ③

해설 | (다)에서 극단적인 국가주의가 가져올 수 있는 막대한 폐해를 언급하며, 동양철학과 대비해 국수주의를 비판하고 있다.

① (가) : 서양 제국주의에 대한 비판

② (나) : 국수주의에 대한 예

④ (라) : 동양철학 계승 및 발전의 중요성

국방부(육 · 해 · 공군) 시행 필기시험(2009.06.27)

1	2	3	4	5	6	7	8	9	10
④	④	②	④	③	②	②	③	①	①

11	12	13	14	15	16	17	18	19	20
④	④	③	②	①	③	③	②	③	①

21	22	23	24	25					
③	②	②	②	③					

01

정답 | ④

해설 | 마파람은 뱃사람들의 은어로 남풍(南風)을 이르는 말이다.
　① 까투리 : 꿩의 암컷
　② 쪽박 : 작은 바가지
　③ 가시어미 : '장모'를 낮잡아 이르는 말

02

정답 | ④

해설 | 자음 ㄱ의 경우 모음 앞에서는 g로 표기한다. 따라서 퇴계로 3가의 로마자 표기는 'Toegyero 3-ga'이다.

03

정답 | ②

해설 | 함경도의 대표적인 놀이는 「북청사자놀음」이다.
　① 「봉산탈춤」: 황해도 봉산 지방에 전승되어 오던 가면극
　③ 「산대놀이」: 서울 및 경기도에서 전승되던 가면극
　④ 「오광대놀이」: 경상남도 진주 지방에 전해 내려오는 탈놀음

04

정답 | ④

해설 | '-요'는 어떤 사물이나 사실 따위를 열거할 때 쓰는 연결 어미이며, '-오'는 하오할 자리에 쓰여 설명 · 의문 · 명령의 뜻을 나타내는 종결 어미이다.
　① '닫다'의 피동사는 '닫히다'이므로 '문이 저절로 닫혔다.'로 고쳐야 한다.
　② '모자라거나 미치지 못하다'라는 의미의 단어는 '부치다'이므로 '힘이 부치는 일이다.'로 고쳐야 한다.

　③ '무엇과 무엇이 힘 있게 마주 닿거나 마주 대다'라는 의미의 '부딪다'를 강조하여 이르는 말은 '부딪치다'이므로 '차와 차가 마주 부딪쳤다.'로 고쳐야 한다.
　※ '부딪히다'는 '부딪다'의 피동사로 '마주 오던 사람에게 부딪혀 넘어졌다.'와 같이 사용한다.

05

정답 | ③

해설 | ㉠ 감사는 조선 시대에 각 도의 경찰권 · 사법권 · 징세권 따위의 행정상 절대적인 권한을 가진 종이품 벼슬을 말하는 것으로 '볼 감(監)' 자와 '맡을 사(司)' 자를 쓴다.
　㉡ '돈'을 의미하는 한자는 '돈 전(錢)'이다.
　• 감사(監事) : 단체의 서무를 맡아보는 직책
　• 감사(勘査) : 잘 살펴 조사함

06

정답 | ②

해설 | 제시된 글은 이인직의 신소설인 「은세계」이다. 신소설은 과거의 운문체에서 벗어나 언문일치의 산문체를 사용하였다.
　① 1908년 11월 작가 자신에 의하여 원각사 무대에서 공연되었다.
　③ 갑오경장 뒤의 개화의 물결을 탄 시대 의식을 반영하고 있다.
　④ 신소설은 고대 소설과 현대 소설의 교량적 역할을 하며 과도기적 성격을 지니고 있다.

> **이인직 「은세계」**
> • 갈래 : 신소설
> • 성격 : 계몽적, 비판적
> • 시점 : 전지적 작가 시점
> • 주제 : 탐관오리의 학정에 대한 비판과 반봉건 사상의 고취

07

정답 | ②

해설 | 문맥상 대상이 복수임을 짐작할 수 있거나 혹은 문장 내의 다른 어휘를 통해 복수임을 추론할 수 있을 경우 조사 '들'을 붙이지 않는다. '지금까지 치른 행사들 가운데'와 같이 '들'을 모두 붙이는 것은 번역 투의 문장이므로 적절하지 않다.

① '즐거운 시간을 가지다.'라는 표현은 'have a good time'을 직역한 번역 투의 문장이다. '즐거운 시간 보내시기 바랍니다.' 등으로 고치는 것이 적절하다.

③ '모색하고 있는 중이다.'는 영어의 현재 진행형(-ing)을 번역한 것으로 우리말에는 이러한 표현이 존재하지 않는다. 따라서 '모색하고 있다.'와 같이 고쳐야 한다.

④ '현지 진출이 적극적으로 검토되어야 한다.'는 영어의 수동태를 번역한 형태이다. 우리말은 무생물을 주어로 하지 않고 실제 행위의 주체를 살려 능동으로 표현하는 것이 일반적이므로 '현지 진출을 적극적으로 검토해야 한다.'와 같이 고치는 것이 적절하다.

08

정답 | ③

해설 | '봬'는 '뵈다'의 활용형으로, 어간 '뵈-'에 어미 '-어'가 결합한 것이 줄어든 형태이다.

① '놓다'의 어간은 '놓-'이므로 종결 어미 '-습니다'를 붙여 '전세를 놓습니다.'로 표기하여야 한다.

② '생각이나 바람대로 어떤 일이나 상태가 이루어지거나 그렇게 되었으면 하고 생각하다'라는 의미의 단어는 '바라다'이며, 그 활용형은 '바라'이다.

④ '잠그다'와 같이 'ㅡ'로 끝나는 어간에 어미 '-아/어'가 결합하면 'ㅡ'는 탈락한다. 따라서 '잠그-'에 명령의 종결 어미 '-아라'가 붙을 경우 '잠가라'로 표기한다.

09

정답 | ①

해설 | 받침 ㄼ은 본래 [ㄹ]로 발음하나 '밟-'의 경우 자음 어미 앞에서는 [밥]으로 발음한다. 그리고 받침 [ㅂ] 뒤에 위치하는 'ㄱ, ㄷ, ㅂ, ㅅ, ㅈ'은 된소리로 발음되므로 '밟고'는 [밥꼬]로 발음해야 한다.

② 표준 발음법 제10항에 따라 겹받침 'ㄳ'은 어말 또는 자음 앞에서 [ㄱ]으로 발음하며, [ㄱ] 뒤에 위치하는 'ㄱ'은 된소리로 발음하므로 '넋과'는 [넉꽈]로 발음한다.

③ 표준 발음법 제11항에 따라 겹받침 'ㄺ'은 어말 또는 자음 앞에서 [ㄱ]으로 발음하며, [ㄱ] 뒤에 위치하는 'ㄱ'은 된소리로 발음하므로 '맑고'는 [막꼬]로 발음한다.

④ 표준 발음법 제11항 붙임에 따라 용언의 어간 말음 'ㄺ'은 'ㄱ' 앞에서 [ㄹ]로 발음하며, 이때 'ㄺ'은 종성에서 대표음 [ㄱ]으로 발음되므로 표준 발음법 제23항이 적용되어 뒤에 연결되는 'ㄱ'은 된소리로 발음된다. 따라서 '묽고'는 [물꼬]로 발음한다.

10

정답 | ①

해설 | 제시된 글에서 밑줄 친 문장은 '아저씨'가 나이를 먹고, 전과자 신세가 되었으며, 병까지 걸렸음을 이야기하고 있다. 이처럼 난처한 일이나 불행한 일이 잇따라 일어남을 이르는 말은 '설상가상(雪上加霜)'이다.

② 점입가경(漸入佳境) : 시간이 지날수록 하는 짓이나 몰골이 더욱 꼴불견임을 비유적으로 이르는 말

③ 자승자박(自繩自縛) : 자기의 줄로 자기 몸을 옭아 묶는다는 뜻으로, 자기가 한 말과 행동에 자기 자신이 옭혀 곤란하게 됨을 비유적으로 이르는 말

④ 타산지석(他山之石) : 다른 산의 나쁜 돌이라도 자신의 산의 옥돌을 가는 데에 쓸 수 있다는 뜻으로, 본이 되지 않은 남의 말이나 행동도 자신의 지식과 인격을 수양하는 데에 도움이 될 수 있음을 비유적으로 이르는 말

11

정답 | ④

해설 | '츤하리 싀여디여'는 '차라리 죽어서'라는 뜻으로, 정철의 「속미인곡」 일부이다. 죽어서라도 임을 따르고자 하는 화자의 감정을 드러낸다.

12

정답 | ④

해설 | '몸가짐이나 언행을 조심하다'라는 의미의 단어는 '삼가다'이며, 따라서 '삼가 주세요'로 써야 한다. '삼가하다'는 '삼가다'의 잘못이다.

① '무슨 일을 겪어 내다'라는 의미의 단어는 '치르다'이며, '치루다'는 '치르다'의 잘못이다.

② '승부나 등수 따위를 정하는 일'이라는 의미의 단어는 '가름하다'이며, '가늠하다'는 '목표나 기준에 맞고 안 맞음을 헤아려 보다'라는 의미이다.

③ '여러 가지 물건을 늘어놓다'라는 의미의 단어는 '벌이다'이며, '벌리다'는 '둘 사이를 넓히거나 멀게 하다'라는 의미이다.

13

정답 | ③

해설 | '일색 소박은 있어도 박색 소박은 없다'는 사람됨은 얼굴과 상관없음을 비유적으로 이르는 말이다.

① 노처녀가 시집을 가려니 등창이 난다 : 오랫동안 벼르고 벼르던 일을 하려 할 때 장애물이 생겨서 하지 못하고 맒을 비유적으로 이르는 말

② 가는 방망이 오는 홍두깨 : 남을 해치려고 하다가 제가 도리어 더 큰 화를 입게 됨을 비유적으로 이르는 말

④ 여편네 팔자는 뒤웅박 팔자라 : 뒤웅의 끈이 떨어지면 어찌할 도리가 없듯이, 여자의 운명은 남편에게 매인 것이나 다름없다는 말

14

정답 ┃ ②

해설 ┃ ① 민수와 수아가 함께 고양이를 키운다는 것인지, 민수도 고양이를 키우고 수아도 고양이를 키운다는 것인지 명확하지 않다.
③ 민수가 수아를 좋아하는 것보다 만화를 더 좋아한다는 것인지, 수아가 만화를 좋아하는 정도보다 더 심하게 민수가 만화를 좋아한다는 것인지 명확하지 않다.
④ 민수가 웃으면서 수아에게 심부름을 시킨 것인지, 수아가 웃으면서 뛰어나오는 것인지 명확하지 않다.

15

정답 ┃ ①

해설 ┃ 작자 미상의 사설시조인 「두터비 ㅍ리를 물고」는 파리와 두터비, 백송골이라는 세 대상에 각 계층을 빗대어 표현함으로써 당시 시대상을 비판하고 있는 작품으로, 특히 탐관오리를 나타내는 '두터비'의 행동을 통해 그들의 부패상을 풍자하고 있다.

> **작자 미상 「두터비 ㅍ리를 물고」**
> • 갈래 : 사설시조
> • 성격 : 풍자적, 우의적, 비판적
> • 주제 : 양반들의 허세에 대한 풍자와 비판
> • 현대어 풀이
> 두꺼비 파리를 물고 두엄 위에 치달아 앉아
> 건넛산을 바라본 백송골이 떠 있거늘 가슴이 끔찍하여
> 풀떡 뛰어 내닫다가 두엄 아래 자빠졌구나.
> 마침 날랜 나였으니 망정이지 다쳐 멍들 뻔했구나.

② 황진이의 시조로 임을 그리워하는 마음을 담고 있다.
③ 송순의 시조로, 안빈낙도의 삶의 지혜를 얻고자 하고 있다.
④ 원호의 시조로 임금님을 그리워하는 마음을 담고 있다.

16

정답 ┃ ③

해설 ┃ ① '−라서'는 이유나 근거를 나타내는 연결 어미로 의미상 자연스럽지 않다. 여기서는 앞 절의 사실을 인정하면서 그에 구애받지 않는 사실을 이어 말할 때 쓰는 연결 어미인 '−ㄹ지라도'를 써 '비록 그들이 신입일지라도 업무 적응력은 높았다.'로 고쳐야 한다.
② 현재 형태로 문장을 연결할 경우 '공사'가 '개통되는' 것이 되므로 의미상 적절하지 않다. 따라서 '본격적인 공사가 언제 시작되고, (터널이/다리가/고속도로가) 언제 개통될지 모른다.'와 같이 '개통되다'의 주어를 명확히 표기해야 한다.

④ '치고'는 '그중에서는 예외적으로'의 뜻을 나타내는 보조사로, 선수가 공을 잘 차는 것은 당연한 것이므로 의미상 적절하지 않은 사용이다. '민호는 선수치고 공을 잘 못 찬다.' 등으로 고쳐야 한다.

17

정답 ┃ ③

해설 ┃ 제시된 글은 「세종어제훈민정음」으로, 고유어에 대한 이야기는 나타나지 않는다.

> **「세종어제훈민정음」 현대어 풀이**
> 나라말이 중국[말]과 달라서 한문과 서로 통하지 아니하므로, 어리석은 백성들이 말하고 싶은 바가 있어도, 끝내 제 뜻을 펴지 못할 사람이 많다. 내가 이를 불쌍히 여겨 새로 스물 여덟 글자를 만드니, 사람들로 하여금 쉽게 익혀 날마다 씀에 편하게 하고자 할 따름이니라.

18

정답 ┃ ②

해설 ┃ 제시된 글은 「춘향전」의 일부로, 이몽룡이 변학도의 잔칫상에서 쓴 한시이며 탐관오리의 행태를 풍자하는 내용을 담고 있다. 그러나 '풍수지탄'은 '효도를 다하지 못한 채 어버이를 여읜 자식의 슬픔을 이르는 말'로 제시된 글과는 관련이 없다.
① 도탄지고(塗炭之苦) : '진흙이나 숯불에 떨어진 것과 같은 고통'이라는 뜻으로, 가혹한 정치로 말미암아 백성이 심한 고통을 겪는 것
③ 가정맹어호(苛政猛於虎) : 가혹한 정치는 호랑이보다 무섭다는 뜻으로, 혹독한 정치의 폐가 큼을 이르는 말
④ 가렴주구(苛斂誅求) : 세금을 가혹하게 거두어들이고, 무리하게 재물을 빼앗음

> **제시문 현대어 풀이**
> 아름다운 동이에 담긴 향기로운 술은 뭇사람의 피요
> 옥쟁반의 맛있는 안주는 만백성의 기름이라.
> 촛불의 눈물 떨어질 때 백성의 눈물 떨어지고
> 노랫소리 높은 곳에 원망 소리 드높도다.

19

정답 ┃ ③

해설 ┃ (다)의 '볏뉘'와 (라)의 '덕틱'은 모두 임금의 은혜를 의미한다.

20

정답 | ①

해설 | (가)에서는 나무토막으로 새겨진 당닭이 꼬끼오 하고 우는 역설적 표현이 사용되었고, (나)에서는 구운 밤에서 싹이 돋아나는 열설적 표현이 사용되었다.

21

정답 | ③

해설 | 減殺(덜 감, 빠를 쇄/죽일 살/감할 살)는 '감쇄'로 읽으며 '줄어 없어짐'이라는 의미이다. 相殺(서로 상/빌 양, 빠를 쇄/죽일 살/감할 살)는 '상쇄'로 읽으며 '상반되는 것이 서로 영향을 주어 효과가 없어지는 일'을 뜻한다.

① 索道(찾을 색/노 삭, 길 도) : '삭도'로 읽으며 '삼 따위로 세 가닥을 지어 굵다랗게 꼰 줄'을 의미한다.

② 遊說(놀 유, 말씀 설/달랠 세) : '유세'로 읽으며 '자기 의견 또는 자기 소속 정당의 주장을 선전하여 돌아다님'이라는 의미이다.

④ 變易(변할 변, 바꿀 역/쉬울 이) : '변역'으로 읽으며 '고쳐져 바뀜. 또는 고치어 바꿈'이라는 의미이다.

22

정답 | ②

해설 | '잡수시다'나 '주무시다'의 경우 '-시-'를 분리하여 '잡수다' 혹은 '주무다'와 같이 사용할 수 없으며, '잡수세요', '주무셔요' 등과 같이 '세요/셔요'와 사용이 가능하다. 주체를 높일 때는 선어말 어미 '-시-' 외에도 '잡수시다', '주무시다', '편찮으시다'와 같이 주체를 높이는 특수한 어휘를 사용할 수도 있다.

23

정답 | ③

해설 | 「설중매」는 일본의 '스에히로 테초'의 소설 「설중매」를 번안한 것으로, 번안자는 분명히 알려져 있지 않다. '홍난파'는 작곡가이자 바이올린 연주가로 우리나라 근대 음악의 선구자이며 작품으로는 「봉선화」, 「봄처녀」, 「낮에 나온 반달」 등이 있다.

24

정답 | ②

해설 | 제시된 글은 문법이 원활한 의사소통에 중요한 역할을 하며, 이를 위해서는 '단어에 대한 지식'과 함께 '음운 현상에 대한 지식'을 반드시 알아 두어야 한다고 주장하고 있다. 이를 모두 포괄하는 주제는 '문법은 언어적 지식에서 나온다.'이다.

25

정답 | ③

해설 | '묘사'는 어떤 대상이나 사물, 현상 따위를 그림을 그리듯 표현하는 방법이다. 제시된 글은 이기백의 「민족 문화의 전통과 계승」 중 일부로, 묘사법은 사용되지 않았다.

① '전통'과 '인습'을 맞대어 무엇이 같고 다른지 대조하고 있다.

② '과거에는 돌보아지지 않던 것이 후대에 높이 평가되는 일'의 예시로 '연암의 문학'을 들고 있다.

④ 전통의 본질적 성격을 열거하고 있다.

국방부(육 · 해 · 공군) 시행 필기시험(2008.06.14)

1	2	3	4	5	6	7	8	9	10
②	①	②	④	④	③	②	③	①	②
11	**12**	**13**	**14**	**15**	**16**	**17**	**18**	**19**	**20**
④	③	④	④	③	②	④	②	④	③
21	**22**	**23**	**24**	**25**					
①	④	①	③	③					

01

정답 | ②

해설 | 和樂의 올바른 독음은 '화락'이다. 뜻은 '화평하고 즐거움'이다.
  ① 樂山樂水(요산요수) : 산수의 자연을 즐기고 좋아함
  ③ 聲樂(성악) : 사람의 음성으로 하는 음악
  ④ 至樂(지락) : 더할 나위 없는 즐거움

02

정답 | ①

해설 | 訣別(결별)은 '기약 없는 이별을 함. 또는 그런 이별'이라는 뜻으로, '말(言)'과 관련이 없다.
  ② 長廣舌(장광설) : 쓸데없이 장황하게 늘어놓는 말
  ③ 橫說竪說(횡설수설) : 조리가 없이 말을 이러쿵저러쿵 지껄임
  ④ 口舌數(구설수) : 남과 시비하거나 남에게서 헐뜯는 말을 듣게 될 운수

03

정답 | ②

해설 | 계명구도(鷄鳴狗盜)는 '닭의 울음소리를 잘 내는 사람과 개의 흉내를 잘 내는 좀도둑'이라는 뜻으로, 천한 재주를 가진 사람도 때로는 요긴하게 쓸모가 있음을 비유하여 이르는 말이다.
  ① 낭중지추(囊中之錐) : '주머니 속의 송곳'이라는 뜻으로, 재능이 뛰어난 사람은 숨어 있어도 저절로 사람들에게 알려짐을 이르는 말
  ③ 우이독경(牛耳讀經) : '쇠귀에 경 읽기'라는 뜻으로, 아무리 가르치고 일러 주어도 알아듣지 못함을 이르는 말
  ④ 불치하문(自家撞着) : 손아랫사람이나 지위나 학식이 자기만 못한 사람에게 모르는 것을 묻는 일을 부끄러워하지 아니함

04

정답 | ④

해설 | '무른 감도 쉬어 가면서 먹어라'는 '아무리 쉬운 일이라도 한 번 더 확인한 다음에 하는 것이 안전함'을 비유적으로 이르는 말이다. 이와 유사한 의미의 속담은 '돌다리도 두들겨 보고 건너라'이다.
  ① 가랑비에 옷 젖는 줄 모른다 : 아무리 사소한 것이라도 그것이 거듭되면 무시하지 못할 정도로 크게 됨을 비유적으로 이르는 말
  ② 부뚜막의 소금도 집어넣어야 짜다 : 아무리 좋은 조건이 마련되었거나 손쉬운 일이라도 힘을 들이어 이용하거나 하지 아니하면 안 됨을 비유적으로 이르는 말
  ③ 가마 속의 콩도 삶아야 먹는다 : 다 된 듯하고 쉬운 일이라도 손을 대어 힘을 들이지 않으면 이익이 되지 않음을 비유적으로 이르는 말

05

정답 | ④

해설 | '사귀다'의 어간 '사귀'에 연결 어미 '−어'가 붙으면 '사귀어'가 되므로 '사귀어 볼래?'로 표기하는 것이 옳다.
  ① '담그다'와 같이 어간의 끝 '−'가 줄어지는 용언들은 어미가 바뀔 경우, 그 어간이나 어미가 원칙에 벗어나면 벗어나는 대로 적는다. 따라서 '담가'로 표기하는 것이 옳다.
  ② '말다'의 어간 '말−'에 명령형 어미 '−아', '−아라', '−아요' 등이 결합할 때는 어간 끝의 'ㄹ'이 탈락하기도 하고 탈락하지 않기도 한다. 따라서 '말아요'로 표기하는 것은 옳다.
  ③ '−려고 하여야'가 줄어든 말은 '−려야'로, '−려야'와 '−ㄹ래야', '−ㄹ려야' 중에서 '−려야'가 널리 쓰이므로 '−려야'를 표준어로 삼는다. 따라서 '떼려야 뗄 수 없는'으로 표기하는 것이 옳다.

06

정답 | ③

해설 | '그것과 관련된 일을 직업으로 하는 사람'의 뜻을 더하는 접미사는 '−쟁이'로, 따라서 점 보는 일을 직업으로 하는 사람은 '점쟁이'이다. '−장이'는 '그것과 관련된 기술을 가진 사람'의 뜻을 더하는 접미사이다.
  ④ 멋쟁이 : '−쟁이'는 '그것이 나타내는 속성을 많이 가진 사람'의 뜻을 더하는 접미사로도 쓰인다.

07

정답 | ②

해설 | '-으로'는 까닭이나 근거를 나타내는 연결 어미이므로 적절하게 사용되었으며, '부유하게 살다'라는 의미의 단어 '잘살다'는 하나의 단어이므로 붙여 쓰는 것이 옳다.

① '지나는 길에 잠깐 들어가 머무르다'라는 의미의 단어 '들르다'의 활용형은 '들러'이다.

③ '보여지다'는 '보다'의 어간 '보-'에 피동의 뜻을 더하는 접미사 '-이-'가 결합되고, 거기에 다시 '-어지다'의 구성으로 쓰여 피동을 의미하는 보조 동사 '지다'가 결합된 형태로 이중 피동의 형태이다.

④ '거'는 의존명사 '것'을 구어적으로 이르는 말로 앞말과 띄어 써야 한다.

08

정답 | ③

해설 | '무겁다'는 어간 말음인 'ㅂ'이 모음으로 시작되는 어미 앞에서 '우'로 변하는 'ㅂ불규칙활용'이다. 따라서 활용형은 '무거운'이다.

① ③과 마찬가지로 'ㅂ불규칙활용'이므로 활용형은 '시끄러워'이다.

② '자고 싶은 느낌이 들다'라는 의미의 단어로 '졸립다'를 쓰는 경우가 있으나 '졸리다'만 표준어로 삼는다.

④ ③과 마찬가지로 'ㅂ불규칙활용'이므로 활용형은 '사랑스러운'이다.

09

정답 | ①

해설 | '어떤 일을 일정한 수준에 못 미치게 하거나, 그 일을 할 능력이 없다'라는 의미의 단어는 '못하다'이며, 하나의 단어이므로 붙여 써야 한다. ②~④ 모두 '술을 못한다', '아무만 못하다', '희다 못해서' 등으로 붙여 쓰는 것이 옳다.

10

정답 | ②

해설 | 'America'의 올바른 표기는 '아메리카'이다.

① Permanent의 올바른 표기는 '파마'이다.

③ Catholic의 올바른 표기는 '가톨릭'이다.

④ Alto의 올바른 표기는 '알토'이다.

11

정답 | ④

해설 | '탈영'은 연음하여 [타령]으로 발음한다.

12

정답 | ③

해설 | 사적으로 친한 사이라 하더라도 공적인 자리에서는 'ㅇㅇㅇ 씨'라고 부르거나 직함을 붙여 불러야 한다.

13

정답 | ④

해설 | 표준언어예절에 따른 소개 순서

1) 지위가 낮은 사람을 높은 사람에게 먼저 소개한다.

2) 친소관계를 따져 자기와 가까운 사람을 자기와 먼 사람에게 먼저 소개한다.

3) 연소자를 연장자에게 먼저 소개한다.

4) 남성을 여성에게 먼저 소개한다.

14

정답 | ④

해설 | 작자 미상의 시조로, 눈이 와서 옥빛으로 변한 산은 봄비가 내리면 다시 과거의 푸르른 모습을 되찾을 수 있지만 사람이 늙어 백발이 된 것은 다시 돌릴 수 없음을 이야기하고 있다. 즉, '젊어질 수 없음을 탄식'하는 내용의 시조이다.

> **작자 미상 「청산에 눈이 오니」 현대어 풀이**
> 청산에 눈이 오니 봉우리마다 옥봉우리로다.
> 저 산 푸르기는 봄비 때문이지마는
> 어째서 우리 백발은 다시 검게 되지 못하는가.

15

정답 | ③

해설 | 주어진 문장을 단어별로 나누면 '내/가/사랑하는/아들/과/딸'이 되며, 따라서 단어의 수는 6개이다. '가'나 '과'와 같은 조사도 단어에 해당한다는 점에 유의한다.

16

정답 | ②

해설 | 제시된 시는 윤선도의 「만흥」으로, 속세에서 벗어나 자연을 벗하여 유유자적하게 사는 삶을 노래한 작품이다.

윤선도 「만흥」 현대어 풀이
산수 간 바위 아래에 움막을 지으려 하니
내 뜻 모르는 남들은 비웃는다 한다마는
어리석은 시골뜨기 생각에는 내 분수인가 하노라.

보리밥과 풋나물을 알맞게 먹은 후에
바위 끝 물가에서 실컷 노니노라.
그 밖의 다른 일이야 부러워할 줄이 있으랴.

잔 들고 혼자 앉아 먼 산을 바라보니
그리던 님이 온들 반가움이 이러하랴
산은 말도 웃음도 없어도 못내 좋아하노라.

누가 자연이 삼정승보다 낫다고 하더니 만승천자가
이만하겠는가.
이제와 생각하니 소부와 허유가 영리했구나.
아마도 자연 속에서 한가로이 지내는 흥취는 비할 곳
이 없으리라.

17

정답 | ④

해설 | 제시된 시는 안도현의 「낙숫물」로, 처마 끝에서 떨어지는 낙숫물을 소재로 세상을 위로하고자 하는 시인의 마음이 드러난 시이다.

18

정답 | ②

해설 | '알다'의 명사형은 '앎'으로 '아는 일'을 의미한다.
　① '–노라고'는 '자기 나름대로 꽤 노력했음'을 나타내는 연결 어미이므로 의미상 적절하지 않다. 여기서는 '앞 절의 사태가 뒤 절의 사태에 목적이나 원인이 됨'을 나타내는 연결 어미인 '–느라고'를 사용하는 것이 적절하다.
　③ '닫다'의 피동사는 '닫히다'이므로 '닫혔다'로 표기해야 한다.
　④ '겨루는 일 따위를 서로 어울려 시작하게 하다'라는 의미의 '붙다'를 사동형으로 쓸 경우 '붙이다'로 표기한다. '부치다'는 '편지나 물건 따위를 일정한 수단이나 방법을 써서 상대에게로 보내다.'라는 의미이다.

19

정답 | ④

해설 | 제시된 시는 윤선도의 「어부사시사」 중 동사 4, 5이다. 동사 4에서는 간밤에 내린 눈이 갠 후의 전경을 묘사하고 있고, 동사 5에서는 낚시를 하러 나갔다가 마주한 경치에 취한 모습을 그리고 있다. 즉, 제시된 부분의 배경이 되는 계절은 '겨울'이다.

윤선도 「어부사시사」
· 갈래 : 평시조, 연시조
· 성격 : 풍류적, 자연 친화적
· 주제 : 자연 속에서 한가로이 살아가는 어부의 흥취
· 특징
　– 작품마다 초장과 중장, 중장과 종장 사이의 여음 존재
　– 각 계절에 맞춘 시상 전개
　– 대구 · 반복 · 의성법 등 다양한 표현 기교 구사
　– 어미와 어휘 사용으로 우리말의 아름다움 표현
· 현대어 풀이
　간밤에 눈 갠 후에 사방의 경치가 달라졌구나.
　배 저어라 배 저어라
　앞에는 맑고 넓은 바다, 뒤에는 겹겹이 둘러싸인 백옥 같은 산
　찌그덩 찌그덩 어여차
　선계인가? 불계인가? 인간 세상은 아니로다.

　그물도 낚시도 잊고 뱃전을 두드린다.
　배 저어라 배 저어라
　앞 개울을 건너고자 몇 번이나 생각했던가.
　찌그덩 찌그덩 어여차
　느닷없는 강풍이 행여 아니 불어올까

20

정답 | ③

해설 | 제망매가는 신라의 승려 월명사가 죽은 누이를 기리기 위하여 지은 노래이다. 여기서 'ㅎ 둔 가지'는 월명사와 누이의 부모를 뜻하며, 화자와 누이가 같은 뿌리(하나의 가지)에서 온 사이임을 나타내는 시어이다.
　① 이른 ㅂ ㄹ(이른 바람) : 누이의 갑작스러운 죽음을 상징한다.
　② 뜨러딜 닙(떨어질 잎) : 죽은 누이를 상징한다.
　④ 미타찰(彌陀刹) : 아미타불이 있는 극락세계를 말한다.

월명사 「제망매가」
· 갈래 : 10구체 향가
· 성격 : 추도적, 서정적
· 주제 : 죽은 누이의 명복을 빎
· 현대어 풀이
　삶과 죽음의 길은
　여기 있음에 머뭇거리고
　나는 간다는 말도
　못다 이르고 어찌 갑니까?
　어느 가을 이른 바람에
　이에 저에 떨어질 잎처럼
　한 가지에 나고
　가는 곳 모르온저.
　아아, 미타찰에서 만날 나
　도(道) 닦아 기다리겠노라.

21

정답 | ①

해설 | 제시된 시는 정철의 「훈민가」 중 제10수로, 붕우유신(朋友有信)을 노래한 부분이다. 자신의 행실을 바로잡아주는 친구의 중요성을 강조하고 있다.

> **정철 「훈민가」**
> • 갈래 : 연시조
> • 성격 : 계몽적, 교훈적, 설득적
> • 주제 : 유교 윤리의 실천 권장
> • 현대어 풀이
> 　남으로 생긴 것 중에 벗같이 믿음이 있으랴
> 　나의 그릇된 일을 다 일러주려 하는구나
> 　이 몸이 친구가 아니면 사람됨이 쉽겠는가?

22

정답 | ④

해설 | 판소리 열두 마당은 「춘향가」, 「심청가」, 「흥부가」, 「수궁가」, 「적벽가」, 「변강쇠타령」, 「옹고집타령」, 「배비장타령」, 「강릉매화타령」, 「장끼타령」, 「무숙이타령」, 「가짜신선타령」이다. 이 중 「춘향가」, 「심청가」, 「흥부가」, 「수궁가」, 「적벽가」 다섯 개를 제외한 나머지 일곱 개의 노래는 실전되었다. 「구지가」는 작자 미상의 고대가요로, 가락국의 시조 수로왕의 탄생 신화에 얽힌 가요이다.

23

정답 | ①

해설 | 제시된 시는 김진경의 「개화」로, 어머니를 비유한 시어는 '누에'와 '목련'이다.

24

정답 | ③

해설 | 후각적 심상은 말 그대로 후각을 재생하는 시어를 말한다. '퀴퀴한' '비린내' 등의 시어에서 후각을 재생할 수 있다.
　① 미각적 심상
　② 공감각적 심상(시각+청각)
　④ 시각적 심상

25

정답 | ③

해설 | 제시된 작품은 이청준의 「눈길」이다. 화자인 '나'는 어머니를 '노인'이라고 부르며 정신적·감정적 거리감을 드러내고 있다. 여기서 '나'의 '아내'가 노인을 '어머니'라고 부르는 장면을 통해 화자와 노인의 관계가 모자 관계임을 더 명확히 파악할 수 있다.

> **이청준 「눈길」**
> • 갈래 : 단편 소설, 순수 소설, 귀향 소설
> • 성격 : 회고적, 상징적, 서정적
> • 시점 : 1인칭 주인공 시점
> • 주제 : 눈길에서의 추억을 통한 어머니의 무한한 사랑에 대한 깨달음과 인간적 화해
> • 구성 : 역순행적

2021년
2020년
2019년
2018년
2017년
2016년
2015년
2014년
2013년
2012년
2011년
2010년
2009년
2008년
2007년

국방부(육·해·공군) 시행 필기시험(2007.05.12)

1	2	3	4	5	6	7	8	9	10
①	②	③	④	①	③	④	①	①	③
11	**12**	**13**	**14**	**15**	**16**	**17**	**18**	**19**	**20**
④	②	③	②	③	③	①	③	④	③
21	**22**	**23**	**24**	**25**					
①	③	②	①	②					

01

정답 | ①

해설 | 제시된 시는 김종길의 「성탄제」로, '바알간 숯불', '애처로이 잦아드는 어린 목숨' 등 감각적인 수식어의 구사를 통해 사물의 영상을 직접 드러나게 하는 '묘사적 심상'이 나타나고 있다.

② 상징적 심상 : 관념을 연상시키는 기능을 가지는 심상

③ 지배적 심상 : 작품 전체의 분위기, 정서 등을 주도적으로 지배하는 심상

④ 비유적 심상 : 직유, 은유, 비유, 대유 등의 비유법에 의해 형성되는 심상

김종길 「성탄제」

• 갈래 : 자유시, 서정시

• 성격 : 회상적, 상징적, 주지적

• 주제 : 아버지의 순수한 사랑에 대한 그리움

• 특징 : 과거와 현재, 시골과 도시가 대비되는 구조로 구성되었으며, 시각적인 심상을 통해 색채를 대조하고 있다.

02

정답 | ②

해설 | 투르크어군, 퉁구스어군, 몽골어군 모두 '알타이 어족'에 속하는 어군이다. 한국어 또는 일본어를 알타이 어족에 포함하는 학자들도 있으나, 알타이 어족 자체가 확고한 근거가 없는 가설로서 최근에는 많이 인용되지 않는 학설이다.

03

정답 | ③

해설 | 제시된 글에서 화자는 '대한 독립 → 우리나라의 독립 → 우리나라 대한의 완전한 자주 독립'과 같이 지은이의 의지를 심화시키기 위해 내용의 정도를 높여 가는 표현을 사용하였다. 이처럼 말하고자 하는 내용의 비중이나 강도를 점차 높이거나 넓혀 그 뜻을 강조하는 표현 기법을 '점층법'이라 한다.

① 열거법 : 서로 비슷하거나 같은 계열의 구절이나 내용을 늘어 놓음으로써 서술하고자 하는 내용을 강조하는 수사법

② 반복법 : 한 문장이나 문단 내에서 같은 단어나 어구 또는 문장 등을 되풀이하여 강조하는 수사법

④ 문답법 : 스스로 묻고 그 물음에 답함으로써 강조하는 수사법

04

정답 | ④

해설 | '왼말'은 거짓말을, '성권 말'은 빈말을 의미하는 것으로 모두 '임의 말'이라는 동일한 대상을 나타낸다.

① '슈박'은 두렷한 임의 외모를, '초뮈'는 거짓만을 말하는 임의 말을 비유하는 것이다.

② 임은 '단 말씀'으로 환심을 사려고 한다.

③ 항상 '그른 말씀', '속 텅 빈 말'만 하는 임에 대한 원망이 나타난다.

작자 미상 「슈박것치 두렷한 님아」 현대어 풀이

수박같이 뚜렷한 님이여, 참외같이 달콤한 말 하지 마시오

갖가지 하시는 말씀이 말마다 그른 말씀이오

구월 시월의 씨동아같이 속 텅 빈 말 마시오

05

정답 | ①

해설 | 제시된 글의 원문은 다음과 같다.

> 曾子曰 吾 日三省吾身
> 증자왈 오 일삼성오신
> 爲人謀而不忠乎
> 위인모이불충호
> 與朋友交而不信乎
> 여붕우교이불신호
> 傳不習乎
> 전불습호

따라서 빈칸에 들어갈 말은 각각 忠(충성 충) – 信(믿을 신) – 習(익힐 습)이다.

> 『논어』「학이제일」 현대어 풀이
> 증자는 말했다. 나는 날마다 나 자신에 대해 세 가지 점을 반성한다.
> 남을 위하여 일을 꾀함에 있어 충실하였는가?
> 벗과 사귐에 있어 신의를 다하였는가?
> 배운 것을 제대로 익혔는가?

06

정답 | ③

해설 | 제시된 글은 「맹진사댁 경사」의 일부로, 사윗감이 절름발이인 줄 알고 딸(갑분이)과 그 몸종(입분이)을 바꿔치기한 매인사가 당당한 걸음걸이로 나타난 신랑을 보고 놀라 급히 딸을 데려오려 하나 실패하고, 이를 모르는 맹 노인이 혼례를 서두르자 놀라서 비명을 지르는 장면이다. 따라서 빈칸에는 '비명'이 들어가야 한다.

07

정답 | ④

해설 | 「유구곡」은 작자 미상의 고려 속요로 속칭 「비두로기」라고도 한다. 비둘기에 대해 노래한 5구의 단순하고 짧은 비련시로서, 어린이들이 불렀을 것으로 생각되는 노래이다.
① 「만전춘」 : 남녀 간의 사랑을 대담하고 솔직하게 읊은 노래
② 「서경별곡」 : 서경을 배경으로 여인이 사랑하는 임을 보내며 그 정한을 읊은 노래
③ 「쌍화점」 : 고려 충렬왕 때 지어진 작품으로 남녀상열지사의 대표적인 작품이며, 당시의 퇴폐적인 성윤리를 잘 드러내는 노래

08

정답 | ①

해설 | 「흥부전」은 제비의 다리를 고쳐 주고 큰 복을 얻은 동생 흥부를 모방하여 일부러 제비 다리를 분지른 뒤 치료한 놀부가 결국 큰 화를 얻게 되는 이야기로, 제시된 설명에서 이야기하는 '모방담'의 전형적인 구성을 하고 있는 작품이다.

09

정답 | ①

해설 | 현대 시조는 장별배행시조, 구별배행시조 등 그 시행이나 구절의 배열이 다양한 것이 특징이며, 따라서 시행의 배열이 규칙적이라는 것은 옳지 않은 진술이다.

> 이태극 「서해상의 낙조」
> • 갈래 : 현대시조, 연시조, 구별배행시조
> • 성격 : 묘사적, 사실적, 관조적, 낭만적
> • 주제 : 낙조의 아름다움과 그 감동
> • 특징 : 시각적 이미지와 영탄적 어조를 활용하여 일몰의 장관을 사실적으로 묘사하고, '일몰 직전 → 일몰 순간 → 일몰 직후'와 같이 시간의 진행에 따라 시상을 전개한다.

10

정답 | ③

해설 | 제시된 시의 (다)에서는 '끓던 물도 검푸르게 잔잔히 숨더니만'과 같이 물을 사람처럼 표현하는 '의인법'이 사용되었다. 또한 '어디서 살진 반달이 힘을 따라 웃는고.'와 같이 '평서문으로 진행해도 좋은 문장을 의문의 형식으로 표현하여 그 감정을 강조'하는 방식인 '설의법'이 사용되었다.
※ 단, 마지막 행의 경우 그 의미에 초점을 두었을 때 화자가 느끼는 감정을 감탄의 형태로 표현하는 '영탄법'으로도 볼 수 있어 논란의 여지가 있다.

11

정답 | ④

해설 | 제시된 글은 '지식재산'이 무엇을 말하는 것인지 그 뜻을 명백하게 밝혀 규정하고 있다. 이처럼 어떠한 대상의 뜻을 분명히 정하여 밝히는 것을 '정의'라고 한다.
① 묘사 : 대상에 대해 그림을 그리듯 설명하는 것
② 예시 : 구체적인 본보기가 되는 예를 들어 설명하는 것
③ 분류 : 일정 기준에 따라 나누어 가면서 설명하는 것

12

정답 | ②

해설 | 작품에서 인물의 성격을 나타내는 방법은 서술자가 등장 인물의 성격을 직접 말해 주는 '직접적 제시'와 인물의 대화 혹은 행동 등을 통해 성격을 드러내는 '간접적 제시(극적 제시)'가 있다.

13

정답 | ①

해설 | 제시된 글은 임화의 「네거리의 순이」이다. 임화는 1920년 대 계급주의 경향의 시를 주로 쓴 작가로, 조선프롤레타리아예술가동맹(카프)의 멤버로 활동하였다. 임화와 같이 사회주의 문학을 표방했던 시인으로는 권환, 김남천 등이 있다.
② 조지훈과 박목월은 자연으로의 회귀를 추구하였던 청록파 작가이다.
③ 김영랑, 박용철은 순수시파 작가이다.
④ 서정주, 유치환은 생명파 작가이다.

14

정답 | ②

해설 | '장마'는 '여름철에 여러 날을 계속해서 비가 내리는 현상이나 날씨. 또는 그 비'를 의미하는 고유어이다.
① 영양분(營養分) : 영양이 되는 성분
③ 수라상(水剌床) : 궁중에서, 임금에게 올리는 밥상을 높여 이르던 말
④ 소문(所聞) : 사람들 입에 오르내려 전하여 들리는 말

15

정답 | ③

해설 | '토월회'는 일제강점기 도쿄 유학생들이 중심이 되어 결성한 신극운동 단체이며 '극예술연구회'는 진정한 의미의 신극을 수립하고자 하는 취지로 서울에서 창단되었던 연극단체이다. 둘 모두 신파극과는 관련이 없다.

16

정답 | ③

해설 | 젰(세찰 렬)은 첫 음절에서는 두음 법칙에 의해 '열'로 발음된다. 따라서 '열렬'로 표기하는 것이 옳다.
① 年間 : 두음 법칙에 의해 '연간'으로 표기한다.
② 出産律 : 律(법칙 률)이 모음이나 받침 'ㄴ' 뒤에 위치할 경우 '율'로 적는다. 따라서 '출산율'로 표기한다.
④ 家庭欄 : 欄(난간 란)이 한글 뒤에 올 경우 '난'으로, 한자 뒤에 위치할 경우 '란'으로 표기한다. 따라서 '가정란'으로 적는 것이 옳다.

17

정답 | ①

해설 | 「옥중화」는 고전 소설인 「춘향전」을 개작한 작품이다.
②, ③ 「설중매」와 「장한몽」은 일본 작품을 번안한 작품이다.
④ 「추월색」은 최찬식이 지은 신소설로 조선과 일본, 중국, 영국 등 광범위한 지역을 무대로 한 애정신소설이다.

18

정답 | ③

해설 | 서술자의 서술에 의해 표현되는 것은 소설의 특징이다.
①, ④ 희곡은 무대 상연을 전제로 하므로 현재 시제로 쓰인다.
② 희곡은 등장인물의 대사와 행동을 통해 사건이 전개된다.

19

정답 | ④

해설 | Leadership의 외래어 표기는 '리더십'이다.
① Juice – 주스
② Robot – 로봇
③ Message – 메시지

20

정답 | ③

해설 | 우리나라 시문학 유파는 '낭만파(1920 초) → 예맹파(KAPF, 1920 중반) → 순수시파(1930) → 주지시파(1934) → 생명파(1936) → 청록파(1939)' 순으로 전개되었다.

21

정답 | ①

해설 | 패관문학은 임금의 정사를 돕기 위해 가설항담을 모아 엮은 설화문학을 말한다. 「파한집」, 「보한집」, 「역옹패설」 등은 모두 패관문학에 해당한다.
② 「임진록」, 「유충렬전」, 「박씨전」 등은 전쟁을 배경과 제재로 창작된 군담소설에 해당한다.
③ 「정시사전」, 「국선생전」, 「공방전」 등은 사물을 의인화하여 교훈적 이야기를 그려낸 가전체 문학에 해당한다.
④ 「심청전」, 「춘향전」, 「흥부전」 등은 판소리계 소설에 해당한다.

22

정답 | ③

해설 | 아니리는 창, 발림과 함께 판소리의 3대 요소를 이루는 것으로, 판소리 사설에서 음률이나 장단에 의하지 않고 일상적 어조의 말로 하는 부분을 가리킨다.
① 추임새 : 판소리에서 장단을 짚는 고수가 창의 사이사이에 흥을 돋우기 위하여 삽입하는 소리
② 창(소리) : 판소리의 3대 요소 중 하나로, 소리꾼이 가락에 맞추어 부르는 노래
④ 발림(너름새) : 판소리의 3대 요소 중 하나로, 소리의 가락이나 사설의 극적인 내용에 따라 손, 발, 온몸을 움직여 소리나 이야기의 감정을 표현하는 몸짓

23

정답 | ②

해설 | 음운 전위는 형태소를 구성하고 있는 음소의 위치가 바뀌는 음운 현상으로, 현대 국어에서는 발음을 부주의하게 할 때 수의적으로 발생한다. 예로 '집적회로'를 [직접회로]로 발음하는 경우를 들 수 있다.
① 음운 첨가 : 소리와 소리가 이어질 때 없던 소리가 새로 끼어들어 소리가 바뀌는 음운 현상
③ 모음조화 : 뒤 음절의 모음이 앞 음절 모음의 영향을 받아 아주 같거나 그에 가까운 성질의 모음으로 바뀌는 음운 현상
④ 음운 동화 : 음운과 음운이 만났을 때 한 음운이 다른 음운의 영향을 받아 그와 같거나 비슷하게 소리가 나는 현상으로, 유음화, 비음화, 원순모음화, 모음조화 등이 이에 해당함

24

정답 | ①

해설 | 순우리말로 된 합성어로서 앞말이 모음 'ㅐ'로 끝나고 뒷말의 첫소리 [ㅁ] 앞에서 [ㄴ] 소리가 덧나는 경우이므로 사이시옷을 받치어 '아랫마을'로 표기해야 한다.
② 선짓국 : 순우리말로 된 합성어로서 뒷말 '국'의 첫소리가 된소리 [ㄲ]으로 나므로 사이시옷을 받치어 '선짓국'으로 표기한다.
③ 순우리말로 된 합성어로서 뒷말 '바퀴'의 첫소리가 된소리 [ㅃ]으로 나므로 사이시옷을 받치어 '쳇바퀴'로 표기한다.
④ 한자어인 '하교'와 순우리말 '길'의 합성어로서 앞말이 모음 'ㅛ'로 끝나며, 뒷말의 첫소리가 [ㄲ]으로 나므로 사이시옷을 받치어 '하굣길'로 표기한다.

25

정답 | ②

해설 | 제시된 시는 동요 시인인 '권태응'의 「감자꽃」이다.
① 김춘수 : 시인으로 대표작으로는 「꽃」, 「꽃을 위한 서시」 등이 있다.
③ 이원수 : 아동문학가로 동화, 동시, 어린이소설 등 다양한 작품을 펴냈으며, 1926년 발표된 동요 「고향의 봄」이 대표작이다.
④ 유진오 : 이효석과 더불어 프롤레타리아 문학의 대표 작가이며, 대표작으로는 「김강사와 T교수」가 있다.

2021년

2020년

2019년

2018년

2017년

2016년

2015년

2014년

2013년

2012년

2011년

2010년

2009년

2008년

2007년

PART

05

국어 모의고사
정답 및 해설

1	2	3	4	5	6	7	8	9	10
②	④	①	③	③	②	②	②	③	③

11	12	13	14	15	16	17	18	19	20
④	②	③	①	④	②	②	②	④	④

21	22	23	24	25					
④	③	②	②	②					

01

정답 | ②

해설 | • 백암 : ㄱ, ㄷ, ㅂ의 경우 모음 앞에서는 g, d, b로 적는다. 따라서 Baegam으로 적어야 한다.
• 왕십리 : 된소리되기를 제외한 음운 변화는 표기에 반영한다. 왕십리는 비음화로 인해 [왕심니]로 발음되므로 Wangsimni로 적는다.
• 김빛나 : 인명은 성과 이름의 순서로 띄어 쓰고, 이름에서 일어나는 음운 변화는 표기에 반영하지 않는다. 따라서 [김빈나]로 발음되더라도 Kim Bitna로 적어야 한다.
• 묵호 : 본래 ㄱ, ㄷ, ㅂ, ㅈ이 ㅎ과 합하여 거센소리가 될 경우 이를 반영하여 적는다(예 잡혀[자펴] → japyeo). 그러나 체언의 경우 ㅎ을 밝히어 적는다. 따라서 묵호는 Mukho로 적어야 한다.

02

정답 | ④

해설 | '낭중지추(囊中之錐)'는 '뛰어난 재능을 지닌 사람은 자연히 다른 사람의 눈에 띔'을 의미한다.

03

정답 | ①

해설 | 2행의 '송이눈'과는 달리, '눈꽃'은 삶의 고단함을 의미하는 부정의 의미가 아니라 대합실의 사람을 감싸 주는 위로의 역할을 한다.
② 4행의 '톱밥난로가 지펴지고 있었다'의 표현 속 '톱밥난로'는 막차를 기다리는 사람들의 얼어붙은 마음을 위로해 주는 역할을 한다.
③ 2행의 '대합실 밖에는 밤새 송이눈이 쌓이고'란 표현을 통해 확인할 수 있다.
④ '오래 앓은 기침소리', '쓴 약 같은 입술 담배 연기' 등에서 청각적·미각적·후각적 심상이 표현되었으며, 대합실에 있는 사람들의 고단한 삶에 대한 슬픔을 느낄 수 있다.

04

정답 | ③

해설 | '사단'은 '사건의 단서 또는 일의 실마리'를 말하는 것이며, 제시된 문장에서는 문맥상 '사달'의 잘못으로 쓰인 것이다. '사고나 탈'을 의미하는 것은 '사달'이다.
① '일이나 차림차림이 간편하다'라는 의미의 단어는 '단출하다'이다. '단촐하다'는 '단출하다'의 잘못이다.
② '목표, 이상, 행복 따위를 추구하다'는 의미의 단어는 '좇다'이다. '쫓다'는 '어떤 대상을 잡거나 만나기 위하여 뒤를 급히 따르다' 혹은 '어떤 자리에서 떠나도록 몰다'라는 의미이다.
④ '손바닥, 발바닥 따위에 굳은살이 생기다'라는 의미의 단어는 '박이다'이며, 따라서 '박여'로 활용해야 한다. '박히다'는 '두들겨 치거나 틀어서 꽂히게 하다'라는 의미의 단어 '박다'의 피동형이다.

05

정답 | ③

해설 | (가)의 화자는 달을 만들어 임이 머무르는 곳을 보고자 하는 마음을 적극적으로 드러냈으며, (나)의 '아가씨'는 부끄러워서 말 못 하고 흐느낀다고 말하며 소극적인 태도를 나타내고 있다.
① (가)의 '달'은 사랑하는 마음을 임에게 전달하는 매개체나 (나)의 '달'은 아가씨의 슬픔을 심화시키는 대상이다.
② (가)의 '님'은 '선조 임금'을 지칭하며, 임금에 대한 충정을 보여주고픈 마음을 달로 형상화하였다. (나)는 이별을 한 여인의 슬픔을 드러내고 있다.
④ (가)의 '고운 님 계신 곳'은 사랑하는 임이 머무르는 공간이며, (나)의 '문'은 자신의 슬픔을 드러내고 싶지 않은 아가씨의 마음이 담긴 공간이다.
※ (가)는 정철의 시조 「내 마음 베어내어」라는 작품이고, (나)는 임제의 「무어별」이란 작품이다.

06

정답 | ②

해설 | '較差(비교할 교, 다를 차)'는 '관측한 값의 최고와 최소의 차'라는 뜻으로 문맥에 맞게 쓰였다.
① '출판물의 잘못된 곳을 고침'을 의미하는 '校訂(학교 교, 바로잡을 정)'을 써야 한다. '矯正(바로잡을 교, 바를 정)'은 '좋지 않은 버릇 또는 결점을 바로 잡는다'는 의미이다.

③ '부하가 제출한 안건을 상관이 재량하여 승인함'을 의미하는 '決裁(결단할 결, 마를 재)'를 써야 한다. '決濟(결단할 결, 건널 제)'는 '증권 또는 대금의 수불에 의한 거래 청산'의 의미이다.

④ '어떤 일 또는 문제에 대해 다시 생각함'을 의미하는 '再考(두 재, 생각할 고)'를 써야 한다. '提高(끌 제, 높은 고)'는 '정도를 높임'의 의미이다.

07

정답 | ②

해설 | ②의 '모든'은 '빠짐이나 남김이 없이 전부의'라는 의미의 관형사이다. 반면 ①의 '어제', ③의 '같이', ④의 '과연' 등은 부사이다.

08

정답 | ②

해설 | '많은 → [만은('ㅎ' 탈락)] → [마는(연음)]'은 'ㅎ'이 탈락하고, 연음 현상이 일어난다고 볼 수 있다. 첨가 현상은 일어나지 않으며, 연음 현상은 음운 변동 현상에 해당하지 않는다.

※ 표준 발음법 제14항4에 따르면, 'ㅎ' 뒤에 모음으로 이어진 어미 또는 접미사 결합이 이뤄지는 경우, 'ㅎ'을 발음하지 않는다.

① '하얗다[하야타]'는 'ㄷ'과 'ㅎ'이 만나서 'ㅌ'로 바뀐 것으로, 축약 현상이 일어난다고 볼 수 있으며, '자음의 축약'에 해당한다.

③ '깎다[각다]→깍따]'는 자음 'ㄲ'이 자음 'ㄱ'으로 바뀐 것으로, 교체 현상이 일어난다고 볼 수 있으며, '음절의 끝소리 규칙'에 해당한다.

④ '한여름[한녀름]'은 표준 발음법 제29항에 따라 앞 단어의 끝이 자음이고 뒤 단어 또는 접미사의 첫 음절이 '여'일 때 'ㄴ'을 첨가하여 [녀]로 발음되는 것이다. 따라서 첨가 현상이 일어난다고 볼 수 있다.

09

정답 | ③

해설 | 중국에서의 옛날 월병은 송편과 마찬가지로 제수 용품이었으나 현재는 그 위상을 잃어 온 가족이 함께 나눠 먹는 음식으로 자리 잡았으며, 그 모양은 보름달과 같다. 반면 우리나라 송편은 반달 모양으로 풍년과 발전을 상징한다.

10

정답 | ③

해설 | '풋사랑'은 '어려서 깊이를 모르는 사랑'의 의미로, 여기서 접두사 '풋-'은 '미숙한, 깊지 않은'의 뜻을 더하고 있다. 반면 ①, ②, ④의 '풋고추, 풋나물, 풋감'의 '풋-'은 모두 '처음 나온' 또는 '덜 익은'의 뜻을 더하는 접두사이다.

11

정답 | ④

해설 | 제시된 글에서 사악한 교씨는 사씨를 쫓아내고 남편마저 모함하지만 결국 잘못이 드러나 처형되며, 쫓겨났던 사씨도 제자리도 돌아온다. 이에 관련된 사자성어로는 '처음에는 옳고 그름을 가리지 못해 그릇되어도, 결국 모든 일은 나중에 반드시 정리된다'는 의미의 사필귀정(事必歸正)이 적절하다.

① 개과천선(改過遷善) : 잘못을 고치고 옳은 길에 들어섬을 의미

② 토사구팽(兎死狗烹) : 필요할 때는 요긴하게 써 먹다가 쓸모가 없어지면 가혹하게 버린다는 의미

③ 도원결의(桃園結義) : 하나의 목적을 이루기 위해 뜻이 있는 사람끼리 행동을 같이함을 의미

12

정답 | ②

해설 | 'shrimp'에서 'sh'는 어말(끝)에 위치하면 '시'로, 자음 앞에 오면 '슈'로 적는다. 따라서 '쉬림프'가 아닌 '슈림프'로 표기해야 한다.

13

정답 | ③

해설 | '로서'는 지위 또는 신분, 자격을 나타내는 격조사로 쓰고, '로써'는 어떤 일의 수단 또는 도구를 나타내는 격조사로 쓴다.

① 껍질채 → 껍질째 : '-째'는 '그대로, 전부'의 의미로 쓰는 접미사이다.

② 바래 → 바라 : '바라다'의 활용어로, '바라다'는 '원하는 사물을 얻거나 가졌으면 하고 생각한다'는 의미로 쓴다. '바래다'는 '볕 또는 습기로 인해 색이 변하다' 또는 '가는 사람을 어느 곳까지 배웅하거나 바라보다'의 의미로 쓰인다.

④ 왠만한 → 웬만한 : '웬만하다'의 활용형으로, 정도 또는 형편이 표준에 가깝거나 그보다 약간 낫다는 의미로 쓴다.

14

정답 | ①

해설 | ② 잘할 뿐더러 → 잘할뿐더러 : 'ㄹ뿐더러'는 연결어미로 그 앞말에 붙여 써야 한다.

③ 시간만에 → 시간 만에 : 경과한 시간의 의미로 쓰인 '만'은 의존명사로 띄어 써야 한다.

④ 안 된다 → 안된다 : '일, 현상, 물건 따위가 좋게 이루어지지 않다'의 의미로 쓰여 붙여 써야 한다.

15

정답 | ④

해설 | 제시된 글은 '나'가 그들의 대화를 듣고 느낀 것을 적은 것이다. 등장인물 '나'가 그들(다른 인물)을 관찰하며 평가한 것이므로, 1인칭 관찰자 시점에 해당한다.
① 작가 관찰자 시점
③ 전지적 작가 시점

> **염상섭 「만세전」**
> • 갈래 : 사실주의 소설
> • 성격 : 사실적, 현실 비판적
> • 시점 : 1인칭 관찰자 시점
> • 배경 : 시간 3 · 1 운동 직전, 공간 동경과 서울
> • 주제 : 지식인의 눈으로 본 일제 강점기 조선의 암담한 현실
> • 구조 : '동경 – 서울 – 동경'의 원점 회귀형 여로 구조
> • '무덤'의 상징적 의미 : 조선의 참담한 현실

16

정답 | ②

해설 | '슬겁다'는 '마음씨가 너그럽고 미덥다'의 의미이다.

17

정답 | ②

해설 | 소설 일부를 읽고, 밑줄 친 상황에 해당하는 속담 또는 관용구를 고르는 문제이다. 주인공이 놓인 상황을 모면하고자 잘못을 억지로 인정하고 있다. 따라서 싫은 일을 억지로 함을 의미하는 속담 '울며 겨자 먹기'가 가장 적절하다.
① 사공이 많으면 배가 산으로 간다 : 간섭하는 사람이 많아질수록 일이 제대로 되지 않음을 의미이다.
③ 말은 해야 맛이고 고기는 씹어야 맛이다 : 마땅히 해야 할 말 또는 행동은 해야 함을 의미이다.
④ 닭 쫓던 개 지붕 쳐다본다 : 애쓰던 일이 실패로 돌아감을 의미이다.

> **김유정 「동백꽃」**
> • 갈래 : 농촌 소설, 단편 소설
> • 성격 : 토속적, 해학적
> • 시점 : 1인칭 주인공 시점
> • 주제 : 사춘기 시골 남녀의 순박한 사랑
> • 구성 : 역순행적 구성
> • 소재의 의미
>   – 감자 : 점순이의 '나'에 대한 사랑을 최초로 표현함
>   – 닭싸움 : 점순과 '나'의 갈등을 대리 표출
>   – 동백꽃 : 점순과 '나'의 사랑 상징

18

정답 | ②

해설 | '본디 마름이란 ~ 호박개 같아야 쓰는 거지만 장인님은 외양이 똑 됐다'에서, '나'가 아닌 '장인'의 외양을 호박개(털이 북슬북슬한 개)에 빗대어 낮잡아 표현했다.
① '~욕필이 욕필이, 하고 손가락질을 ~ 인심을 잃었다'에서 '욕필이'가 장인임을 알 수 있다.
③ '이놈의 장인님'에서 비속어와 존칭어를 혼용하여 해학적 표현이 사용되었음을 알 수 있다.
④ '장인이 닭 마리나 좀 보내지 않는다든가 ~ 슬쩍 돌려 않는다'에서 소작인인 동네 사람들이 마름인 장인에게 소작권을 잃지 않으려 애쓰는 점과 그의 횡포를 알 수 있다.

> **김유정 「봄봄」**
> • 갈래 : 농촌 소설, 순수 소설
> • 성격 : 해학적
> • 시점 : 1인칭 주인공 시점
> • 주제 : 교활한 장인과 우직한 머슴(데릴사위) 사이의 갈등
> • 특징
>   – '봄봄'의 상징적 의미 : 암담한 현실의 순환
>   – 토착어를 사용한 간결한 문체

19

정답 | ④

해설 | (ⓔ)의 앞 문장에서 '그 연극단은 일류급이다. 박 씨는 그 연극단 일원이다'고 말했고, (ⓔ)의 뒤 문장에서 '박 씨는 일류급이다'라 말했다. 박 씨는 연극단 일원이고, 그 연극단은 일류급이어서 '박 씨는 일류급이다'라는 문장이 완성되므로, 앞뒤 문장이 서로 원인과 결과를 이루는 인과관계이다. 따라서 인과관계에 쓰이는 접속어 '그러므로'가 적절하다.

20

정답 | ④

해설 | 제시된 시는 1970년대 급격한 산업화 · 도시화로 인해 소외된 노동자의 고달픈 삶을 얘기한 작품이다. 「난장이가 쏘아 올린 작은 공」, 「삼포 가는 길」, 「농무」 모두 1970년대 산업화 · 도시화로 인해 소외된 삶을 그린 작품이다. 반면 「흰 종이수염」은 1950년대를 배경으로 전쟁으로 인한 비극과 이를 가족 간의 사랑으로 극복하는 모습을 그려낸 소설이다.

21

정답 | ④

해설 | 구상의 '초토의 시 8(가)'는 1956년, 김기림의 '바다와 나비(나)'는 1939년, 정지용의 '忍冬茶(다)'는 1941년에 발표되었다. 따라서 시기가 이른 순으로 나열하면 (나)–(다)–(가)이다.

> 구상 「초토의 시 8」
> • 성격 : 종교적, 인도적
> • 어조 : 통한의 어조
> • 주제 : 적군의 묘지에서 느끼는 분단 현실에 대한 통한
> • 특징 : 사상(민족애 등)이 앞선 시/기독교적 윤리관에 바탕을 둔 평범한 시어 사용
> 김기림 「바다와 나비」
> • 성격 : 감각적, 상징적
> • 주제 : 새로운 세계에 대한 동경과 좌절
> • 특징 : 시각적 이미지 사용/감정 절제의 태도로 대상 제시
> 정지용 「忍冬茶」
> • 성격 : 감각적, 탈속적
> • 주제 : 정신적 고결함을 지키면서 혹독한 현실을 견디는 삶의 자세
> • 특징 : 탈속의 공간(눈 내리는 겨울, 깊은 산중) 배경/시각적 이미지의 시어 사용/풍경의 회화적 · 감각적 묘사

22

정답 | ③

해설 | '고이 파묻어 떼마저 입혔거니'는 어제까지만 해도 적으로서 서로 죽이려고 했던 이마저 그 시체를 거두어 봉분까지 만들어 주었음을 보여준다. 이는 전쟁의 비극성이 아니라 이념 대립보다 더 숭고한 인간애의 실천을 나타내는 장면이라고 할 수 있다.

23

정답 | ②

해설 | 윗돈의 표준어는 '웃돈'이다.

24

정답 | ②

해설 | 작은 장승과 달리 큰 장승은 30리마다 세워졌고, 그 곳에 역과 원을 설치하였다. 따라서 원(院)은 30리마다 설치되었음을 알 수 있다. 그러나 원(院)에는 정부가 관리를 파견하기 어려워 원주를 임명하여 그들이 원을 운영하게끔 하였다.

25

정답 | ②

해설 | 선지 모두 ㉠으로 시작하며, ㉡, ㉢, ㉣은 각각 '그러므로, 그래서, 그러나'와 같은 접속어가 쓰였다. ㉡에서 '저것', '이것' 등의 단어가 ㉠과 겹치며, ㉢을 '~해서 ~이다'의 인과로 이어준다. ㉣은 ㉡에서 언급된 '혜시(惠施)'를 부연하는 내용이 연결되므로, ㉡ 뒤에 오는 것이 옳다. 따라서 ㉠ – ㉡ – ㉣ – ㉢ 순이 적절하다.

1	2	3	4	5	6	7	8	9	10
②	④	④	④	③	①	②	②	②	②

11	12	13	14	15	16	17	18	19	20
③	②	④	④	④	③	②	③	①	④

21	22	23	24	25					
③	④	②	④	③					

01

정답 | ②

해설 | '대로'는 용언과 함께 쓰면 의존명사로 사용되고, 체언과 함께 쓰면 조사로 사용된다.

① 도외시 하였다 → 도외시하였다 : 붙여 써야 하는 하나의 단어이다.

③ 대리전으로 밖에는 → 대리전으로밖에는 : '그것 이외에는'의 의미로 부정어와 쓰이는 '밖에'는 조사이므로 앞말에 붙여 써야 한다.

④ 회복될 지 → 회복될지 : '지'는 '시간의 경과'를 의미하는 경우가 아니면, 용언 '회복하다'에 붙여 써야 한다.

02

정답 | ④

해설 | '그러나, 그 덕분에, 그 대신'은 구조상 앞 문장이 필요한 경우가 많으며, 첫 문장으로 놓이기는 어려우므로 ②이 글의 처음에 위치하는 것이 적절하다. 태양의 움직임에 따라 신체 조건을 맞춰 왔으나, 빛의 이용에 대한 욕구에 따른 개발로 밤의 활동이 많아졌다는 ⊙이 바로 뒤에 오면 자연스럽다. 밤의 활동이 많아져 인류의 문명이 발달하였다는 ⓒ이 이어지며, 대신에 잠과 생체 리듬을 잃었다는 ⓒ이 그 뒤에 오는 것이 가장 적절하다.

03

정답 | ④

해설 | ①, ②, ③은 모두 유의 관계이나 ④는 반의 관계이다.

• 유의 관계 : 말소리는 다르지만 의미가 유사한 의미를 지닌 단어

• 반의 관계 : 의미상 대립되는 단어

04

정답 | ④

해설 | 연목구어(緣木求魚)는 목적과 수단이 맞지 않아 불가능한 일을 억지로 하거나 옳지 못한 방법으로 목적을 이루려 한다는 의미의 사자성어로 ④의 문맥상 적절하지 않다.

① 좌고우면(左顧右眄) : 무슨 일이든 빨리 결정짓지 못함

② 암중모색(暗中摸索) : 아무 것도 없는 상황에서 어림 짐작하여 어떤 것을 추측함 또는 은밀한 가운데 일의 실마리나 해결책을 찾아내려 함

③ 침소봉대(針小棒大) : 작은 일을 크게 과장하여 말함

05

정답 | ③

해설 | 속담 '마른 나무를 태우면 생나무도 탄다'는 대세를 타면 잘 안되던 일도 잘될 수 있음을 의미한다.

• 속담 '걱정이 많으면 빨리 늙는다' : 걱정으로 고통을 겪으면 더 빨리 늙게 마련임을 의미이다.

06

정답 | ①

해설 | '무르다 2'와 '무르다 3'은 다의어이지만 무르다 1은 다의어가 아니다.

② '무르다 3'은 형용사이므로 현재진행형으로 사용할 수 없으며, '무르다 1'과 '무르다 2'는 동사이므로 현재진행형으로 사용할 수 있다.

④ 무르다 1, 무르다 2, 무르다 3은 모두 어간의 끝음절 '르'가 '—아/어' 앞에서 'ㄹㄹ'로 바뀌는 '르불규칙활용'이다.

07

정답 | ②

해설 | ① 무르다 2의 「2」에 해당한다.

③ 무르다 1에 해당한다.

④ 무르다 3의 「4」에 해당한다.

08

정답 | ②

해설 | '음전하다'는 '말 또는 행동이 곱고 우아하다'는 의미를 지닌다.

09

정답 | ②

해설 | ⓒ 強盜(강할 강, 도둑 도)는 폭행 또는 협박하여 다른 사람의 재물을 빼앗는 행위 또는 도둑을 의미한다. '센 정도'를 의미하는 強度(강할 강, 법도 도)로 표기해야 한다.

10

정답 | ②

해설 | ⓒ 암혈·베옷은 벼슬과 관계없음을 가리킨다.

11

정답 | ③

해설 | 경원되어서는 → 경원해서는 : '경원하다'는 겉으론 공경하되 실제로는 멀리하는 것을 의미하는 동사로, 불필요하게 '−되다'를 붙일 필요가 없다.

12

정답 | ②

해설 | (가), (다), (라) 모두 그리움과 관련된 시인 반면, (나)는 비극적 역사와 민족의 공동체적 합일 정신을 주제로 한 시이다.

> **기형도 「엄마 걱정」**
> • 성격 : 회상적, 묘사적, 감각적
> • 주제 : 가난했던 어린 시절의 외로움, 어머니를 기다리던 유년 시절의 그리움
> • 특징 : 감각적 심상을 통해 유년기 묘사/유사 문장의 반복과 변조를 통한 리듬감 형성
>
> **백석 「모닥불」**
> • 성격 : 감각적, 토속적
> • 주제 : 비극적 역사를 안고 조화와 평등을 지향하는 공동체적 합일 정신
> • 특징 : 토속어 사용을 통한 향토적 정감/현재와 과거가 대비를 이루는 구조
>
> **황진이 「동짓달 기나긴 밤을」**
> • 갈래 : 평시조
> • 주제 : 임에 대한 사랑과 그리움
> • 특징 : 대조적인 시구 사용/음성상징서 사용
>
> **유치환 「그리움」**
> • 성격 : 격정적, 여성적
> • 주제 : 사랑의 그리움과 괴로움
> • 특징 : 격렬한 어조 표현/반복적, 점층적 표현

13

정답 | ④

해설 | '감각적 이미지'란 오감으로 느껴지는 표현을 말한다. ⓐ, ⓒ, ⓔ은 감각적 이미지로 엄마의 고된 삶과 나의 외로움을 생생하게 표현했다.

14

정답 | ④

해설 | '불은'의 기본형은 '붇다'이다. '물에 젖어 부피가 커지다'의 의미를 지닌 동사 '붇다'는 'ㄷ불규칙 용언'으로 어간의 끝소리 'ㄷ'이 'ㄹ'로 바뀐다.

15

정답 | ③

해설 | '銀은山산'은 높이 솟은 파도, 즉 흰 물결을 은유적으로 표현한 것이다.

16

정답 | ③

해설 | '마뜩하지 않다'의 경우 어미 '−지' 앞에 '않−'이 어울려 '−잖−'이 된 경우이므로 '마뜩잖다'로 줄여 써야 한다.
① '시답지 않다'는 어미 '−지' 앞에 '않−'이 어울려 '−잖−'이 된 경우이므로 '시답잖다'로 줄여 쓴다.
② '당하지 않다'는 '−하지' 뒤에 '않−'이 어울려 '−찮−'이 된 경우이므로 '당찮다'로 줄여 쓴다.
④ '올곧지 않다'는 어미 '−지' 앞에 '않−'이 어울려 '−잖−'이 된 경우이므로 '올곧잖다'로 줄여 쓴다.

17

정답 | ②

해설 | ⓐ 더으다 : '더하다'의 옛말로, 적절한 한자는 '加(더할 가)'이다.
ⓒ 뵈아다 : '재촉하다'의 옛말로, 적절한 한자는 '促(재촉할 촉)'이다.

18

정답 | ③

해설 | '쇳조각[쇠쪼각]'은 순우리말 '쇠'와 '조각'의 합성어로서 앞말이 모음으로 끝나고 뒷말의 첫소리가 된소리가 되어 사이시옷을 받치어 적은 경우에 해당한다. 이러한 구성의 예로는 선짓국[선지꾹], 잿더미[재떠미], 쳇바퀴[체빠퀴], 핏대[피때] 등이 있다.
① '배갯잇[배갠닙]'은 순우리말로 된 합성어로서 앞말이 모음으로 끝나고 뒷말의 첫소리 모음 앞에서 'ㄴㄴ' 소리가 덧나 사이시옷을 적은 경우에 해당한다. 두렛일[두렌닐], 빗물[빈물] 등이 동일한 구성이다.

② '횟가루[회까루]'는 순우리말과 한자어로 된 합성어로서 앞말이 모음으로 끝나고 뒷말의 첫소리가 된소리로 나 사이시옷을 적은 경우에 해당한다. 동일한 예로는 귓병[귀뼝], 자릿세[자리쎄], 전셋집[전세찝], 탯줄[태쭐] 등이 있다.

④ '제삿날[제산날]'은 순우리말과 한자어로 된 합성어로서 앞말이 모음으로 끝나고 뒷말의 첫소리 'ㄴ, ㅁ' 앞에서 'ㄴ' 소리가 덧나 사이시옷을 적은 경우에 해당한다. 동일한 예로 곗날[곈날], 툇마루[퇸마루] 등이 있다.

19

정답 | ①

해설 | 중심 내용은 지엽적이지 않고, 지문의 내용을 전체적으로 아우를 수 있어야 한다. 글의 중반부 '그러나' 뒤에서 '부녀자만을 상대로 하거나 부녀자끼리만 주고받은 것이라 오해해서는 안 된다'고 하며, 16, 17세기 수신자는 왕과 사대부부터 한글을 해독할 수 있는 하층민까지 모두 해당될 수 있었다고 했다. 또한, 마지막 문장에서 언간이 특정 계층에 관계없이 남녀 모두의 공유물이었다고 하였으므로 중심 내용으로는 ①이 가장 적절하다.

20

정답 | ④

해설 | "소유가 전에 토번을 정벌할 때 꿈에 ~ 바로 그 노화상이냐?"에서 승상이 중을 보았던 것을 생각해 내었음을 알 수 있다.

① 용궁 등과 같은 선계는 현실에 존재하지 않는 공간이므로 비현실적인 공간이다.

② 꿈속에서 사부가 손 가운데 돌 지팡이를 들어 난간을 두어 번 치니 승상이 꿈에서 깬 것이다.

③ 'ⓒ'은 '꿈꾸기 전의 양소유와 산야 사람이 10년을 함께 살던 일'을 의미한다. 'ⓐ'와 'ⓑ'은 '성진이 꿈을 꾼 부분'에 해당하므로 ⓒ보다 뒤에 와야 하는데, 부모 곁을 떠나 토번을 정벌하던 시기 양소유와 꿈속에서 산야 사람을 만났으므로 ⓑ이 ⓐ보다 뒤에 위치해야 한다. 'ⓐ'은 '현재 산야 사람과 양소유가 만남'이므로 마지막에 온다.

21

정답 | ③

해설 | 몽자류 소설이라는 커다란 구조 안에 영웅 소설이라는 작은 구조가 결합된 작품이다. 꿈 속에서 주인공(양소유)의 삶은 영웅 소설의 구조를 지닌다.

22

정답 | ④

해설 | ① 첫 번째 문단 두 번째 줄에서 사물놀이는 거의 전 지역의 가락을 모아 연주하고, 풍물놀이는 자기 지역의 가락만을 연주한다고 설명하고 있다.

② 두 번째 문단의 '사물놀이 연주자들은 ~ 소리라는 것이다'에서 악기마다 내는 소리를 어떻게 비유했는지 알 수 있다.

③ 첫 번째 문단 첫 번째 줄에서 사물놀이는 꽹과리, 징, 장구, 북의 네 가지 타악기로 연주한다는 것을 알 수 있다.

23

정답 | ②

해설 | • 형용사 : ⊙ 흐드러지다, ⓒ 충만하다, ⓔ 없다

• 동사 : ⓛ 설레다

24

정답 | ④

해설 | 제시된 예는 분해의 오류가 아닌 '애매어의 오류'로 적절한 예이다. '부패하기 쉬운 것은 냉동 보관해야 한다'의 '부패하다'는 화학적 의미인데 '바르지 못하고 타락하다'의 의미로 '권력은 부패하기 쉽다'에 적용하여 오류가 발생한 것이다. 즉, 동일한 한 단어가 한 논증에서 맥락마다 서로 다른 의미를 지니는 것으로 사용되어 생기는 오류이므로 '애매어의 오류'이다.

• 우연의 오류 : 거의 대부분의 경우에 적용되는 일반적인 원리나 규칙을 우연적인 상황으로 인해 생긴 예외적인 특수한 경우에까지도 무차별적으로 적용할 때 생기는 오류

• 애매어의 오류 : 동일한 한 단어가 한 논증에서 맥락마다 서로 다른 의미를 지니는 것으로 사용될 때 생기는 오류

• 결합의 오류 : 각각의 원소들이 개별적으로 어떤 성질을 지니고 있다는 내용의 전제로부터 그 원소들을 결합한 집합 전체도 역시 그 성질을 지니고 있다는 결론을 도출하는 경우

• 분해의 오류 : 집합이 어떤 성질을 지니고 있다는 내용의 전제로부터 그 집합의 각각의 원소들 역시 개별적으로 그 성질을 지니고 있다는 결론을 도출하는 경우

25

정답 | ③

해설 | 신라의 육두품 중 학문적으로 출중한 자에 강수, 설총, 녹진 등이 있었음을 '예시'의 방식을 사용하여 설명하고 있다.

① 유추

② 비교

④ 분석

1	2	3	4	5	6	7	8	9	10
④	①	③	④	④	②	③	②	②	③

11	12	13	14	15	16	17	18	19	20
④	②	④	①	②	④	①	④	③	③

21	22	23	24	25					
③	④	②	②	③					

01

정답 | ④

해설 | '지금으로부터'에서 '으로'와 '부터'는 격조사와 보조사로 붙여 써야 하며, '십여 년 전'에서 '-여'는 접미사로 붙여 쓰고, '년'은 의존 명사로 띄어 써야 한다.

① 정한대로 → 정한 대로 : '대로'는 관형어의 수식을 받는 의존 명사로 띄어 써야 한다.

② 요청시 → 요청 시 : '시'는 의존 명사로 띄어 써야 한다.

③ 순발력 마저 → 순발력마저 : '마저'는 조사로 붙여 써야 한다.

02

정답 | ①

해설 | 교각살우(矯角殺牛)는 작은 결점 또는 흠을 고치려다가 도리어 일을 그르침을 의미하는 한자성어이다.

② 과유불급(過猶不及) : 정도를 지나침은 미치지 못함과 같다는 뜻으로 중용이 중요함을 이르는 말

③ 낭중지추(囊中之錐) : '주머니 속의 송곳'이란 뜻으로, 뛰어난 재능을 지닌 자는 남의 눈에 띈다는 것을 비유하는 말

④ 부화뇌동(附和雷同) : '우레 소리에 맞춰 함께한다'는 뜻으로, 뚜렷한 소신 없이 다른 사람이 하는 대로 따라가는 것

03

정답 | ③

해설 | ① '8강 티켓'의 어떤 가능성을 의미하는지 알 수 없으므로 명사인 '가능성'을 수식해주는 관형절을 쓰는 것이 좋다. 따라서 '한국이 자력으로 8강 티켓을 확보할 가능성은 낮다'로 수정하는 것이 적절하다.

② '이 기사는 ~ 생각이 든다'는 주어와 서술어가 호응하지 않는 어색한 문장으로, '이 기사는 아직 한국 사회가 무사안일주의에 빠져 있다는 것을 보여준다' 등으로 수정하는 것이 적절하다.

④ '요구되다'는 '~에게 요구되다'의 형태로 쓰이며, '요구되어지다'는 불필요하게 피동형이 쓰인 문장이다. 따라서 '요구되어지고 → 요구되고'로 수정하는 것이 적절하다.

04

정답 | ④

해설 | 겹받침인 'ㄼ'은 어말 또는 자음 앞에서 [ㅂ]으로 발음한다. 따라서 '읊다'는 [읍따]로 발음해야 한다.

※ '읊다'에서 '다'가 [따]로 발음되는 것은 받침인 'ㄼ' 뒤에 연결되는 'ㅂ'이 된소리로 발음되는 경음화 현상에 의한 것이다.

① 받침 뒤에 모음 'ㅏ, ㅓ, ㅗ, ㅜ, ㅟ' 등으로 시작되는 실질 형태소가 연결되는 경우에는 해당 받침을 대표음으로 바꾼 후 뒤 음절 첫소리로 옮겨 발음한다. 따라서 '헛웃음'의 '헛'에서 'ㅅ'은 대표음인 [ㄷ]으로 바꾼 후 뒤 음절 첫소리로 옮겨 [허두슴]으로 발음한다.

② 겹받침 'ㄺ'은 어말 또는 자음 앞에서 [ㄱ]으로 발음한다. 다만 용언의 어간 말음일 경우 'ㄱ' 앞에서는 [ㄹ]로 발음한다. 따라서 '밝고'는 [발꼬]로 발음한다.

※ '밝고'에서 '고'가 [꼬]로 발음되는 것은 경음화 현상에 의한 것이다.

③ 겹받침인 'ㄼ'은 어말 또는 자음 앞에서 [ㄹ]로 발음한다. 다만 '넓-'의 경우 '넓죽하다' 혹은 '넓둥글다'와 같은 경우에 한하여 [넙]으로 발음한다. 따라서 [널쭈칸]이 아닌 [넙쭈칸]으로 발음한다.

05

정답 | ④

해설 | ① 불독(×) → 불도그(○), 엠블런스(×) → 엠뷸런스(○)
② 캐롤(×) → 캐럴(○)
③ 악세사리(×) → 액세서리(○), 코사주(×) → 코르사주(○)

06

정답 | ②

해설 | 밑줄 친 '시절이 매우 수상하니'는 병자호란 직후의 상황을 뜻한다. 제시된 시조는 병자호란 당시 청나라에 결사 항전을 외치던 화자가 전쟁 후 청나라의 심양으로 끌려가며 지은 시조이다.

07

정답 | ③

해설 | (가) 문단에서 '유전자가위'에 대해 소개한 뒤, (나)에서는 가장 최근의 기술인 '크리스퍼'를 소개하고, (다)에서 유전자가위의 의의를 설명하고 있다. 그런데 (라)에서는 크리스퍼의 단점에 대해 이야기하고 있으므로, '유전자가위'의 문제점에 대해 언급하는 제시문은 (다) 문단의 뒤에 위치하는 것이 내용상 가장 적절하다.

08

정답 | ②

해설 | '유례'는 같거나 비슷한 예 또는 이전부터 있었던 사례를 의미하고, '유래'는 사물 또는 일이 생겨남을 의미한다. 이전에 있던 사례가 없는 폭염이라는 의미이므로 '유래'가 아닌 '유례'를 써야 적절하다.
① '개재'는 '어떤 것들 사이에 끼어 있음'을 의미한다.
③ '자생'은 '자신의 힘으로 살아감' 또는 '저절로 나서 자람'을 의미한다.
④ '성패'는 '성공과 실패를 아울러 이르는 말'이다.

09

정답 | ②

해설 | 두 번째 문단에서 조간대가 높이에 따라 상부, 중부, 하부로 나뉨을 말하고 각각의 환경적 특성을 설명하였다. 그러나 각부에 어떤 종류의 생물이 사는지는 설명하지 않고 있다.

10

정답 | ③

해설 | '궁극적으로 강조하는 내용 = 주장'이다. 필자는 로마가 '문명'에 대해 가장 진지하게 반성할 수 있는 도시이기 때문에 가장 먼저 보길 권하며, '문명관'은 과거가 아닌 우리의 가치관과 연결되고 새로운 문명에 대한 전망으로 이어진다 하였다. 따라서 필자의 주장으로 가장 적절한 것은 ③이다.

11

정답 | ④

해설 | '죽이다'는 '생명이 없어지거나 끊어지다'의 의미이나, ㉣의 '잡다'는 '붙들어 손에 넣다'의 의미로 쓰였다.

12

정답 | ②

해설 | (가)와 (나)에서 동물 또한 의사소통 수단을 가지고 있으며, 이것이 인간의 것과 다를 바 없어 보인다고 이야기하였다. 그 뒤 (다)에서는, 사람과 동물의 소리에는 근본적인 차이가 존재하고 동물들의 소리가 사람과 달리 본능적 감정의 표현 수단에 지나지 않음을 설명하고 있다. 따라서 〈보기〉의 내용이 들어갈 곳으로 가장 적절한 위치는 (나)의 뒤이다.

13

정답 | ④

해설 | 제시된 글의 '내면 : 옷차림'에서 '내면'은 '안의 것'이고, '옷차림'은 '밖의 것'이다. '옷차림'이 '내면'을 돋보이게 한다고 하였으며, 이는 ④에서 연출력이 영화를 돋보이게 하는 것과 관계가 비슷하다. 따라서 가장 적절한 것은 ④이다.
② '인지도 : 성실함' → 성실함은 인지도를 쌓을 수 있었던 하나의 요소로서, '결과 : 원인'이라 볼 수 있다.

14

정답 | ①

해설 | 감나무는 '감(어근) + 나무(어근)'로, 보릿고개는 '보리 + 고개'로 둘 다 합성어이다.
② 햇감은 '햇(접사) + 감(어근)'으로 파생어이고, 소나무는 '솔 + 나무'로 합성어이다.
③ 선생님은 '선생(어근) + 님(접사)'으로 파생어이고, 잠꾸러기는 '잠(어근) + 꾸러기(접사)'으로 파생어이다.
④ 젖먹이('젖먹 + 이'는 젖 먹는 아이로 파생어이고, 손등은 '손(어근) + 등(어근)'인 합성어이다.

15

정답 | ②

해설 | 지구를 보호하는 방법으로 일회용 물품을 사용하지 않는 것을 제시했다.

16

정답 | ④

해설 | ⊙의 앞 부분을 살펴보면, 중국 황제의 절대 권위를 확실히 보여 주지 않으면 중국의 중심 위치도 모를 것이고, 나라가 다시 분열될 수 있다는 이념으로 중국의 정치적 유물이 만들어졌다고 하였다. 따라서 ⊙에는 '권위를 내세우는'의 의미를 지닌 '권위적(權威的)'이 들어가는 것이 가장 적절하다. ⓒ에는 조선은 중국과 달리 모든 요소가 달라 그 같은 권위를 세울 수 없었다는 의미로 '구축(構築)'이 들어가야 자연스럽다. ⓒ에는 양국의 역사와 문화의 성격이 오랜 세월을 통해 필요에 의해서 더 나은 상태로 나아가기 위해 달라졌다는 의미로 '발전(發展)'이 들어가야 옳다.

- 권위적(權威的) : 권위를 내세우는 것
- 구축(構築) : 어떤 시설물을 쌓아 올려 만듦, 체제·체계 따위의 기초를 닦아 세움
- 발전(發展) : 더 낫고 좋은 상태 또는 더 높은 단계로 나아감

① • 주도적(主導的) : 주동이 되어 이끄는 것
   - 행사(行使) : 부려서 씀, 행동 또는 하는 짓
   - 변형(變形) : 모양 또는 형태가 달라지게 하거나 달라진 형태

② • 위압적(威壓的) : 위엄 또는 위력으로 압박하거나 억누르는 것
   - 향유(享有) : 누리어 가짐
   - 개발(開發) : 지식 또는 재능 따위를 발달하게 함

③ • 타협적(妥協的) : 서로 양보하는 마음으로 협의하고자 하는 것
   - 강조(强調) : 어떤 부분에 대해 강하게 주장하는 것
   - 발달(發達) : 학문, 기술, 문명, 사회 따위의 현상이 더 높은 수준에 이름

17

정답 | ①

해설 | '아름다운'의 품사는 기본형 '아름답다'로 형용사이며, 그녀(체언) 앞에서 체언을 꾸며주는 역할인 관형어의 역할을 한다.

18

정답 | ④

해설 | 표준발음법 제27항 규정과 [붙임]에 따르면, 관형사형 '-(으)ㄹ' 뒤에 연결되는 'ㄱ, ㄷ, ㅂ, ㅅ, ㅈ'은 된소리로 발음하고, 이는 '-(으)ㄹ'로 시작되는 어미일 때도 해당한다. 따라서 '할밖에'는 [할빠께]로 발음해야 한다.

19

정답 | ③

해설 | 병역 기피자인 박 씨 또한, 이발소 안 사람들처럼 청년이 등장하자 '대번에 꺼칠한 얼굴이 되어' 겁에 질려 두려워하고 있다.

④ 마지막 줄 "때가 어느 때인지 모르고, 이 사람들이."에서 감춘 진실로 위기의식을 부추겨 민중을 복종하고 다스리려는 술책을 쓰고 있다.

> 이호철 「1965년, 어느 이발소에서」
> • 갈래 : 단편 소설
> • 성격 : 비판적, 풍자적
> • 배경 : (시간) 1960년대, (공간) 어느 이발소 안
> • 시점 : 전지적 작가 시점
> • 주제 : 부조리한 사회의 권력 앞에 나서지 못하는 소시민의 비굴함을 비판
> • 특징
>   – 인물의 외양 묘사를 통한 성격 표현
>   – 권력을 두려워하는 소시민의 모습과 부조리한 무리에 대해 비판

20

정답 | ③

해설 | ① '시망스럽다'의 의미이다.
② '시퉁스럽다'의 의미이다.
④ '새살스럽다'의 의미이다.

21

정답 | ③

해설 | ⊙ '일을 계획하여 시작하거나 펼쳐 놓다'라는 의미의 단어는 '벌이다'이다. '벌리다'는 '둘 사이를 넓히거나 멀게 하다'라는 의미이다.

ⓒ '졸이다'는 '찌개나 국, 한약 등의 물을 증발시켜 분량을 적어지게 하다'라는 의미이다. '양념을 한 고기나 생선, 채소 등을 국물에 넣고 바짝 끓여서 양념이 배어들게 하다'라는 의미의 단어는 '조리다'이다.

ⓑ '푸성귀나 생선 등을 소금기나 식초, 설탕 등에 담가 간이 배어들게 하다'라는 의미의 단어는 '절이다'이다. '저리다'는 '뼈마디나 몸의 일부가 쑥쑥 쑤시듯이 아프다'라는 의미이다.

22

정답 | ④

해설 | 임을 잃은 외로움의 심정을 노래하였다.

23

정답 | ②

해설 | 제시된 시는 자신이 무가치하다고 여겨질 때 대장간에 가서 의미 있는 존재가 되길 원한다는 내용이다. 이때 '대장간'은 가치를 창조하는 곳이고, '현대 아파트'는 현대 문명(편리함)을 의미하며 대비되는 소재이다.

> 김광규 「대장간의 유혹」
> • 갈래 : 자유시, 서정시
> • 주제 : 가치 있는 존재가 되고 싶은 소망
> • 시어 의미
>   – 플라스틱 물건 : 무가치한 존재 ↔ 무쇠낫, 호미
>   – 털보네 대장간 : 전통적인 가치가 존재하는 공간
>   ↔ 현대 아파트
>   – 똥덩이 : 하찮고 의미 없는 존재
>   – 직지사 해우소 : 현대 산업 사회 의미

24

정답 | ②

해설 | 말을 빌려 탄 경험을 통해 인간의 소유 관념을 깨닫는 내용이다. 소유에 대한 잘못된 관념을 비판하고, 소유에 구애받지 않는 삶을 주제로 한 작품이다.

25

정답 | ③

해설 | '만방(萬邦)'은 '모든 나라, 여러 나라'를 의미한다.

> 이곡 「차마설」
> • 갈래 : 설(說), 고대 한문 수필
> • 성격 : 우의적, 교훈적
> • 구성 : 2단 구성[구체적 경험(사실)을 바탕으로 해석(의견)]
> • 주제 : 소유에 구애받지 않는 삶
> • 특징
>   – 설의법 사용
>   – 유추의 방식을 통한 개인적 체험 일반화
>   – 권위 있는 자의 말을 이용

빠르게
잘라쓰는
**실전모의고사
정답 마킹표**

1회 모의고사

날 짜					회 차				
풀이시간					점 수				
문 번	답 란				문 번	답 란			
1	①	②	③	④	14	①	②	③	④
2	①	②	③	④	15	①	②	③	④
3	①	②	③	④	16	①	②	③	④
4	①	②	③	④	17	①	②	③	④
5	①	②	③	④	18	①	②	③	④
6	①	②	③	④	19	①	②	③	④
7	①	②	③	④	20	①	②	③	④
8	①	②	③	④	21	①	②	③	④
9	①	②	③	④	22	①	②	③	④
10	①	②	③	④	23	①	②	③	④
11	①	②	③	④	24	①	②	③	④
12	①	②	③	④	25	①	②	③	④
13	①	②	③	④					

2회 모의고사

날 짜					회 차				
풀이시간					점 수				
문 번	답 란				문 번	답 란			
1	①	②	③	④	14	①	②	③	④
2	①	②	③	④	15	①	②	③	④
3	①	②	③	④	16	①	②	③	④
4	①	②	③	④	17	①	②	③	④
5	①	②	③	④	18	①	②	③	④
6	①	②	③	④	19	①	②	③	④
7	①	②	③	④	20	①	②	③	④
8	①	②	③	④	21	①	②	③	④
9	①	②	③	④	22	①	②	③	④
10	①	②	③	④	23	①	②	③	④
11	①	②	③	④	24	①	②	③	④
12	①	②	③	④	25	①	②	③	④
13	①	②	③	④					

3회 모의고사

날 짜					회 차				
풀이시간					점 수				
문 번	답 란				문 번	답 란			
1	①	②	③	④	14	①	②	③	④
2	①	②	③	④	15	①	②	③	④
3	①	②	③	④	16	①	②	③	④
4	①	②	③	④	17	①	②	③	④
5	①	②	③	④	18	①	②	③	④
6	①	②	③	④	19	①	②	③	④
7	①	②	③	④	20	①	②	③	④
8	①	②	③	④	21	①	②	③	④
9	①	②	③	④	22	①	②	③	④
10	①	②	③	④	23	①	②	③	④
11	①	②	③	④	24	①	②	③	④
12	①	②	③	④	25	①	②	③	④
13	①	②	③	④					

MEMO

MEMO

MEMO

MEMO

MEMO

2022 9급 군무원 15개년 기출문제집
[국어]
—

초 판 발 행	2019년 02월 15일
개정3판1쇄	2022년 02월 25일

편 저 자	군무원시험편집부
발 행 인	정용수
발 행 처	예문사
주 소	경기도 파주시 직지길 460(출판도시) 도서출판 예문사
T E L	031) 955 - 0550
F A X	031) 955 - 0660

등 록 번 호	11 - 76호

정 가	18,000원

홈페이지 http://www.yeamoonsa.com

I S B N   978-89-274-4269-1   [13350]